普通高等教育"十三五"规划教材

# 商务谈判与沟通

崔文丹　王杰　齐闯　编

机械工业出版社

当今中国的就业倾向是对高层次人才的需求日益增多，而高层次人才不仅包括大量的研究专业技术的博士和研究员，还包括众多具有高水平沟通能力的高级管理人才。为顺应这一市场需求，需要大量能够培养和提高学生的沟通与谈判能力的书籍。

本书正是为适应这一市场需求而编写的，主要内容包括：商务谈判与沟通概述、商务谈判与沟通理论、商务谈判与沟通心理、商务谈判与沟通的思维方法、商务谈判与沟通技巧、商务谈判与沟通礼仪、商务谈判的准备、商务谈判的策略、电话沟通的准备与策略、面试沟通的准备与策略、冲突管理的准备与策略、跨文化沟通的准备与策略。其中，商务谈判的准备部分侧重谈判不同阶段应该如何做好事前准备，与之后的商务谈判策略部分相互呼应，使本书的条理更清晰；商务谈判与沟通心理部分，引入相关心理学知识，目的是强调人与人沟通过程中了解和掌握对方心理的重要性，也是管理者能否掌控谈判与沟通全过程和获取最终结果的基础环节；商务谈判与沟通技巧、礼仪是本书的亮点，考虑到经济全球化的特点，对于沟通中的非语言和商务礼仪进行了大量介绍。在跨文化沟通的准备与策略部分重点介绍了国际上影响力大而且与中国经济往来比较多的国家的人的谈判风格，有一定的趣味性和文化性。

本书既可作为高等院校市场营销专业的教材，也可作为其他管理类专业的教材，还可供相关从业人员参考。

### 图书在版编目（CIP）数据

商务谈判与沟通/崔文丹，王杰，齐闯编 .—北京：机械工业出版社，2018.8（2023.8 重印）

普通高等教育"十三五"规划教材

ISBN 978-7-111-60653-6

Ⅰ.①商… Ⅱ.①崔…②王…③齐… Ⅲ.①商务谈判–高等学校–教材 Ⅳ.①F715.4

中国版本图书馆 CIP 数据核字（2018）第 179926 号

机械工业出版社（北京市百万庄大街22号　邮政编码100037）
策划编辑：曹俊玲　　　　　责任编辑：曹俊玲　马碧娟　商红云
责任校对：黄兴伟　张晓蓉　封面设计：张　静
责任印制：李　昂
北京捷迅佳彩印刷有限公司印刷
2023 年 8 月第 1 版第 5 次印刷
184mm×260mm · 19 印张 · 470 千字
标准书号：ISBN 978-7-111-60653-6
定价：46.00 元

电话服务　　　　　　　网络服务
客服电话：010-88361066　机　工　官　网：www.cmpbook.com
　　　　　010-88379833　机　工　官　博：weibo.com/cmp1952
　　　　　010-68326294　金　书　网：www.golden-book.com
封底无防伪标均为盗版　机工教育服务网：www.cmpedu.com

# 前　言

当今的世界是市场竞争的世界，每一个行业的发展都依托于市场的认同度，产品卖不出去，技术含量再高也一文不值，今天的霸主也许明天就会消失。因此，市场营销专业的学生在就业市场的需求量一直居于前列，一些其他专业的学生也会选择市场营销专业作为第二学位，或者选修一些与市场营销相关的课程，导致与市场营销相关的书籍的市场需求量比较大。

"商务谈判与沟通"是市场营销专业的核心课程。而目前市场上的相关教材大多取材于商务谈判与人员推销、管理沟通、商务礼仪等方面，涵盖的内容都不全面，有的过于侧重高职高专的实际应用，有的过于侧重理论堆砌，而本书的编写人员都是在一线从事教学工作15年以上的教师，而且都是博士毕业生，因此，对最新理论和信息的把握都比较及时和全面，能够根据授课要求选择合适的内容和案例，确保教材质量。

为了顺应高校新一轮教学计划和教学大纲的要求，本书将编写重点放在教材适应性方面，具体表现在：

（1）相比市面上其他教材，增加了商务谈判理论、商务谈判心理等内容，便于学生从基础理论到实际应用，全方位地学习和理解商务谈判的精髓。

（2）商务谈判策略与商务谈判过程相结合，便于学生在上课过程中根据不同谈判进程进行模拟谈判，改变了一些教材用高深的战略战术术语解读各种谈判策略的现象。

（3）增加了商务礼仪与有声语言和无声语言等沟通技巧的内容，既适合市场营销专业的商务谈判课程使用，也适合其他管理类专业设置的管理沟通课程使用。

（4）教材的内容设定也适合一些高等院校非管理类专业学生的选修课使用。

具体来说，本书的特色主要表现在：

（1）内容编排新颖，各章节衔接合理，取材注重实际应用。本书综合了市面上《商务谈判与人员推销》《管理沟通》《商务礼仪》等书籍的内容，避免读者获取内容不够全面、理论堆砌晦涩难懂等问题。

（2）参照了哈佛商学院和沃顿商学院等国外知名学府的商务谈判课程用书，以及《FBI微表情学》等热门书籍，确保对最新理论和信息的学习与传播，并根据授课要求选择合适的内容和案例。

(3) 运用大量生活中大家熟悉的场景与案例进行讲解和分析，通俗易懂，也适合非专业人士阅读。

(4) 每一章最后都有结合本章内容而设置的案例分析，旨在帮助读者深刻领悟每一章的理论精髓。

(5) 每一章都有知识链接专题，介绍部分与各章节讲述内容有关的理论知识。

本书的第一~三章由黑龙江大学的齐闯编写，第四~八章由哈尔滨理工大学的崔文丹编写，第九~十二章由东北农业大学的王杰编写。

由于研究范围、编写时间、个人能力等多方因素的影响，书中可能还有很多不足之处，渴望得到同行老师和广大学生的建设性意见。

编　者

# 目 录

**前 言**

**第一章 商务谈判与沟通概述** …………… 1
    本章学习重点 ……………………………… 1
    导入案例 …………………………………… 1
    第一节 谈判与商务谈判的概念与特征 …… 2
    第二节 商务谈判的基本原则与方法 ……… 6
    第三节 商务谈判的类型 …………………… 8
    第四节 沟通的基本概念 …………………… 18
    第五节 沟通的要素与分类 ………………… 21
    案例分析 …………………………………… 25
    复习思考题 ………………………………… 28

**第二章 商务谈判与沟通理论** …………… 29
    本章学习重点 ……………………………… 29
    导入案例 …………………………………… 29
    第一节 马斯洛需求层次理论 ……………… 30
    第二节 人力资源理论 ……………………… 32
    第三节 博弈理论 …………………………… 35
    第四节 公平理论 …………………………… 36
    第五节 其他谈判理论 ……………………… 37
    案例分析 …………………………………… 39
    复习思考题 ………………………………… 40

**第三章 商务谈判与沟通心理** …………… 41
    本章学习重点 ……………………………… 41
    导入案例 …………………………………… 41
    第一节 研究商务谈判与沟通心理的意义 … 42
    第二节 商务谈判与沟通的需要与动机 …… 54
    第三节 商务谈判心理的实用技巧 ………… 59
    案例分析 …………………………………… 62
    复习思考题 ………………………………… 63

**第四章 商务谈判与沟通的思维方法** …… 64
    本章学习重点 ……………………………… 64
    导入案例 …………………………………… 64
    第一节 思维概述 …………………………… 64
    第二节 谋略思维 …………………………… 72
    第三节 辩证思维 …………………………… 75
    第四节 逆向思维 …………………………… 78

    第五节 诡道思维 …………………………… 82
    案例分析 …………………………………… 84
    复习思考题 ………………………………… 85

**第五章 商务谈判与沟通技巧** …………… 86
    本章学习重点 ……………………………… 86
    导入案例 …………………………………… 86
    第一节 书面沟通技巧 ……………………… 87
    第二节 有声语言沟通技巧 ………………… 92
    第三节 无声语言沟通技巧 ………………… 106
    案例分析 …………………………………… 110
    复习思考题 ………………………………… 111

**第六章 商务谈判与沟通礼仪** …………… 112
    本章学习重点 ……………………………… 112
    导入案例 …………………………………… 112
    第一节 见面礼仪 …………………………… 113
    第二节 服装礼仪 …………………………… 117
    第三节 出席活动礼仪 ……………………… 123
    第四节 名片礼仪 …………………………… 126
    第五节 礼品礼仪 …………………………… 130
    第六节 其他礼仪 …………………………… 135
    案例分析 …………………………………… 138
    复习思考题 ………………………………… 138

**第七章 商务谈判的准备** ………………… 139
    本章学习重点 ……………………………… 139
    导入案例 …………………………………… 139
    第一节 谈判人员准备 ……………………… 139
    第二节 信息搜集和筛选 …………………… 146
    第三节 制订谈判计划 ……………………… 151
    第四节 谈判物质条件准备 ………………… 153
    第五节 谈判风格的选择 …………………… 155
    第六节 模拟谈判 …………………………… 157
    案例分析 …………………………………… 160
    复习思考题 ………………………………… 163

**第八章 商务谈判的策略** ………………… 164
    本章学习重点 ……………………………… 164
    导入案例 …………………………………… 164

| | |
|---|---|
| 第一节 开局阶段的谈判策略…………… 164 | 第四节 情景模拟面试的应对策略………… 244 |
| 第二节 报价阶段的谈判策略…………… 169 | 第五节 答辩的应对策略…………………… 246 |
| 第三节 磋商阶段的谈判策略…………… 177 | 第六节 竞聘演讲的准备与应对策略……… 248 |
| 第四节 谈判僵局的处理策略…………… 187 | 案例分析…………………………………… 253 |
| 第五节 结束阶段的谈判策略…………… 194 | 复习思考题………………………………… 255 |
| 案例分析………………………………… 199 | **第十一章 冲突管理的准备与策略** …… 256 |
| 复习思考题……………………………… 200 | 本章学习重点……………………………… 256 |
| **第九章 电话沟通的准备与策略** …… 201 | 导入案例…………………………………… 256 |
| 本章学习重点…………………………… 201 | 第一节 冲突与冲突管理的基本概念……… 257 |
| 导入案例………………………………… 201 | 第二节 冲突分析…………………………… 262 |
| 第一节 拨打电话的准备和策略………… 202 | 第三节 冲突管理策略……………………… 265 |
| 第二节 接听电话的策略和注意事项…… 206 | 案例分析…………………………………… 273 |
| 第三节 客服人员的电话训练技巧……… 212 | 复习思考题………………………………… 273 |
| 第四节 电话销售的准备与策略………… 219 | **第十二章 跨文化沟通的准备与策略** … 274 |
| 案例分析………………………………… 226 | 本章学习重点……………………………… 274 |
| 复习思考题……………………………… 227 | 导入案例…………………………………… 274 |
| **第十章 面试沟通的准备与策略** …… 228 | 第一节 文化与跨文化沟通………………… 275 |
| 本章学习重点…………………………… 228 | 第二节 跨文化沟通的障碍及应对策略…… 281 |
| 导入案例………………………………… 228 | 第三节 跨文化谈判………………………… 287 |
| 第一节 面试的形式与程序……………… 229 | 案例分析…………………………………… 296 |
| 第二节 结构化面试的应对策略………… 236 | 复习思考题………………………………… 296 |
| 第三节 无领导小组讨论面试的应对策略… 240 | **参考文献** ………………………………… 298 |

# 第一章 商务谈判与沟通概述

商务谈判与沟通勾勒出了我们日常生活中的全部轨迹。每一天的工作、学习和生活都离不开与人打交道，而只要与人打交道，就必然面临着沟通与谈判的问题。人与人的交往过程就是一个沟通与被沟通、谈判与相互妥协的过程。

**本章学习重点**

重点掌握谈判的概念与特征、商务谈判的概念与特点。
掌握谈判的要素及相应的原理，并能够将其运用到现实生活中。
理解谈判的基本属性、谈判在社会生活中的作用和意义，养成理论联系实际的习惯。
掌握沟通的概念和作用。
理解沟通过程及其构成要素。

◆ **导入案例**

### 谈判成功的关键是双赢

中国加入WTO（世界贸易组织）的谈判是一个从追求强势谈判到追求双赢的过程。当时中国跟以美国为首的西方市场经济国家进行加入WTO的谈判，谈判持续很久却一直没取得实质性进展。当时国务院副总理李岚清总体负责入世谈判，他想到曾经给他做过翻译的龙永图，龙永图不仅英语非常好，性格相对强势，甚至还可以用英语流利地跟美国人吵架。结果还是不理想。后来邓小平接见他们，对他们说，谈判不能总是吵架啊，谈判要Win-Win（双赢）。

后来再进行谈判时，策略就变成给美国人做"思想工作"："让中国加入WTO，不仅对中国有好处，对世界也有好处，对美国更有好处。"也就是双赢。美国经过反复斟酌，感觉中国入世的确对美国有好处，谈判态度就变得积极了，在某些地方也做了很多让步。

当然，想做到双赢并不容易，因为你必须让对方感觉到他们真的赢了，而且这种赢未必是真的给了对方多少好处，而是给对方一种赢的感觉。

在谈判时可以提出非常高的要求，高出谈判对手的预期，这样做的好处是增加了自己谈判的让步空间。通过恰当让步，让对方有一种赢的感觉。谈判有整合型谈判，也有分配型谈判。整合型谈判，就是把蛋糕做大，追求双赢；而分配型谈判就是零和游戏，蛋糕只有这么大，大家坐下来研究怎么分，此时更加需要学会妥协让步，让对方感觉你很合作，是伙伴。

可见，谈判是一种妥协的艺术，是达成共识的过程，既要坚持自己的利益，也要顾及对方的利益。

## 第一节 谈判与商务谈判的概念与特征

中国自古就有"财富来回滚,全凭舌上功"的说法,尤其在现代商业活动中,除了谈判你别无选择。然而尽管谈判天天都在发生,时时都在进行,但要使谈判的结果尽如人意,却不是一件容易的事。

### 一、谈判的概念

按照《辞海》的解释:谈的本意为"彼此对话、讨论";判的本意为"评断"。可见,"谈"意味着过程;"判"意味着结果。

#### (一)谈判的定义

广义的谈判包括一切有关"协商""交涉""商量""磋商"的活动,如购物、面试等生活的方方面面,从某种意义上讲,每个人都生活在一张巨大的谈判桌上,无论你是否喜欢,都需要不断地与他人进行谈判。

狭义的谈判是指在正式场合下,两个或两个以上的组织按照一定的程序,对特定问题进行磋商,最后达成协议的过程。但是,随着社会的发展和进步,谈判又有了全新的定义,每一个谈判实际上是一个渐进的过程,可以从以下四个层次上得以体现:

**1. 迫使对方按照你的意愿行事**

很多人认为让对方按照自己的意愿行事就要使用威胁、暴力、蛮横无理,还有赤裸裸的权力运用等手段来实现。但是,很多时候这样做只会使自己的支出成本增加。

**2. 让对方按照你的思路思考**

这是指让对方从你的想法中看到合理的利益。但是,在大多数谈判中,情绪因素占有很大比重,人们经常会因此而做出不够理性的行为。对于对方而言,谈判越重要,基于利益的谈判就越不起作用。

**3. 让对方理解你的观念**

想说服对方就要从改变其观念入手。错误的观念通常是由于沟通失败造成的。了解对方的观念,采用渐进的策略逐渐改变对方的观念,会缩短谈判时间,增强谈判自我实施能力,使谈判更轻松顺利。

**4. 让对方感受到你想让他们感受的**

尽可能了解对方的情感世界和对方的"非理性状态"。几乎每个人都是通过自己的感觉和知觉来看待世界的,如果将情感因素考虑在谈判中,对方会感受到你在意他们的感受,他们就会更愿意倾听,也更容易被打动和被说服。

#### (二)谈判的特征

**1. 谈判是一种目的性很强的活动**

谈判是双方或多方为实现各自的目的所进行的反复磋商的过程。其核心就是实现各自追求的目标和利益。没有目的而盲目进行谈判就像无头苍蝇一样,最终会被对方消灭掉。

**2. 谈判是一种双向交流与沟通的过程**

谈判是双方或多方共同参与的过程,是一个说服与被说服的过程。为了实现各自的目的，各方代表会在不断的沟通与磋商过程中，调整自己获取的利益，适当增加对方获得的利益。

**3. 谈判是一种"施"与"受"兼而有之的互动过程**

单方面的施舍或单方面的承受都不能算是谈判，因为谈判必须是双方所寻求的互惠互利，是一种"非零和博弈"的双赢过程。如果只要求某一方一味地让步，最终的结果就是谈判破裂，有失才有得，没有双方的互动的谈判是一种变相的掠夺，称不上谈判。

**4. 谈判同时含有"合作"与"冲突"两种成分**

任何一个谈判者都想通过一个协议达到获取自己利益的目的。因此，谈判各方均具备一定程度的合作性。缺乏合作性，各方就不可能坐在一起进行谈判。但是，为了使自身需要获得最大的满足，参与谈判的各方势必处于利害冲突的对抗状态。冲突利益点经过磋商不断调整，最终以合作的形式达成共识。

**5. 谈判是互惠的但非均等的**

"互惠"是谈判的前提，但是谈判的结果却是非均等的，因为谈判各方所拥有的实力和其投入与产出的目标基础不同，而且，谈判各方的谈判策略与技巧也不一样。这就导致谈判各方谈判的筹码不均等，那么最终的结果也不可能是完全均等的。

## 二、商务谈判的含义及要素

### （一）商务谈判的含义

"商务"一词有狭义和广义之分。狭义的商务应理解为商业活动，即商品的买卖交易行为；广义的商务泛指各种交换活动，包括在市场主体之间发生的一切有形货物和无形劳务的交换活动，以及商务合作活动。

按照国际惯例，商务行为可分为以下四种：

（1）直接的商品交易活动，如批发、零售等。

（2）直接为商品交易服务的活动，如运输、仓储、加工整理等。

（3）间接为商品交易服务的活动，如金融、保险、信托、租赁等。

（4）具有服务性的活动，如饭店、商品信息、咨询、广告等。

所以，商务谈判是指买卖各方为了自身的经济利益，就交易活动的各种条件进行洽谈、磋商，以争取达成协议的行为过程。

### （二）商务谈判的基本要素

商务谈判的基本要素是指构成商务谈判活动的必要因素，包括谈判主体、谈判客体、谈判背景和谈判目标。

**1. 谈判主体**

谈判主体就是行为的执行者。谈判的主体可以是具体的个人，也可以是抽象的组织；可以是单一的个人，也可以是多人；可以是当事的双方，也可以是相关的多方。谈判主体对谈判结果有着重要的影响作用，在其他因素不变的情况下，不同的谈判主体会有不同的谈判结果，谈判的结果在一定程度上取决于谈判主体。所以，要想取得理想的谈判结果，选择合适的谈判人员是很重要的。

**2. 谈判客体**

谈判客体是主体行为的对象。谈判的客体是谈判的议题，其性质决定了谈判的性质，不同的谈判议题，对应着不同的谈判策略和方法。议题一定是与当事方的利益有关的事项，谈判的各方在这些利益上一定存在着某种对立，也一定有着某种一致性，完全对立或者完全一致的事项是不可能成为谈判议题的。

**3. 谈判背景**

谈判背景是指谈判时所处的客观条件。按照背景的性质，谈判背景可分为：①环境背景，包括政治、经济、文化、地理、自然环境等；②组织背景，包括组织的实力、发展状况等；③人员背景，包括谈判人员的职位、教育、经验、风格、心理素质等。在环境、组织和人员背景中最为重要的是环境背景，它决定了谈判双方利益追求的限度及优势的发挥。

**4. 谈判目标**

商务谈判是一种目标很明确的行为，商务谈判的直接目标就是最终达成协议。谈判各方的具体目标往往不同，甚至是对立的，但是，达成最终协议是其他目标实现的基础。

## 三、商务谈判的特点

商务谈判是一门科学，是综合运用多门学科的知识于商务活动的一门艺术。与其他经济活动相比，商务谈判的特点具体表现在以下几方面：

**1. 谈判对象的广泛性和不确定性**

商务活动绝大多数都是跨地区、跨国界的。例如，商品贸易谈判中，作为卖方，商品销售的范围可以遍布各地，而作为买方，采购商品的范围也可以遍及全国乃至全世界。因此，谈判的对象具有广泛性的特点；但是，无论对于买方还是卖方，与谁进行交易，交易能否成功都具有不确定性和风险性。

**2. 谈判双方的排斥性和合作性**

在商品经济社会中，人们在生产、交换、分配等方面存在着各自不同的利益，而参与商务谈判的双方都希望对方能按己方的意愿行事，所以利益上的矛盾和冲突在所难免。例如，在购销谈判中，卖方希望把价格定得尽可能高一些，而买方则希望尽量压低价格；供方希望交货期尽量长一些，而买方却要求尽快提货。借款谈判中借方总是希望借款期限长一些，利率低一些，而贷方则希望利率高一些，期限短一些。这种排斥性，才有了谈判的必要，双方通过谈判，不断调整自己的行为和态度，做出必要的让步，最终达成双方都较满意的协议，所以谈判又具有合作性。

**3. 谈判的多变性和随机性**

经济活动始终处于竞争激烈和瞬息万变的市场中，而作为经济活动重要组成部分的商务谈判，它的进展和变化又和谈判主体的思维和行为方式有密切的关系。因而，它不仅比一般经济活动变化更快、更丰富，而且也难以预料。由于谈判中的议题情况、格局、环境和策略的多变性，谈判会表现出各种各样的变化形式。多变性促使偶发因素的出现，结果带来了许多随机性。谈判中，随机性越大，变量越多，可控性就越小，给谈判双方带来更大的挑战，给谈判者提出更高的要求。

**4. 谈判结果的公平性和不平等性**

商务谈判会受到当时国际、国内供求关系的影响，也会受到市场上原材料、劳动力等商品构成要素的价格波动的影响。每一次谈判的具体结果，双方在需求满足问题上是具有不同得失的。也就是说，谈判的结果总是不平等的，如果一方需求满足的程度高一些，另一方可能就差一些。但不论谈判的结果如何不平等，只要最终协议是双方共同达成的，并且谈判双方对谈判结果具有否决权，就说明双方在谈判中的权利和机会是均等的，谈判便是公平的。

**5. 谈判的科学性与艺术性**

商务谈判是人们相互调整利益，减少分歧，并最终确立共同利益的行为过程。双方的利益和各自所处的环境都是客观的，这就决定了谈判本身的科学性特点。如果谈判的准备不充分，谈判的技巧运用得不恰当，不但会使双方发生冲突导致交易失败，更会造成时间和经济上的损失。而商务谈判的过程就是一个沟通交流的过程，这种沟通除了在语言上要注意文明用语、口齿清楚、语句通顺和流畅的一般要求外，还应掌握一定的语言表达艺术，用优雅、生动、活泼和富有感染力的语言艺术达到最理想的沟通效果。

## 四、商务谈判的作用

现代经济社会离不开商务谈判，商务谈判在人们的经济生活中所扮演的角色越来越重要，换句话说就是商务谈判在经济生活中所起的作用越来越明显，具体表现在以下三方面：

**1. 有利于促进商品经济的发展**

谈判并不是今天才出现的事物，但是，只有在商品经济发展到一定阶段时，才使谈判在社会生活中发挥巨大的作用。这是由于商品经济崇尚等价交换，排斥一切特权干预，只有通过买卖双方的平等协商谈判，才能在互利的基础上达到双赢的结局，进一步促进商品经济发展。可以说，商品经济的发展，使谈判扮演了社会经济生活中的重要角色；谈判手段广泛而有效地运用，又极大地促进了商品经济的繁荣与发展。

**2. 有利于加强企业间的经济联系**

商务谈判大多是在企业与企业之间、企业与其他部门之间进行的。每个企业要与其他部门或单位进行协作，才能完成生产经营活动。事实上，经济越发展，分工越细，专业化程度越高，企业间的联系与合作越紧密，越是需要各种有效的沟通手段。同时，企业具有独立的法人资格，企业之间的交往与联系也必须在自愿互利的基础上，实行等价交换、公平交易。因此，谈判理所当然地成为企业之间经济联系的桥梁和纽带。

**3. 有利于促进我国对外贸易的发展**

当今的世界经济是开放的经济，经济活动是在国际范围内拓展的。任何一个国家都不能只依靠本国的资源、生产能力、科学技术来满足国内的需求。随着社会化大生产的不断发展，不论是科学技术先进的国家，还是落后的国家，都必须注意学习和利用其他国家的长处，借鉴他人的科技成果。

发展对外贸易，参与国际竞争，开拓国际市场，必须精通外贸谈判，了解和掌握国际商贸活动的规律和准则，了解各国的民俗、法律、习惯做法和谈判者的谈判风格，熟练掌握商务谈判的规律和技巧，并加以灵活运用。只有这样，才能有效地运用谈判手段，在国际商贸活动中运筹帷幄，掌握主动，赢得胜利。

### 知识链接

**商务谈判的价值评判标准**

商务谈判的价值评判标准可归纳为以下几方面：

1. 谈判目标的实现程度

谈判是具有很强目的性的活动，如商品买卖谈判中卖方的主要目的是以理想的价格和支付条件销售一定数量的产品，或是与特定买主之间建立长期稳定的合作关系；而买方的主要目的则是以较为低廉的价格和较为合理的支付条件购买一定数量的产品，或是与特定卖主之间建立较为稳定的供货关系。评价谈判的成败，首先要看是否实现了这些最基本的目的。

2. 谈判的效率高低（谈判成本）

为了达到自身的目的，通常要向对方提供一定的利益，需要付出一定的成本代价，谈判成本包括时间成本、直接货币成本、机会成本。

时间成本准确地说，叫"货币时间价值"，是指一定量资金在不同时点上的价值量差额。众所周知，在商品经济条件下，即使不存在通货膨胀，等量资金在不同时点上价值量也不相等，今天的1元和将来的1元不等值，前者要比后者的经济价值大。资金在使用过程中随时间的推移而发生的增值，即为货币时间价值。企业经营活动对谈判时间有一定的要求。例如，工厂要保持生产的连续性或要在限定的时间内完成一定生产任务，就需要或加大原材料的库存量，或缩短原材料采购谈判的时间和程序，在库存不敷使用的情况下，在谈判时间方面则有极其严格的要求。

直接货币成本是指在谈判交易过程中所要支付的各项费用支出，以及交易货款等货币支出。

机会成本是指当把一定的经济资源用于生产某种产品时而放弃的另一些产品生产产生的最大收益。机会成本所指的机会必须是决策者可选择的项目，若不是决策者可选择的项目，便不属于决策者的机会。放弃的机会中收益最高的项目才是机会成本，即机会成本不是放弃项目的收益总和。

3. 人际关系的维护程度

一场成功的商务谈判应该是：通过谈判不仅使本方的需要得到满足，也使对方的需要得到满足，双方的友好合作关系得到进一步的发展和加强，整个谈判是高效率的。

## 第二节 商务谈判的基本原则与方法

### 一、商务谈判的基本原则

商务谈判的基本原则是指在商务谈判中，谈判各方彼此交换意见、解决分歧而进行磋商讨论时所依据的基本准则或规范。

**1. 合作原则**

由于社会分工的不同、资源占有的差异、时间和空间的相隔等因素，使得个人和组织要想获得利益，仅凭自身的力量是不行的，必须与他人进行合作。由于资源有限而欲望无限，人与人之间必然有矛盾，合作中必然会有对立，合作既是对立的基础，又是对立的归宿。因此，谈判中不能过于计较局部得失而失去谈判的整体利益，要善于权衡得失，顾全大局，在对立中寻求合作，追求稳定的、可持续的发展，这也决定了谈判求同合作的必然性。

**2. 互利互惠原则**

谈判的实质是利益的交换，就是通过合作获得利益。交换、合作是出于内在的需要而进行的行为过程，也是以平等自愿为前提和基础的。随着生产力水平的提高，社会分工细化，几乎所有的需要都是通过交换获得的。只有交换，成本才最低；只有交换，需要满足才能最大化；只有交换获得的满足，才是稳定的、可持续的。

**3. 事人有别原则**（人与问题分开的原则）

在谈判会上，谈判者在处理己方与对手之间的相互关系时，必须做到人与事分别而论。要切记朋友归朋友、谈判归谈判，二者之间的界限不能混淆。不能因为双方是朋友，就忽视谈判条件中不利于己方的部分，也不能因为对方是自己讨厌的人，就过于苛责对方提出的条件。因此，在谈判过程中一定要始终切记，谈判要对事不对人，人与问题分开。

**4. 使用客观标准原则**

客观标准是独立于各方意志之外的合乎情理和切实可用的标准。在谈判过程中，一定要用客观标准来谈判。这些客观标准，包括等价交换、国际惯例、法律法规等。例如，甲方向乙方购买一台设备，最终确定的公平价格，既要考虑设备的制造成本，又要参考同类设备的市场价格。只有坚持客观标准，才会使谈判有更高的效率。

**5. 诚信原则**

人是社会性的，是不能脱离社会独立存在的。人与动物的区别在于人的行为受到了道德的约束，道德的本质是对群体有用、有利、有益，诚信作为一种道德规范也是如此，诚信是个体与社会联系的一种纽带。为了追求一时一事的利益而丧失诚信，那么就会丧失未来长远的利益，就不能很好地生存和发展。

**6. 合法原则**

合法原则是指商务谈判必须遵守国家的法律、政策。任何商务谈判都应当遵循有关的国际法和对方国家的有关法规；合法原则包括谈判主体合法、谈判议题合法、谈判手段合法。具体是指：谈判各方无论是自然人还是法人，都应该是法律许可范畴内的谈判代表；谈判各方共同磋商的内容应该是法律许可范围内的，不能凌驾于法律之上；谈判各方采用的是国内、国际公认的合法的谈判技巧和谈判手段，不能利用威胁、逼迫等非法手段获取利益。

## 二、商务谈判的方法

**1. 软式谈判**

软式谈判又称让步型谈判，是指谈判者偏重于维护双方合作关系，以争取达成协议为其行为准则的谈判。软式谈判者可以为达成协议而让步，尽量避免冲突，总是希望通过谈判签订一个皆大欢喜的协议，或者至少能够签订一个满足彼此基本利益的协议而不至于空手而归。软式谈判的一般做法是提议、让步、信任、保持友善，以及为了避免冲突而屈服于对方。

**2. 硬式谈判**

硬式谈判又称立场型谈判,是指参与者只关心自己的利益,注重维护己方的立场,不轻易向对方做出让步的谈判。如果双方都采取这种态度和方针,则极易陷入立场性争执的泥沼,增加谈判的时间和成本。

**3. 原则型谈判**

原则型谈判是指参与者既注重维护合作关系,又重视争取合理利益的谈判。处理谈判过程关键要素的基本原则包括:①谈判者要将谈判过程中人的因素与谈判的具体问题区别开;②谈判者应关注双方实质性的利益,而不是表面的立场;③为了共同的利益,谈判者要努力创造各种可供选择的解决方案;④如果遇到利益冲突,谈判者应该采用客观标准来衡量彼此的利益范围。

原则型谈判是一种既注重理性又注重感情,既关心利益又关心关系的谈判风格,在谈判活动中的应用很广泛。实践证明,这种谈判风格达成的协议,在履行过程中比较顺利,毁约、索赔的情况也比较少。

## 第三节　商务谈判的类型

按照不同的分类标准商务谈判的类型划分也具有很大的差异,具体来说,主要有以下几种划分方法:

### 一、国内商务谈判和国际商务谈判

按照地区范围来划分,商务谈判可分为国内商务谈判和国际商务谈判。

(一) 国内商务谈判

国内商务谈判是国内各种经济组织及个人之间所进行的有关商品、劳务和技术等的商务谈判,包括国内的商品购销谈判、商品运输谈判、仓储保管谈判、联营谈判、经营承包谈判、借款谈判和财产保险谈判等。

(二) 国际商务谈判

国际商务谈判是本国政府及各种经济组织与外国政府及各种经济组织之间所进行的商务谈判。在国际商务活动中,不同的利益主体需要就共同关心或感兴趣的问题进行磋商,协调和调整各自的经济利益或政治利益,谋求在某一点上取得妥协,从而在使双方都感到有利的基础上达成协议。所以可以说,国际商务谈判是一种对外经济贸易活动中普遍存在的十分重要的经济活动,是调整和解决不同国家或地区政府及商业机构之间不可避免的经济利益冲突的必不可少的手段。

### 二、买方谈判、卖方谈判和代理谈判

按照交易地位不同来划分,商务谈判可分为买方谈判、卖方谈判和代理谈判。

(一) 买方谈判

买方谈判是指以购买者(购买商品、服务、技术、证券和不动产等)身份参与的商务谈判。买方谈判的特点表现为重视搜集信息、追求最优惠价格、对不同情况施加不同的谈判

压力。

**1. 重视搜集信息**

在买方谈判中，买方在谈判准备阶段，搜集与谈判标的有关的技术与价格资料，以确定自己的谈判目标；在谈判开始阶段，了解对方态度和可能发展的趋势，以把握谈判的方向；在谈判过程中，注意对方的交易政策和谈判策略，确定或调整自己的谈判策略。

**2. 追求最优惠价格**

因为买方是花钱人，他不会随随便便就"成交"、就"签约"，而要在价格上极力压价。即使是老商品、传统的供货渠道，买方也会以种种理由追求最优惠的价格。

**3. 对不同情况施加不同的谈判压力**

买方会根据不同情况选择和调整自己的谈判态度及给对方压力的强度。由于买方对市场进行选择的余地较大，所以一般情况下，在市场上有多个供货渠道时，买方会更加吹毛求疵，只有当某种商品发生短缺，或处于垄断地位时，买方才会卑躬屈膝。

**（二）卖方谈判**

卖方谈判是指以供应商（提供商品、服务、技术、证券和不动产等）身份参与的商务谈判。卖方谈判中卖方地位也不以谈判地点为转移。卖方谈判的特点表现为主动性强、虚实相交、"打""停"结合三个方面。

**1. 主动性强**

因卖方是推销其商品、技术、服务的，这一过程的顺利及实现速度的快慢，对于保证其企业发展、职工就业、市场占有率、投入的收益等有着非常重要的意义，所以在谈判上主动性比较强。

**2. 虚实相交**

在卖方谈判中，卖方谈判态度一方面表现为对交易的诚恳、心切，另一方面又表现为在价格上软中带硬，不大愿意降价。在介绍情况时，真真假假，或明或暗，对有些条件，如技术条件，不愿全盘托出，有时为了吸引住对方，介绍情况时有很大的水分。因此，在商务谈判中，自己是卖方时，对技术条件等内容做适当的保留，争取卖出好的价钱；而当我方为买方时，则要注意识别对方哪些是"实"、哪些是"虚"，防止上当受骗。

**3. "打""停"结合**

卖方谈判有时表现为"冲锋陷阵"，有时表现为"鸣金收兵""打打停停""停停打打"。运用这一特征，或是为了对付买方谈判者的重压，或是为了克服身居异地进行谈判带来的不方便，这对于加强卖方谈判者的谈判地位，通盘考虑各种方案或具体方案的细枝末节，取得谈判成功是非常必要的。

**（三）代理谈判**

代理谈判是指谈判人本身并不是当事人，而是受人委托参与某项交易的谈判。代理谈判有全权代理（有签约权）和一般代理（无签约权）两种情况。因为谈判人不是交易的主人，越过授权范围做出的应允一般难于兑现，不仅给双方造成不便，代理人自身也负不起责任。因此，代理人的谈判十分注重自己的授权范围，并且常常以"此事须去请示""本人权力有限"为借口绕开谈判中出现的难题，有时为了婉转地向对方施加压力，也采用"权力有限"谋略。

**1. 在授权范围内进行**

代理人因为是代表交易主人在授权范围内参与谈判，因此他十分注意自己被授予权限的界限，一般都谨慎地、准确地在委托范围之内行事。否则一旦超越权限，签订的合同也就无法履行或兑现，他自身也难负起责任。

**2. 谈判地位超脱**

因为是代理，是受人之托参与谈判，是相对于买方、卖方之外的"第三者"，所以带给人以超脱、"客观"的印象。而谈判中常以代理谈判这一特点，运用代理的"第三者身份"来评品买卖双方条件，以迷惑、说服对方，从而达到实现交易或谈判成功的目的。

**3. 谈判态度积极**

由于代理人的特殊地位客观上决定了他在态度上要积极，在工作上要主动。否则，委托人就不会真正放心，不可能给予他更大的谈判权限，也不可能让对方感到委托人的实力地位和最终达成协议的可能。

### 三、一对一谈判、小组谈判和大型谈判

按照谈判的人员数量多少来划分，商务谈判可分为一对一谈判、小组谈判和大型谈判。

（一）一对一谈判

一对一谈判又称单人谈判，是指谈判双方各由一位代表出面谈判的方式。它有多种形式，包括采购员与推销员的谈判、推销员与顾客的谈判、采购员与客户的谈判等。

**1. 采用一对一谈判的原因**

（1）供需双方有着长期的合作关系，谈判双方都比较熟悉，对交易的条款、内容也都比较明确。

（2）推销员或采购员拜访客户（顾客）。双方各自有权决定在什么条件下售卖或购买商品。

（3）续签合同的谈判。由于具体内容及条款在以往的谈判中都已明确，只需在个别地方进行调整与修改，所以，谈判内容简单、明确。

（4）在许多重要的、大型谈判的过程中，对于某些具体细节的讨论，不需要所有人都参加谈判，或者是从更好地解决问题的角度出发，双方主要代表单独接触比较好，也会采取一对一的谈判形式。

**2. 采用一对一谈判的优点**

（1）谈判规模小，因此，在谈判工作的准备和地点、时间安排上，都可以灵活、变通。

（2）由于谈判双方人员都是自己所属公司或企业的全权代表，有权处理谈判中的一切问题，从而避免了令出多头、无法决策的不利局面。

（3）谈判的方式可以灵活选择，气氛也比较和谐融洽，特别是当双方谈判代表比较熟悉和了解时，谈判就更为融洽。

（4）一对一谈判克服了小组谈判中人员之间相互配合不利的状况。谈判一方人员的相互配合和信任是战胜对手、争取谈判主动的主要条件，因此，许多重要的谈判采取小组谈判与一对一谈判交叉进行。

（5）一对一谈判既有利于双方沟通信息，也有利于双方封锁消息，当某些谈判内容高度保密，或由于时机不成熟，不宜让外界了解时，一对一谈判是最好的谈判方式。

## （二）小组谈判

小组谈判是指每一方都是由两个以上的人员参加协商的谈判形式。

**1. 采用小组谈判的原因**

采用小组谈判的原因非常简单，主要是因为小组谈判可以解决一对一谈判所无法解决的问题，因此，小组谈判多用于大多数正式谈判，特别是内容重要、复杂的谈判。

**2. 采用小组谈判的优点**

（1）每个人由于经验、能力、精力多种客观条件的限制，不可能具备谈判中所需要的一切知识和技能，因此，需要小组其他成员的补充和配合。

（2）集体的智慧与力量是取得谈判成功的保证。这在谈判双方人员对等的情况下，表现可能不太明显，但如果双方人数有差别，人多的一方就很可能在气势上占了上风，人少的一方可能寡不敌众，甚至自己丧失了自信心，败下阵来。

（3）采用小组谈判方式，可以更好地运用谈判谋略和技巧，更好地发挥谈判人员的创造性、灵活性。

（4）小组谈判有利于谈判人员采用灵活的形式消除谈判的僵局或障碍。例如，小组某一成员可以担当谈判中间人或调节人的角色，提出一些建议，缓和谈判气氛，也可以采用小组人员相互磋商的办法，寻找其他的解决途径，避免一对一谈判中要么"不"，要么"是"的尴尬局面。

（5）经过小组谈判达成的协议或合同具有更高的履约率，因为双方认为这是集体协商的结果，而不是某个人的决策。集体的决定对其成员有更大的约束力，经由集体讨论产生的协议具有极大的合理性。

## （三）大型谈判

大型谈判是指为谈判班子配备阵营强大的拥有各种高级专家的顾问团和智囊团的一种谈判方式，主要是国家级、省市级或重大项目的谈判。

大型谈判涉及方面较多，内容也多，持续时间较长，一般一年以上到十年。而且，大型谈判往往是关系国计民生的、影响地方乃至国家经济发展的重大项目的谈判。这类谈判通常由若干人组成，有一两名负责人作为谈判的总指挥，参加谈判的成员中既有主要人员，也有聘请的有关专家和顾问。谈判时，在负责人的指挥下，全体人员各负其责、相互配合、共同作战。这类谈判的程序比较严密，时间也长，一般还要分为若干层次和阶段。

# 四、主座谈判、客座谈判和中立地点谈判

按照谈判进行时所在的地点来划分，商务谈判可分为主座谈判、客座谈判和中立地点谈判。

## （一）主座谈判

主座谈判又称主场谈判，是在自己所在地组织的谈判。主座谈判是在不远离自己熟悉的工作和生活环境，自己做主人的情况下所组织的商务谈判。主座谈判具有谈判信心足、礼貌待客、内外线谈判等特点。

**1. 谈判信心足**

由于谈判是在自己企业所在地或附近进行，谈判时间表、各种谈判资料的准备、新情况新问题的请示汇报均比较方便，从心理上给主座谈判人一种安全感，在谈判的态度上也能表

现出充满信心、自信心强、从容不迫等特点。

**2. 礼貌待客**

作为东道主，无论"真心"还是"假意"，都必须懂得礼貌待客，包括迎来送往，住、行、食、谈等都要安排妥当，使对方感到一种温暖如家的环境气氛。这种礼遇对主座谈判人也是一种谈判上的策略，可促使客座谈判人积极考虑主座谈判人的各种要求。因为礼貌可以换得"信赖"，双方可在信任的基础上进行会谈，这样，谈判中的难题才容易解开。

**3. 内外线谈判**

因为谈判在自己的企业或附近举行，客座谈判人就有条件了解主座谈判人内部的情况。例如，客座谈判人要求参观工厂，为的是更好地了解东道主的情况。如果主座谈判人为买方，客座谈判人参观则是为了了解买方的条件、能力等；如果主座谈判人为卖方，客座谈判人参观则是为了了解卖方的成本、产品质量、包装、储运条件、库存等；如果双方是合作方，则要了解企业的现场管理、职工的素质、企业的信誉等。

（二）客座谈判

客座谈判也叫客场谈判，是在谈判对手所在地组织的一种谈判。通俗地讲，客座谈判是指在外地或国外进行的谈判。客座谈判有客随主便与主应客求、较强的语言要求、易受冷落和灵活应变等特征。

**1. 客随主便与主应客求**

到异国他乡进行谈判，会有许多陌生或不熟悉的地方，这在谈判开始时会形成一些无形的障碍，从而在谈判地位上显得较被动，表现为"客随主便"。但这种现象只能是自然的、暂时的，作为客人对主人的尊重应视为礼貌的表现，而客座谈判人也要学会在谈判过程中积极提出反要求，使主人考虑客人的意见。

**2. 较强的语言要求**

到国外去谈判，最好会讲当地语言，会写当地文字，如果达不到这一要求，则双方要选择一种统一的工作语言。目前，世界上较为常用的工作用语言为英语。一般来讲，即使工作语言为英语，当客座谈判在非英语国家时，如会讲当地语言，则能带来许多便利。例如，思想容易沟通、可以监听对手内部之间的谈话等，这对于促进谈判，获得尽可能好的条件有着积极的意义。

**3. 易受冷落**

客居他乡，谈判人会受到各种限制条件的约束，如逗留时间、授权范围、远距离通信、经费限额等困难。如果碰到比较顽强的对手，则客座谈判人会面临以下几种选择：让步到底、坚持到底、一走了之。

**4. 灵活应变**

在客座谈判中，要灵活掌握谈判的态度、及时调整谈判的策略。态度不硬不行，对于那些根本不合理或过于苛刻的条件就要硬，但硬得过分，硬得时间过长也不行；态度过软也不行，任其发展不一定是好事。客座谈判要根据处境，从实际情况出发，分析主人的地位、心理变化，把握市场动态，在不利中掌握主动。对有成功希望，对方有诚意者，可灵活调整谈判策略，做出条件上的适当让步，对无诚意者，则不能随便降低自己的条件；对确无希望者，则不必浪费时间，而应另寻客户。

尽管客座谈判相对被动，但是，只要注意以下几点仍旧可能取得意想不到的结果：

（1）要入境问俗、入国问禁。要了解各地、各国的不同风俗和禁忌，国情和政情，以免做出伤害对方感情的事情。只要提前准备、多问多听就能防止类似的事情发生。

（2）要审时度势、争取主动。在客场谈判中，客居他乡的谈判者受到各种条件的限制，如客居时间、上级授权的权限、信息沟通的困难等。客场谈判人在这种处境中，要审时度势、灵活反应、争取主动，包括分析市场、主人的地位、心理变化等。

（3）要配备好的翻译、代理人。要自己配备好的翻译和代理人，不能随便接受对方推荐的相关人员，以防泄露商业机密。

**（三）中立地点谈判**

中立地点谈判是指谈判既不在己方也不在对方所在地，而是在双方协商的某地点组织的谈判。中立地点谈判的特点是选择第三地作为谈判地点，表现出本次谈判不存在倾向性，双方均无东道主地域优势，策略运用的条件相当，双方谈判地域环境较为公平。

中立地点谈判的缺点在于选择第三地作为谈判地点，会造成谈判成本的增加。双方首先要为谈判地点的选择和确定而谈判，地点确定本身比较复杂。因此，中立地点谈判通常为相互关系不融洽、信任程度不高的谈判双方所选用。

谈判的地点应该是经过慎重考虑的。在进行选择时，应考虑到即将进行的谈判的性质、涉及的群体、谈判目标、涉及的问题以及利益。选择合适的谈判地点是非常重要的，因此应该永远将其视为谈判准备过程中的一环，并加以谨慎对待。

## 五、口头谈判和书面谈判

按照谈判的信息交流方式不同来划分，商务谈判可分为口头谈判和书面谈判。

**（一）口头谈判**

口头谈判是指谈判双方在会谈时，不提交任何书面形式的文件，而是面对面地洽谈协商口头提出的交易条件；或者在异地用电话商谈。

口头谈判的优势表现在：谈判中双方面对面地洽谈交易，有利于谈判各方当面提出条件和意见，也便于谈判者察言观色，掌握对方心理，施展谈判技巧。同时，无论是谈判者在推销滞销商品，还是采购紧俏商品，双方都有说服对方的余地。

口头谈判的劣势表现在：①要在谈判期限内做出成交与否的决定，没有充分的考虑时间，因而要求谈判人员具有较高的决策水平，一旦决策失误，就可能给自己造成经济损失或者失去成交的良机；②要支付往返差旅费和礼节性招待费，费用开支较大。因此，它适用于首次交易谈判、同城或相近地区的商务谈判、长期谈判、大宗交易谈判或者贵重商品的谈判。

口头谈判的特点有：

**1. 谈判的直接性与灵活性**

由于谈判双方是面对面地进行洽谈协商，能够察言观色，掌握对方心理，可以全面深入地了解对方的资金、信誉、谈判作风等情况；针对谈判的进程和谈判过程中出现的问题，采取具体、灵活的措施，调整谈判策略和谈判目标。

**2. 谈判的广泛性**

由于谈判双方可以广泛地选择谈判对象和谈判内容，对谈判时间的要求也不严格，对于那些可能出现的争议尽快地协商解决，而且一般是采取先磋商、后签约的方式，通过口头谈判，先摸清对方的底细，然后才能承担某些义务。

**3. 利用感情因素**

面对面的谈判或多或少地会产生一些感情，谈判人要善于利用这种感情因素来强调自己的谈判条件，使对方接受。同时，口头谈判还可以配合身姿、手势、面部表情等，促使谈判成功。

### （二）书面谈判

书面谈判主要适用于有经常性经济交往活动的谈判、产品批量大而供应范围广的购销谈判，以及远距离谈判等。由于书面谈判和口头谈判两种谈判形式各有利弊，因此，在实际工作中，常把两种谈判结合在一起使用。有时候在一般情况下采取书面谈判的交易，在特殊情况下也可以改用口头谈判；经常有交往的双方，在原先双方约定的交易条件不变时，交易就可以用书面谈判。但不论采取哪种形式，只要是通过谈判达成协议，一般都要签订书面合同。

书面谈判的特点有：

**1. 准备充分，资料翔实**

双方事先都以书面形式提供了议事日程、谈判内容、所提建议、愿意承担的义务等，这些都经过详细的研究。这样，双方就有比较充足的时间考虑对方的提议，可促使谈判过程早日完成。

**2. 谈判成本低**

由于书面谈判一般不需要谈判人员四处奔走，只需花费通信费，而不需花费差旅费和招待费，因此书面谈判费用开支要比口头谈判费用开支节省得多。

**3. 间接性**

由于具体的谈判人员互不见面，双方可以不考虑谈判人员的身份，把主要精力集中在双方条件的洽谈上，从而避免因谈判者的级别、身份不对等而影响谈判的开展和交易的达成。

## 六、商品贸易谈判、技术贸易谈判和劳务合作谈判

按照谈判的事项所涉及的经济活动内容来划分，商务谈判可分为商品贸易谈判、技术贸易谈判和劳务合作谈判。

### （一）商品贸易谈判

**1. 商品贸易谈判的内容**

商品贸易谈判的内容是以商品为中心的，主要包括商品的品质、商品的数量、商品的包装、商品的运输、保险、商品检验、商品价格、货款结算支付方式及索赔、仲裁和不可抗力等条款。

（1）商品的品质。商品的品质是指商品的内在质量和外观形态，商品的内在质量表现在商品的化学成分、生物学特征，及其物理、力学性能等方面；其外在形态具体表现为商品的造型、结构、色泽、味觉等技术指标或特征。

（2）商品的数量。买卖商品的数量，与采用相应的计量单位有关。例如，表示重量单位的有吨、公斤、磅等，表示个数单位的有件、双、套、打等。在国际贸易中，由于各国采用的度量衡制度不同，同一计量单位所代表的数量也各不相同，因而在谈判中应明确规定使用哪一种度量衡制度，以免产生误会和争议。

（3）商品的包装。在商品交易中，除了散装货、裸装货外，绝大多数商品都需要包装。市场上的商品包装不仅变化快，而且设计的档次越来越高，作为商务谈判者，必须精通包装材料、包装形式、装潢设计、运装标志等具体问题。

（4）商品的运输。在商品交易中，卖方向买方收取货款是以交付货物为条件的，所以运输方式、运输费用以及交货地点依然是商务谈判的重要内容。运输方式有公路运输、水路运输、铁路运输、航空运输和管道运输等；运输费用的计算标准有按货物重量计算、按货物体积计算、按货物件数计算、按商品价格计算等；此外，装运时间、地点和交货时间、地点也会直接影响交易成本。

（5）保险。商品贸易的保险主要是指货物保险，包括贸易双方的保险责任、具体明确办理保险手续和支付保险费用的承担者，如外贸中的离岸价格（FOB）和成本加运费价格（CFR），商品装船交货后，卖方不承担保险，责任由买方承担。而到岸价格（CIF）是指商品装船后，运输过程中的保险责任仍由卖方负责。

（6）商品检验。商品检验主要包括商品检验权、检验机构、检验内容、检验证书、检验时间、检验地点、检验方法和检验标准等，通过检验，由有关检验部门出具证明，作为买卖双方交接货物、支付货款和处理索赔的依据。

（7）商品价格。商品价格是商务谈判中最重要的内容，它的高低直接影响着贸易双方的经济利益，商品的价格是根据不同的定价依据、定价目标、定价方法和定价策略来制定的。商品的价格还受商品成本、市场供求状况和竞争状况等因素的影响。另外，谈判人员还要考虑该商品的市场生命周期、市场定位、市场购买力等因素，判断市场供求变化趋势和签约后可能发生的价格变动，以此来确定商品交易价格。

（8）货款结算支付方式。商务谈判中货款结算支付的方式、期限、地点等对谈判结果也会产生重大影响。国内贸易货款结算方式分为现金结算和转账结算。现金结算是直接以现金支付货款的结算方式；转账结算可分为异地结算和同城结算，前者的主要方式有托收承付、信用证、汇兑等，后者的主要方式有支票、付款委托书、限额结算等。

（9）索赔、仲裁和不可抗力。在商品交易中，买卖双方常常会因彼此的权利和义务引起争议，并由此引起索赔、仲裁等情况的发生。索赔是一方认为对方未能全部或部分履行合同规定的责任时，向对方提出赔偿的要求；仲裁是双方当事人在谈判中磋商约定，在本合同履行过程中发生争议，经协商或调解不成时，自愿把争议提交给双方约定的第三者（仲裁机构）运行裁决的行为；不可抗力又称人力不可抗力，通常是指合同签订后，不是由于当事人的疏忽过失，而是由于当事人所不可预见，也无法事先采取预防措施的事故，如地震、水灾、旱灾等自然原因或战争、政府封锁、禁运、罢工等社会原因造成的不能履行或不能如期履行合同的全部或部分。

**2. 商品贸易谈判的特点**

与其他商务谈判相比，商品贸易谈判有以下特点：

（1）难度相对简单。商品贸易谈判的难度相对较为简单，一是大多数货物均有通行的技术标准；二是大多数交易均属重复性交易；三是谈判内容大多围绕与实物商品有关的权利和义务。

（2）条款比较全面。商品贸易谈判通常包括：①货物部分的谈判，如标的、品质、数量、包装、检验等；②商务部分的谈判，如价格、交货、支付、索赔等；③法律部分的谈判，如不可抗力、仲裁与法律适用等。习惯上货物部分和商务部分的条款为主要条款，其他条款列为一般条款。

### （二）技术贸易谈判

技术贸易是指技术拥有方把生产所需要的技术和有关权利，通过贸易提供给技术需求方加以使用。它把技术当作商品，按商业交易的条件和方式进行有偿转让，这是商品经济条件下技术转让的最主要的方式。

联合国国际贸易与发展会议制定的《国际技术转让行动守则（草案）》中明确指出：国际技术转让是指制造产品、应用生产方法或提供服务所需的系统知识的转让，并不延伸到货物的单纯买卖或租赁。

**1. 技术贸易谈判分类**

技术贸易谈判是科技协作谈判中的一种主要的项目。所谓科技协作谈判，是在科研、试制成果转让、技术转让、技术咨询、技术服务等科技协作活动中，明确相互权利、义务关系的协议过程。

一般来说，科技协作项目通常分为以下几种：

（1）科研、试制谈判。即委托或合作进行某项科研，围绕项目开展单项或与某项课题研究配套的协作、中间试验、中间生产、新产品的试制、工业性试验等，并取得报酬的协议，具体包括委托科研、委托负责监制、选定技术引进和科研项目承包等项目的谈判。

（2）成果推广谈判。即把某项科技成果以特定的条件授予另一方应用，并取得报酬的协议。

（3）技术转让谈判。即把已完成的技术成果、新的工业生产技术（包括新工艺和新产品），生产上的专有技术和技术诀窍，技术革新成果，经过中间试验、技术成熟可靠的科技成果，从国外引进的经过消化的新技术等，提供另一方应用并取得报酬的协议。

（4）技术咨询谈判。即提供给对方科学技术性的资料、技术经济情报、技术经济预测，或对科研项目、工程项目的设计和技术改造、软件设计、技术引进和设备进口项目进行可行性研究和技术经济论证等，并取得报酬的协议。

（5）技术服务谈判。即为科技成果的评价、鉴定、推广转移提供技术服务，为生产单位的技术攻关及新技术、新产品、新材料、新工艺、新设备、新流程的研究、开发、设计和应用提供技术服务，测试设备互用等并取得报酬的协议。

**2. 技术贸易谈判的主要特点**

技术作为特殊的商品进行买卖，有其自己的特点：

（1）技术贸易多数是技术使用权的转让。由于同一技术同时可供给众多生产企业使用，所以国际上绝大多数的技术贸易都是技术使用权的转让，而不是技术所有权的转让。技术拥有者并不会因为把技术转让给他人而失去对该技术的所有权，他自己仍可使用，也可转让给其他人使用这项技术。

（2）技术贸易是双方一个较长期的密切合作过程。由于技术转让是知识和经验的传授，其目的是使用新的技术并用于生产，因此签订技术贸易合同后，履行合同一般要经过提供技术资料、培训技术人员、现场指导以及进行技术考核、验收，乃至继续提供改进技术等过程。

（3）技术贸易双方既是合作伙伴，又是竞争对手。技术贸易双方往往是同行，技术转让方既想通过转让获取收益,又担心接受方获得技术后,制造同类产品,成为自己的竞争对手。因此,技术转让方一般不愿把最先进的技术转让出去,或者在转让时附加某些不合理的限制性条款以约束接受方。

(4) 技术贸易的价格较难确定。技术贸易中技术转让后,转让方并没有失去对这项技术的所有权,他仍可使用这项技术或可多次转让,以获取更多的经济利益。因此,决定技术价格的主要因素是接受方使用这项技术后所能获得的经济效益,而接受方所获得的经济效益在谈判和签订合同时往往又难以准确预测。

### (三) 劳务合作谈判

劳务合作谈判是指劳务合作双方就劳务提供的形式、内容、时间、劳务价格、计算方法、劳务费的支付方式,以及有关合作双方的权利、责任、义务关系等问题所进行的谈判。由于劳务本身不是具体的商品,而是一种通过人的特殊劳动,将某种生产资料改变其性质或形状,满足人们的一定需求的劳动过程,因此,劳务合作谈判与一般货物买卖谈判是明显不同的。

劳务合作谈判的基本内容包括劳动力供求的层次、数量、素质、职业、工种、技术水平、劳动地点(国别、地区、场所)、时间、劳动条件、劳动保护、劳动工资、劳动保险和福利。除此之外,劳务合作谈判还应依据劳动法规规范,确定谈判内容与条件。

## 七、横向谈判与纵向谈判

按照谈判议题的顺序来划分,商务谈判可分为横向谈判与纵向谈判。

### (一) 横向谈判

横向谈判首先要确定谈判所涉及的问题,然后轮番讨论每个问题,直到所有的问题谈妥为止。

**1. 横向谈判的优点**

(1) 议程灵活,方法多样。不过分拘泥于议程所确定的谈判内容,只要有利于双方的沟通与交流,可以采取任何形式。

(2) 多项议题同时讨论,有利于寻找变通的解决办法。

(3) 有利于更好地发挥谈判人员的创造力、想象力,更好地运用谈判策略和谈判技巧。

**2. 横向谈判的缺点**

(1) 加剧双方的讨价还价,容易促使谈判双方做出对等让步。

(2) 容易使谈判人员纠缠在枝节问题上,而忽略了主要问题。

一般来讲,大型谈判、涉及两方以上人员参加的谈判大都采用横向谈判的方式;而规模较小、业务简单,特别是双方已有过合作历史的谈判,则可采用纵向谈判的方式。

### (二) 纵向谈判

纵向谈判是指在确定谈判的主要问题后,逐个讨论每一个问题和条款,讨论一个问题,解决一个问题,一直到谈判结束。

**1. 纵向谈判的优点**

(1) 程序明确,把复杂问题简单化。

(2) 每次只谈一个问题,讨论详尽,解决彻底。

(3) 避免多头牵制、议而不决的弊病。

（4）适用于原则性谈判。

**2. 纵向谈判的缺点**

（1）议程确定过于死板，不利于双方沟通交流。

（2）讨论问题时不能相互通融，当某一问题陷于僵局后，不利于其他问题的解决。

（3）不能充分发挥谈判人员的想象力、创造力，不能灵活、变通地处理谈判中的问题。

## 第四节　沟通的基本概念

### 一、沟通的含义与实质

**（一）沟通的含义**

沟通是信息凭借一定符号载体，在个人或群体间有意识或无意识地从发送者到接受者进行传递，并获取理解的过程。

沟通具有两方面含义：一方面，沟通是人与人之间的信息交换和意义的传达，如果信息和想法没有被传递到，则意味着沟通没有发生；另一方面，沟通也是人与人之间情感表达和交流的过程。

沟通的信息是包罗万象的，可以分为事实、情感、价值观、意见观点等，如果信息接受者对信息类型理解与发送者不一致，就有可能导致沟通障碍和信息失真。在许多发生误解的问题中，其核心都在于接受人对信息到底是意见观点的叙述还是事实的叙述混淆不清。例如，"小李常常在单位开会时发言"和"小李爱出风头"是两人对同一现象做出的描述，但是结论却大相径庭。一个良好的沟通者必须谨慎区别基于推论的信息和基于事实的信息，也要完整理解传递来的信息，既获取事实，又分析发送者的价值观、个人态度，这样才能做到有效沟通。

良好的沟通常被错误地理解为沟通双方达成协议，使别人接受自己的观点。但是，一个人可以非常明白对方的意思，却不一定同意对方的看法。沟通双方能否达成一致协议，往往并不是由沟通良好与否这个因素决定的，它还涉及双方根本利益是否一致，价值观念是否类同等其他关键因素。例如，在谈判过程中双方如果存在根本利益冲突，即使沟通过程中不存在任何干扰，谈判双方沟通技巧十分娴熟，也不能达成一致协议。

**（二）沟通的实质**

作为生活中的一种重要现象，沟通的原理和技巧与沟通的实质密切相关。

首先，沟通是符号象征的过程。任何沟通，无论其形式如何，都要借助某种符号。可以这样说，凡是可以表达一定意义的事物，都属于符号的范畴，具体包括文字、表情、动作、语气、语调等。

其次，任何符号都是用来代表或指称某种事物的，其本身没有特定的意义。符号所代表的东西即符号的意义，是人们给予的，不是法定的。同样的事物可以用不同的符号来代表，而同样的符号也能代表不同的意思。例如，计算机也可以称电脑，White Elephant（白象）方便面，在国内是个好商标，但是在国外则滞销，因为，在很多国家，大象是圣物，不能作为商标；Beer Belly（啤酒肚）对于不懂的人，则是一堆字母，没有任何意义。

再次，有效的沟通必须是沟通的双方使用同一种符号系统，如WTO（World Trade

Organization）是世界贸易组织，FDI（Foreign Direct Investment）是外国直接投资等。此外，即使我们不懂某种文字，仍然可以在一定程度上与使用这种文字的人进行沟通，如面部表情。

最后，保证沟通有效性的一个重要前提是创造共同的知识经验。随着人们社会生活的不断丰富，符号的意义也在发生变化。例如，当前在年轻人中流行的"粉丝""东东""蓝瘦香菇"等词汇，还有很多网络用语，其意义都与文字本身的意思没有任何关系。如果一个人不了解这些词汇背景的话，仅凭文字本身，肯定是无法理解的。

正是由于人们的知识和经验不可能完全一样，所以，对于某个符号的意义的解释也就出现了分歧。在美国，用拇指和食指捏成一个圈向别人伸出时，象征"OK"（好的）这个词；在日本，这个手势表示钱；而在有的国家，这个动作常常伴随以咬紧牙关，表示深恶痛绝。所以，保证沟通有效性的一个重要前提是创造共同的知识经验。

## 二、沟通的原则

任何沟通都是有目的的，沟通双方都希望通过沟通来满足自己某方面的需要。如果沟通双方在沟通中能够清楚地了解对方的沟通目的，能在不损害自身利益的前提下站在对方的角度提供对方期待得到的东西，那么沟通就会实现双赢。

### （一）信息组织原则

所谓信息组织原则，就是沟通双方在沟通之前应该尽可能地掌握相关信息，在向对方传递这些信息时应尽可能地简明、清晰、具体。

**1. 全面对称**

全面性是指在沟通中是否提供了全部的必要信息。例如，询问的全部问题是否回答完整；是否在需要时提供了额外的信息等。对称性是指根据对方的需求提供精确的信息。例如，是否根据沟通环境和对象，采用相应的语言表达方式、正确的数据资料。

**2. 简明清晰**

简明性即用尽量少的语言传达尽量丰富的内容，也就是尽量避免乏味冗长的语言表达，避免不必要的重复，所发出信息只包含相关的有用信息等，这既节约双方的时间，也是尊重人的表现。清晰性是指要求沟通者清晰地思考和清晰地表达，选用熟悉、具体、精确的词语，避免晦涩、深奥的语言。

**3. 具体生动**

幽默从来都是良好沟通的润滑剂，因此在沟通中应尽量采用幽默风趣、生动活泼的语言。

### （二）尊重他人原则

**1. 真诚礼貌**

沟通中要做到真诚、礼貌，即发自内心地使用礼貌用语，用尊重人的语气，选用非歧视性的表达方式等。要学会肯定对方，要善于从对方的语言中提炼出正确的思想。不要好为人师，时刻想显示自己高人一等，实际上是对自己的贬低。

**2. 注重礼节**

注意礼节就是要求沟通者从信息接收者的角度去准备每一个沟通的信息，要设法站在受众的位置去思考问题，充分关注信息接收者的背景和需要，尽可能向受众提供全面系统的信息，还应考虑信息接收者的愿望、问题、环境、情绪和可能的反应。礼节来自态度的真诚，不但应习惯性、礼貌地运用"谢谢""请"等词语和社会规范，关键还在于对他人的尊重和关心，是发自内心的。

**3. 积极倾听**

沟通的过程也就是倾听的过程。在与人相处中，学会聆听是训练自己专心投入的品格的手段，要耐心听别人说话，虚心接受别人的教诲。不重视别人的话的真正内容，漫不经心地回答对方，结果会使谈话越来越乏味，无法做到有效沟通。

### （三）连贯谈话原则

在沟通过程中，为使沟通能达到较好的效果，我们还必须遵从连贯谈话原则。要保持沟通连续性就要做到：相互交流时，要学会多提问，而不要急于针对对方的观点下结论，推销自己的观点；在回答对方的问题之前，先要听完对方的话，不要轻易打断别人的话，即使需要提出问题，一次也只说二三句，给别人说话的机会；轮流讲话以保持谈话的连贯性，肯定他人话语的价值，目的在于共同帮助解决问题；应学会多提问，以避免长时间停顿；同时要注意主题和时间的把握，不能出现"一言堂"现象。

### （四）合理定位原则

**1. 问题导向定位：对事不对人原则**

建设性沟通的"对事不对人"原则就是要求沟通双方不要搞人身攻击；不要轻易给人下结论，要学会克制自己，从解决问题的角度考虑沟通策略。即使在进行以行为和事件为中心的人事评估时，问题导向的沟通也是有用的，如果以人身导向的沟通方式发出信息，那么还是解决不了问题。

**2. 责任导向定位：自我显性原则**

自我显性的沟通承认思想源泉属于个人而非他人或集体，承担个人评论的责任，使用第一人称"我""我的"，以表明自我显性的沟通。自我隐性的沟通将信息归之于不为人知的第三者、群体或外部环境，而沟通者就逃避了对信息承担责任，因而也就逃避了进入真正的交流。

**3. 事实导向定位：描述性原则**

避免评价性沟通所造成的负面影响的策略是描述性沟通，描述性沟通尽量避免给人做评价和下结论，也避免了无穷无尽相互防卫的倾向。实现描述性沟通的过程可分为以下三步：

第一步：描述客观事情、行为或环境。要求：避免指控。例如，这个月有三个顾客向我抱怨，你没有对他们的要求做出答复。

第二步：关注行为与你的反应，而不是他人的态度。要求：描述你的反应和感受；描述已发生或将发生的客观结果。例如，每一个顾客都威胁说，若我们再不对他们做出更有效的反应，他们将不再到我们这里来了，我对这种情况很担心。

第三步：关注解决问题的方案。要求：避免讨论谁对谁错；建议另一个可接受的替代方案；对其他的替代方案要开明。例如，我们俩都需要重新获得他们的信任，并向他们表明你是负责的。又如，你可以对他们的系统做一次免费分析。

此外，在沟通中要坚持客观描述性原则在于，一个有效的策略是沟通的信息具有针对性，沟通主体能针对具体问题与对方交流自己的看法。总的来说，沟通语言越具有针对性，就越能起到良好的沟通效果。

针对性的沟通，要求采用特定的陈述方式，例如，"这次活动，你60%的时间都用于评价性议论，而描述仅占10%。"就具体问题做特定的描述，远比非特定性的"你需要提高沟通技巧"这种说法有效得多。例如，分析下述三组沟通的效果：

第一组：A："你从不征求我的意见。"

B："不，我征求了。在我做决定之前总是向你请教。"

第二组：A："你从不考虑其他人的感情。"

B："不，我是考虑的，我是非常为别人着想的。"

第三组：A："这工作糟透了。"

B："不，这是项非常伟大的工作。"

前面的一组例子中，如果采用针对性的表述，结果就会大不一样。

第一组：A："你昨天做的决定没有征求我的意见。"

B："是的。尽管我通常征求你的意见，但我原以为这件事不重要。"

第二组：A："你给我们的答复带着讽刺。让我觉得你不太考虑我们的感受。"

B："真对不起！我也知道自己常常讽刺他人而不顾其感受。"

第三组：A："按时完工的压力影响了我工作的质量。"

B："按时完工是我们工作的一部分，让我们想想办法来减轻压力。"

## 第五节 沟通的要素与分类

### 一、沟通的要素

整个沟通过程由七个要素组成，包括信息源、信息、通道、信息接收者、反馈、噪声或障碍、背景等。

**1. 信息源**

信息源是具有信息并试图进行沟通的人，他们引发沟通过程，决定以谁为沟通对象，并决定沟通的目的。作为信息源的沟通者，在实施沟通前，必须首先在自己丰富的记忆里，选择试图沟通的信息，并进行恰当的组织。另外，信息源的态度、技能、情绪状态等都可能影响沟通的效果。

**2. 信息**

从沟通意向的角度来说，信息是沟通者试图传达给别人的观念和情感。个人的感受不能直接为信息接收者所接受，因而它们必须转化为各种不同的、可为别人所觉察的信号。也就是把信息转化为信息接收者可以接受的形式，如文字、口头语言或表情等，这个过程叫作编码（Coding）。

**3. 通道**

通道所指的是沟通信息所传达的方式以及信息传递的渠道。人们的五种感觉器官都可以接收信息，但最大量的信息是通过视听途径获得的。日常生活中所发生的沟通也主要是视听沟通。

**4. 信息接收者**

信息接收者是指信息源发出的信息的接收人。信息接收者在接收携带信息的各种特定音形符号之后，必须根据自己的已有经验，将其转译成信息源试图传达的知觉、观念或情感。这个复杂的过程叫解码（Decoding）。在面对面的沟通过程中，信息源与信息接收者的角色是不断转换的，前一个时限的信息接收者，可能成为下一个时限的信息源。在日常生活中，每一个人都必须很好地了解如何才能有效地理解别人和让别人理解，了解沟通过程中信息的转译和传递机制。

**5. 反馈**

在沟通过程中，沟通的每一方都在不断地将信息回馈另一方，这种回馈过程就称作反馈。有效的反馈包括正面反馈和建设性反馈。正面反馈是给予适时的赞许、表彰或鼓励，希望对方能再接再厉，取得更大进步；建设性反馈是当通过交流发现对方的不足之处，或与沟通者的观点背道而驰时，可以恰当地给对方一个建议，让对方改进或尝试接受你的观点。此外，反馈不一定来自对方，人们也可以从自己发送信息的过程或已发出的信息中获得反馈。

**6. 噪声或障碍**

噪声或障碍是指在沟通过程中干扰信息发送者和信息接收者之间交流的因素，是影响沟通的一切消极、负面因素，它存在于沟通过程的各个环节，并有可能造成信息损耗或失真。典型的噪声主要包括发送噪声、传输噪声、接受噪声、系统噪声、环境噪声、背景噪声及数量噪声等七大噪声，这些都会在一定程度上影响沟通的效果。

**7. 背景**

背景是指沟通发生的情境，它影响沟通的每一个因素，同时也是影响整个沟通过程的关键因素。在沟通过程中，许多意义是由背景提供的，甚至语词的意义也会随着背景而改变。同样一句："你真够坏的！"如果是亲密朋友在家里亲切交谈的背景，那么这句话并不是谴责的意思，而意味着欣赏、赞美。可以设想，如果将这句话用于其他情景，其意义会是什么，其所指的对象会做出怎样的反应。背景包括以下四种：心理背景、物理背景、社会背景和文化背景。

## 二、沟通的分类

### （一）言语沟通和非言语沟通

根据信息载体的不同，沟通可分为言语沟通和非言语沟通。

**1. 言语沟通**

言语沟通（Verbal Communication）是指以语词符号实现的沟通，可以分为口头言语沟通与书面言语沟通。口头言语沟通是指借助于口头语言实现的沟通，是日常生活中最为常用的沟通形式，同时也是保持整体信息最好的沟通方式。平时的交谈、讨论、开会等都离不开口头语言的沟通。

书面言语沟通是指借助于书面文字材料实现的信息交流。书面言语沟通可以修正内容，因而是一种准确性较高的沟通方式。书面言语沟通的另一个优点是具有持久性，它使沟通过程超越了时间和空间的限制，人们不仅可以通过文字记载来研究古人的思想，也可以将当代人的成就传给后代。

**2. 非言语沟通**

非言语沟通（Nonverbal Communication）包括身体语言沟通、副语言沟通和物体操纵。现实生活中非言语沟通传递了大约55%的信息。

身体语言沟通，包括动态的身体语言和静态的身体语言两种。动态的身体语言是通过动态无声性的目光、表情动作、手势语言和身体运动等实现沟通；静态的身体语言是通过无声性的身体姿势、空间距离及衣着打扮等实现沟通。

副语言沟通是指通过非语词的声音，如重音、声调的变化、哭、笑、停顿等来实现的。语言表达方式的变化，尤其是语调的变化，可以使字面相同的一句话具有完全不同的含义。例如，一句简单的口头语，"真棒"，当音调较低、语气肯定时，表示由衷的赞赏。而当音调升高、语气抑扬时，则有可能变成刻薄的讥讽或幸灾乐祸。

物体操纵包括环境的布置、辅助仪器与设备的使用等。例如，在正式的宴会上，座位的安排是表达某种信息的重要手段；办公室的位置和地点是表明一个人地位和身份的重要信息源。

（二）正式沟通和非正式沟通

根据途径的不同，沟通可分为正式沟通和非正式沟通。

**1. 正式沟通**

正式沟通（Formal Communication）是在组织系统内部，根据组织原则与组织管理制度进行的信息传递与交流，包括组织对内对外的公文来往、会议、命令等。正式沟通一般以书面沟通为主，是受到管理人员重视的传统方式。

正式沟通对内建立在组织内部管理制度之上，对外则依据社会主流的交往规则（如道德、法律）。其优点是沟通效果比较好，比较严肃，约束力强，易于保密，可以使公共关系保持权威性。重要的信息和文件的传达，组织的决策一般都采用正式沟通的渠道。其缺点是各层次层层传递，显得呆板而缺乏灵活性，沟通的速度比较慢，也存在着信息失真或扭曲的可能。另外，正式沟通很难做到双向沟通，因此沟通效果也比较差。

**2. 非正式沟通**

非正式沟通（Informal Communication）是指组织成员私下的交谈、传闻和"小道消息"等。非正式沟通一般体现的是感情交流的功能。非正式沟通与正式沟通的区别有三点：①它不受社会层级的控制；②大多数人相信通过非正式沟通获得的信息更可靠；③非正式沟通在很大程度上与人们的切身利益休戚相关。

非正式沟通的优点在于沟通形式灵活多样、直接明了、反应迅速，可以让人们容易、及时地了解到正式沟通难以提供的"内幕"。但是非正式沟通的缺点是难以控制，传递的信息不确切，容易失真，而且，它可能导致组织内形成小集团、小圈子，影响组织的凝聚力和人心稳定。

（三）下向沟通、上向沟通、平行沟通和斜向沟通

根据信息流向的不同，沟通可分为下向沟通、上向沟通、平行沟通和斜向沟通四种。

**1. 下向沟通**

下向沟通（Downwards Communication）是指提供指导、控制，对业绩进行反馈，解释政策和程序。这是在传统组织内最主要的沟通流向。一般以命令方式传达上级组织或其上级领导所决定的政策、计划、规定之类的信息，有时颁发某些资料供下属使用。

**2. 上向沟通**

上向沟通（Upwards Communication）是指给高层管理者提供反馈或建议，主要是下属依照规定向上级提出的正式书面报告或口头报告。除此以外，许多机构还采取某些措施鼓励向

上沟通,如意见箱、建议制度以及由组织举办的征求意见的座谈会或态度调查等。

**3. 平行沟通**

平行沟通(Sideways Communication)是指与完成工作有关的交流,主要是同层次、不同业务部门之间的沟通。在正式沟通系统内,一般机会并不多,若采用委员会和举行会议的方式,往往所费时间、人力甚多,而达到的沟通效果并不很大。

**4. 斜向沟通**

斜向沟通(Diagonal Communication)又称越级沟通、交叉沟通,是指组织内不同层级部门之间或个人的沟通,它时常发生在职能部门和直线部门之间。

### (四)浅层沟通和深层沟通

根据沟通时信息涉及人情感、态度、价值观领域的程度深浅不同,沟通可分为浅层沟通和深层沟通。

**1. 浅层沟通**

浅层沟通(Shallow Communication)是指在管理工作中必要的行为信息的传递和交换,如管理者将工作安排传达给部属,部属将工作建议告诉主管等。企业的上情下达和下情上传都属于浅层沟通。

浅层沟通的特点有:①浅层沟通是企业内部信息传递工作的重要内容;②浅层沟通的内容一般仅限于管理工作表面上的必要部分和基本部分,不涉及情感态度等;③浅层沟通一般较容易进行。

**2. 深层沟通**

深层沟通(Deep Communication)是指管理者和下属为了有更深的相互了解,在个人情感、态度、价值观等方面较深入地相互交流。有价值的随便聊天或者交心谈心都属于深层沟通。其作用主要是使管理者对下属有更多的认知和了解,便于依据适应性原则满足他们的需要,激发员工的积极性。

深层沟通的特点有:①深层沟通不属于企业管理工作的必要内容,但它有助于管理者更加有效地管理好本部门或本企业的员工;②深层沟通一般不在企业员工的工作时间内进行;③深层沟通难以进行,因为深层沟通必然占用沟通者和接收者双方的时间,也要求相互投入情感。深层沟通的效果受制于沟通过程本身。

### (五)单向沟通和双向沟通

根据沟通信息的反馈情况不同,沟通可分为单向沟通和双向沟通。

**1. 单向沟通**

单向沟通(One Way Communication)是指没有反馈的沟通。例如,电话通知,书面指示,电视、电话会议等。

单向沟通的优点是传达信息速度快、容易控制、发送信息的人不会受到攻击(发送信息不会受到另一方的挑战,能保持发送信息者的威严)。单向沟通的缺点是有一方是完全被动的、有时难辨是非,准确性差,信息接收者易产生挫折与抗拒心理。

**2. 双向沟通**

双向沟通(Two Way Communication)是指有反馈的沟通,如讨论、面谈等。在双向沟通中,沟通者可以检验接收者是如何理解信息的,也可以使接收者明白其所理解的信息是否正确,并可要求沟通者进一步传递信息。

第一章　商务谈判与沟通概述

双向沟通的优点是准确性高、接收信息的人更有信心（有反馈的机会，对自己的判断更有信心，并有参与感和光荣感）。双向沟通的缺点是费时费力、信息接收者有心理压力、传递信息速度慢、易受干扰，并缺乏条理性。

### （六）自我沟通、人际沟通和群体沟通

根据信息接收者的数量不同，沟通可分为自我沟通、人际沟通和群体沟通。

**1. 自我沟通**

自我沟通（Self-Communication）是指沟通在个人自身内部发生，即信息的发送者和接收者的行为是由一个人来完成的，如通过各种方式进行的自我肯定、自我反省等。自我沟通过程是人际沟通与群体沟通的基础。当人们在对别人说出一句话或做出一个举动前，就已经经历了复杂的自我沟通过程。

**2. 人际沟通**

人际沟通（Interpersonal Communication）是指在两个人之间的信息交流过程，其最大的特点是有意义的互动性。即人际沟通必须是两个人之间的，有信息的发送者及接收者，同时有传播信息的媒介，并且双方能达成理解上的一致。广义的人际沟通包括一切人与人之间发生的各种形式的沟通，每个人与家人、朋友、上级、下属、同事之间关系的建立和持续，都必须通过这种沟通来实现。

**3. 群体沟通**

群体沟通（Group Communication）又称小组沟通，或者团队沟通，是指在三个或三个以上的个体之间进行的沟通，包括个体和群体之间、群体和群体之间的一对多、多对多的正式或非正式沟通，如会议、演讲、谈判等。

## 案例分析

### 一个经典的谈判案例

国王亚瑟被俘，本应被处死刑，但对方国王见他年轻乐观，十分欣赏，于是就要求亚瑟回答一个十分难的问题，如果答得出来就可以得到自由。

这个问题就是："女人真正想要的是什么？"

亚瑟开始向身边的每个人征求答案：公主、牧师、智者……结果没有一个人能给他满意的回答。

有人告诉亚瑟，郊外的阴森城堡里住着一个老女巫，据说她无所不知，但收费高昂，且要求离奇。

期限马上就到了，亚瑟别无选择，只好去找女巫，女巫答应回答他的问题，但条件是，要和亚瑟最高贵的圆桌武士之一，他最亲近的朋友加温结婚。

亚瑟惊骇极了，他看着女巫，驼背、丑陋不堪、只有一颗牙齿，身上散发着难闻的气味……而加温高大英俊、诚实善良，是最勇敢的武士。

亚瑟说："不，我不能为了自由强迫我的朋友娶你这样的女人！否则我一辈子都不会原谅自己。"

加温知道这个消息后，对亚瑟说："我愿意娶她，为了你和我们的国家。"

于是婚礼被公之于世。

女巫回答了这个问题："女人真正想要的，是主宰自己的命运。"

每个人都知道女巫说出了一条伟大的真理，于是亚瑟自由了。

婚礼上女巫用手抓东西吃、打嗝，说脏话，令所有的人都感到恶心，亚瑟也在极度痛苦中哭泣，加温却一如既往的谦和。

新婚之夜，加温不顾众人劝阻坚持走进新房，准备面对一切，然而一个从没见过面的绝世美女却躺在他的床上，女巫说："我在一天的时间里，一半是丑陋的女巫，一半是倾城的美女，加温，你想我白天或是夜晚是哪一面呢？……"

这是个如此残酷的问题，如果你是加温，你会怎样选择呢？

当时提出这个问题的人格心理学的教授话音一落，同学们先是静默，继而开始热烈地讨论，答案更是五花八门，不过归纳起来不外乎两种：一种选白天是女巫，夜晚是美女，因为老婆是自己的，不必爱慕虚荣；另一种选白天是美女，因为可以得到别人羡慕的眼光，而晚上可以在外作乐，回到家一团漆黑，美丑都无所谓。听了大家的回答，教授没有发表意见，只说这故事其实是有结局的，加温做出了选择。于是大家纷纷要求老师说出结果。

老师说，加温回答道："既然你说女人真正想要的是主宰自己的命运，那么就由你自己决定吧！"

女巫终于热泪盈眶："我选择白天夜晚都是美丽的女人，因为我爱你！"

人生永远在这样的矛盾当中，作为对手，总是希望你提供最低的价钱，最好的服务。作为供应商，你总是想报价尽量高，提供的服务尽量少。但是，如果你知道对手这个行为后面的价值观，也许你能鱼与熊掌二者兼得。

问题：
1. 根据案例指出谈判获取成功的关键因素有哪些？
2. 亚瑟、加温、女巫各代表谈判中什么身份的谈判者？
3. 加温的成功之处有哪些？（分析提示：谈判的概念、属性、要素、原则）

## 一个经典的沟通案例

乔走进凯茜的办公室，大约是上午九点半，她正埋头工作。

"嗨，凯茜，"乔说，"今晚去观看联赛比赛吗？你知道，我今年志愿参加。"

"噢，乔，我实在太忙了。"

接着，乔就在凯茜的办公室里坐下来，说道："我听说你儿子是个非常出色的球员。"

凯茜将一些文件移动了一下，试图集中精力工作。她答道："啊？我猜是这样的。我工作太忙了。"

乔说："是的，我也一样。我必须抛开工作，休息一会儿。"

凯茜说："既然你在这儿，我想你可以比较一下，数据输入是用条形码呢，还是用可视识别技术？可是……"

乔打断她的话，说："外边乌云密集，我希望今晚的比赛不会被雨浇散了。"

凯茜接着说:"这些技术的一些好处是……"她接着说了几分钟,又问:"那么,你怎样认为?"

乔回答道:"噢,不,它们不适用。相信我。除了客户是一个水平较低的家伙外,这还将增加项目成本。"

凯茜坚持道:"但是,如果我们能向客户展示它能使他省钱并能减少输入错误,他可能会支付实施这些技术所需的额外成本。"

乔惊叫起来:"省钱!怎样省钱?通过解雇工人吗?我们这个国家已经大幅度裁员了。而且政府和政治家们对此没有任何反应。你选举谁都没关系,他们都是一路货色。"

"顺便说一下,我仍需要你报告进展的资料,"凯茜提醒他,"明天我要把它寄给客户。你知道,我们需要一份很厚的报告向客户说明我们有多忙。"

"什么?没人告诉我。"乔说。

"几个星期以前,我给项目团队发了一份电子邮件,告诉大家在下个星期五以前我需要每个人的数据资料。而且,你可能要用到这些作为你明天下午的项目情况评审会议准备的材料。"凯茜说。

"我明天必须讲演吗?这对我来说还是个新闻。"乔告诉她。

"这在上周分发的日程表上有。"凯茜说。

"我没有时间与篮球队的所有成员保持联系,"乔自言自语道,"好吧,我不得不看一眼这些东西了。我用我6个月以前用过的幻灯片,没有人知道它们的区别。那些会议只是一种浪费时间的方式,没有人关心它们,人人都认为这只不过是每周浪费2个小时。"

"不管怎样,你能把你对进展报告的资料在今天下班以前以电子邮件的方式发给我吗?"凯茜问。

"为了这场比赛,我不得不早一点离开。"

"什么比赛?"

"难道你没有听到我说的话吗?联赛。"

"或许你现在该开始做我说的这件事情了。"凯茜建议道。

"我必须先去告诉吉姆有关今晚的这场比赛,"乔说。"然后我再详细写几段。难道你不能在明天我讲述时做记录吗?那将给你提供你做报告所需的一切。"

"不能等到那时,报告必须明天发出,我今晚要在很晚才能把它搞出来。"

"那么,你不去观看这场比赛了?"乔问。

"一定把你的输入数据通过电子邮件发给我。"

"我不是被雇来当打字员的,"乔声明道。"我手写得更快一些,你可以让别人打印。而且你可能想对它进行编辑,上次给客户的报告与我提供的资料数据完全不同。看起来是你又重写了一遍。"

问题:

1. 两人交流中存在哪些问题?
2. 凯茜和乔怎样处理这种情况会更好?

## 复习思考题

1. 什么是谈判？什么是商务谈判？
2. 谈判活动有什么特点？
3. 你认为什么样的谈判才能算得上真正成功的谈判？
4. 商务谈判中着眼于利益与着眼于立场有何联系和区别？
5. 为什么商务谈判中要把人与问题分开？怎样做到？
6. 根据谈判所涉及的经济内容可把商务谈判分成哪几种？具体内容是什么？
7. 什么是沟通？沟通的实质是什么？
8. 沟通遵循的原则有哪些？
9. 沟通的要素有哪些？
10. 非语言沟通的方法有哪些？你认为哪种方法最为重要？
11. 什么是双向沟通？双向沟通的优缺点各是什么？
12. 人际沟通的风格有哪些？不同人际沟通风格的特点是什么？

# 第二章 商务谈判与沟通理论

商务谈判与沟通等行为都有一定的共性和规律，这就是商务谈判与沟通的理论。学习和研究商务谈判与沟通的相关理论，才能更深入地理解工作和生活中人们的各种行为的产生原因和应对办法。

**本章学习重点**

重点掌握马斯洛需求层次理论、赫兹伯格双因素理论。
掌握博弈理论和纳什均衡。
掌握公平理论和黑箱理论。
理解 X 理论、Y 理论和 Z 理论。
了解霍桑研究和期望理论。

## ◆ 导入案例

### 囚 徒 困 境

有两个囚徒一起做坏事，结果被警察发现，抓了起来，分别关在两个独立的不能互通信息的牢房里进行审讯。在这种情形下，两个囚犯都可以做出自己的选择：或者供出他的同伙（即与警察合作，从而背叛他的同伙），或者保持沉默（也就是与他的同伙合作，而不是与警察合作）。这两个囚犯都知道，如果他俩都能保持沉默的话，就都会被释放，因为只要他们拒不承认，警方无法给他们定罪。但警方也明白这一点，所以他们就给了这两个囚犯一点儿刺激：如果他们中的一个人背叛，即告发他的同伙，那么他就可以被无罪释放，同时还可以得到一笔奖金。而他的同伙就会被按照最重的罪来判决，并且为了加重惩罚，还要对他施以罚款，作为对告发者的奖赏。当然，如果这两个囚犯互相背叛的话，两个人都会被按照最重的罪来判决，谁也不会得到奖赏。

那么，这两个囚犯该怎么办呢？

（资料来源：施锡铨. 博弈论 [M]. 上海：上海财经大学出版社，2000.）

## 第一节 马斯洛需求层次理论

### 一、需求层次理论的产生

马斯洛的需求层次理论,是著名的美国犹太裔人本主义心理学家亚伯拉罕·马斯洛(Abraham Harold Maslow)在1943年出版的《人类动机的理论》一书中提出的:人类价值体系存在两类不同的需求:一类是沿着生物谱系上升方向逐渐变弱的本能或冲动,称为低级需求和生理需求;另一类是随生物进化而逐渐显现的潜能或需求,称为高级需求。低层次的需求基本得到满足以后,它的激励作用就会降低,其优势地位将不再保持下去,高层次的需求会取代它,成为推动行为的主要原因。有的需求一经满足,便不能成为激发人们行为的起因,于是被其他需求取而代之。

人的需求从低级到高级可分为"生理需求""安全需求""归属需求""尊重需求""自我实现需求"五个层次。这五种需求不可能完全满足,愈到上层,满足的百分比愈少,而且,任何一种需求并不因为下一个高层次需求的发展而告消失,各层次的需求相互依赖与重叠,高层次的需求发展后,低层次的需求仍然存在,只是对行为影响的比重减轻而已。

### 二、马斯洛需求层次理论的主要内容

马斯洛需求层次理论的具体内容如图2-1所示。

图2-1 马斯洛需求层次理论

**1. 生理需求**

生理需求包括维持生存的需求,如食物、睡眠、性欲等,若这些需求得不到满足,则有生命危险。

显然,这种生理需求具有自我和种族保护的意义,以饥渴为主,是人类个体为了生存而必不可少的需求。当一个人存在多种需求时,如同时缺乏食物、安全和爱情,总是缺乏食物的饥饿需求占有最大的优势,则说明当一个人为生理需求所控制时,那么其他一切需求都被

推到幕后。

**2. 安全需求**

安全需求比生理需求较高一级,当生理需求得到满足以后就要保障这种需求。每一个在现实中生活的人,都会产生安全感的欲望、自由的欲望、防御的实力的欲望。希求被保护与免于威胁,从而获得安全感的需求,表现为安全稳定,以及有医疗保险、失业保险和退休福利等。具体表现在以下几方面:

(1) 物质上的,如操作安全、劳动保护和保健待遇等。

(2) 经济上的,如失业、意外事故、养老等。

(3) 心理上的,希望解除严酷监督的威胁、希望免受不公正待遇,工作有应付能力和信心等。

**3. 归属需求**

归属需求也被称为社会需求,包括被别人接纳、爱护、关注、欣赏、鼓励等需求,表现为渴望得到家庭、团体、朋友、同事的关怀爱护和理解,是对友情、信任、温暖、爱情的需求。社交的需求与个人性格、经历、生活区域、民族、生活习惯、宗教信仰等都有关系,这种需求一旦成为推动力,就会令人具有持久的干劲。

归属需求具体来说包括以下方面:

(1) 社交欲,即广义的亲情、友情,以及两性间的爱,是体现在人与人之间的互相信任、深深理解和相互给予上的爱与被爱。

(2) 归属感,即每个人都希望成为某一团体中的一员,这样,遇到困难时,就能有团体中的人为其提供帮助;伤心难过时,就能够有熟识的人可以供其倾吐心声、发发牢骚等。

**4. 尊重需求**

尊重需求是指与自尊有关的,如自尊心、自信心,是人对独立、知识、成就、能力的需求等。基于这种需求,愿意把工作做得更好,希望受到别人重视,借以自我炫耀,指望有成长的机会、有出头的可能。显然,尊重的需求很少能够得到完全的满足,但基本上的满足就可产生推动力。尊重需求可分为自尊、他尊和权力欲三类。

尊重需求也可以划分为以下两类:

(1) 渴望实力、成就、适应性和面向世界的自信心,以及渴望独立与自由。

(2) 渴望名誉与声望。声望为来自别人的尊重、受人赏识、注意或欣赏。

**5. 自我实现需求**

自我实现需求是指人的精神层面臻于真善美的至高境界而获得的需求。满足这种需求就要完成与自己能力相称的工作,最充分地发挥自己的潜在能力,成为所期望的人物,这是一种创造的需求。

有自我实现需求的人,似乎在竭尽所能,使自己趋于完美。自我实现意味着充分地、活跃地、忘我地、集中全力地、全神贯注地体验生活。成就感追求一定的理想,往往使得这个人废寝忘食地工作,把工作当作是一种创作活动,希望为人们解决重大课题,从而完全实现自己的抱负。

后来,马斯洛进一步完善了需求层次理论,除了前面提到的五个层次需求又增加了求知和理解的需求、美感的需求两个层次。

求知和理解的需求是指人类希望不断增添学识和智慧,充分探究未知世界的一种欲求。

美感的需求是指人类行为的最高层次的动机，是人类追求美好事物、寻求美的感受和欲求。这七种需求的重要性随层次提高而递减，一般按此顺序展开，但也不排除有时会交叉出现。

## 第二节　人力资源理论

主要的人力资源理论有：X 理论、Y 理论和 Z 理论，激励-保健理论，马斯洛的需求层次理论，霍桑研究，期望理论。因为马斯洛的需求层次理论的应用最为广泛，因此在第一节中进行了详细的介绍。

### 一、X 理论、Y 理论和 Z 理论

**1. X 理论**

道格拉斯·麦格雷戈（Douglas McGregor）把对人的基本假设做了区分，即 X 理论和 Y 理论。X 理论认为：人们总是尽可能地逃避工作，不愿意承担责任，因此要想有效地进行管理，实现组织的目标，就必须实行强制手段，进行严格的领导和控制。

X 理论的人性假设有：

（1）人类本性懒惰，厌恶工作，只要可能，他们就会逃避工作，尽可能地逃避劳动。

（2）由于员工不喜欢工作，所以对大多数人都必须进行强迫、控制以及指挥，甚至要以惩罚相威胁，才能使他们尽到自己的努力，达到组织目标。

（3）员工只要有可能就会逃避责任，安于现状。因此，激励只在生理和安全需求层次上起作用。

（4）大多数员工喜欢安逸，没有雄心壮志，怕负责任，宁可被领导骂，因此，绝大多数人只有极少的创造力。

因此，企业管理的唯一激励办法，就是以经济报酬来激励生产，只要增加金钱奖励，便能取得更高的产量。所以这种理论特别重视满足员工生理及安全的需求，同时也很重视惩罚，认为惩罚是最有效的管理工具。

**2. Y 理论**

Y 理论则是建立在个人和组织的目标能够达成一致的基础之上的。Y 理论认为，工作是人的本能，人们会对承诺的目标做出积极反应，并且能够从工作中获得情感上的满足；员工在恰当的工作条件下愿意承担责任。

Y 理论的假设条件有：

（1）一般的人在本质上并不厌恶工作。

（2）外部控制和惩罚威胁并不是能够使人们为组织目标而奋斗的唯一手段；如果员工对某些工作做出承诺，他们会进行自我指导和自我控制，以完成任务。

（3）激励人们的最好办法是满足他们的成就感、自尊感和自我实现感等此类的高层次需求。

（4）在适当的条件下，一般的人不仅愿意承担责任而且会主动地去寻求责任感。

（5）较高的想象力、理解力、在解决组织问题的过程中所运用的创造力等各种能力，是非常广泛地体现在每一个人身上的，而不是仅仅集中在少数人的身上。绝大多数人都具备

做出正确决策的能力，而不仅仅管理者才具备这一能力。

依据Y理论的分权和授权、参与式和协商式的管理、员工绩效的自我批判等在管理沟通与谈判中运用广泛。

**3. Z理论**

Z理论是由日裔美国学者威廉·大内（William Ouchi）在1981年出版的《Z理论》一书中提出来的，其研究的内容为人与企业、人与工作的关系。

Z理论的内容如下：

（1）畅通的管理体制。管理体制应保证下情充分上达；应让员工参与决策，及时反馈信息。特别是在制定重大决策时，应鼓励第一线的员工提出建议，然后再由上级集中判断。

（2）基层管理者享有充分的权利。基层管理者对基层问题要有充分的处理权，还要有能力协调员工们的思想和见解，发挥大家的积极性，开动脑筋制定出体现集体智慧的建议方案。

（3）中层管理者起到承上启下的作用。中层管理者要起到统一思想的作用，统一向上报告有关情况，提出自己的建议。

（4）长期雇用员工。企业要长期雇用员工，使员工增加安全感和责任心，与企业共荣辱、同命运。

（5）关心员工的福利。管理者要处处关心员工的福利，设法让员工们心情舒畅，营造上下级关系融洽、亲密无间的氛围。

（6）创造生动的工作环境。管理者不能仅仅关心生产任务，还必须设法让员工们感到工作不枯燥、不单调。

（7）重视员工的培训。要重视员工的培训工作，注意多方面培养他们的实际能力。

（8）员工的考核。考核员工的表现不能过窄，应当全面评定员工各方面的表现，长期坚持下去，作为晋级的依据。

Z理论认为，一切企业的成功都离不开信任、敏感与亲密，因此主张以坦白、开放、沟通作为基本原则来实行"民主管理"。

## 二、激励-保健理论

激励-保健理论（Motivation-Hygiene Theory），也称"双因素理论"或"保健二因理论"，是美国心理学家赫兹伯格（Frederick Herzberg）提出的，他认为员工对待工作的态度很大程度上取决于工作或任务的成败。

按照赫兹伯格的理论，导致工作满意的因素和导致工作不满的因素是有区别的，这些导致工作不满的因素称为保健因素，具体来说包含工作场所、薪水、工作保障、监督、人际关系、组织政策，任何一个组织要想让其人员维持一个工作水平，就必须让这五个因素维持在使员工满意的水平。而那些带来工作满意感的因素称为激励因素，具体来说包含成就感、赏识（褒奖）、工作本身、责任、升迁、发展等。当这些导致员工工作不满的保健因素得到改善时，员工的不满感降低；而要想真正激励员工努力工作，则必须重视激励因素，只有这些因素才会真正提高员工的满意度。

## 三、霍桑研究

霍桑试验从1924年开始，是在西方电器公司的霍桑工厂中进行的，试验包括照明试验、福利试验、访谈试验、群体试验。最初研究的目的是检查不同的照明水平对工人生产率的影响。经过新的试验,美国管理学家梅奥(George Elton Mayo)得出的结论有:①群体对个人的行为有巨大的影响;②群体工作标准规定了单个工人的产量;③在决定产量方面,金钱因素比群体标准、群体情绪和安全感的作用要小。

霍桑研究的理论贡献表现在:

**1. 人才是企业发展的动力之源**

人、财、物是企业经营管理必不可少的三大要素,而人力又是其中最为活跃、最富于创造力的因素。即便有最先进的技术设备、最完备的物质资料,没有了人的准确而全力的投入,所有的一切也将毫无意义。对于人的有效管理不仅是高效利用现有物质资源的前提,而且是一切创新的最基本条件。但是人的创造性是有条件的,是以其能动性为前提的。富有生产力的员工才是企业真正的人才,才是企业发展的动力之源。因此,企业的管理者既要做到令股东满意、顾客满意,更要做到令员工满意。针对不同的员工,不同层次的需求分别对待,不仅要满足其物质需求,还要有更深层次的社会需求的满足,即受到尊重、受到重视,能够体现自我的存在价值等。

**2. 有效沟通是管理中的艺术方法**

早在霍桑访谈试验中,梅奥就已经注意到,亲善的沟通方式不仅可以了解员工的需求,更可以改善上下级之间的关系,从而使员工更加自愿地努力工作。具有成熟智慧的管理者会认为倾听别人的意见比表现自己渊博的知识更重要。他要善于帮助和启发他人表达出自己的思想和感情,善于聆听别人的意见,激发他们的创造性思维,这样不仅可以使员工增强对管理者的信任感,还可以使管理者从中获取有用的信息,更有效地组织工作。此外,适时地赞誉别人也是管理中极为有效的手段。在公开的场合对有贡献的员工给予恰当的称赞,会使员工增强自信心和使命感,从而努力创造更佳的业绩。

**3. 企业文化是寻求效率逻辑与感情逻辑之间的动态平衡的有效途径**

发现非正式组织的存在是梅奥人际关系理论的重要贡献,他发现员工不是作为一个孤立的个体而存在,而是生活在集体中的一员,他们的行为很大程度上受到集体中其他个体的影响。只有个人、集体、企业三方的利益保持均衡时,才能最大限度地发挥个人的潜能。这就需要培养共同的价值观,创造积极向上的企业文化,协调好组织内部各利益群体的关系,增加企业凝聚力。

## 四、期望理论

期望理论(Expectancy Theory)又称"效价-手段-期望理论",是由北美著名心理学家和行为科学家维克托·弗鲁姆(Victor H. Vroom)于1964年在《工作与激励》中提出来的一种激励理论,他认为:激励(Motivation)取决于行动结果的价值评价(即效价,Valence)和其对应的期望值(Expectancy)的乘积,即 $M = VE$。

期望理论的具体内容包括以下方面:

**1. 效价($V$)——工作态度**

效价是指达到目标对于满足他个人需求的价值。由于效价受个人价值取向、主观态度、优势需求及个性特征的影响,因此,同一个目标对每一个人可能有三种效价:正、零、负。如果个人喜欢其可得的结果,则为正效价;如果个人漠视其结果,则为零值;如果不喜欢其可得的结果,则为负效价。效价越高,激励力量就越大。例如,一个希望通过努力工作得到升迁机会的人,在他心中,升迁的效价就很高;如果他对升迁漠不关心,毫无要求,那么升迁对他来说效价就等于零;如果这个人对升迁不仅毫无要求,而且害怕升迁,那么,升迁对他来说,效价就是负值。

**2. 期望值（$E$）——工作信心**

期望是指一个人根据以往的能力和经验,在一定的时间里希望达到目标或满足需求的一种心理活动。期望值是人们判断自己达到某种目标或满足需求的可能性的主观概率。目标价值大小直接反映人的需求动机强弱,期望概率反映人实现需求和动机的信心强弱。期望与现实之间一般有三种可能性,即期望小于现实、期望大于现实、期望等于现实。这三种情况对人的积极性的影响是不同的。例如,人只有跳起来能摘到苹果时,才会用最大的力量去摘;倘若跳起来也摘不到,人就不跳了;如果坐着能摘到,无须去跳,便不会使人努力去做。由此可见,领导者给员工制定工作定额时,要让员工经过努力就能完成,再努力就能超额,这才有利于调动员工的积极性。定额太高使员工失去完成的信心,他就不努力去做;太低,唾手可得,员工也不会努力去做。

**3. 效价与期望值的关系**

在实际生活中,每个目标的效价与期望常呈现负相关。难度大、成功率低的目标既有重大社会意义,又能满足个体的成就需求,具有高效价;而成功率很高的目标则会由于缺乏挑战性,做起来索然无味,而导致总效价降低。因此,设计与选择适当的外在目标,使其既给人以成功的希望,又使人感到值得为此而奋斗,就成了激励过程中的关键问题。

## 第三节　博 弈 理 论

### 一、博弈要素及纳什均衡

博弈论（Game Theory）起源于 2000 年前,最初主要研究象棋、桥牌、赌博中的输赢问题,我国古代最为系统的一部博弈论专著是《孙子兵法》。现代经济博弈论是在 20 世纪 50 年代由美国著名数学家冯·诺依曼（Von Neumann）与经济学家奥斯卡·摩根斯特恩（Oscar Morgenstern）共同引入经济学的,目前,博弈论已成为经济分析的主要工具之一。

**（一）博弈要素**

**1. 局中人**

局中人（Players）是指在一场竞赛或博弈中,每一个有决策权的参与者都成为一个局中人。只有两个局中人的博弈现象称为两人博弈,而多于两个局中人的博弈称为多人博弈。

**2. 策略**

策略（Strategies）是指在一局博弈中,每个局中人都有实际可行的完整的行动方案,也就是说方案不是某阶段的行动方案,而是指导整个行动的一个方案。一个局中人的可行的自始至终全局筹划的一个行动方案,称为这个局中人的一个策略。

**3. 得失**

得失（Payoffs）是指一局博弈结束时的结果。每个局中人在一局博弈结束时的得失,不仅与该局中人自身所选择的策略有关,而且与全局中每个局中人所选择的一组策略有关。

### 4. 次序

次序（Orders）是指各博弈方的决策有先后之分，且一个博弈方要做不止一次的决策选择，就出现了次序问题，其他要素相同次序不同，博弈就不同。

### 5. 均衡

均衡（Equilibrium）是平衡的意思，是相关量处于稳定值。在供求关系中，某一商品市场如果在某一价格下，想以此价格购买此商品的人均能购买到它，而想卖的人均能卖出去，则该商品的供求就达到了均衡。

### （二）纳什均衡

纳什均衡（Nash Equilibrium）是指在一个策略组合中，所有的参与者面临这样一种情况，当其他人不改变策略时，他此时的策略是最好的。也就是说，此时如果他改变策略，他的支付将会降低。在纳什均衡点上，每一个理性的参与者都不会有单独改变策略的冲动。但纳什均衡点定义只局限于任何局中人不想单方面变换策略，而忽视了其他局中人改变策略的可能性，因此，在很多情况下，纳什均衡点的结论缺乏说服力。

## 二、博弈论在谈判中的应用

在谈判中，只有双方选择合作，而且谈判成功，才能使谈判双方获得由谈判带来的利益和价值。因此，我们可以据此确定谈判程序。

### 1. 合理确定风险值

风险值是指参与交易的各方对交易内容的评估而确定的指标。在谈判中，它不仅指商品价格，还包括一些非价值量衡量的因素，如产品质量、技术水平、资金与外汇风险等，而且由于涉及长期利益和短期利益、谈判双方是竞争者还是谈判者等因素，风险值确定变得更加复杂。

### 2. 确定合作剩余

根据博弈论，谈判双方存在合作与不合作两种结果，不合作就是双方没有达成协议，谈判破裂，双方仍保留各自的谈判资本，双方的利益总额是各自估值的总和。合作就是指谈判双方在交易条件下达成共识，签订合同，使交易顺利完成，双方的利益总额是各自估值的和与交易达成各自获得的利益。交易达成各自获得的利益就是合作比不合作增加的利益，也就是合作剩余。

### 3. 达成分享剩余的协议

由于谈判合作剩余的存在，使谈判双方都试图获得更多的利益，这就使得合作的可能性降低，为了避免出现不合作的可能，谈判双方就应该秉承互利共赢的原则，合理估算自己的风险值，从中找到双方都能接受的均衡点，共同分享合作剩余。

# 第四节　公　平　理　论

## 一、公平理论简介

公平理论又称社会比较理论，是美国行为科学家斯塔西·亚当斯（J. Stacy Adams）提出的一种激励理论。他指出：人的工作积极性不仅与个人实际报酬的多少有关，而且与人们对报酬的分配是否感到公平更为密切。人们总会自觉或不自觉地将自己付出的劳动代价及其所得到的报酬与他人进行比较，并对公平与否做出判断。

亚当斯认为：员工的积极性取决于他所感受的分配上的公正程度（即公平感），而职工的公平感取决于一种社会比较或历史比较。

当员工对自己的报酬做社会比较或历史比较的结果表明收支比率相等时，便会感到受到了公平待遇，因而心理平衡，心情舒畅，工作努力。反之，便会感到自己受到了不公平的待遇，产生怨恨情绪，影响工作积极性，有时甚至会产生挫折感、义愤感、仇恨心理、破坏心理等。少数时候，也会因认为自己的收支比率过高，产生不安的感觉或感激心理。

当员工感到不公平时，他可能千方百计地进行自我安慰，如通过自我解释，主观上造成一种公平的假象，以减少心理失衡或选择另一种比较基准进行比较，以便获得主观上的公平感；还可能采取行动，改变对方或自己的收支比率，如要求把别人的报酬降下来、增加别人的劳动投入或要求给自己增加报酬、减少劳动投入等，还可能采取发牢骚、讲怪话、消极怠工、制造矛盾或弃职等行为。

## 二、公平理论在谈判中的应用

谈判双方追求的利益不同，判定利益的标准也不同，这必然导致双方不公平的失衡感，因此，在谈判中，运用公平理论，促使双方达到各自认为公平的尺度显得尤为重要。

**1. 必须找到双方都能接受的公平标准**

只有按照双方认同的标准进行谈判，谈判的结果对双方来讲才是可以接受的、公平的。人们进行谈判就是要对合理的公平分配的标准达成共识。谈判成功后，人们之所以会对所获得的利益感到公平，关键在于参与分配的双方事先找到了一个共同认可的利益标准。

**2. 公平不是绝对的**

公平在很大程度上受到人们主观感受的影响，所以，在谈判中不应该盲目追求绝对公平，而应该去寻找对双方都有利的感觉上的相对公平。有时谈判一方做出很小的让步，但却觉得不公平；而有时一方已经做出很大的牺牲，对方仍旧觉得很公平。

除了具有利益外，由于公平是主观意识，是心理现象，因此，在谈判时应该从心理方面着手，提升谈判对手的公平感，促成合作。例如，谈判会场的布置、谈判时间的安排尽量贴近对方的喜好，在谈判过程中，要有礼貌，以获得对方的好感等。

# 第五节　其他谈判理论

## 一、奥尔德弗的 ERG 理论

**1. ERG 理论的核心观点**

美国耶鲁大学的克雷顿·奥尔德弗（Clayton Alderfer）于 1969 年提出一种与马斯洛的需求层次理论密切相关但又不同的人本主义需求理论，他把人的需求分为三类：①生存（Existence），即生理需求和安全需求；②关系（Relatedness），即社交、人际关系、相互尊重、成长的需求；③发展（Growth），即存在、关系和成长的需求。ERG 理论认为，当一个人在某一更高等级的需求层次受挫时，那么作为替代，他的某一较低层次的需求可能会有所增加。例如，如果一个人社会交往需求得不到满足，则可能会增强他对得到更多金钱或更好的工作条件的愿望。

ERG理论认为：较低层次的需求满足之后，会引发对更高层次需求的愿望，多种需求可以同时作为激励因素而起作用，并且当满足较高层次需求的企图受挫时，会导致人们向较低层次需求的回归。因此，管理措施应该随着人的需求结构的变化而做出相应的改变，并根据每个人不同的需求制定相应的策略。

**2. ERG理论在谈判中的应用**

奥尔德弗的ERG理论在谈判中的指导意义在于：

（1）实施商务谈判之前要分析、确定商务谈判者的需求等级状况，因为需求状况是决定其谈判行为的主要因素。

（2）应抓住并设法满足商务谈判人员的主导需求。抓住了对方的主导需求，也就抓住了对方的弱点和要害。如果商务谈判人员的主导需求得到满足，谈判中一些细枝末节的需求就会迎刃而解；如果商务谈判人员的主导需求无法得到满足，则谈判双方很难达成进一步的合作。

（3）分析商务谈判人员的高等级需求。随着社会的进步和经济的发展，人们低层次的需求得到满足之后，高层次的需求成为消费热点。谈判人员在确定谈判策略时，应注意开发对方的高层次需求，并在适当的时机向对方抛出，就会达到意想不到的谈判效果。

## 二、黑箱理论

**1. 黑箱理论的概念**

所谓"黑箱"，是指那些既不能打开，又不能从外部直接观察其内部状态的系统，例如，人们的大脑只能通过信息的输入、输出来确定其结构和参数。"黑箱方法"从综合的角度为人们提供了一条认识事物的重要途径，尤其对某些内部结构比较复杂的系统，对迄今为止人们的力量尚不能分解的系统，黑箱理论提供的研究方法是非常有效的。

黑箱理论实际上就是系统整体优化法，即从系统的观点出发，着重从整体与部分之间、整体与外部环境之间的相互联系中，综合地考察对象，从而达到全面地、最佳地解决问题的目的。

**2. 黑箱理论在商务谈判中的运用**

谈判是人际交往中一种特殊的双向沟通方式，对于从事领导工作、公关行业、职业推销者而言，谈判能力可以直接决定其工作进展和事业成功度。随着市场经济的发展和各种竞争的加剧，各行各业之间、人与人之间的争执随时可能发生。当事人（谈判的关系人）、分歧点（协商的标的）、接受点（协商达成的决议）作为谈判的三要素时刻出现在职场中。在双方当事人为了各自利益，围绕分歧点进行反复论证、讨价还价，最终共同设定接受点的过程中，接受点一度作为黑箱存在，所以，谈判的过程，也是黑箱被逐渐打开的过程。

## 三、比尔·斯科特的谈判"三方针"理论

英国谈判专家比尔·斯科特（Bill Scott）以"谋求一致""皆大欢喜""以战取胜"为方针，提出了自己的谈判理论。他极力推崇在友好、和谐的气氛下谋求一致的谈判方针，也积极主张在谋得己方最大利益的前提下，给对方以适当的、满足的皆大欢喜的谈判方针，还

主张尽力避免种种冲突型的以战取胜的方针。

此外，美国谈判协会会长杰勒德·尼尔伦伯格（Gerard I. Nierenberg）在马斯洛的需求层次理论的基础上又将各种谈判分为三个层次：个人与个人之间的谈判、大的组织之间的谈判、国家与国家之间的谈判。并且在此基础上将适合于不同需要的谈判方法分为六种类型：①谈判者服从对方的需要；②谈判者使对方服从其自身的需要；③谈判者同时服从对方和自己的需要；④谈判者违背自己的需要；⑤谈判者损害对方的需要；⑥谈判者同时损害对方和自己的需要。如果将马斯洛最新的七个层次的需求与杰勒德·尼尔伦伯格的谈判的三个层次和六种不同的适用方法加以组合排列，就可以得到 126（7×3×6）种谈判策略。

尼尔伦伯格经过实践的摸索和理论上的研究，总结出了为贯彻应用"谈判需要模式"而设想的 18 种典型策略：忍耐策略、出其不意策略、造成既成事实策略、不动声色地退却策略、假撤退策略、逆向行动策略、设立限制策略、假动作策略、合伙策略、联系策略、脱钩策略、纵横交错策略、散射策略、随机化策略、任意取例策略、意大利香肠策略、夹叉射击策略、代理人策略。

总之，商务谈判中掌握发现需要的艺术至关重要，再好的理论，也只有当它与实践完美结合之后，才能发挥出它巨大的智慧能量，商务谈判需要理论也需要在实践中逐步完善。

## 案例分析

### 供应商的选择

柏拉图广场是一个综合性的物业，由写字楼、酒店、商场、娱乐中心等功能区构成，在施工后期需要安装中央空调。甲方是一家本地的房地产开发公司，没有采购大型中央空调的经验，其选择国内外供应商的名单上共有三家公司。甲方主要关注的指标是能源效率、采购费用、后期运行和维护保养方面的开支等。

甲方的刘总经理邀请这三家供应商同时来公司洽谈，并挑选精干的业务人员组成了三个谈判小组。经过特意安排，三家的销售经理和相关技术人员在差不多的时间出现在大厅里。由于是同行而且相熟，乙方谈判代表相遇后顿时感受到了竞争的压力。随后，三家供应商被引进三间谈判室。

到了中午休会时，各小组分别向刘总经理汇报了三家公司的产品功能详尽介绍和报价信息。为了击败竞争对手，供应商都提供了产品详尽的技术参数：A 公司是本省的企业，经评估，其优势是价格低廉，维护保养费用也最低。而 C 公司作为一家生产基地设在北京的企业，维护团队远在总部，一旦盛夏空调出了问题，工程技术人员很难及时赶到现场解决问题，柏拉图广场物业将面临业主和顾客投诉，甚至索赔。B 公司的信息显示，作为跨国公司在华子公司，其空调产品的质量最优，机组的规格齐全，并可以根据业主的需求做性能方面的定制。采购时的高价反映了高质量，长时间看还能为业主显著节省维护费用。最后，C 公司为上市公司，其优势是空调设备采用天然气作为能源，总体制冷效率高，长期运营成本最低。

听完各组汇报后，刘总经理心里就十分有底了。他最终选择了 C 公司的产品，但是给出的条件是售价应当仅高于 A 公司报价的 5%，产品重新设计，使机型与物业相匹配，使用的能源当然是天然气。供应商必须在合同中保证，若空调出了故障，必须在 6 小时内赶到现场，12 小时内解决问题。通过听取三家乙方公司分别做的详尽汇报，甲方克服了信息不足的困难，最终获得了高性价比的产品。

问题：
1. 该案例中主要体现了哪些谈判与沟通理论？
2. 上述案例采用的方法是否适用于所有标的物的谈判？为什么？

## 复习思考题

1. 马斯洛的需求层次理论有哪几个层次？具体内容是什么？
2. 赫兹伯格的双因素理论包括哪些内容？
3. 霍桑试验的理论贡献体现在哪些方面？
4. 博弈论在商务谈判中是如何应用的？
5. 什么是 ERG 理论？它的主要特点有哪些？
6. 什么是黑箱理论？在谈判中如何运用它？

# 第三章

# 商务谈判与沟通心理

在人与人的交往过程中，无论是选择什么样的沟通手段与技巧打动人，还是运用什么样的利益手段吸引人，都要对对方心理状况有所了解。因此，为了提高谈判与沟通的成功概率，需要有丰富的谈判与沟通心理的相关知识来支撑。

**本章学习重点**

重点掌握研究谈判与沟通心理的意义。

掌握心理的定义、特点及主要的心理过程内容，并能够将其运用到现实生活中。

理解谈判与沟通心理依托的需求理论和动机理论，从谈判双方心理需求与动机出发解析谈判目标的实现，培养学生理论联系实际的能力。

掌握克服心理挫折的方法。

## ◆ 导入案例

**越南战争结束谈判**

持续数十年的越南战争使越南损耗巨大，资源设备均遭受严重破坏，民不聊生，越南想尽快结束战争。但在怎样结束的问题上，他们却使实力雄厚的美国着实吃了一惊。越南政府放出消息："我们要把这场战争打627年。如果我们再打128年的话，那有什么要紧的呢？打32年战争对我们来说只是一场快速战。"

越南之所以这样做，就是利用了美国国内大选。竞选者急于结束旷日持久的战争，以换取美国民众的拥护。越南政府这种无所谓、不在意的态度，使美国越发着急，本来主动权在美国，此时美国却变得十分被动，费了九牛二虎之力才使越南人坐到谈判桌上。

在巴黎和谈时，以黎德寿为首的越南代表团没有住旅馆，而是租了一栋别墅，租期是两年半。而以哈里曼为首的美国代表团则是按天交付旅馆的房费。结果怎样呢？越南在最不利的条件下，取得了最理想的谈判结果，这就是耐心的力量。

在实际谈判中，无数事例证明，如果你感到你的优势不明显，或局势对你不利，千万别忘记了运用耐心战术。

# 第一节　研究商务谈判与沟通心理的意义

## 一、商务谈判与沟通心理的内涵

### (一) 商务谈判与沟通心理的概念

心理是人脑对客观现实的主观能动的反映。一般来说，当一个正常的人，面对壮丽的河山、秀美的景色、善良热情的人们时，会产生喜爱和愉悦的情感，进而会形成美好的记忆；看到被污染的环境、恶劣的天气、战争的血腥与暴行时，会出现厌恶、逃避的想法，并会留下不好的印象。这就是人的心理活动，也称人的心理现象，即人的心理。

商务谈判与沟通心理是指在商务谈判与沟通活动中谈判与沟通主体的各种心理活动，它是商务谈判与沟通者在商务活动中对各种情况、条件等客观现实的主观能动的反映。例如，当谈判人员在商务谈判中第一次与谈判对手会晤时，对手彬彬有礼，态度诚恳，易于沟通，就会对对方有好的印象，对谈判取得成功抱有希望和信心。反之，如果谈判对手态度狂妄、盛气凌人，难以友好相处，谈判人员就会对其留下坏的印象，从而对谈判的顺利开展存有忧虑。

### (二) 商务谈判与沟通心理的特点

商务谈判与沟通对比其他心理活动具有其明显的特性，具体表现在：内隐性、相对稳定性、个体差异性。

**1. 内隐性**

内隐性是指商务谈判与沟通的心理是藏之于脑、存之于心的，别人是无法直接观察到的。尽管如此，由于人的心理会影响人的行为，因此人的心理还是可以反过来从其外显行为加以推测的。例如，在商务谈判中，对方作为购买方对所购买的商品在价格、质量、售后服务等方面的谈判协议条件都感到满意，那么在双方接触中，谈判对方会表现出温和、友好而又礼貌赞赏的态度、反应和行为举止；如果很不满意，则会表现出冷漠、粗暴、不友好、怀疑甚至挑衅的态度、反应和行为举止。

**2. 相对稳定性**

相对稳定性是指人的某种心理现象产生后往往具有一定的稳定性。例如，商务谈判人员的谈判能力会随着谈判经历的增多而有所提高，但在一段时间内却是相对稳定的。因此，我们才可以通过观察分析去认识其具体的心理状态，运用一定的方法和手段去改变对方的心理，以便商务谈判得以顺利开展。

**3. 个体差异性**

个体差异性是指因谈判者个体的主客观情况的不同，每个个体的心理状态存在着一定的差异。因此，在研究商务谈判与沟通心理时，既要注重探索商务谈判与沟通心理的共同特点和规律，又要注意把握不同个体心理的独特之处。

## 二、主要的心理活动

人的心理是复杂多样的，人们在不同的专业活动中，会产生各种与不同活动相联系的心理。人的心理活动一般有感觉、知觉、记忆、想象、情绪、情感、意志、个性等。

### (一) 感觉

**1. 感觉的概念**

感觉（Sensation）是事物直接作用于感觉器官时，对事物个别属性的反映。例如，当菠萝作用于我们的感觉器官时，我们通过视觉可以反映它的颜色，通过味觉可以反映它的酸甜味，通过嗅觉可以反映它的清香气味，同时，通过触觉可以反映它粗糙的凸起。

但是，感觉不仅由感觉器官感知客观事物的属性，也通过我们身体各部分的运动和状态感知世界。例如，我们可以感觉到双手在举起，感觉到身体的倾斜，以及感觉到肠胃的剧烈收缩等。

**2. 感觉的分类**

根据感觉产生的感知位置和感觉器官不同，可以把感觉分成两大类：外部感觉和内部感觉。

（1）外部感觉有视觉、听觉、嗅觉、味觉和肤觉五种，这类感觉的感觉器官位于身体表面，或接近身体表面的地方。

（2）内部感觉反映肌体本身各部分运动或内部器官发生的变化，这类感觉的感觉器官位于各有关组织的深处（如肌肉）或内部器官的表面（如胃壁、呼吸道），具体包括运动觉、平衡觉和肌体觉。

1）运动觉反映我们四肢的位置、运动以及肌肉收缩的程度，运动觉的感觉器官是肌肉、筋腱和关节表面上的感觉神经末梢。

2）平衡觉反映头部的位置和身体平衡状态的感觉。平衡觉的感觉器官位于内耳的半规管和前庭。

3）肌体觉反映肌体内部状态和各种器官的状态。它的感觉器官多半位于内部器官，分布在食道、胃肠、肺、血管以及其他器官。

### (二) 知觉

**1. 知觉的概念**

知觉（Perception）是个体借助于过去的经验对来自感觉器官的信息进行组织和解释的过程。在日常生活中，纯粹的感觉是不存在的，感觉信息一经感觉系统传达到脑，知觉便随之产生。例如，来自眼睛这一视觉感觉器官的信息为我们提供了颜色、边界、线段等个别属性，经过大脑的加工我们认出了"这是一个香蕉""那是一个墨水瓶"，这种把感觉信息转化为有意义的、可命名的经验过程就是知觉。从感觉到知觉是一个连续的过程，但感觉与知觉在性质上是不同的。感觉是感性认识的初级阶段，各种感觉都是刺激作用于感觉器官所产生的神经冲动的表征。知觉虽然以感觉为基础，但不以现实的刺激为限，它还牵涉到记忆、思维等多种心理成分，知觉属于高于感觉的感性认识阶段。因此，知觉具有相对性、选择性、恒常性和整体性等特性。

**2. 错觉**

错觉（Illusion）是指凭知觉经验所做的解释完全不符合刺激本身的特征的错误判断。这种失真的或扭曲事实的知觉经验的错觉是比较普遍的。例如，在火车未开动之前，邻近车道火车车厢移动，会使人感觉自己所乘坐的火车已经开动。又如，当我们注视电扇转动时，会觉得忽而正转，忽而反转，甚至有时会有暂时停止不转的感觉。

### 3. 导致主观判断失误的知觉习惯

（1）第一印象效应。第一印象主要是根据第一次见到对方时由对方的表情、姿态、身体、仪表和服装等形成的判断。在社会实践中，这种初次获得的第一印象往往是人们今后交往的依据，但是，第一印象往往是片面的，甚至可能是完全错误的，古今中外因第一印象而在用人上造成失误不乏其例。所以，管理者既要重视第一印象，又要尽量避免因第一印象而造成的认识上和用人上的错误。

（2）晕轮效应。晕轮效应又称成见效应，是指人们对他人的认知判断主要根据个人的好恶得出，并把这种估价扩展到其他方面去。晕轮效应中，如果认知对象被标明是"好"的，他就会被"好"的光圈笼罩着，并被赋予一切好的品质；如果认知对象被标明是"坏"的，他就会被"坏"的光环笼罩着，他所有的品质都会被认为是坏的。

有时候晕轮效应会对人际关系产生积极作用，如你对人诚恳，那么即便你能力较差，别人对你也会非常信任，因为对方只看见你的诚恳。而晕轮效应的最大弊端就在于以偏概全，其特征具体表现在以下三个方面：遮掩性、表面性和弥散性。

1）遮掩性是指有时我们抓住的事物的个别特征并不反映事物的本质，可我们却仍习惯于以个别推及一般、由部分推及整体，这样势必牵强附会、错误推出其他特征。青年恋爱中的"一见钟情"就是由于对象的某一方面符合自己的审美观，往往对思想、情操、性格等诸方面存在的并不相配的地方会视而不见，觉得对方样样都尽如你意。

2）表面性是指由于观察者对某个人的了解还不深入，也就是还处于感觉、知觉的阶段，因而容易受到感觉、知觉的表面性、局部性和选择性的影响，从而对于某人的认识仅仅专注于一些外在特征上。例如，外貌堂堂正正，未必正人君子；看上去笑容满面，未必面和心慈。

3）弥散性是指对一个人的整体态度，会连带影响跟这个人的具体特征有关的事物上。成语中的"爱屋及乌""厌恶和尚，恨及袈裟"就是晕轮效应弥散性的体现。

（3）先入为主。先入为主是指人们最先得到的关于事物的看法、观点等信息对人存在着强烈的影响，影响人的知觉和判断。因此，评价与判断应该综合多方面的信息，不能因为先入为主做出错误的判断，而产生不恰当的行为。

### （三）记忆

**1. 记忆的概念**

记忆是一个人过去的经验在头脑中的反映，是人脑积累经验的功能表现。凡是人们感知过的事物、体验过的情感以及练习过的动作，都可以以映像的形式保留在人的头脑中，在必要的时候再现出来的过程就是记忆。记忆的过程包括识记、保持、再认和重现（回忆）三个基本环节。

**2. 记忆的分类**

记忆的分类方法有很多，一般我们按照记忆的内容或记忆影响的性质可以把记忆分成形象记忆、逻辑记忆、情绪记忆和运动记忆四种。

（1）形象记忆。形象记忆是指人们对事物形状、大小、颜色等的记忆，即对感知过的事物形象化的记忆。

（2）逻辑记忆。逻辑记忆是指人们以概念、判断、推理等为内容，所形成的记忆，又叫词语-逻辑记忆，是用词语概括的各种有组织的知识记忆。

(3) 情绪记忆。情绪记忆是指人们曾经体验过的某种情绪所形成的记忆，由于是对自己体验过的情绪和情感的记忆，因此，是很难忘记的记忆。

(4) 运动记忆。运动记忆是指人们对做过的运动或运动内容所形成的记忆。人们总是对身体的运动状态和动作机能形成难以忘记的记忆，即对亲身经历过的，有时间、地点、人物和情节的事件的记忆。

如果根据记忆保持时间长短或记忆阶段不同来划分，可以将记忆分成瞬时记忆、短时记忆和长时记忆。

(1) 瞬时记忆。瞬时记忆是指保持时间短、保持量大的一种记忆，瞬时记忆又被称为感觉记忆，是外界刺激以极短的时间一次呈现后，信息在感觉通道内迅速被登记并保留一瞬间的记忆。有的书籍也把视觉的瞬时记忆称为图像记忆，把听觉的瞬时记忆叫作声像记忆。

(2) 短时记忆。短时记忆是指不超过 1 分钟的记忆，短时记忆是外界刺激以极短的时间一次呈现后，保持时间在 1 分钟以内的记忆。

(3) 长时记忆。长时记忆是指外界刺激以极短的时间一次呈现后，保持时间在 1 分钟以上，甚至数日、数周、数月、数年的记忆。

### 知识链接

#### 快速增强记忆力的方法

最新脑科学研究证实，人是通过海马体记忆的，通过针对性的锻炼，能促进海马体的活性，就可以从根本上增强记忆力。海马活化训练体系是日本著名脑科学家池谷裕二多年研究成果的精华。为什么明明在脑袋里偏偏想不起来？为什么越是怕忘记越忘记？为什么做了那么多记忆训练，记忆力还是没有得到提高……

下面的方法来自一本名为《海马记忆训练》的书，这是日本连续五年销量第一的记忆书。脑的机能是非常深奥的，这本书最大的好处在于它的实用性，如果把它推荐的 30 种方法中的一些变为习惯，那么收到的效果是非常惊人的。

1. 唤醒身体
(1) 闭上眼睛吃饭。
(2) 用手指分辨硬币。
(3) 戴上耳机上下楼梯。
(4) 捏住鼻子喝咖啡。
(5) 放开嗓子大声朗读。
(6) 闻咖啡、看鱼的图片。

2. 寻求脑刺激
(1) 到餐馆点没吃过的菜。
(2) 把自己的钱花掉。
(3) 专门绕远路。
(4) 用左手端茶杯。

(5) 听不同类型的歌曲。
(6) 每天睡觉6小时。
3. 积极锻炼左右脑
(1) 去陌生的地方散步。
(2) 判断自己是右脑型还是左脑型。
(3) 用直觉做决断。
4. 补充脑营养
(1) 甜食让你变聪明。
(2) 吃早餐能活化大脑。
(3) 多咀嚼可以提高成绩。
5. 越运动头脑越好
(1) 每天快走20分钟。
(2) 多做"手指操"。
(3) 尝试全新的运动。
6. 改善脑活性，激发灵感
(1) 记住每次成功的感觉。
(2) 对自己说"肯定能行"。
(3) 写100个自己喜欢的东西。
(4) 变换视角看问题。
(5) 一想到就说出来。
(6) 让脑偶尔无聊一下。
(7) 看从来不看的电视节目。
(8) 亲身体验是脑最宝贵的财富。
(9) 做一个倾听者。

### （四）想象

**1. 想象的概念**

想象是人在脑中凭借记忆所提供的材料进行加工，从而产生新的形象的心理过程，也就是人们将过去经验中已形成的一些暂时联系进行新的结合。它是人类特有的对客观世界的一种反映形式。

**2. 想象的分类**

根据想象时有无预定目的性，可将想象分为不随意想象和随意想象。

（1）不随意想象。不随意想象是没有预定目的和计划而产生的想象，梦是不随意想象的极端情况。

（2）随意想象。随意想象是有预定目的、自觉地进行的想象。

根据独立性、新颖性和创造水平的不同，可将想象分为再造想象、创造想象和幻想。

（1）再造想象。再造想象是指主体在经验记忆的基础上，在头脑中再现客观事物的表象。文学创作中的艺术想象属于再造想象，作家根据一定的指导思想，调动自己积累的生活经验，进行创造性的加工，进而形成完整的艺术形象。

（2）创造想象。创造想象则不仅再现现成事物，而且创造出全新的形象。童话创作离不开想象，而童话创作中的幻想形象就是创造想象的产物。

（3）幻想。幻想是与个人愿望相结合并指向未来的想象。幻想有积极与消极之分。在正确思想指导下，符合事物发展规律并有可能实现的幻想是积极的幻想，亦叫理想。完全脱离现实生活，违背事物发展规律，并且毫无实现的可能的幻想是消极的幻想，也叫空想。

**3. 想象力的培养**

（1）临摹仿效。对于想象力的培养，模仿往往是第一步。正如你临摹字帖，天长日久就可以写好字。通过模仿，你可以抓住事物的外部和内部特点。与创造相比，模仿是一种低级的学习方法，但是创造总是从模仿开始的。

（2）丰富的知识和经验。没有知识和经验的想象只能是毫无根据的空想，或者是漫无边际的胡思乱想。扎根在知识和经验基础上的想象，才能闪耀思想的火花。生活经验的多寡，直接影响想象的深度和广度。因此，我们应当广泛地接触、观察、体验生活，并有意地在生活中捕捉形象，积累表象，为培养想象力创造良好的条件。

（3）培养发现问题、提出问题的优良心理品质。敢于发现问题、善于发现问题和敢于提出问题，是一种极有价值的智力素质，具体来说，包括观察、好奇、怀疑、爱问、追问等。

（4）参加创造活动。创造活动特别需要想象，想象也离不开创造活动的付诸实施，因此，积极参加各种创造活动，是培养想象，特别是培养创造想象最有效的途径之一。

（5）培养正确幻想。幻想是青少年的一种宝贵品质，但一个人必须把幻想和现实结合起来，并且积极地投入实际行动，以免幻想变成永远脱离现实的空想。同时，一个人还应当把幻想和良好愿望、崇高理想结合起来，并及时纠正那些不切实际的幻想和不良愿望等。

**（五）情绪**

**1. 情绪的定义**

情绪也被称为情动，是身体对行为成功的可能性，乃至必然性在生理反应上的评价和体验，包括喜、怒、忧、思、悲、恐、惊七种。例如，手舞足蹈是喜，咬牙切齿是怒，茶饭不思是忧，痛心疾首是悲等，这些就是情绪在身体动作上的反应。

**2. 情绪的表现状态**

（1）心境。心境是一种微弱、弥散和持久的情绪，也就是平时说的心情。心境的好坏，常常由某个具体而直接的原因造成，它所带来的愉快或不愉快会保持一个较长的时段，并且把这种情绪带入工作、学习和生活中，影响人的感知、思维和记忆。愉快的心境让人精神抖擞，感知敏锐，思维活跃，待人宽容；而不愉快的心境让人萎靡不振，感知和思维麻木，多表现为怀疑看到的、听到的全都是不如意、不顺心的事物。

（2）激情。激情是一种猛烈、迅疾和短暂的情绪，类似于平时说的激动。激情是由某个事件或原因引起的当场发作，情绪表现猛烈，但持续的时间不长，并且牵涉的面不广。激情通过激烈的言语爆发出来，是一种心理能量的宣泄，从一个较长的时段来看，对人的身心健康的平衡有益，但过激的情绪也会使当时的失衡产生可能的危险。

（3）热情。热情是一种强而有力、稳定、持久和深刻的情绪状态。它没有心境的弥散那么广泛，但比心境更强有力和更深刻；没有激情那么猛烈，但比激情更持久和稳定。热情本身没有对立的两极，它的对立面是冷淡、冷漠；但热情具有程度上的区分、指向上的区别，以饱满的热情投身于学习、工作、生活和事业的人，生活充实而有意义，更容易获得成就和敬慕。

**（六）情感**

**1. 情感的概念**

《心理学大辞典》中指出："情感是人对客观事物是否满足自己的需要而产生的态度体验。"同时，一般的普通心理学课程中还认为："情绪和情感都是人对客观事物所持的态度体验，只是情绪更倾向于个体基本需求欲望上的态度体验，而情感则更倾向于社会需求欲望上的态度体验。"

**2. 情感的分类**

人的情感复杂多样，可以从不同的观察角度进行分类。由于情感的核心内容是价值，人的情感主要应该根据它所反映的价值关系的不同特点进行分类。

（1）正向情感与负向情感。正向情感是人对正向价值的增加或负向价值的减少所产生的情感，如愉快、信任、感激、庆幸等；负向情感是人对正向价值的减少或负向价值的增加所产生的情感，如痛苦、鄙视、仇恨、嫉妒等。

（2）心境、热情与激情。心境是指强度较低但持续时间较长的情感，它是一种微弱、平静而持久的情感，如绵绵柔情、闷闷不乐、耿耿于怀等；热情是指强度较高但持续时间较短的情感，它是一种强有力的、稳定而深厚的情感，如兴高采烈、欢欣鼓舞、孜孜不倦等；激情是指强度很高但持续时间很短的情感，它是一种猛烈的、迅速爆发的、短暂的情感，如狂喜、愤怒、恐惧、绝望等。

（3）欲望、情绪与感情。当主导变量是人的品质特性时，人对事物所产生的情感就是欲望；当主导变量是环境的品质特性时，人对事物所产生的情感就是情绪；当主导变量是事物的品质特性时，人对事物所产生的情感就是感情。

（4）个人情感、集体情感和社会情感。个人情感是指个人对事物所产生的情感；集体情感是指集体成员对事物所产生的合成情感，阶级情感是一种典型的集体情感；社会情感是指社会成员对事物所产生的合成情感，民族情感是一种典型的社会情感。

（5）真感、善感和美感。真感是人对思维性事物（如知识、思维方式等）所产生的情感；善感是人对行为性事物（如行为、行为规范等）所产生的情感；美感是人对生理性事物（如生活资料、生产资料等）所产生的情感。

（6）对物情感、对人情感、对己情感和对特殊事物情感。对物情感包括喜欢、厌烦等；对人情感包括仇恨、嫉妒、爱戴等；对己情感包括自卑感、自豪感等；对特殊事物情感是在对物情感基础上的延伸，往往表现在对当事人有着不同的感觉和判断的事物，如怀念、感伤等。

（7）追溯情感、现实情感和期望情感。追溯情感是指人对过去事物的情感，包括遗憾、庆幸、怀念等；现实情感是指人对现实事物的情感，包括喜欢、厌恶等；期望情感是指人对未来事物的情感，包括自信、信任、绝望、期待等。

（8）确定性情感、概率性情感。确定性情感是指人对价值确定性事物的情感，包括满足感、幸福感等；概率性情感是指人对价值不确定性事物的情感，包括迷茫感、神秘感等。

（9）温饱类情感、安全与健康类情感、人尊与自尊类情感和自我实现类情感。温饱类情感包括酸、甜、苦、辣、热、冷、饿、渴、疼、痒、闷等；安全与健康类情感包括舒适感、安逸感、快活感、恐惧感、担心感、不安感等；人尊与自尊类情感包括自信感、自爱感、自豪感、尊敬佩服感、友善感、思念感、自责感、孤独感、受骗感和受辱感等；自我实现类情感包括抱负感、使命感、成就感、超越感、失落感、受挫感、沉沦感等。

**3. 人的情感表达模式**

根据价值目标指向的不同，人的情感表达模式可分为对物情感、对人情感、对己情感以及对特殊事物的情感四大类。

（1）对物情感。一般事物对于人的价值（严格地讲应该是价值率）是一个变量，它有两种变化方式：一是价值增加（包括正价值增大或负价值减小）；二是价值减少（包括正价值减小或负价值增大）。

（2）对人情感。对他人的情感不仅与他人价值的变化方式和变化时态有关，而且还与他人的利益相关性有关。

（3）对己情感。人对自己的情感取决于自身价值的变化方式和变化时态。

（4）对特殊事物的情感。有些事物具有某种特殊的价值意义，从而引发人的某种特殊情感。具体表现在对他人评价的情感、对交往活动的情感、对不确定事物的情感和对自身状态的情感。

1）对他人评价的情感是指当他人以某种方式（如语言、文字、表情、行为等）对自己过去、现在和将来的思想、行为和生理状态等进行评价时，人将产生特定的情感，如骄傲与满足、惭愧与委屈、别扭与羞辱等。

2）对交往活动的情感，包括幸福与美感、施恩与负疚、屈辱与解恨等。

3）对不确定事物的情感，包括关注、冷漠与警惕；崇拜感、神秘感与恐惧感等。

4）对自身状态的情感比较复杂，包括：安全感、孤独感与危机感；责任感与依赖感；归属感与失落感；认同感；荣誉感；无奈感和无聊感（或空虚感）；羞涩感与尴尬感等。

**（七）意志**

**1. 意志的概念**

意志是个体自觉地确定目的，并根据目的支配、调节行动，克服困难，实现预定目的的心理过程。意志是在人类认识世界和改造世界的需要中产生的，也是随着人类不断深入地认识世界和更有效地改造世界的过程中得到发展的。所以，意志是人的主观能动性最突出的表现。例如，运动员在参加竞赛前为了取得好的成绩，坚持不懈地训练。

**2. 意志的分类**

意志包括感性意志与理性意志两个方面。

感性意志是指人用以承受感性刺激的意志，它反映了人在实践活动中对于感性刺激的克制能力和兴奋能力，如体力劳动需要克服机体在肌肉疼痛、呼吸困难、血管扩张、神经紧张等感性方面的困难与障碍。

理性意志是指人用以承受理性刺激的意志，它反映了人在实践活动中对于第二信号系统刺激的克制能力和兴奋能力，如脑力劳动需要克服大脑皮层在接受第二信号系统的刺激时所产生的思维迷惑、精神压力、情绪波动、信仰失落等理性方面的困难与障碍。

意志既要考虑客观事物本身的运动状态与变化规律，也要考虑主体的利益需要，尤其要考虑人对于客观事物的反作用能力，它是一种非中性的而且是能动的、创造性的反映活动。

### （八）个性

**1. 个性的含义**

现代心理学一般把个性定义为一个人的整个精神面貌，即一个人在一定社会条件下形成的、具有一定倾向的、比较稳定的心理特征的总和。婴儿出生后只是一个个体，并没有形成自己的个性，尚未成长为一个社会的人，所以，称他们为未成年人。随着其成长，他的内部世界在不断丰富、完善和发展，最后成长为一个从事社会实践活动的独立的个体，这时他便具备了自己的个性。

**2. 个性的内涵**

个性也可称为人格，是一个人的整个精神面貌，是具有一定倾向性的心理特征的总和。个性结构是多层次、多侧面的，具体包括：

（1）能力。能力是指完成某种活动的潜在可能性的特征，是顺利完成某一活动所必需的主观条件。能力直接影响活动效率，并使活动顺利完成。但是，并不是所有与活动有关的，并在活动中表现出来的心理特征都是能力。那些人所必需的直接影响活动效率的，并能使活动能顺利进行的心理特征，才是能力。例如，人的体力、知识，以及人是否暴躁、活泼等，虽然对活动有一定影响，但不是顺利完成某种活动最直接、最基本的心理特征，因此，不能称之为能力。

（2）气质。气质是指在人的认识、情感、言语、行动中，心理活动发生时力量的强弱、变化的快慢和均衡程度等稳定的动力特征，主要表现在情绪体验的快慢、强弱，表现的隐显，以及动作的灵敏或迟钝等方面，它与日常生活中人们所说的"脾气""性格""性情"等含义相近。人的每一种气质都有积极和消极两个方面，而且具有相对性。例如，具有抑郁气质的人，在工作中耐受能力差，容易感到疲劳，但感情比较细腻，做事谨慎小心，观察力敏锐，善于察觉别人不易察觉的细小事物。

（3）性格。性格是指表现在人对现实的态度和相应的行为方式中的比较稳定的具有核心意义的个性心理特征，是完成活动任务的态度和行为方式方面的特征。性格是一种与社会最密切的人格特征，包含许多社会道德含义，能够表现一个人的品德，反映某个人的价值观、人生观、世界观。

（4）个性倾向性。个性倾向性主要包括需要、动机、兴趣、理想、信念等，它较少受生理、遗传等先天因素的影响，主要是在后天的培养和社会化过程中形成的。个性倾向性中的各个成分并非孤立存在的，而是互相联系、互相影响和互相制约的。需要是个性倾向性乃至整个个性积极性的源泉，只有在需要的推动下，个性才能形成和发展。动机、兴趣和信念等都是需要的表现形式。

**3. 个性的基本特征**

个性的基本特征表现在以下几个方面：

（1）稳定性与可塑性。个性的稳定性是指个体的人格特征具有跨越时间和空间的一致性。也就是说，一个人的个性一旦形成，应该是比较稳定的，是不会轻易改变的。例如，一个人在某种场合偶然表现出对他人冷淡，缺乏关心，不能以此认为这个人具有自私、冷酷的个性特征。但是，个性或人格不是一成不变的，随着社会现实和生活条件、教育条件的变化，年龄的增长，主观的努力等，个性也可能会发生某种程度的改变。特别是在生活中经历过重大事件或挫折，往往会在个性上留下深刻的烙印，从而影响个性，这就是个性的可塑性。

（2）独特性与共同性。个性的独特性是指人与人之间的心理和行为是各不相同的。因为构成个性的各种因素在每个人身上的侧重点和组合方式是不同的，每个人都会受到年龄、性别、职业、社会阶层、教育背景，乃至地区或者民族文化传统的影响，因而每个个体都有明显的差异性。个性的共同性是指某一群体、某个阶级或某个民族在一定的群体环境、生活环境、自然环境中形成的共同的典型的心理特点，通常表现为同一个国家、同一个民族，在为人处事和生活习惯方面往往具有相同的表现。

（3）自然性与社会性。人的个性是在先天的自然素质的基础上，通过后天的学习、教育与环境的作用逐渐形成的。因此，个性首先具有自然性，人们与生俱来的感知器官、运动器官、神经系统和大脑在结构与机能上的一系列特点，是个性形成的物质基础与前提条件。但人的个性并非单纯自然的产物，它总是要被深深地打上社会的烙印。正如马克思在《关于费尔巴哈的提纲》中写道的："人的本质并不是单个人所固有的抽象物，实际上，它是一切社会关系的总和。"

### 三、研究和掌握商务谈判心理的意义

**（一）有助于培养谈判人员自身良好的心理素质**

谈判人员对商务谈判心理有正确的认识，就可以有意识地培养、提高自身优良的心理素质，摒弃不良的心理行为习惯，从而把自己造就成从事商务谈判方面的人才。商务谈判人员应具备的基本心理素质有以下几种：

**1. 自信心**

所谓自信心，就是谈判者相信自己的实力和能力，是要在充分准备、充分占有信息和对谈判双方实力进行科学分析的基础上才能产生的。只有这样，谈判者才能确保自己要求的合理性、所持立场的正确性及说服对手的可能性，充分施展自身潜能，从而在艰难的条件下通过坚持不懈的努力走向胜利的彼岸。但是，自信不是盲目的自信和唯我独尊。不能在没有做好准备的情况下盲目自信，也不能忽视其他谈判成员和谈判对手的能力，只根据自己的好恶进行判断。

**2. 耐心**

商务谈判的状况各种各样，有时是非常艰难曲折的，商务谈判人员必须有抗御挫折和打持久战的心理准备。这样，耐心及容忍力是必不可少的心理素质。耐心是谈判者抗御压力的必备品质，也是谈判者等待转机，争取打破僵局后获取更多利益的前提。在一场旷日持久的谈判较量中，谁缺乏耐心和耐力，谁就将失去在商务谈判中取胜的主动权。有了耐心，可以调控自身的情绪，不被对手的情绪牵制和影响，使自己能始终理智地把握正确的谈判方向；有了耐心，可以使自己能有效地注意倾听对方的诉说，观察了解对方的行为举止和各种表现，获取更多的信息；有了耐心，也有利于提高自身参加艰辛谈判的韧性和毅力；有了耐心，更容易应对意气用事的谈判对手，取得以柔克刚的良好效果。

**3. 诚心**

诚心能使谈判双方达到良好的心理沟通，保证谈判气氛的融洽稳定，能排除一些细枝末节小事的干扰，能使双方谈判人员的心理活动保持在较佳状态，建立良好的互信关系，提高谈判效率，使谈判向着顺利的方向发展。诚心是一种负责的精神，合作的意向，是诚恳的态

度，是谈判双方合作的基础，也是影响、打动对手心理的策略武器。有了诚心，也就具有了诚意，有了诚意，双方的谈判才有坚实的基础；才能理解和谅解对方，并取得对方的信赖；才能求大同存小异取得和解和让步，促成合作。诚心诚意的具体表现有：对于对方提出的问题，要及时答复；对方的做法有问题，要适时恰当地指出；自己的做法不妥，要勇于承认和纠正；不轻易许诺，承诺后要认真践诺。

### （二）有助于揣摩谈判对手的心理

谈判人员对商务谈判心理的研究，可以通过观察分析谈判对手言谈举止，揣摩弄清谈判对手的心理活动状态，如对方的个性、心理追求、心理动机和情绪状态等，以了解谈判对手的心理，了解其深藏于背后的实质意图和想法，识别其计谋或攻心术，防止掉入对手设置的谈判陷阱，并正确做出自己的谈判决策。

人的心理与行为是相联系的，心理引导行为。而心理是可诱导的，通过对人的心理诱导，可引导人的行为。如果了解谈判对手的心理，就可以针对对手不同的心理状况采用不同的策略。了解对手人员的谈判思维特点、对谈判问题的态度等，可以开展有针对性的谈判准备和采取相应的对策，把握谈判的主动权，使谈判向有利于我方的方向转化。

### （三）有助于恰当地表达和掩饰我方心理

作为谈判的另一方，谈判对手也会分析研究我方的心理状态。我方的心理状态往往蕴含着商务活动的重要信息，有的是不能轻易暴露给对方的。掩饰我方心理，就是要掩饰我方必须要掩饰的情绪、需要、动机、期望目标、行为倾向等。为了不让谈判对手了解我方某些真实的心理状态、意图和想法，谈判人员可以根据自己对谈判心理的认识，在言谈举止、信息传播、谈判策略等方面施以调控，对自己的心理动机（或意图）、情绪状态等做适当的掩饰。例如，在谈判过程中被迫做出让步，为了掩饰在这个问题上让步的真实原因和心理意图，可以用类似"既然你在交货期方面有所宽限，我们可以在价格方面做出适当的调整"等的言辞加以掩饰；又如，我方面临着时间压力，可借助多个成员提出不同的要求，以扰乱对方的视线，或在议程安排上有意加以掩饰。

### （四）有助于营造谈判氛围

为了使商务谈判能顺利地达到预期的目的，需要适当的谈判氛围的配合。适当的谈判氛围可以有效地影响谈判人员的情绪、态度，使谈判顺利推进。而掌握商务谈判心理的知识，有助于谈判人员处理与对方的交际与谈判，形成一种良好的交际和谈判氛围。但适当的谈判氛围，并不一味都是温馨和谐的气氛。出于谈判利益和谈判情境的需要，必要时也会有意地制造紧张甚至不和谐的气氛，以对抗对方的胁迫，给对方施加压力，迫使对方做出让步。

## 知识链接

**最应该知道的 10 条心理学规律**

### 一、暗示效应

美国著名的心理学家罗森塔尔（Abraham Michael Rosenthal）曾做过这样一个试验：他把一群小白鼠随机地分成两组：A 组和 B 组。并且告诉 A 组的饲养员说，这一组的老鼠非常聪明；同时又告诉B组的饲养员说，他这一组的老鼠智力一般。几个月后，教授对这两组的老鼠进行穿越迷宫的测试，发现A组的老鼠竟然真的比B组的老鼠聪明，它们能够先走出迷宫并找到食物。于是罗森塔尔教授得到了启发，他想这种效应能不能也发生在人的身上呢？他来到一所普通中学，在一个班里随便走了一趟，然后就在学生名单上圈了几个名字，告诉他们的老师说，这几个学生智商很高，很聪明。过了一段时间，教授又来到这所中学，奇迹又发生了，那几个被他选出的学生现在真的成为班上的佼佼者。为什么会出现这种现象呢？正是"暗示"这一神奇的魔力在发挥作用。

## 二、超限效应

美国著名作家马克·吐温（Mark Twain）有一次在教堂听牧师演讲。最初，他觉得牧师讲得很好，使人感动，准备捐款。过了10分钟，牧师还没有讲完，他有些不耐烦了，决定只捐一些零钱。又过了10分钟，牧师还没有讲完，于是他决定1分钱也不捐了。等到牧师终于结束了冗长的演讲开始募捐时，马克·吐温由于气愤，不仅未捐钱，还从盘子里偷了2元钱。这种刺激过多、过强和作用时间过久而引起心理极不耐烦或反抗的心理现象，被称为超限效应。

## 三、德西效应

心理学家德西（Edward Dethy）曾讲述这样一个故事：有一群孩子在一位老人家门前嬉闹，叫声连天。几天过去，老人难以忍受。于是，他出来给了每个孩子10美分，对他们说："你们让这儿变得很热闹，我觉得自己年轻了不少，这点钱表示谢意。"孩子们很高兴，第二天仍然来了，一如既往地嬉闹。老人再出来，给了每个孩子5美分。5美分也还可以吧，孩子们仍然兴高采烈地走了。第三天，老人只给了每个孩子2美分，孩子们勃然大怒，"一天才2美分，知不知道我们多辛苦！"他们向老人发誓，他们再也不会为他玩了！

在这个寓言中，老人的方法很简单，他将孩子们的内部动机"为自己快乐而玩"变成了外部动机"为得到美分而玩"，而他操纵着美分这个外部因素，所以也操纵了孩子们的行为。

## 四、南风效应

南风效应也称"温暖"效应，源于法国作家拉·封丹（Jean de la Fontaine）写过的一则寓言：北风和南风比威力，看谁能把行人身上的大衣脱掉。北风首先来了一个冷风凛凛、寒冷刺骨，结果行人为了抵御北风的侵袭，便把大衣裹得紧紧的。南风则徐徐吹动，顿时风和日丽，行人觉得春暖上身，始而解开纽扣，继而脱掉大衣，南风获得了胜利。故事中南风之所以能达到目的，就是因为它顺应了人的内在需要。这种因启发自我反省、满足自我需要而产生的心理反应，就是南风效应。

## 五、木桶效应

木桶效应的意思是：一只沿口不齐的木桶，它盛水的多少，不在于木桶上那块最长的木板，而在于木桶上最短的那块木板。

## 六、霍桑效应

美国芝加哥郊外的霍桑工厂是一个制造电话交换机的工厂，有着较完善的娱乐设施、医疗制度和养老金制度等，但工人们仍然愤愤不平，生产状况很不理想。后来，心理学专家专门对其进行了一项试验，即用两年时间，专家找工人个别谈话两万余人次，规定在谈话过程中，要耐心倾听工人对厂方的各种意见和不满。这一谈话试验收到了意想不到的结果：霍桑工厂的产值大幅度提高。

### 七、增减效应

人际交往中的增减效应是指任何人都希望对方对自己的喜欢能"不断增加"而不是"不断减少"。例如，许多销售员就是抓住了人们的这种心理，在称货给顾客时总是先抓一小堆放在称盘里再一点点地添入，而不是先抓一大堆放在称盘里再一点点地拿出。

### 八、蝴蝶效应

据研究，南半球一只蝴蝶偶尔扇动翅膀所带起来的微弱气流，由于其他各种因素的掺和，几星期后，竟会变成席卷美国得克萨斯州的一场龙卷风。混沌学专家把这种现象称为蝴蝶效应，并做出了理论表述：一个极微小的起因，经过一定的时间及其他因素的参与作用，可以发展成极为巨大和复杂的影响力。

### 九、贴标签效应

在第二次世界大战期间，美国由于兵力不足，而战争又的确需要一批军人，于是，美国政府就决定组织关在监狱里的犯人上前线战斗。为此，美国政府特派了几名心理学专家对犯人进行战前的训练和动员，并随他们一起到前线作战。

训练期间，心理学专家对他们并不过多地进行说教，而是特别强调犯人们每周给自己最亲爱的人写一封信。信的内容由心理学家统一拟定，叙述的是犯人在狱中的表现怎么好、如何改过自新等。专家们要求犯人们认真抄写后寄给自己最亲爱的人。三个月后，犯人们开赴前线，专家们要犯人在给亲人的信中写自己如何服从指挥、何等勇敢等。结果，这批犯人在战场上的表现比起正规军来毫不逊色，在战斗中正如他们信中所说的那样服从指挥、勇敢拼搏。后来，心理学家就把这一现象称为贴标签效应，心理学上也叫暗示效应。

### 十、登门槛效应

日常生活中常有这样一种现象：在你请求别人帮助时，如果一开始就提出较高的要求，很容易遭到拒绝；而如果你先提出较低要求，别人同意后再增加要求的分量，则更容易达到目标，这种现象被心理学家称为登门槛效应。

## 第二节　商务谈判与沟通的需要与动机

### 一、商务谈判与沟通的需要

**1. 商务谈判与沟通需要的概念**

需要是人缺乏某种东西时产生的一种主观状态，是人对客观事物的某种欲望。它是人们对一定客观事物需求的反映，也是人的自然和社会的客观需求在人脑中的反映。需要的特点有：①具体的、有针对性的；②反复的、连续的；③发展的、提高的。

所谓商务谈判需要，就是商务谈判人员的谈判客观需求在其头脑中的反映。人的活动总是为某种需要所驱使，而行动的目的又总是反映某种需要，所以，谈判活动也是建立在人们需要的基础之上的。

有关商务谈判的需要一般遵循第二章中所介绍的马斯洛的需求层次理论，这一理论的核心思想可分解为三方面：①需求是分层次的，只有低级需求得到满足后，才会产生高一级需求，需求越到上层，越难满足，有的人甚至终身也不会有"自我实现"的需求和感觉；②需求可以并存，只是需求的重要程度不同，即在同一时间，可以存在多种需求，从而有多种激励因素，但一般会有一种需求为主导，当低级需求得到相对满足后，高级需求就越发突出，成为行为的激励因素；③需求是动态变化的，需求一旦被满足，一般就不能成为一种激励力量，因此要更好地激励，要善于把握需求的变化。

**2. 谈判与沟通中需要的发现**

在商务谈判与沟通中发现对手的需要，是为自己找寻谈判与沟通机会的重要手段。按照马斯洛的需求层次理论，谈判与沟通人员的需要主要表现为：对吃喝拉撒睡的需要；与老客户打交道更安全的需要；对扩展人际交往的需要；希望得到对方以及小组成员的尊重的需要；希望能够通过自身努力，圆满完成谈判与沟通任务的需要。

值得注意的是，分析商务谈判与沟通需要不仅表现为谈判与沟通人员个人的需要，也表现为谈判与沟通主体群体或组织的需要。而且，不同的商务谈判与沟通者可能代表着不同层次的需要，在谈判与沟通过程中应该尽可能满足商务谈判与沟通者的多方面需要。但是，如何准确发现商务谈判与沟通者本身有着不同层次的需要呢？可从以下几方面着手：

（1）认真倾听发现对方需要，特别是主导性需要。做到：①全身心倾听，仔细观察对方的肢体语言；②弄清对方是在做肯定陈述还是否定陈述；③仔细分析对方信息的真实性；④适时插话，表明自己对对方的重视与尊重。

（2）设身处地，激发对方需要。具体来说就是要进行换位思考，把自己放在谈判对手的立场，思考自己真正想要的是什么，这样才能发现对方的需要。

（3）了解需要的急切程度。一般情况下，需要的急切程度越强烈，其得到满足后所产生的愉悦感越强烈。按照谈判人员的需要急切程度，来确定满足其需要的先后顺序，就能很好地掌控谈判节奏。

（4）了解需要满足可替代性因素。可以这样说，谈判一方只能选取一种需要对象（如谈判标的物）满足需要，同时受制于唯一的谈判对手，需要满足的可替代性较弱，那么，成交的可能性就大。

## 二、商务谈判与沟通的动机

### （一）动机的含义

动机是促使谈判与沟通人员去满足其需要并采取相应行为的驱动力。动机的产生取决于两个方面：内在因素和外在因素。

（1）内在因素。即因个体对某些东西的缺乏而引起的内部紧张状态和不舒服感，需要产生欲望和驱动力而引起的活动。

（2）外在因素。外在因素包括个体之外的各种刺激，即物质环境因素的刺激和社会环境因素的刺激。凡是个体趋向或接受它而得到满足时，这种诱因称为正诱因；凡是个体因逃离或躲避它而得到满足时，这种诱因称为负诱因。

动机是由需要与诱因共同组成的。因此，动机的强度或力量既取决于需要的性质，也取决于诱因力量的大小。实验表明,诱因引起的动机的力量依赖于个体达到目标的距离。距离太大,动机对活动的激发作用就很小了。人有理想、有抱负,他的动机不仅支配行为指向近期的目标,而且能指向远期的目标。因此,空间上邻近的目标,不一定具有最大的激发作用。

### (二) 动机理论

动机理论主要有本能理论、驱力理论、唤醒理论、诱因理论、认知理论等。

**1. 本能理论**

本能理论是最早出现的行为动力理论,本能理论的基本观点是:人的行为主要受人体内在的生物模式驱动,不受理性支配。最早提出本能概念的是生物进化论的创始人达尔文(Charles Robert Darwin),而在动机心理研究方面进行深入研究的则有詹姆斯(William James)、麦克杜格尔(W. McDougall)和弗洛伊德(Sigmund Freud),其中麦克杜格尔系统地提出了动机的本能理论,他认为:①人类的所有行为都是以本能为基础的;②本能是人类一切思想和行为的基本源泉和动力;③本能具有能量、行为和目标指向三个成分;④个人和民族的性格和意志也是由本能逐渐发展而形成的。

本能理论过分强调先天和生物因素,忽略了后天的学习和理性因素。实际上,本能在人类的动机行为尤其是社会动机行为中不起主要作用。虽然本能对自然动机起着主导作用,是自然动机的源泉,但由于自然动机不具有重要的社会意义,而且在现实生活中人类纯粹的自然动机几乎是不能独立存在的,它无一不受社会因素的影响或社会动机的调节,所以,本能理论只具有从理论上对自然动机进行解释的意义,而不具有重要的社会意义。例如,社会发展到今天,人们的吃饭行为已不再纯粹是一种本能行为,人们一般是定时定点就餐,而不是饿了就吃。在很多情况下,吃饭行为并不是由躯体的饥饿感引起的。因此,我们说本能理论没有把握住人类行为的社会本质。

**2. 驱力理论**

驱力理论最早由霍尔(Granville Stanley Hall)提出,后来伍德沃斯(R. S. Woodworth)提出行为因果机制的驱力概念,以代替本能概念,而让驱力理论得以大力推广的是赫尔(Clark Hull)。赫尔提出驱力减少理论,该理论假定个体要生存就有需要,而由需要产生了驱力。驱力是一种动机结构,它供给机体的力量或能量,使需要得到满足,进而减少驱力。有些驱力来自内部刺激,不需要习得,称为原始驱力,有些驱力来自外部刺激,是通过学习得到的,称为获得性驱力。

**3. 唤醒理论**

唤醒理论由赫布(Donald Olding Hebb)和柏林(D. E. Berlyne)等提出,这一理论认为:人们总是被唤醒,并维持着生理激活的一种最佳水平,不是太高也不是太低。对唤醒水平的偏好是决定个体行为的一个因素,具体包括:①人们偏好最佳的唤醒水平,刺激水平和偏好之间的关系是一条倒 U 形曲线;②简化原理,即重复进行刺激能使唤醒水平降低;③个人经验对于偏好的影响,富有经验的个体偏好于复杂的刺激。

**4. 诱因理论**

由于驱力理论仅仅强调个体的活动来自内在的动力,它忽略了外在环境在引发行为上的作用,这表明驱力理论存在缺陷,为此,人们提出了诱因理论。诱因是个体行为的一种能源,它促使个体去追求目标。诱因与驱力是不可分开的,诱因是由外在目标所激发,只有当它变成个体内在的需要时，才能推动个体的行为，并产生持久的推动力。

**5. 认知理论**

现代认知理论认为：认知具有动机功能。动机的认知理论主要有期待价值理论、动机归因理论、自我功效论和成就目标论。其中：期待价值理论把达到目标的期待作为行为的决定因素；动机归因理论认为动机是思维的功能，可采取因果关系推论的方法从人们行为中寻求行为内在的动力因素；自我功效论认为人对行为的决策是主动的，人的认知变量如期待、注意和评价在行为决策中起着重要的作用；成就目标论认为不同个体对自己的能力有不同的看法，这种对能力的潜在认识会直接影响个体对成就目标的选择。

### （三）商务谈判与沟通动机的类型

根据谈判与沟通人员需求特点和性格可以将谈判动机分成经济型动机、冲动型动机、疑虑型动机和冒险型动机四种。

**1. 经济型动机**

经济型动机是指谈判与沟通者对成交价等经济因素很敏感，十分看重经济利益，谈判行为主要受经济利益所驱使。这是谈判与沟通过程中最为基本也最为普遍的一种动机类型。

**2. 冲动型动机**

冲动型动机是指谈判与沟通者在谈判过程中由于受到这样或那样的因素影响，导致其决策上表现得比较冲动的一种动机类型。冲动型动机是谈判与沟通人员受情感等刺激所诱发的一种决策行为，不是一种普遍的动机。

**3. 疑虑型动机**

疑虑型动机是指谈判与沟通者在谈判与沟通过程中受疑心和忧虑的影响，而做出相应决策的一种动机类型。这种动机类型往往与谈判与沟通人员的性格和行事作风有关，当然也会有相关人员受到一定外在因素的影响而引发。

**4. 冒险型动机**

冒险型动机是指谈判与沟通者喜欢冒风险去追求较为完美的谈判与沟通成果而形成的动机。众所周知，风险往往与收益成正比，这就使得有些性格强势或急于需要证明自己能力的谈判与沟通人员愿意承担风险去追求更高收益或更理想结果，其风险与结果都是不可预期的。

### （四）商务谈判与沟通人员的动机驱动类型

按照诱发动机的主要动力源，可以将商务谈判与沟通人员的动机分成竞争驱动型、解决驱动型、个人驱动型、组织驱动型和态度驱动型五种。

**1. 竞争驱动型**

竞争驱动就是客户把你看成竞争对手，谈判与沟通的目的是打败你、战胜你，尤其是客户认为你是一个经验丰富的谈判高手或残酷无情的谈判专家时。与竞争驱动型的对手谈判，最好的方法是了解对手，同时又尽可能多地不让对手知道你的情况。通过更好地了解对手，双方都可以有意识地在那些对自己并不重要，但对对方却很重要的条件上做出让步，从而最终达到双赢的谈判结果。

**2. 解决驱动型**

解决驱动是最理想的谈判形势，这时双方都非常希望能够找到一个问题的解决方案，并愿意通过共同讨论来解决，双方都不会对对方产生威胁，而是抱着良好的意愿，寻求一个双赢的解决方案。与解决驱动型的人谈判，最大的好处是他们不会受到公司政策或传统的限制，任何条件都是可以商量的，只要不违法或不违反他们的原则，他们愿意考虑你的任何建议，不会把你看成是竞争对手。

### 3. 个人驱动型

个人驱动的谈判者，在谈判时的主要目的就是谋求个人利益。例如，一些律师，有时候不会尽快解决一起官司，因为那样并不符合他们的个人利益，遇到这种情况，你最好的办法是先满足其个人利益。又如，那些急于表现的年轻谈判者，他们不愿两手空空地回到公司，这时你的最佳策略就是确定对方的最后期限，这样他们会在谈判的最后时刻接受你的条件；而那些想在同事中树立威信的谈判者，一个有效的谈判策略就是，在谈判一开始就提出特别过分的要求，然后做出一定让步来满足他。

### 4. 组织驱动型

这类谈判者，他们谈判的目的除了寻求合理的解决方案外，还必须向自己的组织交差。例如，政府组织、行业组织以及一些国企的谈判者，他们一方面希望有一个尽可能好的解决方案，但又必须向自己的上级组织交差。他们经常不愿意在对手面前摆明自己的问题。因为那样会让人感到他们是在和你共谋。一旦你弄清了他们所面临的问题，你就可以调整自己的方案，让对方所在的组织更容易接受；同时不妨为你的谈判对手创造一些条件，帮助他来说服自己的组织。

### 5. 态度驱动型

这类谈判者愿意与你谈判的主要原因是喜欢并信任你，他们喜欢直接面对对手，希望能亲自感受一下对方是怎样的人，能够和对方建立良好的关系，并常常受此影响。他们认为，只要双方彼此融洽，就可以成功地解决分歧。显然，如果你和客户都互有好感，那是一件对双方都有利的事，因为你们会很容易做出让步达成协议。但这是一对平行线，当你设法让客户喜欢你的同时，客户也在想办法让你喜欢他们。谈判高手知道，有些事情要比让对方喜欢你更重要，那就是维护己方的合理利益。

## 三、研究商务谈判与沟通需要和动机的意义

对商务谈判与沟通需要和动机进行分析并加以利用，是我们进行谈判与沟通心理研究的主要目的，具体分析可从以下三方面着手：

### 1. 主导需要因素

主导需要是指任何人或组织，在某一时期一般都会有某一种或几种需要占主导地位。要试图根据对方的主导需要采取相应的策略，刺激其欲望，激发其动机。例如，设计报价或还价时在照顾我方利益的同时，仍具有有效满足对方主导需要的吸引力和诱惑力，就能使对方始终保持谈判的热情和积极性。

### 2. 需要急切程度因素

通常情况下，一方的需要越迫切，其想与对方达成谈判协议的愿望就越强烈。当某种需要对象对需要的价值认定很高，而又急需得到它时，该需求者往往会不惜代价来得到它。

### 3. 需要满足可替代性因素

如果谈判一方只能选取一种需要对象（如谈判标的物）满足其某种需要，同时他又受制于唯一的谈判对手，说明其需要满足的可替代性较弱，那么，成交的可能性就更大。如果

需要满足的可替代性较强，就可以做到"货比三家"，即有较好的需求替代对象，则其与某一个谈判方达成谈判协议的确定性就差。

## 第三节　商务谈判心理的实用技巧

### 一、掌握谈判期望心理的分析技巧

#### （一）谈判期望的含义

谈判期望是指商务谈判者根据以往的经验在一定时间内，希望达到一定的谈判目标或满足谈判需要的心理活动。

谈判期望产生于需要，是谈判者对实现其需要的期待。通常情况下，谈判期望是有方向性和具体目标的，谈判期望的强弱往往与谈判目标价值的高低有密切的联系，谈判者要根据自己以往经验对达到目标的可能性进行分析判断。

#### （二）谈判期望的分析利用

**1. 谈判期望水平的分析利用**

谈判期望水平的高低影响着期望者潜能的发挥。期望水平的高低，要根据实际情况来决定，要考虑人的能力、经验、实际条件和心理素质。一般来说期望水平高，对期望者的潜能激发程度也高，成功可能性就高。谈判人员的期望目标和期望水平往往会事先加以掩饰，不容易一眼看穿。

**2. 谈判期望效价的分析利用**

谈判期望效价实际上就是谈判双方在谈判中的利益分配问题。谈判者通过对效价的分析，可以利用效价和期望值对谈判行为动机的影响来引导谈判对手向着我方的意愿采取行动，也可以通过效价来刺激和维持对方参与谈判的积极性，最终使谈判双方能够共同受益，做到双赢。

### 二、商务谈判情绪的调控

#### （一）商务谈判情绪的概念

商务谈判情绪是参与商务谈判各方人员的情绪表现。谈判人员不仅要对自己的情绪加以调整，也要根据谈判对手的情绪进行相应的防范和引导。商务谈判人员个人的情绪要服从商务谈判的利益，要随时进行情绪的调控，不能让它随意宣泄，影响谈判结果。谈判人员要有良好的意志力，才能在不管谈判处于顺境还是处于逆境的情况下对自身的情绪加以控制，而不是被谈判对手所控制。当然，这并不是说什么时候都要表现出谦恭和温顺，而是要在保持冷静清醒的头脑的情况下灵活地调控自己，把握分寸，适当地表现强硬、灵活、友好或妥协。

#### （二）商务谈判情绪调控的原则

**1. 保持冷静和清醒的头脑**

保持清醒的头脑就是保持敏锐的观察力、理智的思辨能力和言语行为的调控力的前提和基础。当谈判人员发现自己心绪不宁、思路不清、反应迟钝时，应设法暂停谈判，通过休息、内部相互交换意见等办法，使自己恢复良好的状态，以确保最后获得理想的谈判结果。

### 2. 保持正确的谈判动机

商务谈判是以追求谈判的商务利益为目标的，而不是以谈判人员自身虚荣心的满足或实现其他个人利益为目标，因此，在整个谈判过程中，要防止因为对手的挖苦、讽刺或恭维等行为而导致谈判者迷失方向。

### 3. 将人事分开

谈判人员在谈判过程中应该始终保持客观、理智的判断力，认识到商务谈判是客观的企业的集体利益，不要因为个人喜好而影响最终的谈判结果。也就是说，在处理问题时应遵循实事求是的客观标准，避免为谈判对手真真假假、虚虚实实的手腕所迷惑，对谈判事务失去应有的判断力。在与谈判对手的交往中，要做到有礼貌、通情达理，要将谈判的问题与个人划分开来。在阐述问题时，侧重实际情况的阐述，少指责或避免指责对方，切忌意气用事而把对问题的不满发泄到谈判对手个人身上，对谈判对手个人指责、抱怨，甚至充满敌意。

## 三、商务谈判中心理挫折的防范与应对措施

### （一）心理挫折的概念

心理挫折是人在追求实现目标的过程中遇到自己感到无法克服的障碍、干扰而产生的一种焦虑、紧张、愤懑或沮丧、失意的情绪心理状态。心理挫折是人们的一种主观感受，它的存在并不能说明在客观上就一定存在挫折或失败，也就是说心理挫折的存在并不一定意味着活动挫折的存在。反过来，客观挫折也不一定对每个人都会造成挫折感。由于每个人的心理素质、性格、知识结构、生长环境等都不相同，导致他们对同一事物活动的反应也就不同，例如，有的人在感到挫折后会沮丧、退缩甚至一蹶不振，而有的人则恰恰相反，遇到困难反而更有信心，更加全力以赴。

### （二）心理挫折的行为表现

#### 1. 攻击

人们在感到挫折时，最容易产生也是最常见的反应莫过于生气、愤怒了。在这种情况下，人们的言行就会超出他原有的正常范围，如说出一些极端的话、做出一些挑衅性的动作等。当然，在这种条件下每个人的反应不可能相同，这主要取决于每个人的个人素质以及他们平时的正常行为，因为过激本身就是相对于正常而言的。

#### 2. 畏惧退缩

这种行为反应主要是由人们在心理挫折的状态下对自己失去信心，缺乏勇气造成的。在这时，人的敏感性、判断力都会下降，最终影响目标的实现。例如，一位刚毕业的律师与一位名律师打一场官司，那么这位刚毕业的律师很容易产生心理挫折，缺乏应有的自信，在对簿法庭时，无论是他的判断力还是思辨能力甚至语言表达能力都会受到影响，这实际上就为对手的胜利提供了条件。

#### 3. 盲目固执

盲目固执是指人们感受到心理挫折以后，不愿面对现实，不认真思考判断，而是非常顽固地坚持一种错误的思想或意见，或盲目地重复某种毫无意义的动作。

#### 4. 冷漠与焦虑

冷漠是指对人和事漠不关心与无动于衷的态度；焦虑是指一种缺乏明显客观原因的内心不安或无根据的恐惧。这种行为表现为对于吃、穿、玩等生活中的方方面面缺少兴奋、盼

望、欣喜等正面情绪，甚至也没有失望、无奈、痛苦等负面情绪，这就导致人与人之间的沟通交流障碍，遇到问题就容易出现焦虑不安的心理。

（三）心理挫折的预防与应对

**1. 预防**

预防是指消除引起客观挫折的原因，以及比较容易造成或形成谈判人员心理挫折的因素。主要有以下几点：

（1）谈判者对谈判内容缺乏应有的了解，掌握信息不够，制定出了不合理或者不可行的谈判目标。例如，你非常喜欢一件衣服，于是暗暗决定如果它的价格不超过300元就买下，你请售货员帮你取下来，然后一边看衣服一边向售货员询问价钱，"这件衣服多少钱？"售货员漫不经心地答道："2780元。"此时，由于价差过大，使你认识到买下这件衣服的可能性为零，这样就会产生很大的心理挫折，从而失去谈判的信心和勇气。

（2）由于惯例、经验、典范对谈判者的影响，谈判者容易形成思维定式，将自己的思维和想法禁锢起来。对于出现的新情况、新问题仍然按照经验、惯例去解决，这样既影响谈判的结果，也容易受到心理挫折。例如，你是一家商店的营业员，你们这个商店从不讨价还价，而有位顾客找到你提出打折，你不同意，顾客找出商品存在瑕疵，如果你仍不同意打折，谈判就很容易陷入僵局。

（3）由于谈判者自身的某些需要，特别是社会需要和自尊、自我实现需要没有得到很好满足或受到伤害，就容易造成心理挫折。例如，你是公司业务部门的负责人，在公司对要新上马的某个项目进行论证时，充满信心讲完你的理由、论据之后，你的一名下属当众指出你的统计数字中存在逻辑错误，这时，你的自尊受到了伤害，必然会产生诸如气愤、沮丧、懊悔等情绪反应。

除此之外，导致谈判者心理挫折的原因还有很多，有来自谈判过程的，还有一些来自谈判者本身的，如谈判者自身的知识结构、自身能力等。

**2. 应对**

如果发现产生了心理挫折，就要勇于面对挫折，采取积极措施，缓解由于心理挫折给自己带来的负面影响，尽快从这一阴影中走出来。具体方法有以下几种：

（1）回避。适当的回避可以使人暂时忘记由于心理挫折产生的负面情绪，也就是说，谈判人员可以想办法转移注意力，尽可能躲开谈及或者想起使自己产生心理挫折那件事情。

（2）变通。其实每个人都会犯错，都不可能永远成功。一旦出现心理挫折了，在分析失败原因的同时，也要学会找理由为自己开脱，减轻挫折感，积极乐观地面对后续可能出现的问题。

（3）转视。中国有句老话："失败乃成功之母。"每一个成功都会建立在若干失败的基础上，因此，失败并不可怕，只要变换一个角度去看待挫折，挫折本身就可能变成自己的一种财富积累过程。

（4）换脑。当出现心理挫折时，一个人走出低迷的状态可能需要一段时间，而通过与朋友或同事的思想交流，可以迅速客观地重新认识产生挫折的过程，从而借助外力实现自我超越。

（5）求实。求实就是转换实现目标的途径和方法，学会重新审视目标，并进行调整使之更加切合实际，才是应对心理挫折行之有效的方法。

（6）补偿。在目标实现受挫时，通过更替原来的行动目标，求得长远价值目标实现，也是一种变通手段。

（7）升华。选择一种新的、高层次的、积极的、利于他人和社会的心理认知代替旧有的心理认知，从而改变消极的心理状态。

（8）情绪宣泄。可以通过跑步、游戏、唱歌等形式发泄不良情绪，重新振作，积极向上。

## 案例分析

### 把握对方真正的需求

#### 案例一

卡耐基（Dale Carnegie）为举办讲习会，每季度都要租用纽约某饭店的大厅。一次，当所有的入场券都卖出去了时，饭店却通知他租金要提高3倍。租金贵，不开又不行，怎么办？

卡耐基找到经理："接到通知时，我很吃惊，但考虑到您的处境，该为饭店的利润而努力，否则会被免职。因此我不能责怪你，但我们是否可以共同列表研究涨价对饭店的利弊呢？"卡耐基边说边取出一张纸，从中画出一条细线，然后在好处栏写道：大厅可以空出来，租给舞会或集会使用，所得租金比租给讲习会高得多，所以被租用20天来举办讲习会的确是饭店的一大损失。接着在坏处栏写道：因为我无法付出你们所要求的租金，讲习会只好易地举行。但参加讲习会的大多是知识分子，他们对饭店来说是最好的宣传，你花再多的钱做广告，也不见得有这么多这样的人来参观。停止讲习会不是饭店的巨大损失吗？

他把这份表交给经理说：请好好考虑这里所写的利弊，然后把你的决定通知我。第二天，卡耐基就接到通知，租金只增加50%，而不是3倍。

#### 案例二

美国谈判专家荷伯（Hebb Cohen）回忆说：

几年前他代表一家大公司去美国俄亥俄州购买一座煤矿。矿主是个强硬的谈判者，开价2600万美元。荷伯针对这一报价提出己方价格1500万美元。

"你在开玩笑吧？"矿主粗声道。

"不，我们不是开玩笑。但是请把你的实际售价告诉我们，我们好进行考虑。"矿主坚持2600万美元不变。

在随后的几个月里，买方的出价为：1800万美元、2000万美元、2100万美元、2150万美元。但是卖主拒绝退让，于是形成僵局，双方都无活动。情况就是2150万美元与2600万美元的对峙。显然，在此情况下，单纯就形成僵局的价格进行谈判不可能取得创造性结果。因为如果没有有关信息，就很难重新拟定谈判内容。

为什么卖主不接受这个显然是公平的还价呢？令人费解。

于是，荷伯通过一顿接一顿地跟他一块吃饭，向矿主解释公司做的最后还价是合理的。但是，卖主总是不说话或说别的。一天晚上，卖主终于对荷伯的反复解释做出反应，他说："我兄弟的煤矿卖了2550万美元，还有一些附加利益。"

荷伯心里明白了，"这就是他固守那个数字的理由。他有别的需要，我们显然忽略了。"

有了这点信息，荷伯就跟自己公司的有关经理人员碰头。他说："我们首先得搞清楚他兄弟究竟得到了多少，然后才能商量我们的建议。显然我们应处理个人的重要需要，这跟市场价格并无关系。"

公司的管理者们同意了，荷伯按这个路线进行下一步谈判的准备工作。不久，谈判达成协议，最后的价格没有超过公司的预算。但是付款方式和附加条件使卖主感到自己干得远比他的兄弟强。

问题：对上述两个案例进行对比分析，需要与动机是如何对谈判结果产生影响的？

## 复习思考题

1. 什么是心理？心理过程包括哪些内容？
2. 感觉与知觉的关系是什么？
3. 错觉产生的原因是什么？
4. 知觉的特点有哪些？
5. 研究商务谈判与沟通需要的意义是什么？

# 第四章

# 商务谈判与沟通的思维方法

"行成于思",说明行为的成功取决于思维。正确的思维方法与合理的沟通方式的选择,会使许多偶然成功事件变成必然事件。一个人如果能把思维方法和艺术成功地运用到工作生活中去,必然会取得意想不到的成功率。

## 本章学习重点

掌握思维的概述、谈判与沟通的主要思维方法。
重点掌握谋略思维的含义及主要用谋方法。
掌握辩证思维的概念及原则。
掌握主要的辩证思维方法。
了解逆向思维的概念及运用逆向思维的优势。
了解权变思维的概念及其在管理中的运用。
掌握权变理论的态势。
重点掌握诡道思维的内涵及在谈判中的运用。

## ◆ 导入案例

**从马岛之战看谋略思维**

英国和阿根廷为马岛的主权问题曾发生一场现代化战争。现代化战争意味着整个战争的指挥、协调、侦察等都通过卫星等现代高科技手段进行,但是这场战争中有两场战役甚为有趣:其一是阿根廷为攻击英国"谢菲尔德"导弹驱逐舰,先以老式飞机吸引对方,分散其警觉力,随后,猝然以最先进的飞机高速攻击英舰,并将其击沉,取得空前的胜利;其二是英国为了登上岛,先是让航空母舰在马岛东部水域游弋,让阿根廷把注意力集中在这里,然后,突然在马岛西北部圣卡洛斯港登陆,并获成功,从而掌握了此次战争的主动权。

## 第一节 思 维 概 述

### 一、思维的概念

思维是人脑对客观现实的概括和间接的反映,它反映的是事物的本质和事物间规律性的联系。思维是人脑对客观现实的反映,思维所反映的是一类事物共同的、本质的属性和事物之间内在的、必然的联系,属于理性认识。

思维主体是可对信息进行能动操作（如采集、传递、存储、提取、删除、对比、筛选、判别、排列、分类、变相、转型、整合、表达等活动）的物质。思维主体既有自然进化而形成的动物（如人），也（会）有逐渐发展完善的人工智能产品。

思维活动的对象是信息及意识。信息是能被思维主体识别的事物现象及表象；意识是思维活动的产物,意识以信息的形式储存、表现和输出,意识传播的实质是信息传播。

## 二、思维的主要特征

思维同感知觉一样是人脑对客观现实的反映。感知觉所反映的是事物的个别属性、个别事物及其外部的特征和联系,属于感性认识；而思维所反映的是事物共同的、本质的属性和事物之间内在的、必然的联系,属于理性认识。思维的主要特征是指思维具有间接性和概括性。

### 1. 思维的间接性

思维的间接性是指人们借助一定的媒介和知识经验对客观事物进行间接的认识。其表现主要体现在：①思维能对不在眼前没有直接作用于感官的事物加以反映；②思维能对根本不能进行感知的事物进行反映；③思维能在对现实事物认识的基础上做出某种预见。

### 2. 思维的概括性

思维的概括性是指在大量感性材料的基础上,把一类事物共同的特征和规律抽取出来,加以概括。具体表现在两个方面：①思维反映的是一类事物所共同的、本质的属性；②思维还可以反映事物的内部联系和规律。

## 三、思维的种类

### （一）动作思维、形象思维和抽象思维

根据思维所要解决的问题的内容,可将思维分为动作思维、形象思维和抽象思维。

#### 1. 动作思维

动作思维（Action Thinking）也称直观动作思维,其基本特点是思维与动作不可分,离开了动作就不能思维。动作思维一般是在人类或个体发展的早期所具有的一种思维形式,它的任务是与当前直接感知到的对象相联系,其解决问题的思维方式不是依据表象与概念,而是依据当前的感知觉与实际操作。

动作思维是在抽象逻辑思维产生之前的一种思维形式。例如,幼儿在学习简单计数和加减法时,常常借助数手指,实际活动一旦停止,他们的思维便立即停下来。成人也有动作思维,如技术工人在对一台机器进行维修时,一边检查一边思考故障的原因,直至发现问题,排除故障为止,在这一过程中动作思维占据主要地位。不过,成人的动作思维是在经验的基础上,在第二信号系统的调节下实现的,这与尚未完全掌握语言的儿童的动作思维相比有着本质区别。

#### 2. 形象思维

形象思维（Imagery Thinking）主要是指人们在认识世界的过程中,对事物表象进行取舍时形成的只要用直观形象的表象解决问题的思维方法。形象思维是对形象信息传递

的客观形象体系进行感受、储存的基础上，结合主观的认识和情感进行识别（包括审美判断和科学判断等），并用一定的形式、手段和工具创造和描述形象的一种基本的思维形式。

形象思维是文学艺术创作过程中主要的思维方式，借助于形象反映生活，运用典型化和想象的方法，塑造艺术形象，以此来表达作者的思想感情，因此形象思维有时也叫艺术思维。形象思维具有形象性、非逻辑性、粗略性和想象性等特点。

**3. 抽象思维**

抽象思维（Abstract Thinking）是人们在认识活动中运用概念、判断、推理等思维形式，对客观现实进行间接的、概括的反映的过程。抽象思维属于理性认识阶段。抽象思维凭借科学的抽象概念对事物的本质和客观世界发展的深远过程进行反映，使人们通过认识活动，获得远远超出依靠感觉器官直接感知的知识。抽象思维是用概念间的关系来代表现实的事物之间的联系，为人类超越自己的感官去认清或者更加宏观，或者更加微观，或者更加快速变化的世界提供了可能性。

抽象思维与形象思维不同，不单纯用图画的变换来代表现实的事物之间的联系。如果没有抽象思维的准确性，就不能准确界定概念与概念间的关系，就无法使事物变成现实性。因此，准确地形成概念以及概念间的关系是抽象思维方法最基本的规则。

**（二）集中（聚合）思维和发散思维**

根据思维活动的方向和思维成果的特点，可将思维分为集中（聚合）思维和发散思维。

**1. 集中（聚合）思维**

集中思维（Convergent Thinking）又叫辐合思维、聚合思维或求同思维，是指从已知信息中产生逻辑结论，从现成资料中寻求正确答案的一种有方向、有条理的思维方式。例如，学生从书本的各种定论中筛选一种方法，或寻找问题的一种答案；理论工作者依据许多现成的资料归纳出一种结论。

在应用集中思维方法时，一般要注意以下三个步骤：

一是收集掌握各种有关信息。采取各种方法和途径，收集和掌握与思维目标有关的信息，而资料信息越多越好，这是选用集中思维的前提。

二是对掌握的各种信息进行分析清理和筛选。通过对所收集到的各种资料进行分析，区分出它们与思维目标的相关程度，把重要的信息保留下来，把无关的或关系不大的信息淘汰掉。

三是客观地、实事求是地得出科学结论，获得思维目标。具体内容有：①找到解决问题的办法或答案；②解决问题的过程中的操作程序，先做什么，后做什么；③对寻求到的几种解题途径、方案、措施或答案，通过比较，进行优选。

**2. 发散思维**

发散思维（Divergent Thinking）又称辐射思维、放射思维、扩散思维或求异思维，是指大脑在思维时呈现的一种扩散状态的思维模式，如"一题多解""一事多写""一物多用"等方式。不少心理学家认为，发散思维是创造性思维最主要的特点，是测定创造力的主要标志之一。

发散思维的特点表现在流畅性、变通性、独特性和多感官性。

（1）流畅性就是观念的自由发挥，是指在尽可能短的时间内生成并表达出尽可能多的思维观念以及较快地适应、消化新的思想观念。流畅性反映的是发散思维的速度和数量特征。

（2）变通性就是克服人们头脑中某种自己设置的僵化的思维框架，按照某一新的方向来思索问题的过程。变通性需要借助横向类比、跨域转化、触类旁通，使发散思维沿着不同的方面和方向扩散，表现出极其丰富的多样性和多面性。

（3）独特性是指人们在发散思维中做出不同寻常的异于他人的新奇反应的能力，是发散思维的最高目标。

（4）多感官性是指发散性思维不仅运用视觉思维和听觉思维，而且也充分利用其他感官接收信息并进行加工。

此外，发散思维还与情感有关，如果思维者能够想办法激发兴趣，产生激情，把信息情绪化，赋予信息以感情色彩，就会提高发散思维的速度与效果。

（三）常规思维和创造思维

根据思维的新颖性、独创性，可将思维分为常规思维和创造思维。

**1. 常规思维**

常规思维（Conventional Thinking）是指人们根据已有的知识经验，按照现成的方案和程序直接解决问题。常规思维的特征是"经常按某一规律从事相关的活动而产生的主观能动性，影响甚至决定之后从事的其他相关活动。"

常规思维又可以分为定向思维和感性思维。定向思维是指人们按照长期形成的既定方向和程序进行思考，如猫抓老鼠；感性思维是指因为个人主观意识形成的思维习惯，如没有根据地判断问题是否正确。

**2. 创造思维**

创造思维（Creative Thinking）是一种新颖而有价值的、非结论的，具有高度机动性和持续性，且能清楚地勾画和解决问题的思维活动。具体表现为打破惯常解决问题的程式，重新组合既定的感觉体验，探索规律，得出新思维成果的思维过程。创造思维根据内容形式表现又可以分成扩散思维、聚合思维、立体思维、直觉思维。扩散思维和聚合思维前面已经介绍。立体思维是指人们从不同角度、不同层次、不同方面，运用多种方法进行综合地多维立体思维。直觉思维是指人们对客观事实或现象的直接领悟和认知。

## 案例链接

### 打破常规思维的小故事

### 故事一：最强护卫

一个土豪，每次出门都担心家中被盗，想买只狼狗，将其拴在自己家的门前护院，但又不想雇人喂狗浪费银两，苦思良久后终得一法：每次出门前把WiFi修改成无密码，然后放心出门。每次回来都能看到十几个人捧着手机蹲在自家门口，从此无忧。

打破常规思维的启示：护院，不一定买狗，互联网时代，处处都要打破传统思维。

### 故事二：哥伦布的鸡蛋

哥伦布发现美洲大陆后，许多人认为哥伦布只不过是凑巧看到，其他任何人只要有他的运气，都可以做到。于是，在一个盛大的宴会上，一位贵族向他发难道："哥伦布先生，我们谁都知道，美洲就在那儿，你不过是凑巧先上去了呗！如果是我们去也会发现的。"面对责难，哥伦布不慌不乱，他灵机一动，拿起了桌上一个鸡蛋，对大家说："诸位先生女士，你们谁能够把鸡蛋立在桌子上？请问你们谁能做到呢？"大家跃跃欲试，却一个个地败下阵来。哥伦布微微一笑，拿起鸡蛋，在桌上轻轻一磕，就把鸡蛋立在那儿。哥伦布随后说："是的，就这么简单。发现美洲确实不难，就像立起这个鸡蛋一样容易。但是，诸位，在我没有立起它之前，你们谁又做到了呢？"

打破常规思维的启示：创新从本质上是一种对新思想、新角度、新变化采取的欢迎态度，它也表现为看问题的新角度。很多时候，人们会说，这也算是创新吗？原来我也知道啊！创新就这么简单，关键在于你敢不敢想，肯不肯做。

### 故事三：青蛙现象

有人做过一个实验，把青蛙放到一锅热水中，那青蛙遇到温度剧烈的变化，就会立即跳出来，反应很快。但是把青蛙放到冷水中去，慢慢给水加温，你会发现青蛙刚开始会很舒适地在水里游来游去。锅里的水温在慢慢上升，它毫不察觉，仍然感到暖洋洋的，自得其乐。当温度上升到70～80℃时，它觉得有威胁，想跳出来，可是已经来不及了。因为它的腿不听使唤，再也跳不起来了，最后只得被煮死。这就是温水煮青蛙的故事。

打破常规思维的启示：第一，大环境的改变能决定我们的成功与失败。大环境的改变有时是看不到的，我们必须时时注意，多学习，多警醒，并欢迎改变，才不至于太迟。第二，太舒适的环境就是最危险的时刻。很习惯的生活方式，也许就是你最危险的生活方式。要不断创新，打破旧有的模式，而且相信任何事都有再改善的地方。第三，要能觉察到趋势的小改变，就必须"停下来"从不同角度来思考，而学习是能发现改变的最佳途径。

### 故事四：砌墙工人的命运

三个工人在砌一堵墙。有人过来问："你们在干什么？"第一个人没好气地说："没看见吗？砌墙。"第二个人抬头笑了笑，说："我们在盖一幢高楼。"第三个人边干边哼着歌曲，他的笑容很灿烂："我们正在建设一座新城市。"10年后，第一个人在另一个工地上砌墙；第二个人坐在办公室中画图样，他成了工程师；第三个人呢，是前两个人的老板。

打破常规思维的启示：你手头的平凡工作其实正是大事业的开始，能否意识到这一点意味着你能否做成一项大事业。

### 故事五：钉子

有一个坏脾气的男孩，他父亲给了他一袋钉子，并且告诉他，每当他发脾气的时候就钉一个钉子在后院的围栏上。第一天，这个男孩钉下了37根钉子。慢慢地，每天钉下的钉子数量减少了，他发现控制自己的脾气要比钉下那些钉子容易。于是，有一天，这个男孩再也不会失去耐性，乱发脾气。他告诉父亲这件事情。父亲又说，现在开始每当他能控制自己脾气的时候，就拔出一根钉子。一天天过去了，最后男孩告诉他的父亲，他终于把所有钉子都给拔出来了。父亲握着他的手，来到后院说："你做得很好，我的好孩子，但是看看那些围栏上的洞。这些围栏将永远不能恢复到从前的样子。你生气的时候说的话就像这些钉子一样留下疤痕。如果你拿刀子捅别人一刀，不管你说了多少次对不起，那个伤口将永远存在。话语的伤痛就像真实的伤痛一样令人无法承受。"

打破常规思维的启示：人与人之间常常因为一些无法释怀的僵持，而造成永远的伤害。如果我们都能从自己做起，宽容地看待他人，相信你一定能收到许多意想不到的结果。为别人开启一扇窗，也就是让自己看到更完整的天空。

### 故事六：买烟

甲去买烟，烟29元，但他没火柴，跟店员说："顺便送一盒火柴吧。"店员没给。乙去买烟，烟29元，他也没火柴，跟店员说："便宜一角钱吧。"最后，他用这一角钱买了一盒火柴。

打破常规思维的启示：这是最简单的心理边际效应。第一种：店主认为自己在一个商品上赚钱了，另外一个没赚钱。赚钱感觉指数为1。第二种：店主认为两个商品都赚钱了，赚钱指数为2。当然心里倾向第二种了。同样，这种心理还表现在买一送一的花招上，顾客认为有一样东西不用付钱，就赚了，其实都是心理边际效应在作怪。

变换一种方式往往能起到意想不到的效果。通常很多事情换一种做法结果就不同了。人生道路上，改善心智模式和思维方式是很重要的。

### 故事七：聪明的男孩

有个小男孩，一天妈妈带着他到杂货店去买东西，老板看到这个可爱的小孩，就打开一个装糖果的糖罐，要小男孩自己拿一把糖果。但是这个男孩却没有任何动作。几次的邀请之后，老板亲自抓了一大把糖果，并把糖果放进了小男孩的口袋中。回到家中，母亲好奇地问小男孩，为什么没有自己去抓糖果而要老板抓呢？小男孩的回答很妙："因为我的手比较小呀！而老板的手比较大，所以他拿的一定比我拿的多很多。"

打破常规思维的启示：这是一个聪明的孩子，他知道自己的能力有限，而更重要的是，他也知道别人比自己强。凡事不只靠自己的力量，学会适时地依靠他人，是一种谦卑，更是一种聪明。

### 故事八：警察查房

某人到酒店开房，服务员说客房全满。他不想再找别的酒店，便跑到楼上走廊大喊一句："开门！开门！警察查房！"……然后下楼等待，一会儿，几对男女匆忙下楼结账，这时他走到总台说道："给我开个房间。"

打破常规思维的启示：你总认为市场竞争激烈没机会了，那是你还没学会造一个"营销炸弹"。打破旧的市场格局，注意力在哪里，结果就在哪里！时间花在哪里，结果就在哪里！因此要锁定目标，全力以赴。

**故事九：盲人打灯笼**

一个盲人到亲戚家做客，天黑后，他的亲戚好心为他点了个灯笼，说："天晚了，路黑，你打个灯笼回家吧！"盲人火冒三丈地说："你明明知道我是盲人，还给我打个灯笼照路，不是嘲笑我吗？"他的亲戚说："你犯了局限思考的错误了。你在路上走，许多人也在路上走，你打着灯笼，别人可以看到你，就不会把你撞到了。"盲人一想，对呀！

打破常规思维的启示：局限思考是从自己的角度思考，整体思考是你把自己放到整个环境中去考虑。系统地思考问题，就会发现，你的行为会与别人产生互动。

（资料来源：打破常规思维的小故事 10 则. 2017-05-18. http：//www.360doc.com/content/17/0518/15/1127866_655013501.shtml.）

### （四）直觉思维和分析思维

根据思维是否遵循严密的逻辑规律，可将思维分为直觉思维和分析思维。

**1. 直觉思维**

直觉思维（Intuition Thinking）是指对一个问题未经逐步分析，仅依据内因的感知迅速地对问题答案做出判断、猜想、设想，或者在对疑难百思不得其解之中，突然对问题有"灵感"和"顿悟"，甚至对未来事物的结果有"预感""预言"等。直觉思维是一种心理现象，它不仅在创造性思维活动的关键阶段起着极为重要的作用，还是人们生命活动、延缓衰老的重要保证。直觉思维是完全可以有意识加以训练和培养的。直觉在创造活动中有着非常积极的作用，其功能体现在两个方面，即帮助人们迅速做出优化选择和帮助人们做出创造性的预见。借助一些方法，可以提升直觉思维能力。

创造要从问题开始，而问题的解决，往往有多种可能性，能否从中做出正确的抉择就成了解决问题的关键。因此，只有知识渊博、经验丰富的人才能够在很难分清各种可能性优劣的情况下做出优化抉择并进行科学预见。

直觉思维的特征主要包括直接性、突发性、非逻辑性、或然性和整体性。直接性是指直觉思维是一种直接领悟事物的本质或规律，而不受固定逻辑规则所束缚的思维方式；突发性是指直觉思维的过程极短，稍纵即逝，其所获得的结果是突如其来和出乎意料的；非逻辑性是指直觉思维不是按照通常的逻辑规则按部就班地进行的，既不是演绎推理，也不是归纳概括；或然性是指直觉思维有可能正确，也可能错误；整体性是指在直觉思维过程中，思维主体并不着眼于细节的逻辑分析，而是对事物或现象形成一个整体的"智力图像"，从整体上识别出事物的本质和规律。

## 知识链接

### 直觉思维的训练

**1. 怎样培养直觉能力**

（1）要有广博而坚实的基础知识。直觉判断不是凭主观意愿，而是凭知识、规律。

（2）要有丰富的生活经验。产生直觉仅凭书本知识是不够的，直觉思维迅速、灵活、机智，需要有较多的经历，经历过困难，解决过各种复杂的问题。

（3）要有敏锐的观察力。要有审查全面的能力，较快地看清全貌。

2. 测试：直觉测验

在猜谜语游戏中你是否成绩不错？

你是否喜欢和别人打赌，赌运是否很好？

你是否一看见一幢房子便感到合适与舒适？

你是否常感到你一见某个人，便感到十分了解他（她）？

你是否经常一拿起电话便知道对方是谁？

你是否常听到某些"启示"的声音，告诉你应该做些什么？

你是否相信命运？

你是否经常在别人说话之前，便知道其内容？

你是否有过噩梦，而其结果又变成事实？

你是否经常在拆信之前，便已知道其内容？

你是否经常为其他人接着说完话？

你是否常有这种经历：有段时间未能听到某一个人的消息了，正当你在思念之时，又忽然接到他（她）的信件、明信片或电话？

你是否无缘无故地不信任别人？

你是否为自己对别人第一印象的准确而感到骄傲？

你是否常有似曾相识的经历？

你是否经常在登机之前，因害怕该航班出事，而临时改变旅行计划？

你是否在半夜里因担心亲友的健康或安全而忽然惊醒？

你是否无缘无故地讨厌某些人？

你是否一见某件衣服，就感到非得到它不可？

你是否相信"一见钟情"？

答"是"的记1分，答"否"的记0分，累计所得分数，并按如下标准进行评价：10~20分者，有很强的直觉能力。有着惊人的判断力，当你将它用于创造时一定会取得巨大成功。1~9分者，有一定的直觉能力。但常常不善于运用它，有时让它自生自灭，应该加强对它的培养，让它成为你事业的好帮手。0分者，一点也没有发展自己的直觉能力。你应该试着按直觉办事，就会发现直觉。

### 2. 分析思维

分析思维也叫逻辑思维，是指经过仔细研究、逐步分析，最后得出明确结论的思维方式。例如，警察通过线索、取证、对证等找出犯罪对象的思维；学生推理论证几何题的思维。

分析思维可分成五个层级：①能够将事物进行简单的分解，即将有难度的任务分解成若干个部分，但是不能明确其中的逻辑关系；②能够依据逻辑关系分解复杂事物，找到其中的组成成分，并根据逻辑关系进行重组或排序，看问题全面，能够分析问题的各个方面；③根据一定的规则把事物分类，形成并界定概念，并能够理解和运用复杂的概念解决问题；④发现复杂的因果关系，做逻辑推理和有依据的判断；⑤深入到现象背后，发现趋势，以及驱动因素和前提条件。

**（五）经验思维和理论思维**

根据思维是日常生活经验还是科学概念，可将思维分为经验思维和理论思维。

**1. 经验思维**

经验思维（Empirical Thinking）是以经验为依据决断问题的思维形式，是一种最基础、最一般的思维形式，经验思维的特点有内容的重要性、直观的感知性、认识的表面性、观察的局限性、分析的非定量性。

**2. 理论思维**

理论思维又称逻辑思维（Logical Thinking），是指人们在认识过程中借助于概念、判断、推理等思维形式，能动地反映客观现实的理性认识过程。它是作为对认识者的思维及其结构以及起作用的规律的分析而产生和发展起来的。只有经过逻辑思维，人们才能达到对具体对象本质规定的把握，进而认识客观世界。它是人的认识的高级阶段，即理性认识阶段。

## 第二节 谋略思维

### 一、谋略思维的含义与特性

**（一）谋略思维的起源与含义**

在中国，谋略思想在汉代以前就诞生了，以春秋时期吴国军事家孙武的《孙子兵法》为代表，对东西方文化的影响颇大。《孙子兵法》的思想早已不限于军事指挥作战，已广泛应用于商业、政治、社会等领域。

谋略思维是指在竞争或对抗中构思策略与计谋的思维活动。从混沌到创新思维、从定性到定量综合集成思维等各种思维方法中，思维对象均是相对静止的，而谋略思维的思维对象不但是自己，更重要的是竞争对手，其思维过程是极为复杂的变化运动。

**（二）谋略思维的特性**

谋略思维具有多样性、开放性、动态性等特点。

**1. 多样性**

谋略思维方式的多样性是指谋略思维不能固守某一种方式或某一领域，应该由单一走向多向，多方位、多层次、多领域地进行谋略思维的特性。环境的多样化，必然使我们的谋略思维多样化。在社会交往还不是很密切的时代，谋略思维仅仅局限于政治，或外交，或军事等几个有限的领域，运用的技巧也非常有限。随着世界范围内的开放，各经济集团之间的往来十分频繁，彼此间的联系也是多方位的，包括政治的、外交的、经济的、文化的、民间的、科技的、劳动力的等，在集团内部各个构成部分或要素之间的联系，以及人与人之间的联系，也变得越来越重要了。为此，要求我们根据不同的对象、不同时间、不同地点，采用具体的谋略思维，把谋略思维应用于日常行为之中。

**2. 开放性**

谋略思维的开放性是指谋略思维善于接收外界信息，时刻同外界保持联系，以一种开放的心态、公开化的方式进行，而不是封闭思维、闭门造车，或是以隐蔽的方式在背后施计。例如，日本丰田汽车公司为了能够在激烈竞争中求发展，一直将思维的开放性贯穿始终，通

第四章 商务谈判与沟通的思维方法

过关注世界范围内同行业的生产情况，包括各类小汽车的功能、特性、成本造价，关注用户对小汽车的要求和心态，关注社会对小汽车的要求，如小汽车对环境、能源、交通等方面带来的影响等，使其无论是设计、生产方面，还是在节能及保护环境方面，都能处于领先地位。

**3. 动态性**

谋略思维的动态性是指谋略思维具有根据事物的发展变化，不断地调整思维程序、思维方向和思维计谋的特性。随着时代的变动性加剧，谋略思维的动态性越来越重要。具体体现在谋略思维主体和社会的各个部门根据复杂多变的现实，调整或更换谋略思维的具体形式上。例如，20世纪60年代，美国和越南因"越战"关系冷淡，但随着世界经济大潮的到来，两国领导人一改以往的思维方式，由敌对变为友好。美国为越南提供资金、技术等，帮助其发展经济；越南因美国的经济、技术支援，国民经济和人民生活水平得到发展和提高，国际地位也得到提升。

## 二、谋略思维的主体条件

不是任何一个普普通通的人随意间都可以进行谋略思维，做到运筹帷幄而决胜千里的，相反，只有具备了某些条件的人才能够创造性进行谋略思维。谋略思维主体的条件有以下几方面：

**1. 主体性**

谋略思维主体的主体性是指进行思维的人应该有主观能动性和自主性，能够维护和遵从自己的自主选择。一个人越是强调和训练其主体性，就越是能自觉的参与实践，在不经意间发挥着谋略思维的作用。

谋略思维的运用不是从外面强加给思维主体的，而是主体长期锻炼和培养的一种内在思维能力的自觉体现。离开了主体的自觉自主，就不会有谋略思维。因而，我们每一个人，都应该加强和培养自己的主体性，培养自己对工作、职业尽职尽责的敬业精神，这对于解决矛盾、调解人际关系和调动他人的积极性等方面，都具有很大帮助。

**2. 独立性**

谋略思维主体的独立性是指思维主体在各种场合要具有不受外界和他人的干扰，独立做出判断的能力。任何人在思考问题、采取行动时，都会遇到外界因素的干扰，这些因素有的是来自竞争对手，有的是来自环境的不适应或突然变更环境下的心理不安。思维主体需要暂时抛开不利因素，既不受他人诱导，也不为不适环境所困，独立地、专心地做出判断。例如，任何一位国家领导人都会有很多顾问，即"智囊团"，向他献计献策，他们在对待某一问题上，必然有支持的、有反对的，此时，就需要领导人能够独立做出合理判断。

**3. 自控性**

谋略思维主体的自控性是指思维主体能够自觉控制自己的情绪、好恶，以及事物发展进程的能力。如果思维主体做不到这一点，就会影响对事物做出正确判断，影响谋略思维的进行。例如，美国前总统尼克松曾说："手里拿着大棒而又和颜悦色地谈判是对付苏联人的有效办法。"这意思是指，同苏联打交道，自己必须要有实力，且要向对方显示自己的实力，但又不能以此自傲、自恃，这才有助于使一切问题经过心平气和的谈判来解决。

## 三、谋略思维的用谋方法

谋略思维的在经济管理中的应用主要有知己知彼、把握先机、阴阳谋略、虚实谋略、奇正谋略等。

**1. 知己知彼**

孙武把知己知彼作为决定胜负的最高原则，在《孙子兵法·谋攻篇》曰："知己知彼，百战百胜；不知彼而知己，一胜一败；不知己不知彼，每战必败。"知己知彼在实际中运用是指企业重视调查研究，通过调研认清规律、了解情况，而后再制订解决方案。知己知彼是对领导者主观臆断的直接批判，企业领导者应培养和坚持知己知彼的竞争观念，秉承"没有调查就没有发言权"的原则，确保企业能够正常有序地发展。

**2. 把握先机**

把握先机，就是把握竞争或对抗过程中的主动权。竞争或对抗中有两个关键因素，即主体双方的整体实力与主客形势。占"势"的一方就是占据先机、主动权较大的一方。把握先机，要做到"先发制人"，但并非一定采取主动进攻的方式，企业领导者应根据实际情况既善攻又善守。

**3. 阴阳谋略**

《易传·系辞》云："一阴一阳之谓道。"表明阴阳是宇宙万物最基本的存在状态，阴阳变化是万事万物永恒的原则。在经济管理上运用阴阳谋略的核心思想是"谋于阴而成于阳"。也就是说，运用阴阳谋略的关键是把握全局，设置亦真亦假的计谋，并使亦真亦假浑然一体，既能满足领导者的意愿，又使领导者功成于不显，置人于无形。

**4. 虚实谋略**

《孙子兵法·虚实》云："兵之形，避实而击虚。"强调击败对手的最有效的方式是打击对手的虚弱之处。对企业领导者而言，掌握虚实谋略是至关重要的。领导者能不能避实击虚是决定竞争成败的关键。因此，避实击虚也就成了企业竞争或对抗过程中的指导原则。

**5. 奇正谋略**

《孙子兵法·势篇》曰："凡战者，以正合，以奇胜。"意思是说大凡作战，要以正兵当敌，以奇兵取胜。奇与正是一对矛盾统一体，正是正兵，奇是偏师，正兵是从正面与敌方对垒，偏师则是不合常规的策略。"奇"的用兵令人难以琢磨、不可思议，常常取得奇效。奇正谋略思想已广泛应用于现代、当代的商业领域里。商业领域的用奇表现在产品、营销、广告宣传等诸多方面。例如，中国商界有一句名言，即"一招鲜，吃遍天"，表明企业经营要学会用奇。

### 案例链接

**哈佛经理现代谋略——现代成功谋略思维典范**

*威尔逊：先声夺人*

世界旅馆大王、美国巨富威尔逊（Wilson）在创业初期，全部家当只有一台分期付款"赊"来的爆玉米花机，价值50美元。第二次世界大战结束时，威尔逊做生意赚了点钱，便决定从事地皮生意。当时干这一行的人并不多，因为战后人们都很穷，买地皮修房子、建商店、盖厂房的人并不多，地皮的价格一直很低。听说威尔逊要干这种不赚钱的买卖，好朋友都反对。但威尔逊却坚持己见，他认为这些人的目光太短浅。虽然连年的战争使美国经济不景气，但美国是战胜国，它的经济会很快起飞的，地皮的价格一定会日益上涨，赚钱不会有问题。威尔逊用手头的全部资金再加一部分贷款买下了市郊一块很大的但却没人要的地皮。这块地皮由于地势低洼，既不适宜耕种，也不适宜盖房子，所以一直无人问津，可是威尔逊亲自到那里看了两次以后，竟以低价买下这块草丛、一片荒凉之地。这一次，连很少过问生意的母亲和妻子都出面干涉。可是威尔逊认为，美国经济很快就会繁荣，城市人口会越来越多，市区也将会不断扩大，他买下的这块地皮一定会成为黄金宝地。

事实正如威尔逊所料，3年之后，城市人口骤增，市区迅速发展，马路一直修到了威尔逊那块地的边上，大多数人们才突然发现，此地的风景实在宜人，宽阔的密西西比河从它旁边蜿蜒而过，大河两岸，杨柳成荫，是人们消夏避暑的好地方。于是，这块地皮马上身价倍增，许多商人都争相高价购买，但威尔逊并不急于出手，真叫人捉摸不透，后来，威尔逊自己在这地皮上盖起了一座汽车旅馆，命名为"假日旅馆"。假日旅馆由于地理位置好，舒适方便，开业后，游客盈门，生意兴隆。从那以后，威尔逊的假日旅馆便如雨后春笋般出现在美国及世界其他地方，这位高瞻远瞩的"风水先生"获得成功。

做生意如同下棋一样，平庸之辈只能看到眼前的一两步，高明的棋手却能看出后五六步。能遇事处处留心，比别人看得更远、更准，这便是威尔逊具备的企业家素质。

企业经营者采用这一谋略，要具有远见和胆识，要善于观察、分析市场发展情况，寻找战机，当机遇出现时，能够果断采取决策，适应市场变化需要，从而在竞争中取胜。

（资料来源：哈佛经理现代谋略——现代成功谋略思维典范. 2007-01-12. http://blog.sina.com.cn/s/blog_4a7ccceb01000876.html.）

## 第三节 辩证思维

辩证思维是现代人经常谈到的一个概念，那些感受到辩证思维神奇妙用的人把它高高奉为智慧的"活灵魂"，而另一些反对者则斥之为无聊的"诡辩术"。不过，如果真正被问及什么是辩证思维时，绝大多数人则感到茫然，不知其所以然。

### 一、辩证思维的概念与原则

#### （一）辩证思维的概念

辩证思维是指以变化发展视角认识事物的思维方式，通常被认为是与逻辑思维相对立的一种思维方式。在逻辑思维中，事物一般是"非此即彼""非真即假"，而在辩证思维中，事物可以在同一时间里"亦此亦彼""亦真亦假"而无碍思维活动的正常进行。

辩证思维模式要求观察问题和分析问题时，以动态发展的眼光来看问题。辩证思维是唯物辩证法在思维中的运用，唯物辩证法的范畴、观点、规律完全适用于辩证思维。联系与发展的观点、对立统一规律、质量互变规律和否定之否定规律是唯物辩证法的基本规律，也是辩证思维的基本规律。

#### （二）辩证思维的原则

按照唯物辩证法的原则，在联系和发展中把握认识对象，在对立统一中认识事物。具体说就是从联系、发展和全面三个方面进行分析和思考。

联系就是运用普遍联系的观点来考察思维对象的一种观点方法，是从空间上来考察思维对象的横向联系的一种观点。

发展就是运用辩证思维的发展观来考察思维对象的一种观点方法，是从时间上来考察思维对象的过去、现在和将来的纵向发展过程的一种观点方式。

全面就是运用全面的观点去考察思维对象的一种观点方法，即从时空整体上全面地考察思维对象的横向联系和纵向发展过程。换言之，就是对思维对象做多方面、多角度、多侧面、多方位考察的一种方法。

## 二、辩证思维的方法

辩证思维的基本方法有归纳与演绎、分析与综合、抽象与具体、逻辑与历史的统一。

**1. 归纳与演绎**

归纳和演绎是最初也是最基本的思维方法。归纳是从个别上升到一般的方法，即从个别事实中概括出一般的原理；演绎是从一般到个别的方法，即从一般原理推论出个别结论。

归纳和演绎的客观基础是事物本身固有的个性和共性、特殊和普遍的关系。归纳和演绎是方向相反的两种思维方法，但两者又是互相依赖、互相渗透、互相促进的。归纳是演绎的基础，作为演绎出发点的一般原理往往是归纳得来的；演绎是归纳的前提，它为归纳提供理论指导和论证。在实际的思维过程中，归纳和演绎都具有局限性，单纯的归纳或演绎不能揭示事物的本质和规律，需要配合运用其他思维方法。

**2. 分析与综合**

分析是在思维过程中把认识的对象分解为不同的组成部分、方面、特性等，对它们分别加以研究，认识事物的各个方面，从中找出事物的本质；综合则是把分解出来的不同部分、方面按其客观的次序、结构组成一个整体，从而达到认识事物的整体。

分析和综合的客观基础是事物整体与部分、系统与要素之间的关系。分析和综合是两种相反的思维方法，但它们又是统一的，相互联系、相互转化、相互促进。分析是综合的基础，没有分析就没有综合；综合是分析的完成，离开了综合就没有科学的分析。分析和综合的统一是矛盾分析法在思维领域中的具体运用。

**3. 抽象与具体**

抽象和具体是辩证思维的高级形式。抽象是对客观事物某一方面本质的概括或规定；具体是在抽象的基础上形成的综合，感性具体只是感官直接感觉到的具体，理性具体则是在感性具体基础上经过思维的分析和综合，达到对事物多方面属性或本质的把握。

由抽象上升到具体的方法，就是由抽象的逻辑起点经过一系列中介，达到思维具体的过程。

**4. 逻辑与历史的统一**

由抽象上升到具体的逻辑思维过程同客观事物的历史过程和认识的历史过程应当符合，也就是逻辑和历史的统一。逻辑指的是理性思维或抽象思维，它以理论的形态反映客观事物的规律性。历史包括两层意思：一是指客观现实的历史发展过程；二是指人类认识的历史发展过程。

真正科学的认识是现实历史发展的反映，要求思维的逻辑与历史的进程相一致。历史是逻辑的基础和内容，逻辑是历史在理论上的再现，是"修正过"的历史。逻辑和历史的一致是辩证思维的一个根本原则。

### 三、辩证思维的运用

**1. 运用事物的对立面**

对立，可以是相互对立的两种事物，也可以是同一事物中矛盾的双方。

（1）有意设置对立面。有时对立面表面上并不存在，我们就要主动去设置，或者说去创造。

（2）有意强化对立面。强化对立面是指在考虑问题的时候要把有对立面和没有对立面的情况做认真的对比，把对立双方在一起和不在一起的情况进行对比和分析。

**2. 把握对立的统一性**

对立，比较容易理解和把握，而在对立的两极中找到它们的统一性，并运用统一性去创造性地解决复杂的问题，是掌握辩证思维方法的难点。

统一性往往深藏在事物的背后，不易找到，也不易理解。只有深刻地观察、分析，深入地思考，才能发现统一性。把对立的双方在一定的条件下统一起来，就是创新。

### 案例链接

**辩证思维的运用**

**长安和太阳哪个远？**

晋明帝司马绍小的时候非常聪明，有一次父亲晋元帝抱着他坐在腿上，正好有人从长安来到东晋的都城建康，元帝就问他："你说长安远还是太阳远？"

司马绍回答："当然是太阳远，没听说过有人从太阳那儿来，这是再明显不过了。"

元帝听几岁的孩子能说出这样的话来，非常吃惊。第二天，召集群臣宴饮，司马绍也来了，元帝又拿昨天的话问他，他却回答说："长安远，太阳近。"

元帝听了惊得脸色都变了，问他："你怎么昨天说的一个样，今天又一个样？"

司马绍说："抬头能看见太阳，却看不到长安，可见是长安远了。"

**价值1000万美元的方案**

曾经有一段时间，美国各大新闻媒体竞相报道了这样一件事：一位名不见经传的学生，利用他的智慧和执着精神，创造性地解决了旧金山市政当局悬赏1000万美元久而未决的旧金山大桥堵车问题。

旧金山大桥堵车的情况十分严重，但是却迟迟没有得到解决，许多人不断抱怨。当人们面对类似的问题，一般思路会在两个极端固化思考，要么拓宽道路，要么减少车辆，除此之外再也想不出其他方法可以疏通堵车情况。

据报道，该青年的成功主要得益于掌握科学的研究方法和灵活的思维方式。经过细心的观察和缜密的调查，他发现了久而未决的旧金山大桥堵车现象不但具有上下班高峰时段的时间性，而且还具有上班时段进城方向发生堵车和下班时段出城方向发生堵车的方向性特征，从而追根寻源找到了同时发生时间性和方向性特征堵车问题的根本原因是"市郊农民上下班的车流太大"。

最后他创造性地采用可改变"活动车道中间隔栏"的方法，巧妙地改变上班时段"活动车道中间隔栏"，使进城方向四个车道变为六个车道，出城方向四个车道变为两个车道，下班则反其道而行之，使问题轻而易举地以最小的代价圆满地解决了。

（资料来源：刘义庆. 世说新语·夙惠 [M]. 北京：中华书局，2007；杨江波. 旧金山的金门大桥 [J]. 人民文摘，2009（12）.)

## 第四节 逆向思维

### 一、逆向思维的概念

当大家都朝着一个固定的思维方向思考问题时，而你却独自朝相反的方向思索，这样的思维方式就叫逆向思维。例如，"司马光砸缸"的故事。有人落水，常规的思维模式是"救人离水"，而司马光面对紧急险情，运用了逆向思维，果断地用石头把缸砸破，"让水离人"，救了小伙伴。

与常规思维不同，逆向思维是反过来思考问题，是用绝大多数人没有想到的思维方式去思考问题。运用逆向思维去思考和处理问题，实际上就是以"出奇"去达到"制胜"。因此，逆向思维的结果常常会令人大吃一惊，喜出望外，别有所得。

### 二、逆向思维的优势

**1. 逆向思维可以把不可能变为可能**

在日常生活中，常规思维难以解决的问题，通过逆向思维却可能轻松破解。例如，给网球充气。网球与足球篮球不一样，足球和篮球都有打气孔，可以将打气针头插入打气孔，然后用打气筒进行充气。但是，网球没有打气孔，漏气后的网球就软了、瘪了。如何给瘪了的网球充气呢？专业人士运用逆向思维法，考虑尝试能否让气体从网球外往网球内扩散，即把软了的网球放进一个钢筒中，往钢筒内打气，使钢筒内气体的压强远远大于网球内部的压强，这时高压钢筒内的气体就会往网球内"漏气"，经过一定的时间，网球便会硬起来了。

**2. 逆向思维会使人独辟蹊径**

逆向思维会使你独辟蹊径，在别人没有注意到的地方有所发现，有所建树，从而制胜于出人意料。

## 案例链接

**昂贵的保险柜租金**

一天，犹太富翁哈德走进纽约花旗银行的贷款部。看到这位绅士很神气，打扮得又很华贵，贷款部的经理不敢怠慢，赶紧招呼：

"先生，有什么事情需要我帮忙吗？"

# 第四章 商务谈判与沟通的思维方法

"哦,我想借些钱。"

"好啊,你要借多少?"

"1美元。"

"只需要1美元?"

"不错,只借1美元,可以吗?"

"当然可以,像您这样的绅士,只要有担保多借点也可以。"

"拿这些担保可以吗?"

犹太人说着,从豪华的皮包里取出一大堆珠宝堆在写字台上。

"喏,这是价值50万美元的珠宝,够吗?"

"当然,当然!不过,你只要借1美元?"

"是的。"犹太人接过了1美元,就准备离开银行。

在旁边观看的分行行长此时有点傻了,他怎么也弄不明白这个犹太人为何抵押50万美元就借1美元,他急忙追上前去,对犹太人说:"这位先生,请等一下,你有价值50万美元的珠宝,为什么只借1美元呢?假如您想借30万美元、40万美元的话,我们也会考虑的。""啊,是这样的:我来贵行之前,问过好几家金库,它们保险箱的租金都很昂贵。而您这里的租金很便宜,一年才花6美分。"

这位犹太人的做法就是运用了逆向思维,把自己租用保险柜需要支付昂贵租金变成银行要无偿储存借款抵押物,而由于借款的金额足够小,使得需要支付利息只有6美分。

**3. 逆向思维会使你在多种解决问题的方法中获得最佳的方法和途径**

逆向思维会使你在多种解决问题的方法中分析比较,最后获得最佳的解决方法和途径。

### 案例链接

**脚夫的智慧**

有一位赶马车的脚夫,驱赶着一匹拉着一平板车煤的马上一个坡,但是,非常无奈的是路长、坡陡、马懒,马拉着车上了整个坡1/3的路程就再也不愿意前进了,任凭这个脚夫怎样抽打,这匹马都只是原地打转,不肯前进一步。脚夫这时招呼同行的马车停下,从同伴处借来两匹马相助。按常规的思维方式,一匹马拉不上坡,另两匹马来帮助拉,那肯定是三匹马共同拉车的。但脚夫并不是把那两匹马牵引绳系在车上,而是将牵引绳系在自己那匹马的脖子上。这时,只听脚夫一声吆喝,借来的两匹马拉着懒马的脖子,懒马拉着装煤的车子,很快便上了坡。

这个例子中,脚夫就运用了逆向思维:

(1) 这匹马的力量同其他马差不多,车上装的煤的多少也差不多,别的马能上去,这匹马却上不去的原因是懒惰,是态度问题,而不是能力问题。

(2) 使用两匹马拉住懒马的脖子,求生欲使得这匹懒马必须积极主动地拉车上坡。

(3) 如果让另外两匹马帮助拉车,虽然可以顺利地将车拉上坡,但让懒马尝到偷懒的甜头后，再遇到上坡时一定还会坐等别的马帮忙。而系住它的脖子让另外两匹马教训它一下，则可以使其记住偷懒所吃的苦头，以后上坡时不敢再偷懒，从而根治该马的懒病。

**4. 逆向思维会将复杂问题简单化**

生活中自觉运用逆向思维，会将复杂问题简单化，从而使办事效率和效果成倍提高。

**案例链接**

### 简单化的唱票方法

某企业党委实行差额选举，规定从23名候选人中选出21名党委委员。常规操作方法是按党员代表数量发出选票，上列23位候选人名单。代表拿到选票后"择出"自己同意的那21位候选人，投票后，由监票人进行唱票统计，最后21位最高得票者当选。对于这种司空见惯的做法，谁都没有异议。但是，这是一种效率低下的做法。对于这个问题，采用逆向思维，完全可以这样来做：当拿到选票后，"择出"自己不同意的那两位，唱票时，每张选票也只唱两次，最后，谁的"票多"谁就落选。这样，每一位代表所花的时间只有原来的1/10，每一张选票的唱票时间也只有原来的1/10，选举效率提高了十倍。

仔细想过就不难发现，这种做法不但提高了效率，而且也有助于提高候选人和代表的压力感和责任感。选取赞成的21位时，很多人都是从前往后打钩，只要不是很不顺眼就按着顺序往下钩了，最后的结果往往是居于最后面位置的两位候选人落选的可能性最大。这种做法使得落选的人压力不是很大，谁让自己的地理位置不佳呢。而要代表从23位候选人中择出2位自己认为不合适的人，那么对候选人来说就加大了压力，他必须十分注重自己的形象，改进自己的不足。对代表来说，就必须经过慎重思考，负责任地表达自己的意见。

**5. 逆向思维有助于人类的发明和创造**

逆向思维有助于人类的发明和创造，实现某种突破。

**案例链接**

### 王帆的绣花针

湖北十岁的小学生王帆发明的双尖绣花针，获得第四届全国青少年发明创造比赛一等奖，被中国发明协会授予专项发明奖。王帆曾仔细观察过大人们的湘绣绣花过程，看到绣花针刺到布下面，针尖朝下，需要掉转针头，才能再刺到布的上面来，又需要再次掉转针头刺下去，如此反复操作，非常麻烦。王帆想，能不能不掉转针头进行刺绣呢？常规的绣花针一端是针尖，另一端是针鼻，显然用针鼻不能代替针尖的功能，反过来针尖也不能代替针鼻的功能。怎样对绣花针进行改进呢？王帆想，既然要不掉转绣花针进行刺绣，绣花针必需对称，即让两端都是针尖。那么针鼻怎么办呢？经过思考，王帆将针鼻选择在针的中段位置。王帆发明的这种双尖绣花针下面有针尖，可以刺透绣花布，从下面拔出针，上面也有尖，不再需要掉转绣花针就可以继续刺绣，减少了刺绣操作的步骤，提高了刺绣的速度。

双尖绣花针虽然简单，却非常新颖和具有实用性。王帆就是利用逆向思维的方法，把不对称的绣花针改为对称的绣花针，发明了双尖绣花针。

**6. 逆向思维法可以打破原有的思维定式使人豁然开朗**

逆向思维法，通过打破原有的思维定式，反其道而行之，有时会使人眼前一亮，豁然开朗。

### 案例链接

#### 婚姻中出现的不忠问题

以逆向思维方法来处理婚姻中出现的不忠问题，也会收到奇效。婚姻中，如一方不忠，比如说丈夫在外面有了情人，顾家、爱夫的妻子知道后，惯常使用的方法是哭、闹、打上门去或以死相逼等，这些激烈、极端的方式往往并不能挽救濒死的婚姻，即便丈夫出于压力没有离婚，但夫妻之间的感情也会彻底崩溃。

有位聪明的妻子却采用了逆向思维的方式解决婚姻危机。丈夫在外面有了情人，如痴如醉。妻子得知后，便默默地离开了家，为丈夫和他的情人腾出了空间。临走时留下一张字条，上书："亲爱的：自从嫁给你，我就是在用自己的心深深地爱着你，非常希望你幸福快乐。既然你喜欢和她在一起，对你的爱告诉我，就让你得到自己的幸福快乐吧。我先暂时离开家一段时间，请你认真思考我们的关系后再做出决定。"

这位妻子是这样考虑问题的：

第一，既然丈夫已经心有他属，一哭二闹三上吊，或采取其他激烈的方式是无济于事的，而且还会彻底伤害夫妻多年的感情，使夫妻关系彻底破裂。而冷静地选择离开，就算不能挽回家庭婚姻，但至少双方都不会受到很深的伤害。

第二，如果丈夫的情人各方面很优秀，那么丈夫爱情人就有他的道理，自己如果又哭又闹，只会让丈夫更加瞧不起自己，这是弱者的表现，变相地证明自己确实不如情人。

第三，男人喜欢情人，往往是出于得不到的就是最好的心理，因为双方的关系处于秘密和地下的状态，这种距离感使情人之间产生了强烈的美感，索性让你们近距离接触，让你更现实并更快地真正了解她。

那位丈夫在和情人亲密接触后却发现情人很多地方都不及贤惠的妻子，没多久就果断地离开情人，回到了妻子的身边。

这位妻子运用逆向思维，不哭不闹，给丈夫留出了空间，给自己留出了空间，同时留给了丈夫回头的空间，最终挽回了家庭。

使用"逆向思维"思考问题，常常会助你在"山重水复疑无路"时，进入"柳暗花明又一村"的境界。在日常生活中积极主动地运用逆向思维,则能够起到拓宽和启发思路的重要作用。当你陷入思维的死角不能自拔时,不妨尝试一下逆向思维法,打破原有的思维定式,反其道而行之,说不定会眼前一亮,豁然开朗。

## 第五节 诡 道 思 维

### 一、诡道思维的概念与特点

诡道是指除了"客观"需要和偶然因素外,谈判一方以损人利己为出发点,企图攫取不应得到的利益而采取的不正当行为。诡道包含着某种程度的欺骗和狡诈,以假象掩盖真相,以形式偷换内容,以次要的"过场"冲淡主要的"剧情",从而给对象造成一种虚幻的错觉,使人难以预料他的本意。

诡道思维有两大特征:一是对游戏规则的突破,用不道德、非正义的手段诈取利益;二是运用诡道逻辑。

### 二、诡道思维的具体表现策略

#### (一) 制造错觉

所谓制造错觉,是指有目的、有计划地制造种种假象,迷惑对方使之失误。制造错觉能否得手,全在于能不能造成谈判对手的判断错误;其研究和认识问题的着眼点,是对谈判对手思维方法和思维程序模式的把握;如何造成想象与本质的差异,不在于客观的合理性,而在于主观上的合意性。

例如,直观地看待价格临界点,似乎是个怎样保密的问题,但在诡道中,在人们的心理上,越要保密的东西,人们越想弄清它、注意它和了解它。

制造错觉常见的诡计有故布疑阵、故意犯错、装疯卖傻、攻心夺气等。

**1. 故布疑阵**

在谈判中不漏痕迹的失密,如故意遗失谈判笔记、便条或文件,或者把一些数据资料丢到对方容易见到的纸篓里。用这些虚假的资料将对手导入歧途,使之判断错误。

**2. 故意犯错**

如计算价格和数量时故意加错或乘错,或者歪曲本意,漏掉字句或做不正确的陈述,使对方略有不慎就会受到欺骗或迷失方向。而这些诡计被识破,仍有可能取得对方的谅解,因为任何人都可能犯类似的错误。这类错误主要有假出价、规格错误、零件清单错误、产品结构错误等。

**3. 装疯卖傻**

故意表现出怒、狂、急、爆行为,以动摇对方的谈判决心;或利用人们怕和"傻子"打交道的心理,以无知为武器,一问三不知,无论你怎么说,"我只能出这个价"。这种方法,既可麻痹对方,考验对方的决心和耐心,又可回避谈判中的尖锐问题。

**4. 攻心夺气**

研究对方个性的心理特点,运用环境因素和态势导向,建立一套完整的强化影响体系,促使谈判形成与其意向相符合的趋势。运用恐惧、骄傲、恻隐等心理机制,给对方形成这样一个环境，使其在恐惧中犹疑，在犹疑中徘徊，在徘徊中丧失信心，丧失信心后只求自保，最终屈服。

### （二）诡辩逻辑

凡诡道之术，都与形式逻辑的思维方式相悖逆，总是从相反中求相同，或背离内心的目的而行动，或违背事实真相而行动，或顺应对方的某些主观愿望而行动……

经济贸易谈判中的诡辩与论辩虽然只有一字之差，其实质却大相径庭，诡辩的目的并不是寻求双方真诚合作的可能性，而是玩弄语言游戏以售其歪理，迷惑人，使人上当。诡辩者经常采用不正当的推理方法，将次要的夸大为主要的，把现象说成本质，把偶然说成必然，把支流说成主流。常见的形式有以下几种：

**1. 循环论证**

论证一般由论题、论据和论点三个要素构成，其中论据是证明论题的。如果论据未能被使用来证实，而要依赖论题加以证明，这实际上等于是用论题本身来证明论题，不能证明任何问题。因此，在形式逻辑中，论据的真实性不能依赖论题来证明，否则就要犯"循环论证"的逻辑错误。诡辩者在谈判中常常有意识地制造循环论证，例如，诡辩者在谈判中这样说："销不动的产品人们才竭力推销。你竭力推销，说明你的产品卖不出去，卖不出去，说明你的产品有问题。"这段话就是典型的循环论证。

**2. 机械类比**

机械类比就是把事物间的偶然相同，或偶然相似的部分作为论据，或者把表面上有些相似，而实质上完全不同的事物进行类比，从而推出一个荒谬的或毫不相干的结论。诡辩者经常会玩弄机械类比的方法，混淆视听，为实现其目的替自己的谬论辩护。例如，有人在承包谈判中为了证明承包人无法有效地管理企业，把企业与钟表进行类比，说企业的运行要像钟表一样准确，既然钟表的正常运行不受人的意志的影响，那么企业的运转也必定不会受人的控制。事实上，企业和钟表，两者既非同类，又无本质的相同之处，如此机械类比，其结论之荒谬也就可知了。

**3. 平行论证**

当你论证其某个弱点时，他虚晃一枪另辟战场，反而找出你的另一个弱点抓住不放，围绕这一弱点或故意捏造论据制造弱点，挑起新的论争，转移人的视线，以达到偷天换日的目的。

**4. 以偏概全**

以偏概全在谈判中运用较为普遍，也比较好掌握。例如，在谈判中抓住对方某个零件报价不合理，进而推断整个报价都不合理；或者抓住对方批评中不正确的部分纠缠不休等。

**5. 泛用折中**

谈判中双方发生分歧，人们往往采用折中的方法，以求双方都满意。而泛用折中则是对分歧不做具体分析，纯粹搬弄抽象概念，从而把双方的分歧混为一谈。例如，某种产品的正常价格是 3.00 元，5.50 元的报价相对 2.50 元的还价，中间相差 3.00 元；折中后，各让 1.50 元，卖价仍为 4.00 元，比正常价格 3.00 元仍高出 1.00 元。买方不同意这么折中，卖方如果强迫折中，便是诡辩之术了。

## 案例分析

### 案例一　苏格拉底的悖论

有一天，苏格拉底遇到一个年轻人正在向众人宣讲"美德"。苏格拉底就向年轻人请教："请问，什么是美德？"

年轻人不屑地看着苏格拉底说："不偷盗、不欺骗等品德就是美德啊！"

苏格拉底又问："不偷盗就是美德吗？"

年轻人肯定地回答："那当然了，偷盗肯定是一种恶德。"

苏格拉底不紧不慢地说："有一次，我在军队当兵，接受指挥官的命令深夜潜入敌人的营地，把他们的兵力部署图偷了出来。请问，我这种行为是美德还是恶德？"年轻人犹豫了一下，辩解道："偷盗敌人的东西当然是美德，我说的不偷盗是指不偷盗朋友的东西。偷盗朋友的东西就是恶德！"

苏格拉底又问："又有一次，我一个好朋友遭到了天灾人祸的双重打击，对生活失去了希望。他买了一把尖刀藏在枕头底下，准备在夜里用它结束自己的生命。我知道后，便在傍晚时分溜进他的卧室，把他的尖刀偷了出来，使他免于一死。请问，我这种行为是美德还是恶德啊？"年轻人仔细想了想，觉得这也不是恶德。这时候，年轻人很惭愧，他恭恭敬敬地向苏格拉底请教什么是美德。

事物总有正反两个对立面。爱迪生（Thomas Alva Edison）在试制白炽灯泡时，曾经失败了1200次，有个商人讽刺爱迪生是个毫无成就的人。爱迪生哈哈大笑："我已经取得了很大的成就，因为我证明了这1200种材料不适合做灯丝。"可见，失败其实也是成就。

有一次，布希耐（美国艾士隆公司董事长）在郊外散步时，偶然看到几个小孩在玩一种又丑又脏的昆虫，爱不释手。他顿时联想到：某些丑陋的玩具在部分儿童心理上占有位置。市面上销售的玩具一般都是造型优美、色彩鲜艳的，为什么不能生产一些丑陋的玩具给孩子们玩呢？于是，他安排研制了一套丑陋玩具，果然一炮打响，收益很大，使丑陋玩具在市场上形成了一股热潮。可见，很多时候，丑的就是美的。

古罗马神话故事中有一位守门神，叫努雅斯，他有两个相反的面孔，所以又称为两面神。要进入他的大门必须要面对两种不同的面孔，要想安全过关，就必须要有从不同的角度反转得快的头脑。这就是古罗马时代的"努雅斯理论"，它教导大家凡事都要一分为二，要面对事情正反两个方面，从不同的角度辩证地思考事情。

### 案例二　晴天雨天都不开心

一位老婆婆去找禅师说："我每一天都很忧愁，禅师能否帮帮我？"禅师问是为何，老婆婆说："我有两个女儿，大女儿嫁了个卖伞的，小女儿嫁给了卖帽子的。如果是晴天，我就担心大女儿家没生意。如果是雨天，我就担心小女儿家没生意。因此，每一天都很忧愁。"禅师笑了笑，说："呵呵，其实你应该每天都很开心呀。如果是晴天，小女儿家生意好。如果是雨天，大女儿家生意好。这样来看，天天是好天。"

我们总是墨守成规，用过去的思路来思考问题，慢慢形成越来越多的成见。当成见积累到一定的程度，我们就开始钻牛角尖自寻烦恼。有时候，我们应该提醒自己：换一个角度看看，或许，心灵也会获得一种自由。

### 案例三　几只白色大象

美国最著名的心理学家之一——威廉·詹姆斯（William James）写了一本书，那本书成为心理学和宗教研究上非常重要的里程碑，名字叫《宗教经验的种种》（Varieties of Religious Experience）。

他环绕整个世界旅游，为那本书搜集资料；有很多宗教方面的书被写出来，但是没有一本书能够到达那个高度。威廉·詹姆斯很努力地在它上面下功夫，他也来到了印度，他必须如此，如果你在写一本关于宗教的书，那么，印度是一定要来的。

他来到了印度，去看一个在喜马拉雅山上的圣人，那个圣人没有告诉他名字，事实上，圣人是没有名字的，所以不需要告诉他名字。他去看那个圣人，然后问了一个问题。他读印度的经典，经典里面说地球由八只白色的大象支撑着。

他是一个逻辑学家，所以感到困惑，便问那个圣人："这看起来很荒谬，那八只大象站在什么上面，它们如何被支撑着？"

那个圣人说："被另外八只更大的白色大象支撑着。"

威廉·詹姆斯说："但是那并没有解决问题，那八只较大的白色大象又是站在什么上面呢？"

那个圣人笑了，他说："大象又站在大象上面，然后又站在另外的大象上面，一直推论下去，你可以继续问，而我将回答你同样的问题，直到最底下的。"

威廉·詹姆斯想，可以再问一次："那个最底下大象被什么所支撑？"

那个圣人说："当然，被八只更大的大象所支撑。"

问题：
1. 苏格拉底悖论的核心内容是什么？
2. 晴天雨天都不开心体现了怎样的辩证思想？
3. 案例三中究竟有几只大象？

## 复习思考题

1. 常用的思维方法有哪些？
2. 什么是谋略思维？主要的用谋方法有哪些？
3. 什么是辩证思维？运用辩证思维的主要方法有哪些？
4. 孙子的"奇正理论"有哪些特点？
5. 诡辩逻辑的主要方式有哪些？

## 第五章

# 商务谈判与沟通技巧

在商务谈判与沟通的过程中，只有诚心和优良的产品未必能达到预期的目的，必要的沟通技巧，不仅能为双方关系的建立而助力，也能够解决很多工作和生活中的问题。

**本章学习重点**

了解书面沟通的概念和优缺点，掌握书面沟通的写作过程和技巧。
了解和掌握沟通、有效沟通的相关理论。
熟悉沟通中无声语言的技巧。

### ◆ 导入案例

**语言表达技巧的"收益"**

某市文化单位计划兴建一座影剧院。一天，公司王经理正在办公，家具公司的李经理上门推销座椅，一进门便说："哇！好气派。我很少看见这么漂亮的办公室。如果我也有一间这样的办公室，我这一生就满足了。"李经理就这样开始了他的谈话。然后他又摸了摸办公座椅的扶手说："这不是香山红木么？难得一见的上等木料呀。"

"是吗？"王经理的自豪感油然而生，接着说："我这整个办公室是请深圳装潢厂家装修的。"于是亲自带着李经理参观了整个办公室，介绍了装修材料、色彩调配，兴致勃勃、自我满足之情溢于言表。

如此，李经理自然可以拿到王经理签字的座椅订购合同。同时，互相都得到一种满足。

在商务谈判中应注意语言的表达技巧。礼节性的交际语言可以很好地增进谈判双方的了解和感情沟通，融洽双方相处的气氛。而专业性的语言体现了谈判者措辞的严谨性、规范性、专业性，能赢得他人的好感，体现自身的能力。李经理对王经理办公室的赞美，赢得了王经理的好感，同时使谈判气氛非常融洽。李经理对办公室的夸奖，既有赞美，同时也体现了自己对家具知识的了解。双方成功签订协议，都获得了自身的满足，是成功的社交事件。

# 第五章 商务谈判与沟通技巧

## 第一节 书面沟通技巧

### 一、书面沟通的概念

书面沟通是以文字为媒介的信息传递，形式主要包括文件、报告、信件、书面合同等。书面沟通是一种比较经济的沟通方式，沟通时间一般不长，沟通成本也比较低。这种沟通方式一般不受场地的限制，因此被广泛采用。但这种方式一般只能在解决较简单的问题或发布信息时采用。

例如，大多数汽车公司决定新车型的变动方案都是通过开会，而丰田的做法是：当新车型的变动需要跨部门分工时，主张谁发现问题，谁撰写报告，分析问题并提出解决办法。收到报告的部门阅读后用另一个报告回复。几个报告的回合，大部分问题已解决。

### 二、书面沟通的优点

书面沟通是商务交往，特别是日常工作中有力的交流工具。与口头的交流相比，书面沟通具有以下优点：

**1. 一目了然**

白纸黑字能使所有参与方对于所讨论的论题、事实根据和结论，以及达成的共识一目了然，并保持跟进，一直到工作完成。因此，书面沟通所传达信息的准确性高。

**2. 能准确及时地记录事项进程和讨论内容以及行动细则**

书面沟通能准确及时地记录事项进程、讨论内容以及行动细则，记录的材料可以作为每个工作项目的历史档案。例如，我要协调团队完成一项销售任务，时间非常有限，离规定的完成日期不远，此时准备一份书面备忘录给我的队员、主管以及合作伙伴，将使我更加清楚采取什么步骤，如何对每个人进行跟进。它促使每个人共同关注一件事、说同一种语言，以及清楚哪些已经做完，还有哪些需要做。最后，书面跟进能保证"论功行赏"。能确保分辨出哪些人履行了承诺，哪些人因及时完成了工作而得到肯定。

**3. 充当意见不合或双方起争端时的证明**

没有人是完美的。毫无疑问，每一个工作项目都面临特殊的挑战，不管这种挑战是运筹上的还是人际关系上的。书面记录能帮人关注于事实而不是感受，或其他个性和工作风格上的差异，并以合理的方式解决意见不合以及争端。当讨论的结果被记录下来、经详细商讨并最终写在纸上时，投机取巧的人就没有施展拳脚的空间了。

**4. 书面沟通是间接沟通**

书面沟通是间接沟通，可以使写作人能够从容地表达自己的意思，词语可以经过仔细推敲，而且还可以不断修改，直到满意表达出个人风格。书面沟通的内容可以是正式的，也可以是非正式的，沟通内容可长可短，阅读者也可以根据自己的喜好和关注点进行阅读内容的取舍。

### 5. 书面文本可以复制

书面文本可以复制，同时发送给许多人，传达相同的信息。这一特点使得书面沟通适合于各种场合，包括私人的信件往来、小组讨论和会议材料、网络调查问卷等。

### 6. 可避免由于言辞激烈与上级发生正面冲突

面对面沟通，语言交流没有缓冲的余地，因为没听清楚、理解有误、情绪感染等因素的影响，有时会使沟通双方产生争论和冲突，从而影响双方的继续合作与交流的意向。

## 三、书面沟通的缺点

书面沟通的间接性，给沟通带来了很多便利和优点，但同时也给沟通带来了一些缺点和特殊障碍。

### 1. 耗费时间长

任何一种形式的书面沟通都有一个写作、传输、阅读的过程，加上写作和传输过程还有一些人为和客观因素的影响，必然要比面对面或电话沟通所用的时间长，体现的沟通效率相对低下。

### 2. 信息反馈速度慢

书面沟通获得对方反馈的形式往往也是书面形式，除了己方提供信息的过程相对较慢之外，信息接受者也有一个阅读、理解、写作、传输、对方阅读的过程，因此，反馈信息到自己手中的速度会有延时。

### 3. 无法运用情景和非语言要素

文字表达的思想感情往往没有有声语言和面部表情来得直接和具有感染力，在联络沟通双方感情方面具有明显的劣势。

### 4. 有时人们不愿意阅读书面的东西

正如"微信"日益盛行一样，现代的很多人不愿意写字、打字，也不愿意阅读文字。相比较有声语言省略了沟通信号的不断转化的过程、提高了效率的优点，书面沟通的缺点还是比较突出的。

### 5. 你无法了解你所写的内容是否被人阅读

正如报纸上刊登的广告你无法确定到达率一样，书面沟通的一个明显缺点就是无法确定对方是否阅读了你的信息，信息发送者的语气、强调重点、表达特色，以及发文的目的经常被忽略，而使理解有误。

此外，书面沟通的信息及含意会随着信息内容所描述的情况，以及发文和收文时的部门而有所变更。这包括以下方面：

（1）个人观点——收文者很容易忽略与他自己的看法有冲突的信息。

（2）发文者的地位——发文者是上司、下属或同一阶层的同事，会影响信息的意义。

（3）外界的影响——收文者能否专心阅读收到的信息？收文者的心情如何？你写这封函或备忘录的时候心情如何？这封函送达的时间是大清早还是午餐的时候？等等。

（4）发文者选择的格式或时机不当——收文者很可能因为你一开始采用的格式不当，而不太注意你的信息内容。

## 四、书面沟通的基本准则

职场的书面沟通有需要遵循的原则，目前，很多人推崇国际流行的"7C"准则：

（1）完整（Complete），是指在书面沟通中所使用的职业文书应完整地表达所要表达的内容和意思，包括何人（Who）、何时（When）、何地（Where）、何种原因（Why）、何种方式（How）等，简称5W1H。

（2）准确（Correctness），是指在书面沟通的文稿中，其信息表达要准确无误。无论是标点还是语法，抑或词序或句子结构均无错误。

（3）清晰（Clearness），是指在书面沟通中，文书里所有的语句都应能够非常清晰地表现真实的意图，读者可以不用猜测就能领会作者的意图，避免双重意义的表示，或者模棱两可。

（4）简洁（Conciseness），是指在书面沟通中要用最少的语言表达出自己的想法，通过去掉不必要的词，把重要的内容呈现给读者，节省读者时间。

（5）具体（Concreteness），是指书面沟通的内容应当具体而且明确，尤其是那些要求对方答复，或者会对今后的双方交往产生影响的函电。

（6）礼貌（Courtesy），是指在书面沟通中所使用的语言在能够清楚表达自己想要传递的信息基础之上，要体现自身的文化修养，以及对对方的尊重态度等基本礼貌。

（7）体谅（Consideration），是指在书面沟通中要为对方着想，这是拟定职业文书时一直强调的原则——站在对方的立场撰写文书。

## 五、商务信函

信函是商务文书最主要的形式，而商务信函写得好与坏关系到企业形象问题，因此，充分运用信函这一重要商务沟通的工具就显得尤为重要。商务信函包括两大类：商业信件与商业函件。

**1. 商业信件**

商业信件包括介绍信、推荐信、辞职信、请求信、谋职信、解雇信等，商业信件用的信笺是很重要的，这往往是一家公司或一个商人给另一家公司或另一个商人的第一印象。商业信笺上的公司名称要求印刷得质量高，纸张也要求用高质量的证券纸，设计和布局的选择要能反映商业特征——正式的还是非正式的、老式的还是新式的等。商业信笺应印上公司的名称、地址、电话号码、注册地址、传真号码、公司注册号码以及董事们的姓名，写商业信件绝不可以用有颜色的纸。

下列事项最好写信：①事情有记录的必要时；②传达新想法时；③接受正式邀请时；④感谢好客的接待时；⑤表达歉意、慰问或庆贺时；⑥推荐别人谋取职位时。

在动笔之前要想清楚说些什么，力求简短，最好不要超过一页打字纸。除了绝对私人性质的信件，一般都是打字版。开头称呼和结尾客套，严格地说，一封以亲爱的史密斯先生/小姐（Dear Mr/Miss Smith）开头的信，应以忠诚于你的（Yours Sincerly）结束。

当然，写给朋友的信的结束语可以由你自由选择。当你不清楚信件应发给哪个具体的人时，可以用"敬启者"之类。如果对男女两性都要称呼，那么可用"Ladies and Gentlemen"，寄到办公室的私人信笺要注上"亲收"。

绝对私人的信，要用私人的信笺。

与外国人通信，第一封回信最好按照对方来信时的落款形式给对方回信。

商业信件使用的语言比社交信件要正规，用词也要严谨得多。

**2. 商业函件**

商业函件的形式有很多种，包括致谢函、查询函、结账清单、通知提价函、求职答复函、公务便函、报告等，如图5-1～图5-7所示。

---

××公司××经理先生：

　　这次请您了解××商品的市场情况，承蒙您在百忙之中做了深入的调查了解，实在不胜感激。关于××商品的价格，待我公司调整修订以后再函告您。
　　希今后加强往来，并请给予大力支持！
　　特此书面表达感谢之意！

此致

致礼

×××敬上
××××年×月×日

---

图 5-1　致谢函实例

---

××公司××经理先生：

　　敬启者，最近我公司接到贵埠××公司来函订购大量货物，该公司地址随函附上。因为与该公司第一次交易，敝公司不知其资信及经济状况如何，后请贵公司代为查明见告，贵公司所提供之情报，敝公司将严守秘密。
　　今后若有同类情况，敝公司愿做同样之效劳。

××公司经理××
××××年×月×日

---

图 5-2　查询函实例

---

××公司：

　　经查一季度已于3月31日届满，现寄上贵公司之季结算清单一份，共计1200000元，谅属无误。此前供应贵公司之物品，想必满意，期待今后更加密切的合作。

××公司（盖单）
××××年×月×日

---

图 5-3　结账清单实例

---

××总公司：

　　敬启者，由于本公司所生产物品之原料价格上涨，不得不宣布自今年6月1日起，原有的价目表予以作废，并代之以另订新价目表，现随函附上。
　　5月31日前收到之订货单，仍按旧价计算；6月1日以后，则以新价目表为准。
　　因本公司产品需求量日增，而原料市价一直上涨，故预料在短期内货价势将再涨。阁下如需购买，务请尽早，以免贻误时机。

××公司
××××年×月×日

---

图 5-4　通知提价函实例

# 第五章 商务谈判与沟通技巧

××先生：
　　您所申请的秘书职位已补满，我们已雇用了刚从大学毕业的××女士，将先予以试用几个星期，以判定其能力是否胜任。
　　我们很乐意把您的名字列入秘书人选档案之中，倘若将来有缺额，一定优先与您联系。

　　　　　　　　　　　　　　　　　　　　　　　　　　　　　　　　　　××公司经理
　　　　　　　　　　　　　　　　　　　　　　　　　　　　　　　　　××××年×月×日

图 5-5　求职答复函实例

致：人力资源部
　　自：总裁
　　主题：饮水机　　　　　　　时间：25/5/××××
　　现在公司内有诸多抱怨，关于上班时间喝水困难。我不希望员工认为公司不关心他们的生活。实际上，公司一直致力于员工福利的提高，应该配备既省时间又清洁卫生的饮水机。
　　但我不清楚员工对安装饮水机的反应如何，是否有其他不同意见，请向我呈交一份报告。

图 5-6　公务便函实例

12/6/××××
　　　　　　　　　　　　　　　关于饮水机的报告
　　出乎意料，办公室内的饮水问题引起了这么大的关注。配备饮水机看上去似乎是一个很好的方案，既能节省员工的时间，又能提供清洁卫生的饮用水。但实际上，配备饮水机的效果却不甚清楚。
　　在多个办公室里，员工经常谈论由谁打水，公司开水供应不足，供应时间不够长，水质差等问题，但实际上大家也习惯了，每个办公室里都已形成了一些固定的规范。如果安装饮水机，则会碰到费用、送水时间、饮水机放置位置等问题，很容易造成矛盾。
　　因此，我们认为应该加强原有开水供应。个别办公室如有此方面的要求，可让它们自行解决。

图 5-7　人力资源部给总裁的一份报告

## 六、其他文稿的写作

### （一）报告

**1. 报告的类型**

报告的主要类型如表 5-1 所示。

表 5-1　报告的部分类型

| 特别报告 | 初始报告 | 例行报告 |
| --- | --- | --- |
| 调研报告 | 中期报告 | 操作报告 |
| 计划报告 | 评估报告 | 设计报告 |
| 可行性报告 | 检验报告 | 审查报告 |
| 建设报告 | 工作报告 | 进展报告 |
| 正式报告 | 目击报告 | 非正式报告 |

**2. 报告的基本结构**

报告的类型很多，但是它们的基本结构差别不大，基本包括以下几部分：①标题；②概要；③目录；④主体部分（正文）；⑤结论和建议。

**3. 如何起草公司年度工作报告**

常见年度报告的一般性框架如下：

第一部分：过去一年的工作回顾。

第二部分：提出下年度工作总体思路。

第三部分：本年度的工作目标和工作任务。

第四部分：完成上述目标和任务的措施。

第五部分：简要总结，发出号召。

**4. 报告撰写者清单**

（1）报告的主题、标题是什么？

（2）看报告的读者是什么人？要区别主要读者和其他读者。

（3）撰写这份报告的原因是什么？具体原因可能包括：获取读者的支持、报告调查的结果、影响或说服读者、对读者提出的问题进行答复、对读者以外的人提出的问题进行答复、解释说明问题、报告进展情况、记录事实和信息或观点、在某一点上树立权威或声望、推销、宣传公司组织内外的努力和结果、通知相关群体、为正在进行的工作提供证据、引入或推动关于主题的讨论、指示命令等。

（二）营销决策方案的写作

**1. 营销决策方案的结构格式**

营销决策方案的结构包括两部分：标题和正文。

（1）标题。《现代汉语词典》解释标题的意思为"标明文章、作品等内容的简短语句。"常言道："看书先看皮，看报先看题。"标题的好坏可以决定一篇文章的成败，所以是不容轻视的。

（2）正文。正文又称营销决策方案的本文，包括：①引言；②主体文；③结尾。

**2. 营销决策方案写作的注意事项**

（1）在调查研究的基础上，把握全面、准确的信息，充分占有资料。

（2）目标要明确、具体、可行。

（3）占有大量资料。

（4）论证分析，得出利弊得失，避免急功近利的短期行为。

（5）充分发挥集体的智慧，发扬民主，鼓励发表不同意见，提倡大胆的探索精神。

（三）企业管理制度的写作

企业管理制度的结构包括标题、正文和时间，具体内容如下：①标题；②正文，正文的主要内容有宗旨、主体范围、管理机构、主体的权利和义务、主体行为后果、制度实施时间；③时间。

## 第二节 有声语言沟通技巧

马雅可夫斯基说过："语言是人类力量的源泉。"口头沟通是以口语为媒介的信息传递，形式主要包括面对面交谈、电话、开会、讲座、讨论等。

## 一、有效沟通的基本原则

### 1. 始终保持沟通

不与对方交谈意味着你对他们不够尊重，不愿意倾听他们的意见。这会令首选方案变成诉讼或战争，而不是协议。如果你与对方交谈，就能获得对你有用的信息，这既可以帮助你达成协议，又可以让你利用有力的证据，当着第三方的面驳斥对方。

还有一种与我们的直觉相悖的谈判技巧：许多谈判者要求对方做出让步，以此开启谈判或重启谈判。这种做法看起来很棒，谈判者表现出精明强悍的形象，但事实上，这种做法并不一定会奏效，有时可能会招致敌意甚至报复。

### 2. 倾听并提问

要想说服对方，你必须先倾听他们在说什么，无论在语言上，还是在动作上。一方面，倾听可以使你更了解对方，而对一个人越了解，就越明白他的想法，越有助于在谈判中"投其所好"。另一方面，你的倾听，会让对方感到你的善意与尊重，无论儿童、政府官员、销售代表还是客户，都渴望得到尊重和认可。

沟通的另一个重要技巧就是提问，通过提问，能够更好地了解对方的想法与需求，也就能把握机会，说服对方接受自己的建议与主张。

### 3. 尊重而不是责怪对方

在过去50年针对儿童和成年人所进行的各项研究表明，责怪对方会使对方表现变差，积极性降低；而赞扬对方，则会使其表现更佳，积极性更高。一项研究结果显示，在缺乏技巧的谈判者的全部技能中，消极因素所占的比例对谈判结果的影响如表5-2所示。

表5-2 谈判者消极因素占比

| 谈 判 行 为 | 技巧熟练的谈判者 | 普通谈判者 |
| --- | --- | --- |
| 每小时激怒对方的行为：自我吹嘘，就是不公平 | 2.3% | 10.8% |
| 每一个问题的策略选择项 | 5.1% | 2.6% |
| 指责 | 1.9% | 6.3% |
| 信息共享 | 12.1% | 7.8% |
| "长远性"评述 | 8.5% | 4.0% |
| "共同点"评述 | 38% | 11.0% |

与技术娴熟的谈判者相比，普通谈判者怪罪对方的频率是前者的3倍，能想到每一个问题的策略数量是前者的1/3，与对方共享的信息量也远远小于前者，对长远利益做出评述的次数是前者的一半，做出无端评价从而激怒对方的次数是前者的4倍。

可见，消极因素所占比例越大，谈判成功的可能性越小。

### 4. 经常总结

经常对你所听到的内容进行总结，然后用自己的话再给对方说一遍，这样做既是尊重对方，又是确保双方的意见始终保持一致。如果对方看到你正在倾听他们的意见，那么他们倾听你的意见的可能性就很大。即使你的说法不太正确，对方也不会对你产生误解。

需要强调的一点是，你认为自己对情况一清二楚，并不意味着对方会以同样的方式理解你所说的话，无论你是对方的客户、朋友、配偶还是竞争对手。

对所听的内容进行总结也为你提供了一个机会,让你能够以正确看待问题的方式搜集整理信息。

**5. 进行角色互换**

角色互换是指把自己置于对方的位置。这样做能让你更清楚地了解对方的观点和当前他们所面临的问题。换句话说,要想理解对方,就必须尽量去感受他们的痛苦、快乐以及困惑,并将其纳入你的谈判策略中。

**案例链接**

### 角色互换获得的工作机会

在数千名求职者中,一名学生被花旗银行录用,和他同时被录用的还有大约50名工商管理硕士毕业生。就像大多数工商管理硕士毕业生一样,这名学生也不满足于自己的报酬,希望薪酬更高些,这名学生向诺顿商学院斯图尔特·戴蒙德教授寻求帮助。

教授问他:"你的目标是什么?"这名学生说,他想在众多的工商管理硕士毕业生中脱颖而出,以便能在公司里晋升得更快,还想让录用他的副总裁当他的导师。

教授说:"你应该一步一步实现目标。首先,如果你的目标是在众多的毕业生里脱颖而出,而大部分工商管理硕士毕业生的目标是加薪,那么加薪能让你脱颖而出吗?第二,你为什么选择副总裁作为的导师?"那名学生说,这位副总裁刚刚制订了一项新计划,这项计划是让50名新录用的员工从9月份开始轮流进入各部门,这种部署尚属首次,副总裁对此也有些紧张。教授说:"现在把你放在副总裁的位置上,想想他有什么希望,又害怕什么?你怎样才能帮到他?"

这名学生进行了角色互换后,他明白了自己要做什么。他打电话给副总裁,诚恳地感谢副总裁对他的录用,然后说希望副总裁做自己的导师,作为回报,他愿意在未来的10个月里竭尽所能地帮助副总裁。他主动要求承担采访和调研工作,以及其他必要的行政工作。

副总裁不但答应了他的要求,而且立刻发给他15000美元奖金,并让他在下个月参加花旗集团全球董事会议,见一下集团董事长和首席执行官。这位学生因角色互换获得了巨大成功。

**6. 平心静气**

在人们的工作和生活中,由于处理不当,冲动易怒引起了很多争吵和冲突,留下了永远抹不去的伤痕。如果有人对你说"我恨你",你要问他为什么,而不是以相同的态度对待对方。这样能让你获得对方产生这种态度的原因,你可以通过这些信息,获得解决问题的方法。

在任何时候,出色的谈判者都能做到头脑冷静,通过平心静气地询问对方,了解其态度和产生某种态度的原因,能让自己获得本次和下次谈判所需要的有用信息。

**7. 明确目标**

设立目标并不意味着在谈判一开始确定好目标就万事大吉了,你必须不断地检查自己的目标。谈判人员要始终关注谈判进程，分析谈判过程中双方的意见是否保持一致。当新的事件和新的信息出现时，你是否需要重新考虑自己的目标？也就是说，谈判人员要明白目标导向不变，但具体目标却应该随着外界条件的变化适时进行调整，以便促成目标的达成。

### 8. 在不损害双方关系的前提下坚持自己的立场

沟通过程中不是一味地退让就能取得理想的结果的。例如，比尔·科格里安内斯的婚礼邀请函设计师，晚了一个多星期还没有交上设计样品，而且只能通过电子邮件才能联系上他。这位设计师的助理让比尔再等一个星期，比尔没有匆忙地给予对方愤怒的回应，而是发送了一个电子邮件，感谢设计师为他们设计邀请函，然后，实事求是地告诉设计师婚礼给自己带来的压力，说自己与未婚妻需要对邀请函的样式进行决定。他想知道设计师怎样才能帮助他们完成这个计划。第二天比尔就接到了连夜快递来的设计样品。

### 9. 寻找不起眼的小信号

如果你仔细观察和倾听，就会发现很多可被你利用来说服对方的有用信息。如果对方说："我不能在这个时候为你这样做。"你就应该问对方："你什么时候能这样做？"或者"还有谁能这么做？"如果对方说："我们不议价。"那么你就应该问对方："那么你们议什么呢？"

**案例链接**

#### 从倾听中发现机会

几年前，沃顿商学院一个非营利性医疗保健俱乐部要举办一个500人的会议，需要购买活页夹。史泰博办公用品商店为这些活页夹要价1300美元，学生团体没有那么多钱。因此，他们打电话给加利福尼亚制造商，想通过从厂家直接购买的方式获得价格优惠。

制造商代表说："我就是不能将活页夹直接卖给你们。"这句话有三个关键词，"我""卖""你们"。"我"这个词隐含的意思就是，如果该销售代表不能将活页夹卖给学生，那公司其他部门可以卖给学生活页夹吗？"你们"这个词隐含的意思就是，如果学生团体不能从销售代表处购买活页夹，也许大学的其他部门可以购买然后再提供给学生团体。"卖"这个词隐含的意思就是，如果活页夹不能卖给我们，那能送给我们吗？

最后的结果是，学生团体答应在医疗保健会议上为该公司免费做广告，而该公司将免费提供学生团体该公司去年库存中不合格的活页夹。

### 10. 就知觉差异进行讨论

由于谈判各方处于不同的环境下，在价值观念和行为方式上都具有明显差异，因此，有必要针对彼此知觉认知上的差异进行讨论，以期获得双方的共同认可，避免今后在合作与合同履行等方面出现分歧和争议。

### 11. 了解对方做出承诺的方式

在沟通过程中，你必须与对方就对方做出的承诺和信守承诺的方式进行明确的交谈，否则就会出现不必要的麻烦。例如，一家瑞士公司与中东的业务合作伙伴公司签署了协议，瑞士公司认为，这是一份"具有约束力的协议"，要求对方执行协议规定的条款，但是遭到了拒绝。中东的公司说，书面上的签字不具有约束力，之所以在上面签字是为了"不失礼"，只有自己与瑞士公司的代表会晤并握手"达成口头协议"，协议才会产生法律约束力。为了避免类似情况出现，一定要确定对方的承诺内容，以及承诺生效的方式。

**12. 专注于自己力所能及的事**

在谈判中，鼓励对方只谈论那些他们力所能及的事情，有助于区分主次，让双方更自信。马克·胡德是石油行业一名供应链经理，他正努力接待一位过去受了委屈，尚未得到"补偿"的供应商。这位供应商对马克的前任对待他的方式一直耿耿于怀，在一个与此事完全无关的项目的条款制定和支付问题上，态度强硬。马克说："这是一个信任问题，我们必须安排一系列的午餐和晚餐，提供彼此交流的机会。"马克在听完供应商的牢骚之后，为他前任的不当行为向供应商致歉，并承诺以后会做得更好……可以想象经过马克的努力，最后这一交易得以达成。

**13. 在决定之前进行协商**

假设你在做一个决定，而这个决定会影响到其他人，你没有向每一个会受到影响的人征询意见，结果会怎样？

第一种情况是：人们会反对你，只是因为你轻视了他们。无论他们要说的是否有价值，无论你是否已经知道他们会说什么，这都不重要，不征求他们的意见就说明你疏忽了他们。这不仅不会节约时间，反而会使你花费更多的时间。他们会想方设法制造障碍，阻碍计划的实施。

第二种情况是：你得不到他人有价值的建议。如果时间紧迫，那就发送一条信息："我要在明天某一时间之前对此做出决定，如果届时没有收到您的信息，我就认为我可以据此开始实施计划。"这样一来，人们会认为你已经争取了对方的意见，很多人也不会产生非要与你联系的压力。对于提出不同的建议的人，你可以向他们解释这样决定的原因，他们即使反对，也会因为你已经征询过他们的意见而使不满情绪大大减弱。

**14. 避免争论谁是谁非**

指责怪怨和施以惩罚是人类的正常反应。然而，从心理学的角度而言，对方很难同意接受惩罚，即使承认自己有错也很难做到。因为，这样会让自己在其他人面前有些丢脸。指责和怪怨的时候几乎总是需要一个第三方：一名法官、一个陪审团或一名裁判。如果想争论谁是谁非，你会发现，让对方接受你的建议，帮助你实现自己的目标就会变得难上加难。而你也将被迫付出高昂的代价——诉讼、第三方仲裁、战争。

### 知识链接

**有效沟通的 7C 原则**

（1）Credibility：可信赖性，即建立对传播者的信赖。

（2）Context：一致性（又译为情境架构），即传播须与环境（物质的、社会的、心理的、时间的环境等）相协调。

（3）Content：内容的可接受性，即传播内容须与受众有关，必须能引起他们的兴趣，满足他们的需要。

（4）Clarity：表达的明确性，即信息的组织形式应该简洁明了，易于被公众接受。

（5）Channels：渠道的多样性，即应该有针对性地运用传播媒介以达到向目标公众传播信息的作用。

（6）Continuity and consistency：持续性与连贯性，即沟通是一个没有终点的过程，要达到渗透的目的，就必须对信息进行重复，但又须在重复中不断补充新的内容，这一过程应该持续地坚持下去。

（7）Capability of audience：受众能力的差异性，即沟通必须考虑沟通对象能力的差异（包括注意能力、理解能力、接受能力和行为能力），采取不同方法实施传播才能使传播易为受众理解和接受。

上述七C原则基本涵盖了沟通的主要环节，涉及传播学中控制分析、内容分析、媒介分析、受众分析、效果分析、反馈分析等主要内容，极具价值。这些有效沟通的基本原则，对人际沟通来说同样具有不可忽视的指导意义。

（资料来源：有效沟通的"七C原则".https://baike.so.com/doc/3330054-3507110.html.）

## 二、谈判过程中听的技巧

### （一）听的功能与效果

在谈判过程中，听能起到非常重要的作用。一方面，听是获取信息最基本的手段，面对面谈判中有大量信息都要靠倾听对方的说明来获得；另一方面，谈判者在谈判过程中对听的处理本身也可以向对方传递一定的信息。认真地倾听，既能向对方表明你对他的说明十分感兴趣，同时也表示了对对方的尊重。这样做能够鼓励对方做出更充分的阐述，使己方获得更多有用的信息。

听在沟通中起着十分重要的作用，但是人们实际听的效果如何呢？美国学者利曼·史泰尔（Leaman Stair）在其对听的开拓性研究中发现，听是运用得最多的沟通能力，是人们在听、说、读、写等各种沟通能力中最早学会的一种能力。但是在美国，人们接受教育和训练却最少，具体数据如表5-3所示。在中国及其他许多国家也同样存在这种现象，在学校期间过于重视说、读、写的训练，而单单忽视了对听的训练。

表5-3 各种沟通技能使用和训练状况

|  | 听 | 说 | 读 | 写 |
| --- | --- | --- | --- | --- |
| 使用 | 最多（45%） | 次多（30%） | 次少（16%） | 最少（9%） |
| 训练 | 最少 | 次少 | 次多 | 最多 |

人们对听不予重视的原因在于：一般情况下，人们始终认为，在沟通的各方面能力中，听是最简单的一种。只要没有语言障碍，就不应该存在听的问题。但是，事实上，对听的实际效果的研究与人们对听的实际认知却大相径庭。有关研究表明，听对方讲话的人通常只能记住不到50%的谈话内容，而在讲话人全部讲话内容中，通常只有1/3是按照原意听取的，

1/3是曲解地听取的，1/3则完全没有听进去。是什么原因影响了人们的听的效果呢？我们把这些因素称为影响人们有效倾听的障碍。

### （二）有效倾听的障碍

在沟通过程中，人们面临着多种有效倾听的障碍，具体包括以下方面：

（1）当人们与他人讲话时，往往只注意与自己有关的内容，或是只考虑自己头脑中的问题，而无意去倾听对方讲话的全部内容。

（2）受精力的限制，不能够完全听取或理解对方讲话的全部内容。

（3）在听对方阐述问题时，将精力放在分析、研究自己应采取的对策上，因而不能完整理解对方的全部意图。

（4）倾向于根据自己的情感和兴趣来理解对方的表述，从而容易误解或曲解对方的意图。

（5）倾听者掌握的知识和语言能力有限，无法理解对方表达的全部内容。

（6）环境障碍分散人们的注意力，听的效率降低。

### （三）有效倾听的原则

要实现有效倾听，就要克服上面提到的倾听障碍。事实上，由于人们精力状况的限制，谈判者不可能在妥当地回答对方问题的同时，又一字不漏地搜集并理解对方全部表达的含义。因此，听的关键在于了解对方阐述的主要事实，理解对方表达的显在和潜在的含义，并鼓励对方进一步表述其所面临的问题及有关想法。要达到这一要求，就要把握一些听的技巧。

**1. 耐心倾听**

积极有效地听的关键在于谈判者在双方沟通过程中必须能够耐心地倾听对方的阐述，不随意打断对方的发言。因为，随便打断对方的发言，不仅不礼貌，也不利于对方完整而充分地表达意图，也不利于己方完整而又准确地理解对方的意图。

**2. 对对方的发言积极做出回应**

谈判者在耐心倾听对方发言的过程中，还要避免被动地听。谈判过程中沟通的关键在于达成相互理解。谈判者不仅要善于做一个有耐心的倾听者，也要善于做富有同情心、善于理解对方的听众，通过适当的面部表情和身体动作，对对方的表述做出回应，鼓励对方就有关问题做进一步阐述。

**3. 主动地听**

谈判过程中一个积极有效的听众能够认识到"少说多听"的重要价值，但不等于只听不说。在听的过程中，不仅应当对对方的阐述做出某些肯定性评价，以鼓励对方充分表达其对有关问题的看法，而且也应该适当利用提问，加深对对方有关表述的理解，引导对方表述的方向。

**4. 做适当记录**

在时间长及问题复杂的谈判中，谈判者应考虑对所获得的重要信息做适当记录，作为后续谈判的参考。当然，在做记录前，应当对现场记录是否与有关文化价值观念相冲突有所了解。在某些文化中，人们将听者现场记录其言论视为对其发言的重视；而在某些文化中，人们将记录视为一种对自己不信任的表示。在某些场合，由于讨论的问题较敏感，人们则不希望对方进行记录。

**5. 结合其他途径获得的信息理解所听到的内容**

听、读、看是谈判者获取信息的三个主要手段，谈判者应该善于把从不同途径、用不同方法获得的信息综合起来进行理解，辨清真伪，判断对方的实际意图。

## 三、谈判过程中说的技巧

有这样一个例子：一个教徒问神父："我可以在祈祷时抽烟吗？"他的请求遭到神父的严厉斥责。另一个教徒也去问神父："我可以吸烟时祈祷吗？"他的请求却得到允许，悠闲地抽起了烟。这说明，表达技巧的高明，能赢得期望的谈判效果。

谈判过程中说的技巧实际上就是指陈述的技巧。谈判人员要恰到好处地表述己方的思想观点，准确无误地与对方沟通。

陈述技巧是谈判中的重要技巧之一。陈述是谈判者向对方介绍自己的情况，阐明自己的某一个观点或看法的基本途径，是让对方了解自己的想法、方案和需要的重要手段。

像所有的陈述话语一样，谈判中的陈述跟一般的陈述有很多相同的地方，也有比较特殊的地方。其特殊性在于，谈判要求能够更加快速而准确地说明一个问题。众所周知，谈判可能是人们在更加迫切地需要解决问题的时候采取的一个方法。正因为如此，谈判者需要具有更高的陈述技巧。它要求谈判者不仅能够清晰明确、言简意赅地把自己的想法表达出来，而且能够吸引对方的兴趣、满足对方的需求，并且具有相当的说服力。

我们很难想象一个没有掌握陈述技巧的谈判者能够在谈判中取得成功。一般而言，谈判会有两种结局：一种是谈判达成了对他不利的协议，另一种是谈判无法成功。导致这两种结局的原因多数在于，他甚至不能清晰地把自己的想法表达出来，更不用说去说服对方，满足自己的需求了。

### （一）谈判中陈述的语言要点

**1. 坦诚**

许多谈判者在谈判的过程中闪烁其词，似乎在隐瞒自己的想法和动机，这样势必会给对方留下一种不真诚的印象，从而影响谈话气氛。在谈判中，谈判者应该把自己的想法和要求明白地表达出来。只有这样，对方才能知道你的想法，或者满足你的需求。另外，把对方想了解的情况告诉对方，这样才能得到对方的信任，从而了解对方的想法，并最终达成一致意见。当然，你只需要在一定程度上坦诚相对，因为，在某些时候，绝对的坦诚可能会被对方利用。

**2. 简洁明了**

应该尽量使自己的表述简洁明了。谈判的目的性和急促性不允许你发表长篇大论，你们需要的是马上找到一个明确的解决方案。不要使用过多的论据和技巧，这样会使对方无法抓住重点，并且认为你说了太多的废话。事实证明，大多数谈判者都对那些夸张的、有着许多虚化文采的字句很反感，并且会在谈判的过程中显现出不耐烦。直接说出你要表达的观点，并且进行必要的解释和说明，这样就足够了。

**3. 使用合适的语调和语速**

很多谈判者基于表达自己的观点，希望尽快说服对方同意自己的意见，以快速地达成协议的目的，总是非常急促地说话。这样做的后果是对方并不明白他说了些什么，并且对此颇不耐烦。另外，有一些谈判者总是打算用气势压倒对方，似乎希望对方什么都不要讲，想用这种方法赢得谈判的成功。这样做的后果是对方干脆保持沉默,但是也绝不会同意他的观点。这两种做法的结果都是谈判破裂、无果而终。因此,不要试图用咄咄逼人的气势去压倒对方,最好使用平和的语调;也不要使用过快或者过慢的语速,只要对方能够听得清楚就行。

**4. 正确处理专业术语**

在谈判中,为了使你看起来更加有实力,可以使用一些专业术语。但是,有一些谈判者对专业术语的处理方式令人失望。他们抛出一个专业术语之后,往往不做任何解释,就直接运用在下面的谈话中。他们想当然地认为,对方应该明白自己所说的词语。实际上,即使是在商业谈判中,那些谈判者也未必就一定是专业人员,他们更多的可能是业务人员,更不用说其他类型的谈判了。只有对那些专业术语进行恰当的处理,如询问对方是否懂得自己所说的意思,或者干脆进行一些简单的说明,这样效果才会更好。

(二)谈判中的语言陈述技巧

**1. 缓冲语言**

在谈判的过程中,谈判双方的观点难免发生冲突,双方的需求自然也会有矛盾。为了使自己的想法和观点更加容易被对方接受,或者改变对方的某些看法,你需要使用一些缓冲这种对立的语言技巧。例如,"你的观点有一定的道理,但是我有另外一些想法,不知道对不对……"这样你既没有直接指出对方观点的错误之处,也没有拔高自己的观点,而是以一种商量的口气表达了自己的看法。由于对方的观点得到了一定程度的肯定,所以对方不会对你产生反感,也不会对你的观点产生抗拒,因而也更加容易接受你的观点,或者至少能够平心静气地跟你一起讨论。

**2. 解围语言**

有一种情况是所有谈判者都不愿意看到的,那就是谈判似乎马上就要破裂了。谈判双方出现了难以调和的矛盾和冲突,气氛也变得紧张起来。双方好像站在了完全对立的两面,因此都陷入了尴尬的境地。这时候,需要运用解围语言来处理这种局面,一方可以这样说:"我觉得我们这样做,可能对谁都不利。"指出谈判正朝着危险的境地发展。对方也一定不愿意看到这样的情况出现,而你也表达了你希望谈判成功的诚意,因此,这样做一般会使气氛变得友好起来,双方也更加可能达成协议。

**3. 弹性语言**

我们在前面已经说过,应该针对不同的人说不同的话。这并不是说要改变自己说话的内容,而只是要改变说话的技巧而已。在谈判中也应当如此,如果对方谈吐优雅、文明礼貌,谈判者也应该尽可能使自己文雅一点;如果对方朴实无华、语言直接,那么谈判者也不必使用那些高雅的词汇。这种做法能够快速而有效地缩短谈判双方之间的距离,更加有利于沟通思想、交流情感。

**4. 肯定语言**

即使对方说了一些愚蠢的话,你也不要直接指出来。你应该尽量看到对方正确的地方,并且诚恳地指出来。你无法使一个受到指责的人同意你的观点,除非你肯定他。更加重要的是,千万不要在谈判结束的时候说一些否定性的话,这样既使谈判以一种不愉快的方式结束,也会对以后的交流产生很大的影响。应该告诉对方,这次谈判让你收获不小,跟他谈话是令你很愉快的事情。

## 四、谈判过程中提问的技巧

### （一）提问在商务谈判中的重要作用

**1. 获取更多信息**

谈判中，双方需要了解对方的实力，要求掌握各种有关的信息和背景资料。当谈判者对对方的情况不完全了解和需要证实自己所掌握的情况时，可以直接采用提问的方式，获取自己想要的信息。

**2. 增进沟通，活跃气氛**

谈判是一个双方沟通的过程，为了避免沟通时出现障碍，不妨在谈判中多运用提问，即采用带有征求询问性质的提问来表达自己的要求。此种方式最能博取对方的好感，提问可以促使双方充分沟通，弄清分歧的关键并使之不再进一步扩大，进而找出绕过分歧继续谈判的办法。

**3. 引导谈话的方向并控制谈判的进程**

提问是引起话题的动因，决定和引导着谈话的方向，控制着谈判的进程。谈判中可以通过巧妙的提问引出或转移话题，使谈判向着有利于自己的方向发展。当谈判气氛渐趋紧张，大脑有运转不过来的感觉时，提问可以放慢谈判速度，争取时间重新组织思路，发动新的攻势。

**4. 传达消息，说明感受**

有许多问题表面上看起来似乎是为了取得自己希望的消息或答案，事实上却同时把自己的感受或已知的信息传达给对方。例如，"你真有把握保证质量符合标准吗？"问话像是要对方回答保证质量的依据，同时也传达了问话人担心质量有问题的信息，如果再加重语气，就说明你十分重视这一问题，这样的问题也给对方一定的压力，但切忌不要形成威胁。

### （二）做好提问前的准备工作

提前准备的问题可能看上去很一般，也较容易回答，对方在回答时可能会比较松懈，反而容易暴露他的真实想法，在此基础上，当你再向对方提问时，对方只好按照原来的思路作答，而这个答案正是我们所期望的。而且，作为提问的人，一定要首先明确想得到的信息，然后有针对性地提问。

### （三）提问的方式要合理

提问的方式有很多，如开放式问题、封闭式问题等，又如正问、反问、侧问、设问、追问等。各种提问方式的运用均有其特定的效果，提问的角度不同，对方的反应也不同，得到的回答也有差异。同时，提问的句式应尽量简短。如果提问的话比对方回答的话还长，将处于被动，显然这种提问是失败的，以简短的问题引出较详细的回答才是成功的。提问一定要简明扼要，一针见血，指出关键所在，用语要准确、简练，以免使人含糊不清，产生不必要的误解。

究竟采用哪种形式的提问，要根据谈判的内容以及谈判的进展情况来灵活掌握。有时对方会借"无可奉告""我也不太清楚"等托词来敷衍问题，所以应该准备多种提问方式。

主要的提问方式有以下几种：

**1. 封闭式提问**

封闭式提问就是为了获得特定资料或确切回答的直接提问，例如，"贵方 10 天之内能否发货?""您是否认为代为安装没有可能?"这种提问方式单刀直入,直接指向问题的要害。但是,这种提问具有一定局限性,对方只能用"是""不是"或"能""不能"等形式回答。

**2. 开放式提问**

开放式提问是指提出比较概括、广泛、范围较大的问题,对对方的回答内容限制不严格,给对方以充分自由发挥的余地。这样的提问比较宽松,而且不那么唐突,也相对更得体。因此,这种提问方式常用于谈判的开局阶段,用以缩短双方在心理和感情上的距离,但是,由于这种提问方式比较松散和自由,难以深挖,对后期谈判所需要信息的提供能力有限。例如,"对我方提出的价格,你方有什么看法?"

**3. 证实式提问**

证实式提问是指谈判人员通过提出一些特殊问题,并根据客户的回答来判断其是否对产品感兴趣,且愿意继续深入下去。谈判人员在提出证实性问题时,其实是在寻找给自己正面激励的答案。例如,"您刚刚说上述情况没有变动,是不是说明你们可以如期履约了?""您的意思是,延缓交货的原因是铁路部门未能按时交货,而不是贵方没有按时办理托运所致,是吗?"这种提问方式可表现出对对方所讲问题的重视,也可使提问者发掘充分的信息,以了解对方的可信程度。

**4. 探索式提问**

探索式提问也称探询性提问,是指要求对方给予肯定或否定回答而采取的选择疑问句句式的发问。探索式提问的问题设计要有一定的技巧,要以"在不引起对方反感的前提下,愿意配合回答你的提问为宗旨"。例如,"您有什么能保证贵方能如期履约呢?"实际上是想通过提问了解对方的诚意和底线。

**5. 借用式提问**

借用式提问是指借用第三者的影响力来进行提问,以增加问题的重要程度,也可以引起对方的重视。

**6. 强迫式提问**

强迫式提问又称强迫选择提问,是指提出两个可供选择的方案,应答者只能二选一,没有其他选择的余地。例如,"原来的协议你们是今天实施还是明天实施?"意思是只能今天或明天实施。又如,"咱们今天去我妈家还是去你妈家?"意思是必须选择去我妈家或你妈家,二者任选其一,不能去别人家,也不能哪儿都不去。

**7. 多主题提问**

多主题提问是指提问方给出对方多个选择的可能性。例如,"您能否将贵方关于产品质量、价格、包装、保险等态度谈一谈?"对方可就问题中的四个方面进行选择,就其中的一个或几个进行详细解释说明。

**8. 引导式提问**

引导式提问从字面理解就是要学会借力打力,先通过陈述一个事实,然后再根据这个事实发问,让对方给出相应的信息。例如,"你想到哪儿去吃饭?去麦当劳行吗?"意思是建议你去麦当劳。又如,"今天晚上咱们去谁家?去我妈家行吗?"意思是建议去我妈家,但不是强迫。这种提问方式常常能将对方引导到自己的思路上来,并得到对方的肯定答复。这种提问是验证谈判人员谈判能力与谈判技巧的重要标尺。

## （四）如何把握提问的时机

### 1. 在对方发言完毕之后提问

在对方发言的时候，一般不要急于提问。因为打断别人发言是不礼貌的，容易让人反感。当对方发言时，要认真倾听，发现问题可以先记下来，待对方发言完毕后再提问，这样不仅体现了自己的修养，而且能全面完整地了解对方的观点和意图，避免操之过急，曲解或误解对方的意图。

### 2. 在对方发言停顿或间歇时提问

如果因对方发言冗长、不得要领、纠缠细节、离题太远等，影响了谈判进程，那么可以借他停顿或间歇时提问，这是掌握谈判进程、争取主动的必然要求。例如，当对方停顿时，可以借机提问："您刚才说的意思是……""细节问题我们可以再谈，请谈谈您的主要观点，好吗？"或者，"第一个问题我们明白了，那第二个问题呢？"诸如此类。

### 3. 在自己发言前后提问

在谈判中，当轮到自己发言时，可以在谈自己的观点之前，对对方的发言进行提问。这些提问不是要求对方回答，而是自问自答，这样可以争取主动，防止对方接过话，影响自己的发言。例如，"您刚才的发言要说明什么问题呢？""我的理解是……""对这个问题，我谈几点看法……""价格问题您讲得很清楚，但质量和售后服务怎样呢？""我先谈谈我们的要求，然后请您答复。"在充分表达自己的观点之后，为了使谈判沿着自己的思路发展，通常要进一步提出要求，让对方回答。例如，"我们的基本立场和观点就是这样，您对此有何看法呢？"

## （五）运用提问的注意点

### 1. 注意提问的速度

提问时语速要适中。说话速度太快，容易让人觉得不耐烦，甚至会觉得你是在用审问的口气对待他，让人反感。反之，如果说话太慢，则容易使对方感到沉闷，不耐烦，降低了提问的力量。因此，提问的速度应该快慢适中，既让对方听得懂，听得清晰，又不要过于拖沓和沉闷。

### 2. 注意对方的心境

谈判中，要尽可能营造出良好的谈判气氛。谈判会受到情绪的影响，这是在所难免的，要随时留意对手的心境，在适当的时候提问。例如，对方心境好时，常常会轻易满足你所提出的要求，而且容易变得粗心大意，轻易吐露一些信息。此时，抓住机会提问，通常会有所收获。

### 3. 提问后给对方以足够的答复时间

提问的目的在于让对方答复并获得最终令我方满意的效果，因此，谈判者在提问后，应该给对方足够的时间答复，同时，也可以利用这段时间思考下一步应如何开展。

### 4. 提问应尽量保持问题的连续性

在谈判中，通常不同的问题会存在着内在的联系，所以在提问时，如果要围绕着某一事实，则应考虑前后几个问题的内在逻辑关系，不要忽然提出一个与此无关的问题，使对方无所适从。同时这种跳跃式的思维方式也会分散对方的精力，使各种问题纠缠在一起，没办法理出头绪来，在这种情况下，当然不会获得让人满意的答复。

#### 5. 充分考虑对象的特点来有针对性地提问

谈判者情况不尽相同，因此提问时一定要考虑对方的年龄、职业、性格、身份、知识、广度、文化背景，以及生活经历等各方面的因素。如果对方坦率耿直，提问就要简洁；如果对方爱挑剔、善抬杠，提问就要周密；如果对方急躁，提问就要委婉；如果对方严肃，提问就要认真，不可千篇一律。

善于提问是一种技巧，更是一种能力。在提问的过程中，更多地反映出一个人良好的思维能力、语言表达能力，以及人际沟通能力，只要我们找准方向不断提升这项专业能力，就一定能在商务谈判过程中从容自若、如鱼得水。

### （六）有效提问技巧

并不是每个提问对方都会回答，也不是每个提问，对方的回答都是自己想要的结果，因此，提问的技巧就显得非常重要，有效提问有一个公式，即

有效提问 = 陈述语气 + 疑问语句

当然，获得有效提问，还需要做好充分准备，并正确地运用技巧，具体来说，表现在以下几方面：

（1）预先准备好问题，最好是一些对方不能够迅速想出适当答案的问题，以期收到出其不意的效果。

（2）在对方发言时，不要中止倾听对方的谈话而急于提出问题，可以先把问题记下来，等待合适的时机再提出来。

（3）在适当的时候，将一个已经发生，并且答案你也知道的问题提出来，验证对方的诚实和态度。

（4）不要以法官的态度来询问对方，那样容易造成对方敌对与防范的心理和情绪。

（5）提出问题后应闭口不言，等待对方回答。

（6）假如对方的答案不完整，甚至回避不言，要有耐心和毅力继续追问。

（7）当直接提出某一个问题而对方或是不感兴趣，或是态度谨慎不愿展开回答时，可以换一个角度问问题，来激发对方回答问题的兴趣。

## 五、谈判过程中应答的技巧

一般在谈判中，对于问题的回答并不是一件容易的事。因为你不但要根据对方的提问来回答问题，还要把问题尽可能地讲清楚，使提问者得到明确的答复。在整个过程中，你对自己所说的每一句话都负有责任，因为对方往往可以理所当然地把你的回答认为是一种承诺，这就给那些回答问题的人带来一定的负担与压力。因此，你的水平的高低，很大程度上取决于你回答问题的水平。那么，商务谈判应答中要讲究什么应答技巧呢？

商务谈判中的应答技巧主要包括：

#### 1. 让自己有充分的时间思考

在谈判中，回答问题前必须谨慎小心，要对问题进行深入思考，做出最合适的回答，因而需要充分的思考时间。一般情况下，谈判者对问题回答得好坏与思考时间成正比。而往往有些提问者会连续不断地追问，以迫使你在没有进行充分思考的情况下做出仓促的回答。

谈判中遇到这种情况时，作为答复者需要冷静，大可不必顾忌谈判对手的追问，有时可以直接告知对方自己需要一些时间进行认真思考。

### 2. 对问题进行分类

你思考的第一点应该是对对方提出的问题进行分类。也就是说，这个问题是友善的还是不好回答的，甚至是大有敌意的。这三类问题应该有不同的应答方法。

第一类问题，像问你一些基本的信息等，由于对方并没有敌意，而且说出来对你也并没有什么影响，如果你还闪烁其词的话就显得不够真诚了（甚至有可能是对方拿已经掌握的信息对你进行的试探）。

第二类问题虽然没有敌意，但却是你不想回答、不便回答的问题，对方可能是无意之中问的，也可能是故意这么问的。总之，回答这类问题应该把握好分寸，看是否会对谈判有影响。后面谈论的方法基本上都属于这一类（除非特别指出来的）。

第三类问题是发生在你们的矛盾很严重的时候，对方可能因为对你的行为有所不满，对你有敌意，所以才问这样的问题。回答这种问题时应该礼貌，不应采取针锋相对的态度，要把握好回答的分寸。

### 3. 回答问题要留有余地

在谈判中，应答者要将问话者问题的范围尽可能地缩小，并且对回答的前提加以限定，回答问题的时候一定要给自己留有余地。并且，在回答问题时，不要过早地暴露你的实力。在有些谈判中，对方可能会直接问你底线问题，如果你回答了这样一个问题，那么会很明显地陷入被动，此时，你自然不想这么直接就将底线告诉他，你必须想办法转移话题。例如，对方问你："产品的价格最低是多少？"你可以跟他说，你提供的价格绝对不会过高，在你告诉他之前，你打算先介绍一下你们产品的一些优越性能。这样，你就把话题转移了，从而也为自己赢得了主动权。或者，你也可以利用反问的方式，对问题的重点进行转移。

### 4. 减少问话者追问的机会

当问话者对你的回答感到怀疑时，往往会刨根问底。所以，回答问题时要特别注意，尽量做到不让对方抓住某一点连续发问。有时候为了达到不让对方继续追问下去的目的，以问题无法回答作为借口也是一种方法。

### 5. 不值得回答的问题拒绝回答

在谈判中，谈判者有回答问题的义务，但往往不必回答对方所提出的每一个问题，尤其是对某些不值得回答的问题，可以礼貌地加以拒绝，以避免使自己陷入困境。

### 6. 不要轻易作答

回答问题应该具有一定的针对性，有的放矢，而要做到这一点则有必要了解问题所包含的真实含义。

在谈判中，谈判者有时会提出一些模棱两可的问题，意在借此摸清对方的底细。因此，要清楚地了解对方的用意之后再作答。否则，轻易、随意作答，会造成自己的被动。

### 7. 找借口拖延

在谈判中，当遇到某些需要思考的问题时，有时可以用资料不全等借口来拖延。例如，你可以对对方说："我想，现在还不是谈论这个问题的时候吧？"或者"我现在没有第一手资料，我想等我查阅完第一手资料的时候再给你一个详尽准确的答复，这样可能会更好。"这些理由都具有不可辩驳的说服力，因此，你将不会再遇到同样的问题。

当然，拖延时间并不意味着不回答对方，只是谈判者需要时间进一步思考如何来回答对方的问题。

**8. 有时可以将错就错**

当谈判对手对你的答复做了一种错误的理解,而这种理解又有利于你开展谈判、取得预期目标时,你不必去告知对方并更正对方的理解,而应该采取将错就错的方式,因势利导。

在实际谈判过程中,由于双方在表达与理解上的不一致,以至于错误理解对方意思的情况是经常发生的。一般情况下,这会直接增加谈判双方在信息交流与沟通上的困难,因而有必要根据实际情况予以更正、解释。一些谈判者在对方误解自己的情况下采取了观望的态度——如果这种误解有利于自己,他们就视而不见、将错就错;如果对自己不利则马上指出对方的错误。这是一种只看眼前而不顾长远的做法。他们害怕自己会受到损失,于是忽视了谈判实际上是以坦诚为基础的,而绝不应该相互欺骗和隐瞒——即使这是被动的。在这种情况下,正确的做法是,不管对方的误解对自己有利还是不利,都应该委婉地向对方提出来。你不用担心你会因此而遭受损失,那些东西可能并不是你应该得到的。而如果你隐瞒了真实信息,那么等对方发现的时候,你会得不偿失。

但是,在特定情况下,这种错误理解的出现往往能够为谈判中的某一方带来好处,有利于一方谈判目标的实现。事实上,实际谈判中的应答技巧有许多,并不仅仅在于回答对方的"对"或"错",而在于应该说什么、不应该说什么以及如何说才合适和产生最佳效果。

## 第三节　无声语言沟通技巧

### 一、人体语言技巧

**1. 眼睛语言**

孟子曾经说过:"观其眸子,人焉廋哉!"意思就是说:想要观察一个人,就要从观察他的眼睛开始。俗话说:"眼睛是心灵的窗户。"所以一个人的想法经常会从眼神中流露出来,譬如天真无邪的孩子,目光必然清澈明亮,而利欲熏心的人,则难掩饰其眼中的浑浊与贪婪。

眼睛的神采如何,眼光是否坦荡、端正,都可以反映出对方的德行、心地、人品和情绪。一般情况下,我们可以通过与对方眼神的接触、眨眼频率、视线方向、瞳孔放大或缩小等眼部活动,判定对方的实际心理状态。例如,当一个人处于凝视或注视状态时,眼睛会盯着某一特定物品一动不动;人在撒谎的时候,眨眼的频率会比平时高很多;一个人被某件物品吸引,瞳孔就会放大;当一个人向上看时,他很可能在思考或试图想起某事,如果眼睛向下看,则可能表示服从或对某件事情感到内疚。

具体来说,从眼睛窥探出一定的心理秘密的暗语如下:

(1) 一直盯着对方的眼睛,心中必定是另有隐情。

(2) 在谈话中注视对方,表示其说话内容为自己所强调,希望听者能及时做出回应。

(3) 初次见面先移开视线者,多想处于优势地位,争强好胜。

(4) 被对方对视时,立即移开目光,是一种自卑或心虚的表现。

(5) 喜欢斜眼看对方的人,表示对对方怀有兴趣,却又不想让对方识破。

(6) 看异性一眼后,便故意转移目光者,表示对对方有着强烈的兴趣。

(7) 抬眼看人时,表示对对方怀有尊敬和信赖之心。

(8）俯视对方者，欲表示出对对方的一种威严。

(9）视线不集中于对方，目光转移迅速者，性格内向。

(10）视线左右晃动不停，表示他正在冥思苦想。

(11）视线大幅度扩大，视线方向剧烈变化者，表示此人心中不安或有害怕心理。

(12）在谈话时如果目光向下，则表示此人已经转入沉思状态。

(13）尽管视线在不停移动，但当出现有规律地眨眼时，则表示思考已经有了头绪。

此外，人的瞳孔变化和眨眼频率也与人的内心情绪变化有着极大的关联。

**2. 眉毛语言**

眉毛是配合眼睛的动作来表达含义的，但单纯眉毛也能反映出人的许多情绪。眉毛有20多种动态，分别表示不同的心理变化。

(1）眉毛完全抬高：表示"难以置信"。

(2）眉毛半抬高：表示"大吃一惊"。

(3）眉毛不变：表示"不做评论"。

(4）眉毛半放低：表示"大惑不解"。

(5）眉毛全部降下：表示"怒不可遏"。

(6）双眉上扬：表示欣喜或特别惊讶。

(7）单眉上扬：表示不理解、有疑问。

(8）皱起眉头：要么是陷入困难的境地，要么是拒绝或不赞成。

(9）眉毛迅速上下活动：说明心情好，内心赞同或对对方表示亲切。

(10）眉毛倒竖眉角下拉：表示极端愤怒或异常气恼。

(11）眉毛紧锁：说明这是一个内心忧虑或犹豫不定的人。

(12）眉梢上扬：表示喜形于色。

(13）眉心舒展：表示此人心情坦然，愉快。

**3. 鼻子语言**

鼻子表达的情感和情绪经常被人们所忽视，但是鼻子往往是最难以人为控制内心想法的无声语言器官，鼻子的微语言主要表现在：

(1）鼻子虽然动作轻微，但也能表达一个人的心理变化，在谈话时，鼻子只要稍微胀大，就多半表示满意或不满，或情感有所抑制。

(2）鼻头冒出汗珠时，说明心里急躁或紧张；如果对方是重要的交易对手，则必然是急于达成协议。

(3）如果鼻子的颜色整个泛白，则表示当事人畏缩不前的心理状态。

(4）鼻孔朝着对方，表示藐视对方，或轻视别人。

(5）摸着鼻子沉思，说明正在思考方法，希望有个权宜之计解决当前问题。

**4. 嘴巴语言**

人的嘴巴除了说话、吃喝和呼吸以外，还可以有许多动作，借以反映人的心理状态。嘴巴是唯一一个既能通过语言方式，也能通过非语言方式进行沟通的器官。嘴巴表达的心理状态有：

(1）嘴巴紧紧地抿住，往往表示意志坚决，需要做出重大决定，或出现了紧急情况。

(2）噘嘴可以表示多种情绪：伤心、失望、沮丧、生气，或是不满意对方和准备攻击对方等。

（3）当一个人咬嘴唇时通常表示他焦虑或不舒服、沮丧或者尴尬，有时也表示一个人很迷茫。通常在遭到失败时，咬嘴唇是一种自我惩罚的运用，可解释为自我解嘲和内疚的心情。

（4）注意倾听对方谈话时，嘴角会稍稍向后拉或向上拉。

（5）不满和固执时嘴角会向下。

**5. 手势语言**

手势，可以帮助我们判断对方的心理活动或心理状态，同时也可以帮助我们将某种信息传递给对方。

（1）握拳是表现向对方挑战或自我紧张的情绪。握拳的同时使手指关节发出响声或用拳击掌，都是向对方表示无言的威吓，或发出攻击的信号。握拳使人肌肉紧张、能量集中，一般只有在遇到外部的威胁和挑战而准备进行抗击时才会产生。

（2）用手指或铅笔敲打桌面，或在纸上乱涂乱画，表示对对方的话题不感兴趣、不同意或不耐烦的意思。这样一是打发消磨时间，二是暗示和提醒对方。

（3）吮手指或指甲的动作是婴儿行为的延续，成年人做出这样的动作是个性或性格不成熟的表现，即所谓"乳臭未干"。

（4）两手手指并拢并置胸的前方呈尖塔状，表明充满信心，这种动作多见于西方人，特别是会议主持人、领导者、教师在主持会议或上课时，用这个动作以示独断或高傲，以起到震慑学生或与会者的作用。

（5）手与手连接放在胸腹部的位置，是谦逊、矜持或略带不安心情的反映。歌唱家、获奖者、等待被人介绍者常有这样的姿势。

（6）两臂交叉于胸前，表示防卫或保守，两臂交叉于胸前并握拳，则表示怀有敌意。

**6. 腿部动作——下肢语言**

腿部往往是最先表露潜意识情感的部位，腿部的动作可以归结为坐、立和走等不同动作表达的不同情绪和心理状态。

（1）"二郎腿"：与对方并排而坐时，对方若架着"二郎腿"并且上身向前向你倾斜，则意味着合作态度；反之则意味着拒绝、傲慢或有较强的优越感。相对而坐时，对方架着"二郎腿"却正襟危坐，表明他是比较拘谨、欠灵活的人，且自觉处于很低的交易地位，成交期望值很高。

（2）架腿（把一脚架在另一条腿膝盖或大腿上）：对方与你初次打交道时就采取这个姿势并仰靠在沙发靠背上，通常带有倨傲、戒备、怀疑、不愿合作等意味。若上身前倾同时又滔滔不绝地说话，则意味着对方是个热情的但文化素质较低的人，对谈判内容感兴趣。如果频繁变换架腿姿势，则表示情绪不稳定，焦躁不安或不耐烦。

（3）并腿：交谈中始终或者经常保持这一姿势，并且上身保持直立或前倾的对手，意味着谦恭、尊敬，表明对方有求于你，自觉交易地位低下，成交期望值很高。时常并腿后仰的对手，大多小心谨慎，思虑细致全面，但缺乏自信心和魄力。

（4）分腿：双膝分开、上身后仰者，表明对方是充满自信的、愿意合作的、自觉交易地位优越的人，但要指望对方做出较大让步是相当困难的。

（5）摇动足部，或用足尖拍打地板，或抖动腿部，都表示焦躁不安、无可奈何、不耐烦或欲摆脱某种紧张情绪。

（6）双脚不时地小幅度交叉后又解开，这种反复的动作就表示情绪不安。

**7. 腰部动作语言**

腰部在身体上起"承上启下"的支持作用，腰部位置的"高"或"低"与一个人的心理状态和精神状态是密切相关的。

（1）弯腰动作。例如鞠躬、点头哈腰属于低姿势，把腰的位置放低，精神状态随之"低"下来。向人鞠躬是表示某种"谦逊"的态度或表示尊敬。在心理上自觉不如对方，甚至惧怕对方时，就会不自觉地采取弯腰的姿势。从"谦逊"再进一步，即演变成服从、屈从，心理上的服从反映在身体上就是一系列在居于优势的个体面前把腰部放低的动作，如跪、伏等。因此，弯腰、鞠躬、作揖、跪拜等动作，除了礼貌、礼仪的意义之外，都是服从或屈从对方，压抑自己情绪的表现。

（2）挺直腰板，使身体及腰部位置增高的动作，则反映出情绪高昂、充满自信。经常挺直腰部站立、行走或坐下的人，往往有较强的自信心、自制力和自律的能力，但为人可能比较刻板，缺少弹性或通融性。

（3）手叉腰间，表示胸有成竹，对自己面临的事物已做好精神上或行动上的准备，同时也表现出某种优越感或支配欲。也有人将这一动作视作领导者或权威人士的风度。

## 二、物体语言技巧

**1. 吸烟所传达的信息**

尽管到处都是吸烟有害健康的提示，而且人们也认同这一观点，但是在现实生活中吸烟又是社交中必不可少的一种"文化"。很多和吸烟有关的动作往往蕴含着比较深刻的意义。

（1）刚一见面就立即掏烟递给对方，且麻利地为对方点烟的，多为处于交易劣势的一方。寒暄之后才缓慢掏烟，自己先叼一根，然后才送给你的人，是自认为处于交易优势但愿意合作的人。

（2）吸一口烟后，将烟向上吐，往往表示积极、自信，因为此时伴随吐烟的动作，身体的上部姿势也是向上昂起的，将烟朝下吐，则表示情绪消极、意志消沉、有疑虑，因为此时身体上部的姿势是向下的，即所谓的"垂头丧气"。

（3）烟从嘴角缓缓吐出，给人一种消极而诡秘的感觉，一般反映出吸烟者此时的心境与思维比较曲折，力求从纷乱的思绪中清理出一条令人意想不到的途径来。

（4）吸烟时不停地磕烟灰，往往意味着内心紧张、不安或有冲突，这时的吸烟已不是一种生理需要，而完全成了吸烟者减缓和消除内心冲突与不安的一种道具，借抽烟的动作来掩饰脸部表情和可能会颤抖的手，这很可能是个新手或正在采取欺诈手段。

（5）点上烟后却很少抽，说明在交谈中戒备心重，边谈边紧张地思考，从而忘却了手中的烟卷。另外，心神不定时也会这样。

（6）没抽几口即把烟掐掉，表明其想尽快结束谈话或已下决心要干一桩事。掐掉香烟的动作是为了不让吸烟来分散其精力，干扰其刚刚决定的事情的进行。其实，吸烟本身可能不会给他带来什么干扰，但这样做却暴露了其内心的活动。

（7）斜仰着头，烟从鼻孔吐出，表现出一种自信、优越感以及一种悠闲自得的心情，通过斜视、仰着头这一动作，主动地拉开了与谈话对象进行目光交流的距离，从而表现出吸烟者内心的那种自信、优越和悠闲自得的心态。

**2. 手中握笔**

在谈判中有效运用手中握笔的技巧有以下好处：

（1）在谈判与沟通过程中，手中握着一支笔，往往可以分散对方的注意力，从而有效掩饰自己的紧张情绪或实际想法，达到掌握谈判主动权的目的。

（2）谈判者在谈判过程中如果手中握笔，则可以在纸上随时勾画，这样，一方面可以让对方感觉到你对对方言论的重视，另一方面也会给对方一个比较严谨、态度认真的印象。

此外，在谈判过程中玩笔，可以间接告诉对方你对他所说的内容不感兴趣。

**3. 笔记本**

纸质的笔记本和笔记本电脑有时是谈判过程中必要的道具，在谈判过程中打开笔记本或合上笔记本，代表着谈判的开始和结束，而打开或合上的动作的快慢可以表现出谈判者的性格特点，也能奠定谈判的节奏。

**4. 眼镜的妙用**

在谈判中，有效运用眼镜这一道具，有时会起到意想不到的效果。

首先，戴眼镜的人经常会给对方一种文质彬彬，有文化、有修养的认知，给对方一种愿意交往、缺少攻击性的印象。

其次，眼镜镜片反光，能阻止对方清楚地看到自己眼睛表达的情绪和态度。

最后，可以通过戴上或摘下眼镜、擦拭镜片等动作，缓解谈判过程中剑拔弩张的气氛，或者放缓谈判的节奏，改变双方的注意力重点，掩饰自己内心的实际想法等。

## 案例分析

### 提问技巧案例

第二次世界大战结束后，日本许多商店人手奇缺，为减少送货任务，有的商店就将问话顺序进行了调整，将"是您自己拿回去呢，还是给您送回去？"改为"是给您送回去呢，还是您自己带回去？"结果大奏奇效，顾客听到后一种问法，大都说："我自己拿回去吧。"

又如，有一家咖啡店卖的可可饮料中可以加鸡蛋。售货员就常问顾客："要加鸡蛋吗？"后来在一位人际关系专家的建议下改为："要加一个鸡蛋，还是加两个鸡蛋？"结果销售额大增。

问题：上述两个实例中，体现了何种提问技巧和沟通技巧？

### 应答技巧案例

1960年，周恩来总理赴印度新德里就中印边界问题进行磋商、谈判，努力在不违背原则的前提下与印方达成和解。其间，周恩来召开记者招待会，从容应对西方和印度记者的种种刁难，当时一个西方女记者忽然提出一个非常私人化的问题，她说："据我所知，您今年已经62岁了，比我的父亲还要大8岁，可是，为什么您依然神采奕奕、记忆非凡，显得这样年轻、英俊?"这个问题使得紧张的会场气氛松弛下来,人们在笑声中等待周恩来的应对。周恩来略做思考,回答道:"我是东方人,我是按照东方人的生活习惯和生活方式生活的,所以依然这么健康。"会场顿时响起经久不息的掌声和喝彩声。

问题:
1. 如何评价案例中女记者的提问?
2. 如何评价周恩来的回答?

## 复习思考题

1. 书面沟通的优点和缺点有哪些?
2. 有效倾听的障碍有哪些?如何实现有效倾听?
3. 陈述、提问与应答的技巧各有哪些?
4. 有效提问的公式是什么?
5. 沟通中能够运用的肢体语言有哪些?各有什么含义?
6. 如何通过面部表情提升沟通效率?

## 第六章

# 商务谈判与沟通礼仪

一个人的商务谈判与沟通的礼仪状况是判定这个人的基本素质的重要标准，也是其他人确定是否与之进一步交往的参考依据。而且代表公司进行商务谈判的人员的礼仪更是代表一个企业和一个国家文明水平的一个标志。学习各种商务谈判与沟通的礼仪，可以提高一个人的个人魅力，为工作和生活的顺遂提供保障。

## 本章学习重点

重点掌握谈判与沟通的见面礼仪、着装礼仪、宴请礼仪。
掌握商务谈判与沟通的名片礼仪和礼品礼仪。
理解商务谈判与沟通的其他礼仪。

### ◆ 导入案例

#### 礼仪缺陷的损失

某照明器材厂的业务员金先生按原计划，手拿企业新设计的照明器材样品，兴冲冲地登上六楼，脸上的汗珠未来得及擦一下，便直接走进了业务部张经理的办公室，正在处理业务的张经理被吓了一跳。"对不起，这是我们企业设计的新产品，请您过目。"金先生说。张经理停下手中的工作，接过金先生递过的照明器，随口赞道："好漂亮啊！"并请金先生坐下，倒上一杯茶递给他，然后拿起照明器仔细研究起来。金先生看到张经理对新产品如此感兴趣，如释重负，便往沙发上一靠，跷起"二郎腿"，一边抽烟一边悠闲地环视着张经理的办公室。当张经理问他电源开关为什么装在这个位置时，金先生习惯性地用手搔了搔头皮。虽然金先生做了较详尽的解释，张经理还是有点半信半疑。谈到价格时，张经理强调："这个价格比我们的预算高出较多，能否再降低一些？"金先生回答："我们经理说了，这是最低价格，一分也不能降了。"张经理沉默了半天没有开口。金先生却有点沉不住气，不由自主地拉松领带，眼睛盯着张经理，张经理皱了皱眉，"这种照明器的性能先进在什么地方？"金先生又搔了搔头皮，反反复复地说："造型新、寿命长、节电。"张经理托词离开了办公室，只剩下金先生一个人。金先生等了一会，感到无聊，便非常随便地拿起办公桌上的电话，同一个朋友闲谈起来。这时，门被推开，进来的却不是张经理，而是办公室秘书。

金先生的生意没有谈成的礼仪缺陷有哪些？

# 第六章　商务谈判与沟通礼仪

## 第一节　见面礼仪

### 一、握手礼

握手是在相见、离别、恭喜或致谢时相互表示情谊、致意的一种礼节，双方往往是先打招呼，后握手致意。握手是人与人交际的一部分，握手的力量、姿势与时间的长短往往能够表达出不同的礼遇与态度，显露自己的个性，给人留下不同的印象，也可通过握手了解对方的个性，从而赢得交际的主动。美国著名盲聋女作家海伦·凯勒曾写道：握手能拒人千里之外，也可充满阳光，让你感到很温暖……事实也确实如此，因为握手是一种语言，是一种无声的动作语言。

今天，握手在许多国家已成为一种习以为常的礼节。通常，与人初次见面，熟人久别重逢，告辞或送行时均以握手表示自己的善意，因为这是最常见的一种见面礼和告别礼。有时，在一些特殊场合，如向人表示祝贺、感谢或慰问时；双方交谈中出现了令人满意的共同点时；或双方原先的矛盾出现了某种良好的转机或彻底和解时，习惯上也以握手为礼。

#### （一）握手的顺序

握手的顺序是握手礼仪中的第一步，一般情况下，由主人、长辈、上司、女士主动伸出手，客人、晚辈、下属、男士再做出响应与之握手。

长辈与晚辈之间，长辈伸手后，晚辈才能伸手相握；上下级之间，上级伸手后，下级才能接握；主人与客人之间，主人应该主动伸手；男女之间，女方伸出手后，男方才能伸手相握。但是，如果男性年长，是女性的父辈年龄，在一般的社交场合中仍以女性先伸手为主，除非男性已是祖辈年龄，或女性在20岁以下，则男性先伸手是适宜的。无论什么人如果他忽略了握手礼的先后次序而已经伸了手，对方都应毫不迟疑地回握。

#### （二）握手的方法

握手时，应距离受礼者约一步，上身稍向前倾，两足立正，伸出右手，四指并拢，拇指张开，向受礼者握手。握手者双目注视对方，微笑，问候，致意，不要看第三者或显得心不在焉。

握手时如果掌心向下握住对方的手，则显示一个人强烈的支配欲，无声地告诉别人，他此时处于高人一等的地位，应尽量避免这种傲慢无礼的握手方式。相反，掌心向里的握手方式显示出谦卑与毕恭毕敬，如果伸出双手去捧接，则更是谦恭备至了。平等而自然的握手姿态是两手的手掌都处于垂直状态，这是一种最普通也最稳妥的握手方式。

握手时应伸出右手，不能伸出左手与人相握，如果你是"左撇子"，握手时也一定要用右手。当然如果你右手受伤了，那就不妨声明一下。因为，有些国家习俗认为人的左手是脏的。

在商务洽谈中，当介绍人完成了介绍任务之后，被介绍的双方第一个动作就是握手。握手的时候，眼睛一定要注视对方的眼睛，传达出你的诚意和自信，千万不要一边握手一边东张西望，或者跟这个人握手还没完就目光移至下一个人身上，这样别人从你眼神里体会到的只能是轻视或慌乱。那么，是不是注视的时间越长越好呢？并非如此，握手只需几秒钟即可，双方手一松开，目光即可转移。

**（三）握手的力度**

握手的力度要掌握好，握得太轻了，对方会觉得你在敷衍他；太重了，对方不但不会感受到你的热情，反而会觉得你是个"粗人"，女士尤其不要把手软绵绵地递过去，显得连握手都懒得握的样子，既然要握手，就应大大方方地握。男性与女性握手时一般只轻轻握住对方的手指部分。

**（四）握手的时间**

握手的时间以1~3秒为宜，不可一直握住别人的手不放。与"大人物"握手，男士与女士握手，初次见面握手的时间一般以1秒左右为原则。如果老朋友意外相见，则握手的时间可适当加长，以表示不期而遇的喜悦与真诚，甚至可以一边握手一边寒暄，但一般也不要超过20秒。此外，如果要表示自己真诚和热烈的态度，也可较长时间握手，并上下摇晃几下。

恰当地握手，可以向对方表示自己的真诚与自信，也是接受别人和赢得信任的契机。在握手时，除了注意握手的顺序、握手的方法、握手的时间和力度外，还要注意以下方面：

（1）戴着手套握手是失礼行为。男士在握手前要先脱下手套，摘下帽子，女士可以例外。当然，在严寒的室外有时可以不脱，或者双方都戴着手套、帽子，这时一般也应先说声："对不起。"

（2）手上有水或不干净时，应谢绝握手，同时必须解释并致谦。

（3）多人相见时，注意不要交叉握手，也就是当两人握手时，第三者不要把胳膊从上面架过去，急着和另外的人握手。

（4）作为企业的代表在洽谈中与人握手，一般不要用双手抓住对方的手上下摇动，那样显得太谦恭，使自己的地位无形中降低了，完全失去了一个企业家的风度。

**（五）握手语**

在握手的过程中常见的握手语有以下几种：

**1. 问候型**

这是在握手时最常见的一种握手语。一般的接待关系可以用这种形式，如"近来过得还好吗？""工作怎么样了？""还在以前的那个单位吗？"

**2. 祝贺型**

通常是在对方有什么突出成绩时使用，如"恭喜你！""祝贺你！"

**3. 关心型**

受到表彰或遇到什么喜事，在接待时要用到这种形式。这种形式通常是长辈对晚辈，上级对下级，或主人对客人时使用，如，"坐吧！""是不是累坏了？""天气很闷吧？"

**4. 欢迎型**

接待第一次来的客人、女士或公务接待时使用，如"很高兴能够见到你！"

**5. 致歉型**

通常是在自己有什么地方做错了，或表示客气时用此类握手语，如"未能远迎，请原谅。"

**6. 祝福型**

一般是在送客时用到此类握手语，如"祝你一路顺风！"

## 第六章 商务谈判与沟通礼仪

### 二、鞠躬礼

#### （一）鞠躬的起源

鞠躬起源于中国，商代有一种祭天仪式"鞠祭"：祭品牛、羊等不切成块，而将其整体弯卷成圆的鞠形，再将这些祭品摆到祭祀处作为供品，以此来表达祭祀者的恭敬与虔诚。这种习俗在一些地方一直保持到现在，人们在现实生活中，逐步沿用这种形式来表达自己对地位崇高者或长辈的崇敬，在中国、日本、韩国、朝鲜等国家使用广泛。

#### （二）鞠躬礼的含义

鞠躬的意思是弯身行礼，是表示对他人敬重的一种郑重礼节。

此种礼节一般是下级对上级或同级之间、学生向老师、晚辈向长辈、服务人员向宾客表达由衷的敬意。

鞠躬是中国、日本、韩国、朝鲜等国家传统的、普遍使用的一种礼节。鞠躬主要表达"弯身行礼，以示恭敬"的意思。在日本，鞠躬礼是最讲究的。所以我们在同日本人打交道时要懂得这一礼节。

对日本人来说，鞠躬的程度表达不同的意思。例如，弯15°左右，表示致谢；弯30°左右，表示诚恳和歉意；弯90°左右，表示忏悔、改过和谢罪。

鞠躬对韩国和朝鲜人来说也很讲究。我们可以经常看到，韩国和朝鲜妇女在会谈、宴会或做客时，一手提裙，一手下垂鞠躬，告别时面对客人慢慢退去，表示一种诚恳和敬意。

行鞠躬礼需掌握的要领如下：

（1）脖子不可伸得太长，不可挺出下颌。

（2）耳和肩在同一高度。

（3）保持正确的站立姿势，两腿并拢，双目注视对方的胸部，随着身体向下弯曲，双手逐渐向下，朝膝盖方向下垂。

#### （三）常见的鞠躬礼

常见的鞠躬礼有以下三种：

**1. 三鞠躬**

（1）行礼之前应当先脱帽，摘下围巾，身体肃立，目视受礼者。

（2）男士的双手自然下垂，贴放于身体两侧裤线处；女士的双手下垂搭放在腹前。

（3）身体上部向前下弯约90°，然后恢复原样，如此三次。

**2. 深鞠躬**

其基本动作同三鞠躬，区别在于深鞠躬一般只要鞠躬一次即可，但要求弯腰幅度一定要达到90°，以示敬意。

**3. 社交、商务鞠躬礼**

（1）行礼时，立正站好，保持身体端正。

（2）面向受礼者，距离为两三步远。

（3）以腰部为轴，整个肩部向前倾15°以上（一般是45°，具体视行礼者对受礼者的尊敬程度而定），同时问候"您好""早上好""欢迎光临"等。

（4）朋友初次见面、同志之间、宾主之间、下级对上级及晚辈对长辈等，都可以行鞠躬礼表达对对方的尊敬。

鞠躬时要注意，如果戴着帽子，应将帽子摘下，因为戴帽子鞠躬，既不礼貌，也容易滑落，使自己处于尴尬境地。鞠躬时目光应向下看，表示一种谦恭的态度，不要一面鞠躬，一面试图翻起眼睛看对方。

### 三、拥抱礼

拥抱礼是流行于欧美的一种见面礼节。其他地区的一些国家，亦行有此礼。

拥抱礼行礼时，通常是两人相对而立，各自右臂偏上，左臂偏下，右手环抚于对方的左后肩，左手环抚于对方的右后腰，彼此将胸部各向左倾而紧紧相抱，并头部相贴，然后再向右倾而相抱，接着再做一次左倾相抱。

拥抱礼多行于官方或民间的迎送宾朋或祝贺致谢等场合。当代，许多国家的涉外迎送仪式中，多行此礼。在拉丁美洲大部分国家，可能会遇到热烈的拥抱——紧紧拥抱，并在对方肩背上热情地拍打，墨西哥就是如此，但哥伦比亚和阿根廷不这样。在这些国家拥抱同握手一样普遍，见面时拥抱，分手时也拥抱。

欧洲人非常注重礼仪，他们不习惯与陌生人或初次交往的人行拥抱礼、亲吻礼、贴面礼等，所以初次与他们见面，还是以握手礼为宜。在欧洲一部分国家，如意大利、希腊、西班牙，人们也行这种拥抱礼。在俄罗斯，男性好友见面先紧紧握手，然后紧紧拥抱。

大多数北美人，如美国人，尤其男性对拥抱持否定态度，他们觉得拥抱太过亲密、出乎意料。

在我国，除了外事活动以外，普通的社交场合一般不拥抱。当然，涉外交往中应十分注意尊重对方的民族传统和风俗习惯。

商务交往中可能第一次见面多以握手表示，但第二次见面时，迎接的礼节很可能是拥抱。

行拥抱礼时，两人正面站立，各自举起手臂，将右手搭在对方的左肩后面，左臂下垂，左手扶住对方的右后腰。首先向左侧拥抱，然后向右侧拥抱，最后再向左侧拥抱。

行拥抱礼的禁忌有：

（1）抱住对方的腰部，这是恋人之间的动作，而非商务礼仪。
（2）手搭在肩上也是不合礼仪的。
（3）切记"贴右颊"的规定，否则可能有碰头的风险。
（4）行拥抱礼时离得太远容易翘臀，姿势不雅。
（5）拥抱时抬起小腿也是不合礼仪的。

### 四、合十礼

合十礼又称合掌礼。这种礼节通行于东亚和南亚信奉佛教的国家或佛教信徒之间。

在泰国，行合十礼时，一般是两掌相合，十指伸直，举至胸前，身子略下躬，头微微下低，口念"萨瓦蒂"。"萨瓦蒂"系梵语，原意为如意。

遇到不同身份的人，行此礼的姿势也有所不同。例如，晚辈遇见长辈行礼时，要双手高举至前额，两掌相合后，需将手举至脸部，两手拇指靠近鼻尖。男行礼人的头要微低，女行礼人除了头微低外，还需要右脚向前跨一步，身体略躬。长辈还礼时，只需双手合十放在胸前即可。无论地位多高的人，遇见僧人时都要向僧人行礼，而僧人则不必还礼。

## 第二节 服装礼仪

我们曾经说过,服装有三个功能:第一个功能是实用;第二个功能是表示地位和身份;第三个功能是表示审美,就是你的品位,你的艺术造诣。

在商务场合讲究服饰,会给人留下良好的印象。得体的服饰能够反映一个人的内在追求、风貌、风度和气质。商务谈判人员的服饰,总的要求是朴素、大方、整洁,所选择的服饰要从自己的经济状况、职业特点、体形、气质出发,做到和谐、均衡,给人以深沉、有活力的印象。在国际商务谈判中,服饰要尽可能与谈判对手相匹配,尊重当地的习惯与东道主的要求。

### 一、着装原则

#### (一) 整洁原则

整洁原则是商务人员着装的第一大原则。任何服饰都应该注意清洁整齐,衣服应熨平整。穿着时,应按各种服装的特点将扣子、领钩扣好,衣带系好。

无论是社交场合还是商务场合,一个打扮干净整齐的人,往往给人以积极向上的感觉,可以缩短彼此之间的距离,协调彼此之间的关系,同时能为自身赢得必要的尊重。

#### (二) 个性原则

个性原则是指得体的着装应该穿出自己的个性和品位,树立自己的个人形象。不同的年龄、经历、身份、职业化素养等条件造就了每个人气质的不同,同样颜色、款式的服装穿在不同气质特点的人身上会有不同的风采。一名追求成功的商务人员应该掌握自身的特点,挑选符合自身特点的服装,才能塑造出得体、良好的个人形象。

#### (三) 和谐原则

和谐是一种整体效果的协调,是指商务人员的服装选择必须与自己的年龄、体形、肤色、脸形相协调。只有充分地认识与考虑自身的身体条件,一切从实际出发来进行穿着打扮,才能真正达到扬长避短、美化自己的目的。要达到和谐的要求,需要注意以下几方面:

**1. 年龄**

年龄是人们成熟的标尺,也是选择服饰的重要"参照物"。不同年龄层次的人,只有穿着与其年龄相适应的服饰才算得体;商务人员在选择服饰时,只有依据自己的年龄选对了适合自己的颜色和款式的服装,才能更好地表现出自己应有的气质和风度。一般来说,年轻人的服装款式比较新颖,色彩较亮丽,而中老年人的服装款式通常简洁大方,色彩较深沉。

**2. 体形**

虽然人们的体形千差万别,而且往往难以尽善尽美,但是只要掌握一些有关服装造型的知识,根据自己的身材选择服装,就能达到扬长避短、显美隐丑的效果。

个子矮小的商务人员可以利用衣着改变人们的视觉,单一颜色的衣服可以使身材"变高",选择与衣服同色的裤、袜,或者直条纹的衣料、直幅裙等,都可以有增高的作用。

个子高而瘦的商务人员不应该从头到脚都穿深颜色的服装,那样会显得更瘦,过于紧身或过于宽松的服装也不合适,可以选择色彩鲜艳的样式。例如,女士可穿上长及小腿中部的A形裙,横间条的衣服,视觉上会感觉丰满一些;个子高大的商务人员可以挑选较为冷色的面料，款式要尽量简洁、清雅，也比较适合穿着不同颜色的上衣和下装，V 形领、长背心、宽长的衣袖都会在视觉上产生高瘦的效果。

我们在努力隐藏自己短处的同时，也千万不要忽略自己的长处、要尽量强调个人特有的长处，服装的价值在于表露人的不同气质。

### 3. 肤色

人的肤色是与生俱来，难以改变的。人们选择服饰时，应使服饰的颜色与自己的肤色相匹配，以产生良好的着装效果。

一般认为，肤色偏黄的人适合穿蓝色或浅蓝色上装，可以将偏黄的肤色衬托得洁白娇美，而不适合穿品蓝、群青、莲紫色上衣，这些颜色会使皮肤显得更黄。

肤色偏黑的人适合穿浅黄、浅粉、月白等色彩的衣服，这样可衬托出肤色的明亮感，而不宜穿黑色服装。

皮肤白皙的人选择颜色的范围较广，但不宜穿近似于皮肤色彩的服装，而适宜穿颜色较深的服装。

### 4. 脸形

服饰审美选择，首先要考虑的就是如何有效地烘托和衬托人的面孔，而最靠近面孔的衣领造型就显得特别重要。领形适当，可以衬托面孔的匀称，给人以美感。反之，如果领形与面孔失调，则会有损于人的视觉形象。

例如，面孔小的人，不宜穿着领口开得太大的衣服或无领衫，否则会使面孔显得更小；而面孔大的人，通常脖子也较粗，所以衣服的领口不能开得太小，否则会给人勒紧的感觉，这种人适合穿 V 字领衣服，会使脸形和脖子有一体感，视觉效果会好很多。

### （四）TPO 原则

穿着的 TPO 原则是欧美国家提倡的穿戴原则，TPO 是三个英语单词的缩写，分别代表时间（Time）、地点（Place）和场合（Occasion）。T 代表时间，通常也用来表示日期、季节、时代。在不同的时代、不同的季节、不同的日期穿不同的服装。P 代表地方、场所、位置、职位。位置不同，身份不同，所处的场所和地方不同，着装应有所不同。O 代表不同场合，不同交际目标和对象，选用的服装应该不同。

### 1. 时间原则

服饰的时间原则，一般包含三层含义：第一层含义是指每天的早上、日间和晚上三段时间的变化；第二层含义是指每年的春、夏、秋、冬四季的不同；第三层含义是指时代间的差异。

通常来讲，早上、日间安排的活动户外居多，穿着可相对随便；而晚间的宴请、听音乐、看演出、赴舞会等一般比较正规，并由于空间的相对缩小和人们的心理作用，往往对晚间活动的服饰给予更多的关注和重视，礼仪也就相对严格。

除了一天的时间变化外，还应考虑到一年四季不同的气候条件的变化对着装的心理和生理的影响。夏天的服饰应以简洁、凉爽、大方为原则，拖沓累赘的装饰，会使周围的人产生闷热烦躁的感觉，自己也会因为汗水渍渍而显得局促不安。尤其是女性，汗水还会影响面部的妆容。冬天的服饰应以保暖、轻快、简练为原则，穿着单薄会使人因寒冷而面色发青，嘴唇发乌，甚至出于本能缩肩拘背，以致无俊美可言。

此外，着装要顺应时代的潮流和节奏，过分复古（落伍）或过分新奇（超前）都会令人刮目，并与公众拉大心理距离。20 世纪 60 年代的西装革履、涂脂抹粉与 90 年代的补丁夹袄给人心理留下的会是同样的不协调的感觉，说明穿着打扮始终不能脱开时代的圈界。

**2. 地点原则**

服饰的地点原则实际上是指环境原则，不同的环境需要与之相协调的服饰。在铺着丝绒地毯的豪华宾馆会客室，与设施陈旧简陋的会客室，穿着同一套服装得到的心理效果应是截然不同的。同样，在高贵雅致的办公室，在绿草丛生的林荫中，或在曲折狭窄的小巷里，穿戴同样的服饰给人的感受也会因人而异，或是给人身份与穿着不匹配的感觉，或是给人呆板的感觉，或是显得华而不实。

只有根据地方、场所、位置不同，区别着装，才能获得视觉上和心理上的和谐美感，商务人员无论在什么地方，都不能穿着使人感到古怪的服装，要穿着使人感觉显得较自然大方的服装，并和周围的环境协调。

**3. 场合原则**

服饰的场合原则是指服饰要与穿着场合的气氛相和谐。参加庄重的仪式或重要的典礼等重大公关活动，穿着一套便服或打扮得花枝招展，都会使公众感觉你没有诚意或缺乏教养，而从一开始就对你失去信心。

一般来说，商务人员应事先有针对性地了解活动的内容和参加人员的情况，或根据往常经验，精心挑选和穿着合乎这种特定场合气氛的服饰。一般男士的职业着装是衬衫、西服和西裤，这样显得端庄稳重，女士的着装应围绕两点：一是成熟优雅；二是含蓄低调。按照常规，应穿着深色毛料套装、套裙，而夏天套装颜色可以浅些。

商务人员在观看演出、宴请宾客、参加舞会时的着装应当遵循的是"时尚个性"的风格，既不必过于保守从众，也不宜过分随便。要尽可能使自己的衣着时尚一些，并且使之充分地体现出自己与众不同的个人特点。记住永远穿得比四周的人稍微考究一点，精神一点，时尚一点，使你的服饰与场合气氛的融洽和谐程度始终比公众高一筹。

## 二、着装规范

服装分为正装和便装两大类型。正装和便装的种类和款式也是多种多样的，每一种服装的穿着都有一定的规范。

**（一）正装的穿着规范**

西装是目前世界各地最标准、最普遍的服装。西服套装属于正式服装，有着严谨的穿着规范。

**1. 西装、衬衫、领带的选择**

西装、衬衫可以选择各种颜色，但是西装、衬衫、领带如果是同一色系时，则要求衬衫的颜色最浅，领带的颜色最深。

商务谈判人员应尽量选择属于正装的白色长袖衬衫，领口的大小要根据脖子的粗细进行相应选择，并且在衬衫内部不能穿着高领衫，衬衫的下摆必须均匀地掖进裤腰之内。

搭配西装时领子要平整，领口和袖口要比西装长1~2cm，袖口的扣子一定要系上，打领带之前应扣好领扣。在正式场合必须系领带，领带的质地大多选择为丝绸面料，颜色多为素色或深色，这样显得既礼貌又庄重。

一般领带打好后，下端正好碰到皮带扣或最长不超过皮带扣的下端。

女性商务人员在正式场合应穿着西装套裙。一般应选择上衣与裙子同色同料，以黑色、藏青色、深褐色、灰色和暗红色为上选颜色，可以接受精美的方格、印花或条纹图案，套裙面料，可选择毛织品和亚麻制品，女士裙装要追求大方、简洁、纯净、素雅的风格。

**2. 西装纽扣的系法**

出席正式的商务谈判活动，就座时需要将扣子全部解开。站立时西装要系扣，一个扣的要扣上，两个扣的只需扣上面的一个，三个扣的扣中间一个；双排扣的西装，通常情况下，纽扣要全部扣上。

**3. 西装口袋的使用**

西装上方下方两侧的口袋属于装饰性的口袋，一般不能放置物品。上衣胸部的口袋可以装折叠好的手帕。西装裤子两侧的口袋只能装纸巾，后侧的两个口袋不应放任何东西。

**4. 西装鞋袜的选择**

商务谈判人员穿着西装最好配以黑色硬底皮鞋，并保持鞋面的清洁。袜子的颜色与西装一致或深于西装，不要穿白袜子或尼龙袜，最好选择毛质或棉质的袜子。另外要注意鞋袜应大小配套、完好无损。不能随意乱穿，也不能当众脱下。不要暴露袜口，正式场合这是既缺乏品位又失礼的表现。

黑皮鞋也是女士在搭配各种正式服装时的最佳选择，女士也可以选择与套装同一色彩的皮鞋，但要注意鞋跟不宜过高，一般合适的高度是 3～5cm，不能选择时尚前沿的恨天高，鞋跟太高一方面会给男士一定的压迫感，另一方面，踩在地毯或湿滑的地面时，很容易摔跤。此外，作为商务场合正式着装，应避免一些过于时髦和鲜艳的皮鞋款式，也不适合穿着凉鞋，可选择的款式以浅口瓢鞋为宜。商务谈判场合袜子宜选择长筒丝袜，最好是连裤袜。不宜搭配色彩艳丽、图案繁多的袜子，也不能选择短袜或中筒袜，以免出现半截腿现象，更不能出现光腿、光脚的样子，否则有失典雅。切忌不要选择黑色网纹袜，这样会显得轻浮而不尊重对方。

**5. 西装穿着的禁忌**

穿着西装之前把上衣左袖口的商标或质地标志拆掉。不能在西装内穿多件羊毛衫。穿着西装时，禁忌颜色过于杂乱，即全身的颜色不能多于三种，其中同一色系中深浅不同的颜色算一种颜色；穿西装时为了体现男士的风度，必须使皮鞋、腰带、公文包这三种饰品同色。

女士穿着套裙时，裙子的长度选择不能太短，不能短于膝盖以上 3～5cm，长裙也以盖住小腿最粗的部分时的长度为最佳。

**（二）便装的穿着规范**

便装是相对于正式场合所着的正式服装而言的其他服装的总称。它的款式多种多样，颜色也较丰富多彩。正是由于其款式、颜色多种多样，商务人员在穿着便装时更应考虑场合和搭配等问题。

便装分为职业休闲装、运动休闲装、生活休闲装等类型。职业休闲装是指公司没有严格的着装规定时，可以在一般工作场合穿着的服装；运动休闲装是指人们在参加体育活动时穿着的服装，而生活休闲装是指人们在平时的生活中，如一般性的拜访、旅游等场合穿着的服装。和正式服装穿着相比，便装在搭配方面有着更多的个人发挥空间，基本要求是舒适、自由就可以，但在整体风格上仍要注意各方面协调统一。

### 三、服装搭配的常识

掌握服饰搭配的基本原则对商务人员塑造自身良好形象有重要帮助。服装的搭配涉及色彩学和美学的知识。

### （一）选择适合自己的服装款式和颜色

首先要了解服饰中的常用颜色以及表现效果。例如，白色表示淡雅、圣洁、纯净，不仅适合于夏天，也适合各种肤色和不同气质类型的人；红色是具有扩张感的颜色，代表喜庆、成功和胜利，但面色偏黄的人不大适合；蓝色代表平稳、宁静，对黄种人的肤色能起到修饰的作用，是中国人适宜颜色的首选；黑色具有神秘感，能体现高贵、沉着的气质，适用于庄重的场合，但身体缺乏张力、不够挺拔自信的人不适合选择黑色。

当然，并非说选择了某种颜色的衣服就一定能表现出相应的气质，每种颜色都有不同的明度和纯度，不同纯度和明度的色彩能体现人的不同风韵。人的气质和体态对服装色彩选择有更大的制约。

服装的款式是否适合自己，要看穿着的服装是否能表现一个人的神采。款式得体的服装能够把人的最光彩的一面展现出来。

### （二）服装搭配时需注意的几个问题

**1. 款式和质地的搭配要协调**

服装的款式多种多样，但不是每一种服装都适合搭配在一起，一件运动休闲的棉质针织T恤和一条丝质长裙搭配在一起会显得不伦不类。因为运动休闲棉质针织T恤给人的感觉轻松而随意，丝质长裙则是非常淑女化的装束，这件上衣和裙子无论在面料和款式上都不应搭配在一起。

**2. 色彩搭配要协调**

商务谈判人员在出席正式的场合时一般选择西装套装，要注意衬衫的搭配和领带的选择。除了穿着套装外，其他服装的穿着要注意色彩的搭配。一般同一时间全身着装配饰的颜色不要超过3种，通常服装的配色有以下几种方法：

（1）统一法。统一法是指使服装色彩获得统一效果的方法。正式场合的男士西服和女士套裙都以统一颜色为好。这种色调统一的配套方法对于不同年龄、个性和气质的人都适用。如果对自己的色彩搭配不是很熟悉，建议使用这种方法，但要注意色调的完全统一。

（2）点缀法。点缀法是指在统一法的基础上加上一些反差较大的色块作为点缀，起到画龙点睛的作用。男士的领带、衬衫，女士的丝巾，通常有较好的点缀效果。

（3）渐进法。即上衣与下面的裙子或裤子属于同一色系的不同颜色，如一位女士穿着深棕色上衣，深咖啡色长裤，会给人柔和、雅致的感觉。

（4）呼应法。呼应法是指同样颜色或同一系列的颜色相互照应，产生和谐的效果。例如，具有红白两色的上衣陪衬一条白色长裤的效果会好于陪衬黑裤的效果；这是因为白裤与上衣中的白色相互呼应，产生和谐统一的美感。此外，饰品的搭配、鞋袜的选择同样也适宜采用呼应法。

### 四、饰品佩戴规范

在商务谈判活动中，谈判人员除了要注意服装的选择外，还应根据不同场合选择对服装起到辅助、美化作用的饰品；佩戴饰品应该遵守饰品与服装、时间、场合、目的相搭配的原则。对于配饰，宜少不宜多，所有饰品须同色、同质、同款，全身饰品不得多于2件，否则给人一种张扬、压抑、零乱、不稳重的感觉。

#### （一）常见配饰的佩戴

常见的配饰有丝巾、帽子、手套、腰带、包和手袋等。

**1. 丝巾**

丝巾是商务女性人员钟爱的配饰之一。在正式场合佩戴丝巾应注意其颜色、图案不能过分夸张，也要注意颜色图案不能有涉及民族禁忌和宗教禁忌问题，也不宜选择纯黑、纯白的颜色。

**2. 帽子、手套**

参加商务谈判活动，进入室内，男士就应该摘掉帽子，女士的限制少一些，可以不摘帽子。男士无论在什么场合握手都要脱手套，而女士握手时，如果是网眼手套有时不用脱掉。

**3. 腰带**

男士的腰带一般比较单一，质地多为皮革的，没有太多装饰。穿西服时，都要系腰带，其他的服装可以不系。关于男士的腰带，不能用太细的那种，会给人娘娘腔的感觉；太宽的也不行，会过于休闲，不适宜搭配西裤，皮带头不能太花哨，以简洁为主，皮带以深色哑光的为最佳。不管是包、皮带，还是皮鞋，都要选择哑光的，因为这样会给人低调、稳重的感觉。

女士的腰带更重要的是起到装饰作用，但女士使用腰带要注意以下几个原则：一是和服装的协调搭配；二是和体型协调搭配；三是和社交场合协调搭配。

**4. 包和手袋**

男士的包比较单一，一般都是公文包。公文包面料应该是牛皮、羊皮的，而且以黑色、棕色为最好。除商标外，公文包在外表上不要带有任何图案、文字，否则会有失身份。

女士出席各种社交与商务场合，无论是出于美观还是方便，都应携带一个手袋。制作精美的手袋可以增强服饰的美感，并且烘托出职业女性的干练与柔美。手袋的颜色应与平时穿着的大部分服装协调，多选黑色、白色等。

商务谈判人员在出席各种商务场合时，无论男女都可在公文包或手袋中放置一些物品，以备不时之需，如纸巾、丝袜、口红、粉盒等。

#### （二）常见首饰的佩戴

佩戴首饰不是为了显得珠光宝气，而是为了提升着装的品位。最常见的首饰有戒指、项链、手镯（手表）、胸针等。

**1. 戒指**

在所有首饰的佩戴中，戒指的戴法是最讲究的。戒指不仅是一种装饰品，而且代表了社交信息。戒指戴在左手的不同手指上代表不同的含义，暗示佩戴者的婚姻和择偶状况。国际上比较流行的戴法是：食指——想结婚，表示未婚；中指——已经在恋爱中；无名指——表示已经订婚或结婚；小指——表示独身。戒指一般只佩戴一枚。

**2. 项链**

项链种类繁多，主要分金银项链和珠宝项链两大类。当穿着柔软的丝绸套裙时，适合佩戴精致、细巧的项链；当穿着单色或素色套裙时，适合佩戴色泽鲜明的项链。在正式的商务场合中，以佩戴金银项链为最佳，不要佩戴有宗教信仰的标志项链，如十字架等。

**3. 手镯、手表**

一般情况下，手镯可以戴一只，通常戴在右手上，穿着正式西装时不要佩戴木、石、皮、骨、塑料等艺术性手镯。

在商务场合,佩戴手表通常意味着时间观念强、作风严谨。在正规的社交场合,手表往往被看作首饰,也是一个人地位、身份、财富状况的体现。在正式场合佩戴的手表,在造型上要选择庄重、保守的款式。另外,与别人谈话时,不要有意无意地看表,否则对方会认为你对谈话心不在焉。

#### 4. 胸针

胸针是男女都可佩戴的饰品。当穿着西装时,应别在左胸部位,具体高度应在从上往下数的第一粒、第二粒纽扣之间。在正式的商务谈判中,商务人员一般不佩戴胸针。

在国际商务谈判活动中,绝不可穿着任何表明自己某些社会联系或信仰的服装,这也包括佩戴具有宗教象征的戒指、领带、胸针、政治性徽章等。

## 第三节　出席活动礼仪

### 一、赴宴礼仪

#### 1. 邀约与应邀礼节

在商务交往中,因为各种各样的实际需要,商务人员必须对一定的交往对象发出约请,邀请对方出席某项活动,或到对方处做客,这就是邀约。邀约是一种双向的约定行为,当一方邀请另一方或多方人士前来自己的所在地或者其他某地方约会,以及出席某些活动时,他不能仅凭自己的一厢情愿行事,而是必须取得被邀请方的同意与合作。

邀约有正式和非正式之分。正式邀约一般是书面形式,主要有请柬邀约、书信邀约、传真邀约、电报邀约、便条要约等具体形式,适用于正式的商务活动;非正式邀约一般是口头上的约定,有当面邀约、托人邀约或打电话邀约等不同形式,适用于商界人士的非正式接触中。

作为被邀请者在接到邀请后应及时礼貌地给予答复,书面邀约的回复一般也应该以书面的形式回复,称为回函,如图6-1和图6-2所示。回函一般都要亲笔书写,如果打印,则至少要有亲笔签名。所有回函,无论是接受还是拒绝,均须在接到书面邀约之后3日内回复,而且越早越好。

---

中岛公司董事长兼总经理邬烈兴先生:
　　非常荣幸地接受成功影视广告公司总裁袁伟超先生的邀请,将于1月2日上午9点准时出席成功影视广告公司开业仪式。
　　祝开业大吉,并顺致敬意。

---

图6-1　接受邀约的回函示范

---

尊敬的王优嘉先生:
　　我深怀歉疚地通知您,由于本人明晚将乘机飞往德国法兰克福市洽谈生意,故而无法接受您的邀请,前往波特曼饭店出席贵公司举行的迎春茶话会。
　　恭请见谅,仅致谢忱。

---

图6-2　拒绝邀约的回函示范

口头要约则可以当面或打电话予以答复。如果不能应邀,应婉言告之原因;如果应邀,就需要核准时间、地点;核实邀请范围,是否携带夫人、子女;对服装有何要求等。一旦接受邀请，就不要随便改动。

**2. 安排菜单礼节**

根据中国人的饮食习惯，菜单的安排尤其重要，主要涉及点菜和准备开宴。

点菜要注意菜品的冷热、荤素搭配，菜的数量要适量，不仅要吃饱吃好，而且必须量力而行。如果为了讲排场、装门面而乱点一通，不仅对自己没好处，还会被人笑话，造成不必要的浪费。点餐时优先考虑的菜肴有以下四类：

（1）有中国特色的菜肴。尤其在宴请外宾时，中餐的龙须面、煮元宵、炸春卷、狮子头、宫保鸡丁等都具有鲜明的中国特色，火锅尽管美味又为大众所推崇，却不能作为宴请时的首选菜肴。

（2）有本地特色的菜肴。中国的饮食文化源远流长，除了众所周知的八大菜系，每个地区都有其当地的特色菜肴。例如，西安的羊肉泡馍、湖南的毛氏红烧肉、北京的烤鸭、东北的锅包肉等。因此，在宴请外地客人时，当地特色是很好的选择，可能比花高价一味地吃生猛海鲜更受欢迎。

（3）本餐馆的特色菜。很多餐馆都有其拿手好菜，上一份本餐馆的特色菜，能说明主人的细心和对被请者的尊重。

（4）主人的拿手菜。在举办家宴时，主人亲手烧的菜要比在餐馆点餐送来的精美菜肴更得被邀请者的欢心。

在安排菜单时，还必须考虑来宾的饮食禁忌。

（1）宗教的饮食禁忌。例如，佛教徒不吃荤腥，不仅禁止肉食，还包括禁食葱、姜、蒜、韭菜等气味刺鼻的食物；基督教没有明确的饮食禁忌，但是一般不食用动物血及血制品；印度教教徒视牛为圣物，因此，他们忌食牛肉、牛油和以其为原料制作的相关食品等。

（2）出于健康的原因。例如，心脏病、脑血管动脉硬化、高血压病人不适合吃猪肉和狗肉；肝炎病人忌食羊肉和甲鱼；肠炎和胃溃疡病人忌食辣味食品等。

（3）不同地区的饮食禁忌与偏好。英美人不吃宠物（猫肉、狗肉）、动物内脏、动物的头和爪子；四川人喜好麻辣食品，北方人喜欢咸味食品，南方人喜欢甜味食品等。

（4）不同职业要求的禁忌。例如，国家公务员在宴请时不准大吃大喝，公宴宴请一般规格是四菜一汤；驾驶员在工作期间不能饮酒等。

此外，每个人的饮食习惯差别也很大，在谈判之初的准备工作就要求对对方每个人的具体饮食要求进行详细调查，避免出现因为饮食的禁忌和礼仪问题闹得不愉快、不开心，既伤害了客人，又没有达到请客的目的和效果，得不偿失。

**3. 赴宴礼节**

赴宴前应稍作梳洗打扮、着装整洁地赴宴，这不仅是对主人的尊重，也是对参加宴会人员和自己的尊重；如果是夫妻共同赴宴，应该注意双方衣着的式样、颜色是否协调、美观。

按时出席宴请是礼貌的表示，迟到被视为失礼或有意冷落，一般可按规定时间提前两三分钟到达，有些国家规定赴宴要晚到一两分钟，但不可迟到太长时间，为了避免迟到，应事先对宴请地点的行车路线和时间进行了解，保证能准时赴宴。赴宴时可带一些鲜花或礼品表示祝贺或慰问。

到达宴请地点后，应主动向主人问好，然后，根据主人的安排，找到自己的座位，不要随意乱坐。座次安排基本上按照以右为尊的原则，将主宾安排在主人的右侧，次主宾安排在主人的左侧。如果宴会宴请的人数较多，主人应安排桌签，以方便客人在没有主人引导的情况下仍然能够确认自己的位置。

入座时，应让年长者、地位高者和女士优先入座，男士要为身边（尤其是右边）的女士拉开座椅并协助其入座，然后，自己以右手拉椅子，从椅子左边入座，同时，应与同桌其他宾客点头致意。

**4. 席间礼节**

入座后应姿势端正，脚踏在本人座位下，不跷腿，不抖动腿脚，也不可任意伸直腿；进餐时，身体要坐正，不要前俯后仰，不要把两臂横放在桌子上，以免碰到旁边客人。

吃饭要文雅，好的吃相是食物就口，不是口就食物。

必须小心进食，食物没咽下，不能再塞入口。

吃菜时要照顾到其他客人，尤其要招呼两侧的女宾，注意取菜舀汤，应使用公筷和公匙。

喝汤时，如果汤太热，可以将汤盛入碗中，等稍凉后再用汤匙喝，不能用嘴吹气，或者喝出声音。

主人先为主宾斟酒，若有长辈或者贵客在座，主人也应先为他们斟酒。主人为客人倒酒时，客人以手扶杯表示恭敬和致谢。首次敬酒由主人提议，客人不宜抢先；敬酒应以年龄大小、职位高低、宾主身份等为顺序依据，敬酒要注意以礼到为止，各自随意，不应劝酒和拼酒。饮酒要留有余地，喝得酩酊大醉是非常失礼的行为。

要正确使用餐具：吃西餐使用刀叉，右手用刀，左手用叉，将食物切成小块后用叉送入口中，切肉时应注意避免餐刀切在瓷器上发出声音。吃中餐时，筷子不能一横一竖交叉摆放，不能插在饭碗里，不能搁在碗上。

如欲取用摆在同桌其他客人面前的调味品，应请邻座客人帮忙传递，不可直接去取。

就餐时，静吃不语是不礼貌的，但要注意交谈要适度。交谈内容应愉快、健康、有趣；交谈对象尽量广泛；交谈的音量要适中，不可过大；切忌一边嚼食物，一边与人含含糊糊地说话。如主人、主宾致辞时，应停止交谈，端坐恭听。

在餐桌上，手势、动作幅度不宜过大，更不能用餐具指点别人，若要咳嗽、打喷嚏，将头转向一边，用手帕捂住口鼻。

切忌用手指当众掏牙。

离席打电话时，应向主人或左右的客人致歉，轻轻拉开椅子离开。

**5. 中途道别礼节**

客人在席间或在主人没有表示宴会结束前离席是不礼貌的。一旦赴宴，就要尽量避免中途退场。如实在有事需要中途离席，不要选择席间有人讲话时或刚讲完话之后，这样很容易让人误会告辞者对讲话者不满意。最好是在宴会告一段落时，如宾主之间相互敬完酒，或客人均已用完饭后。如果席前就准备中途道别，最好在宴会开始之前就向主人说明情况，并表示道歉，走时向主人打个招呼便可悄悄离去。

**6. 宴会结束离席礼节**

等主人宣布宴会结束时，客人才能离席。一般是在主人和主宾离开座位后，其他宾客才能离席，客人应向主人致谢，感谢主人的热情款待，无论宴会多么乏味，赴宴者必须表现出良好的礼节风范。

## 二、娱乐礼节

在紧张的商务谈判之余，作为主人会安排一些参观、文体活动等，正如有些经验丰富的谈判专家所说，协议并非都在谈判桌上达成，信息也不一定都从正规渠道获得，往往是来自更广泛的社会交往活动。因此，作为商务谈判人员，应懂得各种娱乐场合的礼节，争取在交往中获得谈判桌上得不到的成功，注意事项如下：

（1）组织参观游览要适时、适度，还要根据不同对象进行不同的安排，如客商从未去过的名胜古迹，只要时间允许，陪其前往参观是理所当然的。在安排游览活动时，行程不要安排得过于紧张。

（2）在安排客商参观本企业时，必须明确客商所要了解的一般都是关于企业的经营情况、生产情况等，因此，商务人员不必在招待上花费太多时间，但要在预定的时间内有秩序、有步骤地将拟定的参观点参观完。

（3）在安排文体活动时，要根据客商民族、语言、风俗习惯，安排一些客人看得懂、听得清、有兴趣的活动。例如，观看文艺演出时，要按座位或主人的安排入座，观看节目时要保持肃静，不要谈话，不要大声咳嗽或打哈欠。场内禁止吸烟，不吃零食。一般不要对节目表示不满或失望，节目结束时要报以掌声，出席观看演出时，还要注意服饰的搭配。

## 第四节 名片礼仪

名片最早出现于我国汉代，据清代学者赵翼在其著作《陔余丛考》中所记载："古人通名，本用削木书字，汉时谓之谒，汉末谓之刺，汉以后则虽用纸，而仍言曰刺。"其中提到的"谒""刺"就是名片的前身。

名片作为便于携带、使用、保存和查阅的信息载体之一。它的社会性和广泛性注定它要成为人们交际中不可或缺的联络工具。人们在各种场合的交际应酬，都离不开名片的使用。名片使用正确与否，一定程度上影响着人际交往的成功与否。

要正确使用名片，就要对名片的类别、制作和使用礼仪有充分的了解，遵守相应的规范和惯例。

### 一、名片的类别

根据名片用途、内容及使用场合的不同，可以把它分为社交名片和公务名片。由于名片主人数量和身份的不同，名片又可分为社交名片、夫妇名片以及公务名片三类，在不同的场合，与不同的对象应酬时，我们应该根据不同的需要使用不同的名片。

**1. 社交名片**

社交名片一般也称私用名片、个人名片，是指人们工作之余，以私人身份在社交场合交际应酬时使用的名片。

社交名片的基本内容包括两部分：一是本人姓名，通常是以大号字体印在名片正中央。不带任何公务性官衔。二是联络方式，包括家庭住址、邮政编码、住宅电话、互联网址等，以较小字体印在名片右下方，一般不留手机号。

社交名片通常与公务无关，一般不印工作单位以及行政职务。

可根据具体情况决定在名片上印几项自己的联络方式，可删去住宅电话，甚至可以只留姓名，而不留任何联系方式。

**2. 夫妇名片**

人们常常会偕同配偶一起参与交际应酬，与人交换名片时，如果夫妇俩各自为政，先后与人交换显然较为麻烦，而如果夫妇中只选一个"代表"与人交换名片，则会显得失礼，这种情况下，人们常常会使用夫妇联名名片，即夫妇名片。

夫妇名片是社交名片的一种特例，它较多地用于两人联名赠送礼品或投寄问候信函的场合，名片上只印姓名和联系方式，或只印姓名，所不同的是，夫妇名片同时印有夫妇两人的姓名。一般而言，两人姓名印刷成一行，但若以某一方名义使用名片时，不要在夫妇名片上涂去另一方姓名，这样很不得体，应该使用个人名片。

**3. 公务名片**

公务名片是指人们在公务活动之中正式使用的名片，身边没有公务名片时，可用社交名片代替，但如果没有社交名片，则不能用公务名片代替。

公务名片，由具体归属、本人称呼、联系方式三项基本内容构成。

（1）具体归属。具体归属包括任职单位、所在部门，二者均采用正式的全称。一张名片最多只显示两个单位或部门。如果确实有两个以上，或同时承担着不同的社会职务，则应分别印制不同的名片，并根据交际对象、交际内容的不同来分发。

（2）本人称呼。本人称呼包括个人姓名、行政职务、技术职务、学术头衔等，但后面两项内容，尤其学术头衔往往可有可无，名片上所列的行政职务与其归属相对应且不宜多于两个。

（3）联系方式。应根据具体情况决定是否将电话印于其上。单位的联系方式同样应与同一名片上所列的具体归属相对应。

此三项内容应该完整无缺，同时排列要美观，通常具体归属和联系方式应以大小相似的小号字体分别印于名片的左上角与右下角；本人姓名应以大号字体印于名片正中央，职务头衔则应以较小字体印于姓名的右侧。

**4. 集体名片**

集体名片是公务名片的一个变种，它通常指那些对外交往较为频繁的政府部门，其主要成员集体对外使用的名片。

集体名片在显示内容构成上和公务名片一致，人名方面按职务高低依次列出某一集体的每一位成员的具体称呼。

使用集体名片不仅可以节省费用，而且还有助于维护和宣传集体。

## 二、名片的制作

名片是一个人形象的代表，它的制作是否规范、往往会影响交际对象对自己的看法，甚至会影响双方的进一步交流与合作。一张粗制滥造的名片显然不会让人对名片主人产生好感和接近之意。在订制名片时应当注意以下一些细节：

**1. 规格材料**

我国通行的名片规格为9cm×5.5cm，而在国际上较为流行的名片规格则为10cm×6cm。

**商务谈判与沟通**

如果参与的公务活动多为涉外性质，则可采用后一种规格，其他情况一般采用前一种规格。夫妇名片和集体名片可在原有基础上再扩大一些，若无特殊原因，不必制作过大或过小的名片，更无必要将名片做成折叠式或书本式，简单最好。

名片纸张的材料应耐折、耐磨、美观、大方、便宜，尽量选用白卡纸、再生纸等，不必设计得过于华丽，如选用布料、油料、真皮、化纤、木材、钢材甚至黄金、白金、白银等材料，也不宜将纸质名片烫金、渡边、压花、过塑、熏香。

**2. 色彩图案**

名片可选用米白、米黄、浅蓝、浅灰等庄重朴实的单一色彩。不宜采用红色、紫色、绿色、黑色、金色、银色，更不能选用过多过杂的色彩，让人眼花缭乱，妨碍信息的接收。

名片除了文字符，尽量不要添加其他没有实际效用的图案。如果本单位有象征性的标志图案，则可将其印于归属一项的前面，但要注意大小。将照片、漫画、花卉等内容印在名片上，会给人华而不实之感。

**3. 文字版式**

名片一般应采用标准的汉字简化字，如无特殊原因，不得使用繁体字；当汉字与少数民族文字或外语同时印刷时，应将汉字印于一面，而将少数民族文字或某种外文印于另一面。不要在同一面上混印不同文字，一张名片上的文字最多使用两种。

以汉字印制名片时一般采用楷体或仿宋体这样易辨认的字体，外文（主要采用英文）印制名片时，一般采用黑体字，在涉外交往中使用的名片亦可采用罗马体。要尽量避免使用草体字。

文字印刷一定要清晰易识，不宜自行手写名片，不能在印刷的名片上以笔增减、修改内容，这样很影响美观，容易让接受名片方生出不愉快。

名片上文字的排列版式分为模式和竖式，前者文字排列的行序为自上而下，字序为自左而右；后者文字排列的行序为自右而左，字序为自上而下。采取使用简化汉字的名片一般宜采用横式。

同一张名片上可以只在一面印字体，空出另一面，也可以两面均印有文字不同而本意相似的内容。两面的内容相同时，排版要一致，做到一一对应。不要在名片的另一面印上名言警句之类的内容。

**4. 印法、费用**

名片不要采用复印、影印、油印等方式制作，最好也不要随意地自行制作。制作名片时，应当尽可能降低其制作成本，毕竟使用名片是为了方便开展工作。值得注意的是，不得假公济私，利用公款制作私人名片。

## 三、名片的交接

如何交换名片，直接反映出一个人的个人修养，也能体现出一个人对其交往的对象是否尊重。名片的交换作为名片礼仪中的核心内容，我们务必要遵守一定的规则。

**1. 携带名片**

名片的携带应注意以下三点：

（1）名片足量。携带的名片一定要数量充足，确保够用。同时分好类，对不同交往对象使用不同名片。

（2）完好整洁。名片切不可出现折皱、破烂、肮脏、污损、涂改的情况，干净整洁才能给对方以好感。

（3）正确放置。放置名片的位置要固定，以免需要名片时东找西寻，显得毫无准备。名片应统一置于名片夹、公文包或上衣口袋之内，在办公室时还可放于名片夹或办公桌内。

**2. 递交名片**

递交名片时应注意以下几方面内容：

（1）观察意愿。名片应在交往双方均欲结识对方并欲建立联系的前提下发送。这种愿望往往会通过"幸会""认识你很高兴"等一类谦语，以及表情、身体姿态等非语言符号体现出来。如果双方或一方并没有这种愿望，就不要发送名片，否则会让人觉得在故意炫耀。

（2）掌握时机。把握发送名片的正确时机，可以使名片发挥功效。一般应选择初识之际或分别之时，不宜过早或过迟。用餐、看跳舞之时不要发送名片，大庭广众之下不要向多位陌生人发送名片。

（3）注意顺序。应当由低位者向高位者发送名片，再由后者回复前者；但在多人之间递交名片时，不宜以职务高低决定发送顺序，最好是由近而远、按顺时针或逆时针方向依次发送。

（4）招呼首位。递上名片前，可先做一下自我介绍，也可以说声"对不起，请稍候""可否交换名片"之类的招呼语，令对方有所准备。

（5）态度谦恭。递交名片的过程应当表现得郑重其事、要面带微笑起身站立，主动走向对方，上体前倾15°左右，以双手或右手持握名片，举至胸前，并将名片正面面对对方，切勿以左手持握名片。递交名片的同时要说"请多多指教""欢迎前来拜访"等礼节性用语。

**3. 接受名片**

当接受他人名片时应该注意以下几点：

（1）态度谦和。接受名片时，要暂停手中一切事物，面带微笑，起身站立，双手接过名片。不得只使用左手，至少也应该使用右手。

（2）仔细阅读。接过名片后先致谢，然后至少要用一分钟时间将其从头至尾默读一遍，遇有显示对方荣耀的职务、头衔不妨轻读出声，以示尊重和敬佩。若对方名片上的内容有所不明，可当场询问。

（3）认真存放。接到名片后，切勿将其随意乱放乱折，而应将其谨慎地置于名片夹、公文包、办公桌或上衣口袋之内，且应与其他名片区别放置。

（4）不忘回赠。接受了他人的名片后，一般应当即刻回给对方一枚自己的名片。如果没有名片，或是名片用完、忘带，应向对方解释并致歉。

**4. 索要名片**

一般情况下不要直接开口向他人索要名片，但如果想要结识对方，或是有其他原因有必要索取对方名片时，可采取下列办法：

（1）互换法。在主动递上自己的名片后，对方按常理会回给自己一枚他的名片。如果担心对方不回送，可在递上名片时暗示："能否有幸与您交换一下名片？"

（2）暗示法。即用含蓄的语言暗示对方。例如，向尊长索要名片时可说："请问今后如何向您请教？"向平辈或晚辈表达此意时可说："请问今后怎样与您联络？"

当他人向自己索取名片时，不要直接拒绝对方，如确有必要则需注意分寸。最好向对方表示自己忘带了或是刚用完。但是，假如自己手里正好拿有名片或刚与他人交换过名片，还是不要这么说的好。

## 第五节 礼品礼仪

自春秋时期起我国就崇尚礼仪，礼仪早已经发展成为一种特殊文化。随着时代的发展、作为这种文化的物质核心——礼品也在日新月异地变化。礼品根据年代、历史背景的不同也呈现出不同的风格和种类。

### 一、礼品选择

选择什么样的礼品，首先要考虑送礼的目的。对于礼品的选择则要注意以下几个方面：

#### （一）因人而异

**1. 明确相互关系**

明确彼此的相互关系后，才能确定送哪些礼品比较合适，不该送的一定不能送。例如，送玫瑰花给女友，是最佳礼品，但要把它送给普通关系的异性，就可能引起不必要的误会。

**2. 了解需求**

（1）送礼要投其所好，也就是根据对方的实际需求或是爱好来选择礼品。

人有七情六欲，按《礼记》的观点，七情包括：喜、怒、哀、惧、爱、恶、欲；六欲包括：见欲、听欲、香欲、味欲、触欲、意欲。这些都是我们选购礼品所必须考虑的首要问题。他人喜什么，乐什么，爱什么，想什么，我们就要给什么，就像《水浒传》中的宋江在他人饥渴之时"济人贫苦，周人之急，扶人之困"一样，只有这样才能把礼送到对方心里去。

知道对方的需求所在，因人施礼。送礼要看对象，不同层次的人，其生活需要是有差别、有距离的。一般来说，对于文化层次较低、偏重追求物质享受的人，宜选购一些比较新颖别致、精美时髦的日用消费品作为礼物，其中应以吃的、穿的、玩的为主；对于文化层次较高的追求精神享受的人，宜选购精美高雅的礼品，如名人字画、工艺美术精品及各种高档文化用品等；对于一些生活比较困难，除了生存以外很少有其他享受要求的人，就不必去买那些生活中根本用不着的东西，他最缺什么就给他送什么，效果会很好。通俗点说就是：人家好茶道，那就不该送烟酒。下面就是一个"投其所好"的案例。

### 案例链接

投 其 所 好

康熙皇帝儿孙众多且个个优秀，因此在选太子问题上康熙皇帝可谓一波三折、伤透了脑筋。在准备立储的过程中，康熙皇帝不断地观察着他儿子们的表现。

在争位过程中，四皇子胤禛（也就是后来的雍正皇帝）除了聪明能干之外，还不断加强对儿子们的教育，并依此赢得了父皇好感，作为争立太子的砝码。

机会不负有心人，在一次春季狩猎活动中，胤禛的儿子弘历（也就是后来的乾隆皇帝）终于有了表现的机会。涉猎结束后，有的皇子射的猎物很多，有的很少，但是唯独平时表现很好的八皇子胤禩一个猎物也没有射到。康熙问是怎么回事，胤禩说：春天正是万物繁衍的季节，应该有仁爱之心，不能让一些幼小的动物失去父母，也不能让一些动物失去繁衍的机会。

八皇子胤禩的说法表达的意思是：一个君主要有仁爱之心、要胸怀宽广。但是这一说法得到了年幼的弘历的反对。他的理由两条：①天生万物，动物本来就是为我们提供食物的；②我们女真人的祖先就是靠狩猎为生，并且以此作为取得江山的手段，难道祖先也没有仁慈之心吗？

弘历的话，立即得到了康熙皇帝的褒奖，之后，弘历又历数了康熙皇帝在射猎方面取得的辉煌业绩，一下子激起了康熙皇帝的好感。自此以后，康熙皇帝直接把弘历接进宫中，亲自调教。这为雍正能够顺利即位，奠定了坚实的基础。

雍正是聪明人，他知道为康熙皇帝送什么样的礼物。在那个时期，康熙皇帝要的不是物质上的礼物，而是为国家选一个最好的领导者，以保证大清江山万万年，而这一点，胤禛做到了。

这是标准的投其所好！当然也是最好的大礼！

（2）量力而行，不要为了满足对方需求，而送超出个人的经济承受能力或彼此关系亲密程度的礼品。其实，只要所赠礼品能满足对方的实际需要，即使平常之物也有如雪中送炭，让人倍觉感激。

**3. 对礼物的选择高度重视**

对礼物的选择不能应付了事，要给予高度重视，否则会影响双方的友好关系。当年，中美关系和缓，美国总统尼克松访华，毛主席把大红袍作为珍贵礼物，送给尼克松四两大红袍。尼克松有些不高兴，觉得毛泽东作为一个东方大国的领导人，礼节上却做得这么小气。在毛泽东身边陪着的周恩来总理察觉到尼克松的迷惑不解，马上迎上前解释道："总统先生，主席把'半壁江山'都送给您了！"尼克松听了更加困惑不解："这是怎么回事？"于是，周恩来指着精美罐子中装着的武夷岩茶大红袍，对尼克松总统说："总统先生，武夷大红袍是中国历代皇家贡品，一年只有八两。主席送您四两，正好是'半壁江山'呀！"尼克松一听，觉得周恩来说得幽默、风趣，与毛泽东、周恩来一起会心地笑开了。四两武夷大红袍茶叶，被毛泽东当作国礼来赠送，拉近中美两国首脑的距离，成就了一段外交佳话。

**4. 尊重禁忌**

要事前了解对方的私人禁忌、民族禁忌、宗教禁忌、职业禁忌，以免引起不愉快。

**（二）小巧少轻**

选择礼品的一般原则可归纳为四个字，小巧少轻。

小，即小巧玲珑。

巧，即用意巧妙、不落俗套。

少，即少而精。

轻，即价格适度、合情合理。

### （三）不适宜赠送的物品

**1. 刀**

赠送刀子有一刀两断之意，应避免选其作为礼品。但有两种刀有时可以作礼品赠送：一种是特别富有民族特色的"礼风刀"，如阿拉伯弯刀；另一种就是瑞士军刀。很多国家的男子很喜欢这两种刀。但是，选择赠送刀时必须以对方爱好此物为前提。

**2. 钟和鞋子**

钟谐音"终"，代表死亡或浪费时间，因此不宜将其作为礼品送人。

鞋子往往被认为不洁或不吉利，也应避免选用其来送礼。

**3. 药品**

一般来说不要赠送药品，因为药品与患病、不健康或死亡相联系。但保健品、营养品等则可以根据具体情况用作礼品。

**4. 法律禁止的物品**

许多国家有很严格的动、植物检疫法，不允许动植物活体、生鲜食品、种子进入国门。因此不宜将它们送给外国来访客人。

## 二、礼品赠送

### （一）赠送形式

**1. 当面赠送**

当面赠送是指送礼的人亲自将礼品送给受赠方。这是赠送礼品的最佳形式，在赠送时，彼此寒暄，可以拉近彼此的距离。

**2. 邮寄赠送**

邮寄赠送是指将礼品通过邮局或快递公司寄送给受赠方。这种赠送形式多为身处异地的私人朋友之间采用。

**3. 托人转送**

托人转送是指送礼的人自己不能或不宜面交礼品时，通常会委托第三者代为转赠。这时应请受托人解释自己不能亲自赠送礼品的原因。

### （二）赠送时机

**1. 该道喜之时**

道喜之时是指送礼选择在重大节日、亲友结婚、生子等受赠人的大喜时刻去赠送礼品，会给人锦上添花的感觉。

**2. 该道贺之时**

道贺之时是指送礼选择在受赠人的朋友乔迁、晋升或学业、事业有成时赠送礼物，此时送礼不会让人感觉不合时宜。

**3. 该道谢之时**

道谢之时一般是指送礼方在得到他人帮助，或接受他人馈赠以后的回赠给受赠方的礼物。这符合中国"礼尚往来"的祖训，可以让对方在接受礼物时感到理所当然。

**4. 该慰问之时**

慰问之时一般是指当受赠方自己遭受挫折或身患疾病，或者他的亲人辞世等不幸的事情发生时，送礼方在表达自己慰问之情的同时赠送物品。此时送礼，会给对方雪中送炭、温暖关怀的感动。

**5. 该鼓励之时**

鼓励之时一般是指当受赠方在生活、事业上失意，意志消沉需要鼓励之时，送礼方伸出友爱之手，给予其经济上和物质上的帮助。这时的关注会让对方铭记一生，促使彼此成为挚交好友。

**6. 该纪念之时**

纪念之时一般是指受赠方与送礼方在久别重逢之时，或者有人远行的临行告别之时，也可能是彼此的重要纪念日之时赠送礼物。

**（三）赠送地点**

赠送礼品的地点，要根据公私来决定。因公送礼，应选择工作场所或交往地点；因私送礼，宜选择在对方家中。否则，会让受赠者公私难辨，觉得为难，不知道怎么处置好。

**（四）赠送方法**

**1. 注意包装**

礼品包装能够显出对对方尊重与否，比较正式的馈赠礼品应该包装好，尤其是馈赠外国友人时。包装用纸及其图文应与礼品相符，包装纸外可用缎带打结修饰。有时，也可以根据需要在包装内放置送礼者的名片。

**2. 递送礼品**

当面递交礼品时，应面带微笑起身站立，目视对方，双手递交，不可单手持礼，目视他方，甚至坐着递交礼品。

**3. 不忘说明**

当面赠送礼品时，应将送礼原因、礼品寓意及使用方法等向对方做一说明。邮寄或者转交礼品，可以附上礼签来做必要解释。

**（五）向外国人赠送礼物**

**1. "投其所好"是赠送礼品最基本的原则**

人们经常通过赠送礼品在国际交往中表达谢意和祝贺。给外国友人馈赠礼品要事先考虑对方喜好，如确实不了解，稳妥的办法是选择具有民族特色的工艺品；中国人司空见惯的风车、二胡、笛子、剪纸、筷子、图章、脸谱、书画、茶叶等一旦到了外国友人的手里，往往会备受青睐，身价倍增。给外国人送礼不宜过于贵重，太贵重可能会让对方不安，无所适从，礼物合适最重要。

向日本人赠送礼品要适当，他们将送礼看作是向对方表示心意的物质体现，礼不在厚，送中国的文房四宝、名人字画、工艺品等最受他们欢迎，但字画的尺寸不宜过大。礼品的包装要精良，哪怕是一盒茶叶也应精心打理，切记日本人忌讳蝴蝶结。中国人讲究送烟送酒，日本人却送酒不送烟，中国人送礼成双，日本人则避偶就奇，尤其不送数字为4、谐音为4的礼品，喜欢除9之外的单数。因为日语中9和"苦"同音，按日本习俗，向个人赠礼不宜，须在私下进行。

阿拉伯国家的人很喜欢中国的工艺品，造型生动的木雕或石雕动物，古香古色的瓷瓶、织锦或香木扇，有山水花鸟的中国画和唐三彩，都是馈赠的佳品。向阿拉伯人送礼前要了解其民族和宗教习俗，不要送酒，因为多数阿拉伯国家明令禁酒；不要送古代仕女图，因为阿拉伯人不愿意女子的形象在厅堂高悬；直接赠饰品给女士是大忌，真想赠送，一定要通过其丈夫或父亲。

**2. 赠礼一般当面交付为好**

西方人送礼看重礼品的包装，多数国家的人们习惯用彩色包装纸和丝带包扎，西欧国家的人们喜欢用淡色包装纸。向外国友人赠送礼品时，既要说明其寓意、特点与用途，又要说明它是为对方精心选择的，不要按中国人传统说法说什么"小意思，实在拿不出手"等客套话，这种话只会在外国人心中大大降低礼品的分量。与中国人的习俗不同，在西方国家接受礼物应即刻表示感谢，并当面拆看，不论礼物价值如何都表示赞赏。

**3. 赠礼要时机恰当**

赠礼的时机要根据各国习俗不同而做出不同反应。在法国，不能向初次结识的朋友送礼。在英国，请别人用完晚餐或在剧院看完演出之后才适合送礼。在日本，要选择人不多的场合送礼；而在阿拉伯国家，必须有其他人在场，送礼才不会有贿赂的嫌疑。由于各国习俗不同，我们要掌握赠礼的不同种类和方式。

美国人常在两种场合赠礼来表达祝贺和友情：一是圣诞节期间，二是抵达和离开美国之时，对工作关系比较好的美国朋友，可送些办公用品或者具有民族特色的精美工艺品，在美国，客人吃顿饭，喝杯酒，或到别墅去共度周末，被视为较普遍的"赠礼"形式，你只要对此表示感谢即可，不必再回赠。去美国人家中做客带些小礼品如鲜花、美酒和工艺品即可，不宜准备厚礼。如果要表示你将回请，则空手赴宴。

欧洲国家的人们不大盛行彼此送礼，即使重大节日和喜庆日子也很少送礼，他们仅限于家人或亲密朋友之间馈赠。拜访他们不必为送礼费神，主人绝不会因为对方未送礼，或"礼轻"而产生不快。德国人不注重礼品价格，他们认为喜欢最重要，然而很讲究包装，忌讳用白色、棕色或黑色的包装；法国人将香槟、白兰地、糖果、香水等视为好礼品，体现文化修养的书籍、画册等也深受欢迎；向英国人送礼可选鲜花、名酒、小工艺品和巧克力，但礼品上不要带有你所属公司的标记。

## 三、接受礼品

### （一）从容大方地接受

**1. 不忘感谢**

接受礼品时，应起身站立，面带微笑，神态自若，双手相接，口称"谢谢"。然而，许多人会对礼品本身赞不绝口，甚至激动万分；但是都忘记了致谢，甚至是"谢谢你"这三个实实在在的字眼，而这正是表明你谢的不是礼物本身而是对方送礼物给你的这一举动。这是表达谢意的关键所在、不可忽视。

**2. 表现出你的愉快**

说一些悦耳的话，或者至少是令人开心的模棱两可的话来评价对方的送礼行为；你可以感谢送礼人所花费的心血，如"你能想到我太好了。"你可以感谢对方为买到合适的礼品所付出的努力，如"你竟然还记得我收集古代地图。"当然，如果你确实不喜欢，可如实相告。

**3. 表现出重视**

一定不能拿礼物开玩笑，除非那是一件恶作剧的礼物。要表现得真心喜欢这件礼物，并对礼物所包含的意义表示感谢。可以多向对方说一些恭维话，如"哦，多精致的手工！"

"这么罕见的颜色。""我从没见过这样的东西。"或只是一句"你想得真周到。"这样能够表现出你的个人修养和对对方的尊重。

**4. 依情况写感谢信**

在口头表达感谢之外，别忘了写封感谢信。它是回赠的一种方式，一方面表明你像送礼人花费时间来挑选礼物一样花了一些时间，另外你可以对礼品本身和礼品的内在含义表示感谢。

**（二）委婉得体的拒绝**

不论你怎样看待对方送的礼物，但最好表示谢意并接受。当然，如果遇上有必要拒收礼品的情况，如礼品的价格超过了公司规定的限度，或你不便接受那个礼物，可拒收。拒收礼物时，应遵照以下步骤：

（1）做出反应不超出24小时。
（2）如果对方是善意的，要向送礼人解释退回礼品的原因并再次表示感谢。
（3）如果送礼人怀有性暗示、隐含附加条件等不良意图，则只得告诉他礼品不合适，为了自我保护，复印一份退还礼品时写的信，保存在卷，并注明退还礼品的日期和方式。

为什么我们要区分送礼人是善意的还是不怀好意的呢？

善意的送礼人可能是诚心实意地想挑选一份你喜欢的礼物，只是不知道公司有关礼品的禁令。那么你一定不要因为拒绝接受礼品而让对方难堪。这时可以很有礼貌地收下礼物、然后将它谨慎地处理掉。如果需要退回礼品，可以给其写下这样的回信："感谢你的盛情！不过，由于公司政策不允许我接受这件礼物，我只好将它退还给你。"一定要举措得体。

如果接受了不怀好意的人的礼品，那就意味着你也接受了其中隐含的意思。拒绝这样的礼品时要婉转表达出你对其的不满，回信可以简明扼要，如"这件礼物确实不合适，请不要再给我送礼了。"如果对方打来电话，要你做出解释，你可以重申你信中的话；如果对方仍坚持你收下礼物，那对他的无礼举动，你只需说："我仍然不想接受任何礼物。"或"我已经给你解释清楚了。"

### 四、回礼的时机与方式

通常情况下，如果来客赠送礼品，主人应该回礼，回礼有很多方式，既可以回送一定物品，也可以款待对方作为回礼。回赠礼品时应注意不超值，回礼的价值一般不应越过对方赠送的礼品，否则会有攀比之嫌，私人赠送的礼品在回礼时应该理由恰当，并要掌握合适的时机，不能在回礼时不选时间、地点地单纯回送，回礼的最好时机一般在分别时。

## 第六节 其他礼仪

### 一、拜访礼仪

**1. 预约**

拜访之前最好先行预约，说明拜访的目的、商定双方适宜的时间。商务拜访如果不是先预约很难保证能见到想见的人，即便当事人在，也未必能抽出时间接待你，因为，很多管理者的行程都是事先由秘书安排好的，时间上比较紧凑，尽管你很重要，也会让对方因为接待你而怠慢了其他的人，这是非常不礼貌的。因此，为了不给对方带来不必要的困扰，最好的办法就是预约。

**2. 拜访的准备**

商务人员在拜访之前，要把所要商谈的文件、各种数据准备好。如果是第一次与对方打交道，还需要了解对方的背景、信誉，甚至主见人的特点等；商务拜访要穿着适合这种场合的正式的服装。越是重要的拜访越要重视服饰，以示尊重。

**3. 拜访时的礼节**

拜访客人，应按事先的约定、通知按时抵达，早到或迟到都是不礼貌的，如果遇到交通堵塞，应通知对方自己要晚点到，到达以后，应致歉意。到达时，如无人迎接，应先按门铃或敲门，按铃或敲门的时间不应过长，无人或未经主人允许，不得擅自进入。

因工作需要到对方单位拜访时，一般是由前台秘书接待客人；拜访时应首先向前台报出自己的身份和要见的人，并告之已有约定，然后等待与主见人相见；不能不向前台打招呼就直接闯进去，当你被引进主人办公室时，如果是第一次见面，就要先做自我介绍。

如果已经认识了，只要相互问候并握手就行了。一般情况下双方都很忙，所以你要尽可能快地将谈话引入正题，清楚直接地表达你要说的事情。说完后，让对方发表意见，并要认真地听。如有其他意见的话，可以在他讲完后再说。正式谈话结束后，主、客双方常常闲聊几句，最好不超过10分钟，客人要主动告辞，注意要说"再见"，并请主人留步。

## 二、位次礼仪

**（一）行路位次礼节**

商务谈判活动作为商务交往的一个重要方面，不仅包括谈判本身，还包括与之相应的商务交往活动，谈判方往往需要带领对方参观公司、旅游、娱乐，这就涉及行路的位次礼节，而恰当运用行路位次的礼节，可以使对方感受到尊重。

商务谈判活动主要遵循国际惯例，国际惯例位次是以右为上，具体有以下几方面礼节要遵守：

**1. 行进礼仪**

（1）两人行进，以墙为准，内高外低；无明显内侧、外侧之分时，则以右为上。

（2）多人行进时，如果单排行进，引领者应走在尊长、宾客的前面为其领路；如果宾主并排行进，引领者应走在外侧后面或偏后一些的位置上；如果三人并行，通常中间为上，内侧为下，外侧再次之。

（3）不过要注意：在客人、女士、尊长对行进方向不了解或是道路较为坎坷时，主人、男士、晚辈与职位较低者必须主动上前带路或开路，应该站在整个队伍的左前方进行引领。

**2. 乘坐电梯礼仪**

乘坐电梯时，原则是保护地位高的人乘电梯的安全。在进入有人管理的电梯时，引领者应后进先出；而在进入无人管理的电梯时，引领者则应先进先出。

**3. 走楼梯礼仪**

在引领尊长、宾客上下楼梯时，出于安全考虑的需要，上楼梯时引领者应走在尊长、客人的后边；下楼梯时走在尊长、客人前边。并在上下楼梯时，要注意姿势和速度，与前后人之间保持一定的距离。

### (二) 会客位次的礼节

谈判主方将对方迎接到谈判地点后，首先要进行众人谈判前的交流，这个过程称为会客。根据大门的方向、桌子的形状，会客位次礼节主要遵循以下几个原则：

**1. 面门为上**

招待来宾，宾主双方多采用"相对式"就座，采用"相对式"就座时，不论其面对方向，均以面对正门的座位为上座，让之于来宾；以背对正门的座位为下座，宜由主人自己就座。按照"相对式"就座，主宾、主人居中，其他客人、主方陪见人员均按身份高低就座于其两侧。

**2. 以右为上**

有时，宾主双方在正式会见时，为了显示宾主之间关系亲密，常采用"平起平坐式"就座，即宾主双方并排就座，以右为上。这种排位法，分宾主各坐一方的，也有一位客人与一位陪客穿插坐在一起的。但通常的安排是主宾、主人席安排在面对正门位置，主宾就座于主人右边一侧，其他客人按礼宾顺序在主宾一侧就座，主方陪见人员在主人一侧按身份高低就座。译员、记录员通常安排在主宾和主人的两边。

**3. 以远为上**

出于主客观条件的限制，有时宾主双方并排就座时，并未面对房间的正门，但是居于室内左右两侧之中的一侧，在这种情况下，一般距离正门较远的座位为上座，应请来宾就座，而以距离正门较近的座位为下座，则由主人自己就座。因为离门近者容易受到打扰，离门远则受打扰较少，故以远为上。

**4. 居中为上**

居中为上的排位方法，指的是来宾较少，东道主一方参见者较多时，东道主一方人员以一定方式围坐在来宾两侧或四周。居于中央之处的乃是上座，应邀请主宾就座。

会客时座次的安排形式多样，需要安排者灵活掌握，应根据现有条件和来宾及工作任务的具体情况来确定位次安排的方法。既不使来宾有厚此薄彼之感，又能使来宾感到无拘无束。

### (三) 乘车中的位次礼仪

**1. 乘坐小轿车**

首先存在上下车的问题，一般情况下让客人先上车，后下车。具体分为以下三种情况：

（1）公务。接待客人是一种公务活动，车辆是单位的，驾驶员是专职驾驶员；上座是后排右座，即驾驶员座位的对角线位置；副驾驶座位一般是随员的座位。

（2）社交。社交应酬时，这时车辆一般归属个人，开车的是车主。车主开车，上座是副驾驶座。

（3）重要客人。接待高级领导、高级将领、重要企业家时，轿车的上座是驾驶员后面的座位。

**2. 乘坐旅行车**

在接待团体客人时，多采用旅行车接送客人；旅行车以驾驶员座后第一排即前排为尊，后排依次为小；其座位的尊卑，依每排右侧往左侧递减。

### 案例一　王小杰错在哪了？

王小杰忽然接到同学张忻的电话，问他什么时候来参加自己的生日聚会，这时王小杰才想起自己答应过今晚参加张忻的生日聚会。于是匆匆忙忙赶到聚会地点，发现来的人很多，有一些相识的同学，但也有很多不认识的人。王小杰一整天在外奔波，衣服穿得很随便，加之连日来事情很多，脸上也满是疲惫之色。当王小杰随随便便、拖着有些疲惫的步子走进聚会厅时，看到别人都衣着光鲜，神采飞扬，不觉心里有点不快，后悔自己勉强过来参加聚会，所以脸色更是难看，没有一点笑容。张忻过来招呼王小杰，王小杰勉强表达了祝福，便坐在一旁喝了几杯啤酒，也不想与人寒暄，坐了一会儿便又借故离开了。

问题：根据赴宴礼仪分析，王小杰失误之处有哪些？

### 案例二　老同学见面不要忘乎所以

王峰在大学读书时学习非常刻苦，成绩也非常优秀，几乎年年都拿特等奖学金，为此同学们给他起了一个绰号——"超人"。大学毕业后，王峰顺利地获取了在美国攻读硕士学位的机会，毕业后又顺利地进入了一家美国公司工作。一晃八年过去了，王峰现在已成为公司的部门经理。

某一年的国庆节，王峰带着妻子儿女回国探亲。一天，在大剧院观看音乐剧，刚刚落座，就发现有3个人向他们走来。其中一个人边走边伸出手大声地叫："喂，这不是超人吗？你怎么回来了？"这时，王峰才认出说话的人正是他高中同学贾征。贾征大学没考上，自己跑到南方去做生意，赚了些钱，如今回到上海注册公司当起了老板。今天正好陪着两位从香港来的生意伙伴一起来看音乐剧。这对生意伙伴是他交往多年的年长的香港夫妇。此时，王峰和贾征彼此都既高兴又激动。贾征大声寒暄之后，才想起了王峰身边还站着一位女士，就问王峰身边的女士是谁。王峰这时才想起向贾征介绍自己的妻子。待王峰介绍完毕，贾征高兴地走上去，给了王峰妻子一个拥抱礼。这时贾征也想起该向老同学介绍他的生意伙伴了。

问题：案例中有无不符合礼仪的地方？若有，请指出来，并说明正确的做法。

## 复习思考题

1. 握手礼的注意事项有哪些？
2. 什么时候应该90°鞠躬？在哪些场合行拥抱礼？
3. 男式正装的着装注意事项有哪些？如何选择相应的配饰？
4. 在递交名片时需要注意哪些礼仪？
5. 赠送礼品时应遵循哪些原则？
6. 赴宴礼仪有哪些主要内容？

# 第七章

## 商务谈判的准备

商务谈判的准备工作是确保商务谈判能够顺利进行与取得预期目标的重要保证，也是为后期的谈判策略提供技术支持的重要手段。商务谈判准备不仅要从搜集谈判双方的信息资料开始，更重要的是对资料的分析和筛选，这直接影响到谈判目标的确定，也影响谈判班子成员的选拔与培训，并根据谈判目标制订切实可行的谈判计划。

**本章学习重点**

重点掌握谈判情报的搜集与筛选。
掌握谈判目标的确定、商务谈判人员的素质要求及谈判班子构成。
掌握商务谈判物质准备的内容。
了解谈判计划的制订规范。

### ◆ 导入案例

**厚积薄发——养兵千日用兵一时**

20世纪80年代，我国光冷加工的水平较低，为改变这种状况，国家决定为南京仪器仪表机械厂引进联邦德国劳（LOH）光学机床公司的光学加工设备。南京仪器仪表机械厂的科技情报室马上对劳光学机床公司的生产技术进行了情报分析。在与劳光学机床公司进行谈判时，劳光学机床公司提出要对我方转让24种产品技术，我方先前就对劳光学机床公司的产品技术进行了研究，从24种产品中挑选了13种产品引进，因为这13种产品已经足以构成一条完整的生产线。同时，我方也通过对国际市场情况的掌握提出了合理的价格。这样，我们既买到了先进的设备，又节省了大量外汇。事后，劳光学机床公司的董事长R. 克鲁格赞叹道："你们这次商务谈判，不仅使你们节省了钱，而且把我们公司的心脏都掏去了。"

## 第一节 谈判人员准备

### 一、谈判班子的规模

谈判班子的规模取决于谈判的规模，如果是一对一的个体谈判，则双方都是派出一名谈判人员完成谈判的全部工作，而如果谈判属于大型的集体谈判，则要求谈判班子成员满足多学科、多专业的知识需求，发挥综合的整体优势。国内外谈判专家普遍认为，一个谈判班子的理想规模以4人左右为宜。原因归结为以下几点：

**1. 谈判班子的工作效率高**

俗语中"术业有专攻""熟能生巧"等都说明，人专心做一件事情比不同人做相同事情的效率要高很多。因为，没有人能真正做到全能全才，谈判班子由不同人员负责其专业范围内的任务，会大大提高工作效率，尤其是大型集体谈判会涉及多学科、多专业的知识需求，谈判人员的专业性特点可以取得知识结构上的互补，发挥综合的整体优势。

**2. 具有最佳的管理幅度**

传统或古典管理学派对管辖人数问题并未找出一个理想的通用方案，例如，20世纪初期，美国将军伊恩·汉密尔登（Ian Hamilton）根据他作为一个军官的经验总结了对管理幅度大小的认识。他发现，一般人的头脑在管理3~6个人时将能处于最佳的工作状态。

亨利·法约尔（Henry Fayol）指出，合适的管理幅度应该是最高经理管理4~5名部门经理，部门经理管理2~3名管理人员，管理人员管理2~4名工长，工长管理25~30名工人。

英国有名的管理顾问林德尔·F. 厄威克（Lyndall F. Urwick）上校提出：一个人的"注意力跨度"——能够同时给予注意的事项的数目——是有限的，并以此为依据讨论管理幅度的大小。他的研究结论是："没有一个管理者能够直接管理超过5个，或者至多6个工作紧密相关的下属的工作。"

因此，4人左右基本上是公认的最佳管理幅度。

**3. 发挥集体智慧的效果**

常言说得好："三个臭皮匠，顶个诸葛亮。"集体谈判就应该发挥集思广益、群策群力和优势互补等优势，产生一加一大于二的团队工作效果。

**4. 便于谈判班子成员的调换**

在谈判过程中，由于气候变化、时区差异等外在因素会对谈判人员身体状况产生这样或那样的影响，班子成员一个生病，会有其他人员代替他的工作，避免因为个人因素影响整个谈判进程。

## 二、谈判人员的配备（业务构成）

**1. 首席代表**

首席代表又可称为谈判领导人。他们在谈判中拥有领导权和决策权，一般由单位的副职领导人担任。首席代表除了具备一般谈判人员的基本素质之外，还应该阅历丰富、目标远大，具有审时度势、随机应变和当机立断的能力，并善于控制与协调谈判小组成员的关系。

其主要职能有：①监督谈判程序；②掌握谈判过程；③听取专业人员的建议、说明；④协调谈判班子成员意见；⑤决定谈判过程的重要事项；⑥代表单位签约；⑦汇报谈判工作。

**2. 专业人员**

专业人员由熟悉生产技术、产品标准和科技发展动态的工程师担任。

其主要职能有：①阐明己方参加谈判的愿望和条件；②非常了解商品的具体内容和价值体现；③弄清对方的意图和条件；④找出双方的分歧或差距；⑤与对方进行专业细节问题的磋商；⑥修改草拟谈判文书的有关条款；⑦向首席代表提出解决专业问题的建议；⑧为最后决策提供专业方面的论证。

**3. 商务人员**

商务人员由熟悉商业贸易、市场行情、价格形势、财务情况的贸易专家担任。

其具体职责有：①掌握该项谈判总的财务情况；②了解谈判对手在项目利益方面的预期目标；③分析、计算、修改谈判中谈判方案变动的收益状况；④为首席代表提供财务方面的建议；⑤在正式签约前，提供合同或协议的财务分析表。

**4. 法律人员**

法律人员由精通经济贸易各种法律条款的人员担任。

其主要职责有：①确定谈判对方经济组织的法人地位；②提供法律方面的建议和意见；③监督谈判在法律许可的范围内进行；④检查法律文献的准确性和完整性。

**5. 翻译人员**

翻译人员在商务谈判中不仅能起到语言沟通作用，而且能改变谈判气氛，增进谈判双方的了解、合作和友谊。谈判中翻译人员的业务能力直接影响到谈判的进程与谈判结果，要注意不同语言的习俗与俚语，避免因理解偏差给谈判带来损失。

很多词语不能单纯字面翻译，如 Dead president（美钞），Busy boy（餐馆勤杂工），Sweet water（淡水），American beauty（玫瑰，美丽动人），Horse sense（常识），Capital idea（好主意），Busybody（爱管闲事的人），White man（忠诚可靠），Pull one's leg（开玩笑）等。

**6. 记录人员**

一份完整的谈判记录既是一份重要的资料，也是进一步谈判的依据。记录人员不仅要具备熟练的文字记录能力，还应该具有一定的专业基础知识。其主要职能是准确、完整、及时地记录谈判内容。

## 三、谈判班子成员的分工与协作

如何能使谈判班子成员分工合理、配合默契？具体来讲就是要确定不同情况下的主谈人与辅谈人，他们的位置与职责，以及他们之间的配合关系。

所谓主谈人，是指在谈判的某一阶段或针对某一个、某几个议题进行发言，阐述己方立场和观点的谈判者。这时其他人处于辅助位置，称为辅谈人。一般来讲，谈判班子中应该有一名技术主谈人，一名商务主谈人。

主谈人作为商务谈判班子的灵魂，应具有上下沟通能力，有较强的判断、归纳和决断能力，能够把握谈判方向和进程，设计规避风险的方法，必须能够领导下属齐心合力，群策群力，突破僵局，达到既定目标。

**（一）主谈人和辅谈人的配合**

主谈人和辅谈人之间的配合非常重要，主谈人一旦确定，那么，本方的意见、观点都由他来表达，其他人不能自由表达，要一致对外。主谈人发言时，其他人员要表现出绝对支持的态度，口头上的附和，如"正确""没错""正是这样"等，姿态上的支持表现在：眼睛看着主谈人，不停地点头等，这样会大大加强主谈人说话的力度和可信程度。

### （二）谈判任务合理分工

**1. 洽谈技术条款时的分工**

在洽谈合同技术条款时，专业技术人员处于主谈的地位，相应的商务人员、法律人员则应该处于辅谈人的地位。技术主谈人要对合同技术条款的完整性、准确性负责。在谈判时，对技术主谈人来讲，除了要把主要的注意力和精力放在有关技术方面的问题上外，还必须放眼谈判的全局，从全局的角度来考虑技术问题，尽可能地为后面的商务条款和法律条款的谈判创造条件。

**2. 洽谈商务条款时的分工**

很显然，在洽谈合同商务条款时，商务人员应处于主谈人的地位，而技术人员与法律人员则应该处于辅谈人的地位。

合同的商务条款在许多方面是以技术条款为基础的，或者是与之紧密联系的。因此在谈判时，需要技术人员给予密切的配合，从技术角度给予商务人员以有力的支持。例如，在设备买卖谈判中，商务人员提出了某个报价，这个报价是否能够站得住脚，首先取决于该设备的技术水平。对卖方来讲，如果卖方的技术人员能以充分的证据证明该设备在技术上是先进的、一流水平的，即使报价比较高，也是顺理成章、理所应当的。而对买方来讲，如果买方的技术人员能提出该设备与其他厂商的设备相比在技术方面存在的不足，就动摇了卖方报价的基础，而为本方谈判人员的还价提供了依据。

**3. 洽谈法律条款时的分工**

事实上，合同中的任何一项条款都是具有法律意义的，不过在某些条款上法律的规定性更强一些。在涉及合同中某些专业性的法律条款的谈判时，法律人员也以主谈人的身份出现，法律人员对合同条款的合法性和完整性负主要责任。由于合同条款法律意义的普遍性，因而法律人员应参与谈判的全部过程。只有这样，才能对各项问题的发展过程了解得比较清楚，从而为谈判法律问题提供充分的依据。

## 四、谈判人员的素质

一般对于一个人的素质评价可以从以下四个方面来着手，即智商、情商、经营商和挫折商。

智商又称 IQ（Intellectual Quotient），是指通过一系列标准测试，测量人在其年龄段的认知能力的得分。这一测试是由法国的比奈（Alfred Binet）和他的学生所发明的，根据他这套测试的结果，将一般人的平均智商定为 100，而正常人的智商，根据这套测试，大多在 85～115。智商评分包括多个方面，如观察力、记忆力、想象力、分析判断能力、思维能力、应变能力等。

情商又称 EQ（Emotional Quotient），是指人在情绪、情感、意志、耐受挫折等方面的品质。从最简单的层次上下定义，情商是理解他人及与他人相处的能力。人与人之间的情商，并无明显的先天差别，更多与后天的培养息息相关。它是近年来心理学家们提出的与智力和智商相对应的概念，提高情商是把不能控制情绪的部分变为可以控制情绪。戈尔曼（Daniel Gorman）和其他研究者认为，这种情商是由五种特征构成的，即自我意识、控制情绪、自我激励、认知他人情绪和处理相互关系。

经营商又称 BQ（Business Quotient），是指一个人的头脑商业指数，即一个人如何将最好的自己展现在人前，使自己始终能够获得最佳的展示自己机会的能力。

挫折商又称 AQ（Adversity Quotient），包括 Control（控制）、Origin & Ownership（起因和责任归属）、Reach（延伸，影响范围）、Endurance（忍耐，持续时间），是现今企业在选拔人才时最为看重的一方面。

但是，作为商务谈判人员除了具备企业对普通人员考评的几方面能力之外，应该具有与专业特点相关的特殊素质与能力。

（一）坚强的政治思想素质

政治思想素质是指谈判人员要忠于职守，要有团队意识和良好的职业道德。

作为谈判人员，必须有高度的责任心和事业心，自觉遵守组织纪律，维护组织利益；必须严守组织机密，不能自作主张，毫无防范，口无遮拦；要一致对外，积极主动。

优秀的谈判人员的理念是：一旦坐到谈判桌前，谈判就要彼此尊重，并在此基础上展开智勇较量。但最终目的不是谁压倒谁，也不是置对方于死地，而是为了沟通和调整，使双方都能满足己方的基本要求，达成一致。双方以这样的高境界的积极行为，追求公平合理的谈判结果。

良好的职业道德是指商务谈判人员能够正确处理公司与个人之间的利益关系，具有符合社会道德标准和价值观念的行为特点。不能为了一己私利，而损害组织的利益。

（二）健全的心理素质

谈判是各方在精力和智力上的对抗，对抗的环境在不断地变化，对方的行为具有不确定性，要在这种复杂而又不确定的状态下达到谈判的预期目标，要求商务谈判人员具有良好的心理素质。具体表现在以下两方面：

**1. 勇于决断善于冒险**

谈判是承诺和获取兼而有之的过程，他要求谈判者不断根据形势变化，对对方的要求做出回答，对己方的策略做出决断。果断的决策可以为企业赢得更多的机会，也可以获得对方的尊重。

但是，任何决策的过程往往都存在一定的风险，谈判者对于决策相关因素了解得越多，风险就越小，决策的难度也越小。因此，谈判者在谈判之前做好充分准备，就能够在关键的时刻勇于决断，对出现的各种问题做出快速反应，找出最佳的应对方案。

**2. 充满信心沉着应战**

充满信心是指谈判者相信自己的实力，相信自己具有说服对方的能力。没有自信心，没有面对压力和挫折而坚定不移的决心，就难以取得谈判的成功。由于谈判各方的利益差异，绝大多数的谈判要经过多个回合的磋商才能达成协议，没有必胜的信念，就很容易在反复磋商与僵局中不知所措，而功亏一篑。

值得注意的是，自信心必须建立在充分占有资料的基础上，盲目自信与缺乏自信都无法确保谈判取得满意的结果。面对复杂多变的形势，谈判者要做到处变不惊，随机应变，沉着冷静地处理各种问题。

（三）合理的知识结构

谈判人员拥有合理的知识结构，是其具有讨价还价的资本，赢得谈判胜利的重要条件。合理的知识结构是指谈判人员不仅要有广博的知识面，而且要有较深的专业学问，构成 T 字形知识结构。

**1. 横向知识结构**

一名优秀的谈判人员必须具备完善的相关学科的基础知识，要把自然科学与社会科学统一起来，普通知识与专业知识统一起来。在具有贸易、金融、营销等必备专业知识的同时，还要对心理学、经济学、管理学、财务学、控制论、系统论等学科的知识广泛摄取，提高自己的综合素质。

此外，谈判人员还要了解有关国家和地区的社会历史、风俗习惯、自然地理和宗教信仰等社会文化知识，避免在谈判过程中由于对文化差异的了解不够，而产生不必要的麻烦，甚至直接导致谈判破裂。

例如，我国某公司曾在泰国承包一个工程项目，由于不了解施工时期是泰国的雨季，过去的轮胎式机械无法在泥泞的施工场地作业，只能重新组织履带式机械到现场工作。因此，再次的采购、报关、运输等工作浪费了大量时间，耽搁了工期，被对方索赔。企业因此蒙受了经济损失和信誉损失，这都是由于缺乏对当地自然地理条件的了解而造成的损失，如果具有相关的知识，这种损失是完全可以避免的。

**2. 纵向知识结构**

纵向知识结构是指商务谈判人员的专业知识要有一定的深度，不能局限于皮毛，知其然而不知其所以然。而各种专业知识的发展变化又是非常迅速的，商务谈判人员的专业知识要与国际相同产品所涉及的知识、技术接轨，不断更新，紧扣时代脉搏，避免因知识深度不够，对国外的产品和设备不够了解，造成不必要的经济损失。

例如，我国一家企业采购了荷兰的制药设备，由于对产品知识了解不够，没有要求对方安装调试，以及进行人员培训等条款要求，到最后设备安装错误，造成了极大的经济损失。

**（四）谈判人员的能力素养**

**1. 观察判断能力**

谈判人员不但要善于察言观色，还要具备对所见所闻做出正确的分析和判断的能力。观察判断是商务谈判中了解对方的主要途径。良好的观察判断能力可以取得意想不到的效果。

例如，在第二次世界大战中，德国的一位参谋根据法国阵地坟地上出现的一只波斯猫，判断出坟地下肯定有法国的指挥部，从而一举摧毁了法国的阵地。因为战争期间，普通士兵是不会养这种高贵的猫的；而这只猫每天上午9：00准时到坟地上晒太阳，所以它的主人肯定离坟地不远。可见，只有通过仔细观察，才能为了解对方、辨别信息真伪提供强有力的依据。

那么，在谈判中，如何锻炼自己的观察能力呢？例如，你的对手是个爱抽烟的人，当他点烟的时候是暗示你停止谈话的信号。等他开始吞云吐雾时，你可接上刚才的话题。如果他不停地抽烟，那么你可以有技巧地在他拿起烟的时候，适时地递上一份文件或报表，或其他能令他参与谈判的东西，那样，他就不好意思再享受烟瘾了。

**2. 语言表达能力**

谈判重在谈，谈判的过程也就是谈话的过程，得体的谈判语言能力重千钧。所以，谈判人员必须能娴熟地驾驭语言。古今中外，许多著名的谈判大师也都是出色的语言艺术家。

例如，有一次，美国和苏联关于限制战略武器的协定刚刚签署，基辛格（Henry Alfred Kissinger）向随行的美国记者介绍情况。当谈到苏联生产的导弹大约每年250枚时，一位记者问："我们的呢？"

基辛格回答说:"数目我虽知道,但我不知道是否保密?"

该记者回答:"不保密。"

基辛格立即反问道:"那么,请你告诉我,是多少呢?"

在回答那些应该回避的问题时,为了使自己不陷入尴尬的境地,巧妙地运用语言的魅力,可以避免对抗性谈判。

**3. 灵活应变能力**

善于应变、权宜通达、机动进取是谈判者必备的能力。随着双方力量的变化和谈判的进展,谈判中可能会出现比较大的变动。如果谈判人员墨守成规,那么谈判要么陷入僵局,要么谈判破裂。所以,优秀的谈判人员要善于因时、因地、因事,随机应变。

例如,著名的主持人杨澜在灵活的现场调控能力方面的表现令人拍案叫绝。一次,杨澜在广州天河体育中心主持大型文艺晚会。节目进行到中途,她在下台阶时不小心摔了下来。正当观众为这种意外情况吃惊时,她从容地站起来,诙谐地说:"真是人有失足、马有失蹄啊!刚才我这个狮子滚绣球的表演还不太到位,看来,我这次表演的台阶还不太好下。不过,台上的表演比我精彩得多。不信,你看他们!"观众听到她略带自嘲的即兴发挥,忍不住大笑起来。这样,杨澜就巧妙地把观众的注意力引到了台上。

**4. 创新创造能力**

优秀的谈判者往往有一定的创造力,有丰富的想象力,有勇于拼搏的精神、顽强的意志和毅力。他们愿意接受不确定性,敢于冒险,把谈判看成一个竞技场,要大展身手,与对手好好较量一番。

在他们看来,拒绝是谈判的开始,越有竞争性,会变得越勇敢,有胆识去冒险,争取更好的目标。所以,他们从来不在谈判之前就锁定自己的方案。在认真执行计划的同时,他们会努力拓展自己的想象空间。即便是在双方达成一致的基础上,他们也会寻找达成协议的更好的选择。

**5. 人际交往能力**

人际交往能力是从两个方面表现的:一是注重细节,让对方喜欢与你交往;二是培养心理承受能力,当对方对你的行为与人格进行否定时,能淡然处之。

要想给对方留下好的印象首先要注重基本礼仪,在谈判桌上,一个谈判者的彬彬有礼、举止坦诚,格调高雅,往往能给人带来赏心悦目的感觉,能为谈判营造一种和平友好的气氛。反之,谈判者的无知和疏忽,不仅会使谈判破裂,而且还会产生恶劣的影响。因此,谈判的不同阶段要遵循一定的礼仪规范。

谈判人员宽广的心胸、良好的修养能为双方进行观点的表述搭建一个稳固的平台。通常,他们都具有极高的涵养,在顺境时不骄不躁,不目中无人;在逆境时保持良好的进取心态,不把自己的缺点和错误强加给别人;当别人侮辱自己时,不以牙还牙,而是宽大为怀,用智慧来应对。具有这种非凡气质的谈判人员,那种自然流露出来的力量会使对方在心理上不敢轻视。

商务谈判涉及巨大的经济利益,所以谈判人员必须博学多才,掌握一定的谈判技能。将彼此双方的利益置于首位,努力实现双赢。具备了这些素质和能力,你也能成为谈判高手,就可以在谈判场上尽情驰骋了。

### 知识链接

**美国谈判大师卡洛斯认为理想的商务谈判者应该具有的 12 种特质**

（1）有能力和对方商谈，并且赢得对方的信任。

（2）愿意并且努力地做计划，能了解产品及一般的规则，同时还能找出其他可供选择的途径，勇于思索及复查所得到的资料。

（3）具有良好的商业判断力，能够洞悉问题的所在。

（4）有忍受冲突和面对暧昧字句的耐心。

（5）有组织去冒险、争取更好目标的能力。

（6）有智慧和耐心等待事情的真相的揭晓。

（7）认识对方及其公司里的人，并和他们交往，以助交易的进行。

（8）品格正直，并且使交易双方都有好处。

（9）能够敞开胸怀，听取各方面的意见。

（10）商谈时具有洞察对方的观察力，并且能够注意到可能影响双方的潜在因素。

（11）拥有丰富的学识、周全的计划以及公司对他的信任。

（12）稳健，必须能够克制自己，不轻易放弃，并且不急于讨好别人。

（资料来源：美国谈判大师认为理想的谈判者应具有的 12 种特质．豆丁网．http：//www.docin.com/p-14719727.html．）

## 第二节 信息搜集和筛选

随着科学技术的发展，我们已经进入了信息时代，了解信息、掌握信息已成为人们成功地进行各种活动的保证。商务谈判作为人们运用信息，获取自己所需事物的一种经济活动，对信息的依赖更加强烈。因此，谈判者的信息搜集就成为了解对方意图、制订谈判计划、确定谈判策略及战略的基本前提。

### 一、信息搜集的主要内容

#### （一）与谈判有关的环境因素

英国谈判专家马什（P. D. Marsh）在其所著的《合同谈判手册》中，对谈判环境因素进行了系统的归类及分析。他把与谈判有关的环境因素分为以下几类：

**1. 政治状况**

政治和经济是紧密相连的，政治对于经济具有很强的制约力。任何一国的政府总是为解决本国特殊环境所遇到的种种问题而制定和推行一系列认为必要的经济政策，并注意以本国的政治哲学作为其衡量经济活动的标准。

政治因素对商务谈判活动，特别是涉外商务谈判有着非常重要的影响。当一个国家政局稳定，政策符合国情，这个国家的经济就能得到很好的发展，就会吸引众多的外国投资者进入到该国市场，反之，如果政局动荡，市场混乱，商品交易也会面临货物丢失，货款无法收取，甚至出现资产被强行没收等事件的发生，导致投资设厂的风险增大，国外投资与合作者必然会望而却步。

因此，涉外经济组织在进行经济活动之前，必须对谈判对方的政治环境做详细了解，包括政局的稳定性、政策的持续性、两国政府间的关系，以及该国政府对于进出口商品的控制等内容。

**2. 法律制度**

法律制度和政治制度一样，都对商务谈判有着无形的控制力，涉外企业在贸易往来中，不可避免地遇到各种各样的法律问题，只有清楚地了解其法律制度，才能减少商业风险。国际通用的法律分为英美法系和大陆法系，不同的法律体系的相关条款规定有很大差异。而各个国家又有自己适用的法律，因此，在国际贸易中，对相关法律制度的研究就显得尤为重要。

例如，我国某公司考察小组去美国考察后，在旧金山买下一家餐馆，开张后发现餐馆经营所得大部分用于支付高昂的房租，餐馆因而陷于连年亏损的困境。出现这种状况的原因在于考察小组未能清楚了解东道主国家的相关法律，便仓促签约，只买下了餐馆的业务经营权而未涉及房屋所有权等资产财务问题。

**3. 社会文化**

社会文化是指不同国家及地区由于其文化背景、宗教信仰等方面的不同而形成的独特、典型的行为方式及行为标准。尤其是宗教信仰问题，可能会出现在世界的任何一个角落，无论是发达的美国与欧洲国家，还是资源丰富的中东与拉美国家，甚至贫穷落后的非洲国家都有着自己的宗教信仰，而不同宗教信仰所推崇的行为准则和宗教禁忌，对商业活动都会产生直接的影响。

社会风俗习惯也会对谈判产生一定的影响。具体表现在：

在衣着、称呼、日常行为等方面，什么才是合乎社会规范的标准？

是不是只能在工作时间谈业务？

饮食等方面都有什么特点？

送礼的方式及礼物的选择有什么特殊的习俗？

……

这些对商业往来都会产生一定的影响。

例如，上海某罐头厂在加拿大投资设厂，投资环境很好，但因该厂生产的产品只有回锅肉和干菜烧肉两种罐头，只符合少数华人的口味，不适合当地居民的饮食习惯，终因产品大量积压而破产。

**4. 商业习惯**

由于各方面的原因，世界各国、各民族都形成了各具特色的商业习惯，作为涉外贸易谈判人员，必须了解和掌握目标市场的商业习俗和做法，才能在业务交往中采取有效的方法，保证业务活动的正常开展。

例如，一位在中东做生意的美国人要在一份几百万美元的成交协议上签字，此时，主人请他吃当地一种美餐——羊头。这位美国先生只好"欣然接受"，否则他将失去这笔生意。

又如，我国上海某企业到泰国合资开办了一家药厂，虽然产销对路，但因流动资金不足而被迫停产。究其原因，按泰国市场习惯，药商都实行赊销的办法，生产厂家要等药商卖光产品才能收回货款，这就使得厂家因资金周转期长、流动资金不足而停产。

**5. 金融状况**

（1）该国的外债情况如何？外债的高低从对谈判的影响来讲，主要影响支付能力，有时甚至会直接影响双方的关系。正如一位经济学家所讲，当你欠我100元钱时，我是你的主人，当你欠我100万元钱时，你就成了我的主人。

（2）该国的外汇储备情况如何？

（3）主要靠哪些产品赚取外汇？

（4）国际支付方面信誉如何？

（5）该国货币是否可以自由兑换？有何限制？

（6）汇率变动的情况及趋势如何？

……

例如，1978年11月16日，印度尼西亚政府突然将其货币大幅度贬值，即从1美元兑换415盾贬到1美元兑换625盾，这样外国投资者以其当地货币的投资收入兑换成本国货币时就比预期大幅度减少，造成了难以弥补的损失。

**6. 气候因素**

气候因素包括雨季的长短与雨量的多少、气温的高低等，这些因素对人们的消费习惯，对商贸谈判都会产生一定的影响。

例如，早期的日本汽车之所以能在东南亚和中国香港等地区打败欧洲厂商，原因就在于日本汽车在进入市场时，考虑到当地气候炎热，在汽车上配有制冷设备，而欧洲汽车没有这些设备，不能适应市场的需要。

**7. 基础设施与后勤供应系统**

基础设施与后勤供应系统主要是指该地区的交通运输条件、邮电通信事业等基础产业的发展。一个国家的基础设施发展情况是评价一国经济发展水平的重要标准，基础设施是确保经济运行与发展的支持性产业，也是与其他国家企业就买卖与合作进行谈判的筹码，如果基础设施不健全，则很难保证企业的生产经营得以可持续发展，企业缺乏竞争力，在商务谈判中也会处于相对劣势状态。

**（二）有关谈判对手的情报**

英国著名哲学家弗朗西斯·培根（Francis Bacon）曾在《谈判论》中指出，"与人谋事，则须知其习性、以引导之；明其目的，以劝诱之；谙其弱点，以成吓之；察其优势，以钳制之。与奸猾之人谋事，唯一刻不忘其所图，方能知其所言，说话宜少，且须出其最不当意之际。于一切艰难的谈判之中，不可有一蹴而就之想，唯徐而图之，以待瓜熟蒂落。"培根的精辟见解告诉我们，对于本来的谈判对手，了解得越具体、越深入，估计越准确、越充分，就越有利于掌握谈判的主动权。

了解谈判对手的情报是极其重要的，知己知彼、百战不殆已在商务谈判中成为极为重要的警语。对于未来的谈判对手，应该尽一切可能全面了解其情报资料。例如，当年肯尼迪总统为前往维也纳同赫鲁晓夫进行首次会谈做了充分的准备，曾研究了赫鲁晓夫的全部演讲和公开声明，还搜集了几乎全部可以找到的赫鲁晓夫的资料，甚至包括其早餐嗜好和音乐欣赏趣味，为这场至关重要的谈判奠定了必要的基础。

现实生活中，由于对谈判对手的背景材料准备不足，也有许多上当受骗的例子。例如，1990年8月，某电子进出口公司经某电器公司介绍与美国某股份有限公司签订两份销售合同，合同标的包括电视机、灯具等。随后，中方根据外方要求及合同的规定于10月下旬将货物装船运输，11月下旬及12月，外方两次来电称货已收到，但质量方面的问题需要进一步商谈。1991年年初，中方就外方提出的所有问题一一做出回答，此后不见外方的任何反应，中方为了挽回企业的经济损失，决定通过法律手段予以解决，中方依照销售合同中的仲裁条款，向中国国际经济贸易仲裁委员会上海分会提出申请。中国国际经济贸易仲裁委员会上海分会受理后发送有关仲裁文件。但是，外方迟迟没有回音，经邮局查询，答复是"查无此公司"。可见，掌握谈判对手背景材料是极其重要的。

谈判对手的情报主要包括该企业的发展历史、组织特征、产品技术特点、市场占有率和供需能力、价格水平及付款方式、对手的谈判目标、资信情况以及参加谈判人员的资历、地位、性格、爱好、谈判风格、谈判作风及模式等。这里我们主要介绍资信、对手的合作欲望及对手的谈判人员等情况。

**1. 资信情况**

谈判对手的资信情况包括：

（1）对手商业信誉及履行能力的情报，如对手的资本积累状况。

（2）技术装备水平。

（3）产品的品种、质量、数量。

（4）市场信誉。

**2. 对手的合作欲望情况**

对手的合作欲望情况主要包括：

（1）对手与我方合作的意图是什么？

（2）合作愿望是否真诚？

（3）对我方的信赖程度如何？

（4）对实现合作成功的迫切程度如何？

（5）是否与我国其他地区或企业有过经济往来？等等。

总之，应尽可能多地了解对方的需要、信誉等。对方的合作欲望越强，越有利于谈判向有利于我方的方向发展。

**3. 对手的谈判人员情况**

对手的谈判人员情况包括：

（1）谈判对手的谈判班子由哪些人组成？

（2）成员各自的身份、地位、年龄、经历、职业、爱好、性格、谈判经验如何？

（3）谁是谈判中的首席代表？

（4）首席代表的能力、权限、特长及弱点是什么？

（5）首席代表对此次谈判抱何种态度？

（6）首席代表的倾向意见是什么？

**（三）竞争者的情况**

生产力水平的不断提高和科学技术在生产中的普遍运用，使社会商品极大丰富，同一商品往往会出现许多替代品（包括相似产品和同种产品）。因此，在商业交往中，经常会出现一个卖主、多家买主和一个买主、多家卖主的情况。这样，对于买卖双方来讲，了解竞争者的情况就显得很有必要。竞争者作为谈判双方力量对比中一个重要的"砝码"，影响着谈判天平的倾斜。很显然，在一家卖主、两家买主竞相争购的情况下，对于卖主来讲无疑是非常有利的，增强了其讨价还价的筹码。

竞争者的情报主要包括：
（1）市场同类产品的供求状况。
（2）有关产品与替代产品的供求状况。
（3）产品的技术发展趋势。
（4）主要竞争厂家的生产能力、经营状况和市场占有率。
（5）有关产品的配件供应状况。
（6）竞争者的推销力量、市场营销状况、价格水平、信用状况等。

一般来讲，了解竞争者的状况是比较困难的，因为无论是买方还是卖方，都不可能完全了解自己的所有竞争对手及其情况。因此，对于谈判人员来说，最重要的是了解市场上占主导力量的竞争者。

### （四）己方的情况

本组织的社会地位、经济实力、人才力量、设备能力、管理水平、劳动效率、产品性能、品种、质量、数量、销售情况等基本情况都是谈判人员需要了解和掌握的信息。

此外，谈判者的价值观、人生观、性格特点、情感类型和智力水平也会对谈判结果产生重大影响，因此，对于谈判小组的每个成员的自身特点信息也应该详细搜集和整理。

## 二、信息搜集的方法和途径

在日常的经贸往来中，企业都力求利用各种方式搜集大量的信息资料，为谈判所用。这些方法及其途径主要包括以下方面：

**1. 本企业直接派人去对方企业进行实地考察和搜集资料**

在现实经济生活中，人们把实地考察作为搜集资料的重要形式，企业派人到对方企业，通过对其生产状况、设备的技术水平、企业管理状况、工人的劳动技能等各方面的综合观察、分析，可以获得有关谈判对手生产、经营、管理等各方面的第一手资料。

在实地考察之前，应有一定的准备。带着明确的目的和问题，搜集资料，才能取得较好的结果。

**2. 通过各种信息载体搜集公开信息**

企业为了扩大自己的经营，提高市场竞争力，总是通过各种途径进行宣传，这些都可以为我们提供大量的信息，如企业的文献资料、统计数据和报表，企业内部报纸和杂志、各类文件、广告、广播宣传资料，用户来信、产品说明和样品等，从对这些公开情报的搜集和研究当中，就可以获得所需要的信息资料。

**3. 通过对与谈判对手有过业务交往的企业和人员的调查了解信息**

任何企业为了业务往来，都必然搜集大量的有关资料，以准确地了解对方。因此，同与对手有过业务交往的企业联系，必然会得到大量的有关谈判对手的信息资料，而且向与对手打过官司的企业与人员了解情况，会获得非常丰富的信息，他们会提供许多有用的信息，而且是在普通记录和资料中无法找到的事实和看法。

## 三、信息的整理和筛选

通过信息搜集工作,可以获得大量来自各方面的信息,要使这些原始信息为我所用,发挥其作用,还必须经过整理和筛选。

整理和筛选的目的在于:

(1) 鉴别资料的真实性与可靠性,去伪存真。在商务谈判前,有些企业和组织故意提供虚假信息,掩盖自己的真实意图。另外,由于各种原因,有时搜集到的信息可能是片面的、不完全的,通过信息的整理和筛选得以辨别。

(2) 在保证真实、可靠的基础上,结合谈判项目的具体内容,对各种信息进行排队,以确定哪些信息对此次谈判是重要的,哪些是次要的,并在此基础上制定出具体的谈判方案和对策。

信息的整理和筛选要经过以下程序:

(1) 分类。分类是指将所有搜集到的资料按照专题、目的、内容等进行分类,便于今后的分析处理。

(2) 比较和判断。比较即分析,通过分析了解资料之间的联系,了解资料的真实性、客观性,以做到去伪存真。

(3) 研究。在比较、判断的基础上,对所得资料进行深化加工,形成新的概念、结论,为我方谈判所用。

(4) 整理。将筛选后的资料进行整理,做出完整的检索目录和内容提要,以便检索查询,为谈判提供及时的资料依据。

## 第三节　制订谈判计划

### 一、谈判的主题和目标

#### (一) 谈判主题

谈判主题是指参加谈判的目的,最好用一句话加以概括和表述;而谈判目标则是谈判主题的具体化,指明企业对本次谈判的期望水平,整个谈判活动都是围绕主题和目标进行的。

#### (二) 谈判目标

**1. 谈判目标的概念**

谈判目标就是谈判本身内容的具体要求,也可以理解为谈判主题,它体现了组织参加谈判的基本目的,也是谈判活动的灵魂。整个谈判活动都必须紧紧围绕谈判目标进行,为实现这一目标而服务。

**2. 在确定目标时必须考虑的问题**

(1) 自己的利益所在是什么?谈判中追求什么?需要什么?

(2) 本次谈判的期限对实际确定的目标是不是障碍?

(3) 哪一方想要维护现状?现状与己方的目标有多大距离?

(4) 出现僵局要付出什么代价?这个代价是否会远离既定目标?

(5) 本次谈判的各方采用什么方式沟通信息?信息的可靠性和可信度有多大?

### 3. 谈判目标的分类

谈判目标根据己方利益达成的结果可分为最低目标、中间目标和最高目标。

最低目标是指在谈判中己方毫无退让余地，必须达到的目标；中间目标是指谈判中己方可以接受的目标，是一种较为切合实际的目标；最高目标是指谈判中己方的一种理想目标，它是企业实现最大化利益而设定的目标。

## 二、谈判的地点和时间

### 1. 谈判的地点选择

谈判专家认为谈判地点不论设在哪一方都各有利弊。

谈判地点争取在己方的最有利之处在于己方可以自由发挥，就像体育比赛一样，主场获胜的概率要大于客场获胜的概率。因此，在己方场地举行谈判洽商活动，获胜的可能性就会更大些。具体来说，主场谈判的优点表现在以下几方面：

（1）避免由于环境生疏带来的心理上的障碍，而这些障碍很可能会影响谈判的结果。

（2）获得额外的收获，我方可借"天时、地利、人和"的有利条件，向对方展开攻势，以求让步。

（3）可以处理谈判以外的其他事情。

（4）便于谈判人员请示、汇报、沟通联系。

（5）节省旅途的时间和费用。

不可否认，如果谈判地点设在对方，也有其优越性，具体表现在：

（1）可以排除多种干扰全心全意进行谈判。

（2）在某些情况下，可以借口资料不在身边，拒绝提供不便泄露的情报。

（3）可以越级与对方的上级洽谈，获得意外收获。

（4）对方需要负担起准备场所和其他服务的责任。

正是由于上述原因，在多轮谈判中，谈判场所往往是交替更换，这已是不成文的惯例。当然，谈判地点在哪一方还取决于许多其他客观因素，如考察生产过程、施工基地、投资所在地的地理环境等。

有时，中立地点也是谈判的合适地点。如果预料到谈判会紧张、激烈，分歧较大，或外界干扰太大，选择中立地点就是上策。

### 2. 谈判的时间安排

谈判时间的安排，即谈判在什么时间举行、多长时间、各个阶段时间如何分配等。

谈判时间安排主要考虑以下因素：

（1）己方谈判准备的充分程度：当己方还未做好充分准备时，不要轻易开始谈判，置自己于被动局面下。

（2）谈判者的情绪状况：不要选择谈判者自身处于疲劳状态，或者心情烦躁、心境不佳的时间进行谈判。

（3）谈判的紧迫程度：不要选择自己没有任何选择和退路的时候与谈判对手进行谈判。

（4）气候和季节情况：不同区域范围的谈判者对于气候和季节有着明显的偏好。例如，如果谈判对手是习惯干燥气候的北方人，选择中国南方的梅雨季节与之谈判会令其心绪烦躁，无所适从，从而导致谈判偏向我们的预期。

## 三、谈判的议程和进度

谈判的议程是指有关谈判事项的程序安排，包括谈判事项的次序和主要方法。

### （一）谈判议程的分类

谈判议程主要有两种，即通则议程和细则议程。

**1. 通则议程**

通则议程是指谈判双方共同遵守使用的日程安排，一般要经过双方协商同意后方能正式生效。在通则议程中，通常应确定以下内容：谈判总体时间及分段时间安排；双方谈判讨论的中心议题；问题讨论顺序；谈判人员安排；谈判地点及招待事宜等。

**2. 细则议程**

细则议程是指己方参加谈判的具体的策略安排，只供己方人员谈判过程中使用，具有保密性。其内容一般包括：

（1）谈判中统一口径，如发言观点、文件资料说明等。

（2）对谈判过程中可能出现的各种情况的对策安排。

（3）己方发言的策略，即何时提问？提什么问题？向何人提问？谁来提出问题？谁来补充？谁来回答对方问题？谁来反驳对方提问？什么情况下要求暂停谈判？等等。

### （二）确定谈判议程的考虑因素

一般来说，确定谈判议程应考虑以下因素：

（1）谈判议程安排要依据己方的具体情况，力求在程序安排上能够扬长避短，保证己方的优势得以充分发挥。例如，谈判应在何时举行？为期多久？如果谈判属于一系列谈判，要分几次进行？每次所用的时间大致多久？休会时间多久？

（2）议程的安排和布局，要为自己出其不意地运用谈判策略埋下伏笔，绝不放过利用拟订谈判议程的机会来运筹谋划。例如，谈判选择在何处举行？

（3）谈判议程内容要能够体现己方谈判的总体方案，统筹兼顾，引导或控制谈判的速度，以及己方让步的限度和步骤。例如，哪些事项应列入讨论？哪些事项不应列入讨论？列入讨论的事项应如何编排先后顺序？每一项应占多少时间讨论？

（4）在谈判议程的安排上，不要过分伤害对方的自尊和利益，以免导致谈判过早破裂。

（5）不要将己方的谈判目标，特别是最终谈判目标通过议程和盘托出，使得己方处于不利地位。

### （三）谈判进度

谈判进度是指对谈判时间的估算。这个时间的长短要根据双方的时间充裕程度和具体谈判内容而定。

## 第四节　谈判物质条件准备

物质条件的准备工作包括两个方面：谈判场所的选择与布置和谈判人员的食宿安排。从表面上看，这同谈判内容本身关系不大，但事实上，不仅联系密切，甚至关系到整个谈判的发展方向和谈判的最终结果。

## 一、谈判场所的选择与布置

### （一）谈判场所的选择

谈判场所的选择具有一定的艺术性，一般来说，在大型会议室中举行的往往是正式的谈判，一般在谈判开始和结束的阶段要选择大型会议室。谈判开始时选择大型会议室是为了营造一种双方重视的气氛，谈判结束时选择大型会议室，是为了营造合作的气氛和产生较大的社会影响力。

小型会议室的选择一般是讨论型谈判，双方秉承认真负责的态度，就具体细节问题进行磋商和讨论，特别是双方产生争议问题时，便于沟通和协调。

办公室约见主要是私密性会见，谈判中个别交谈和非正式征求意见往往选择这种形式。

### （二）谈判设施的准备

谈判设施的配置与完善对于谈判能否顺利进行起着十分重要的影响。一般来说，会场应该选择距离谈判人员住宿较近的地方，要选择远离闹市区，相对幽静的地方。

房间应具有整洁、宽敞、光线充足、通风良好等特点。室内要具备起码的照明、通风、隔音、恒温条件，会场应有良好的通信设备。除非双方都同意，否则不要配有录音、录像设备，经验证明，录音、录像设备有时对双方都会起到副作用，使人难以畅所欲言。

此外，主要谈判场所也可以配备一些专门的设施，如黑板、白板、投影仪等视觉设备，以供谈判双方人员进行计算，或展示图表之用。

谈判活动要有效进行，要求各方之间信息交流充分，上下反馈及时。而这些都是通过谈判场所的通信设施来实现的。我们不赞同那种在这些方面施展手段，延误对手沟通来谋取己方利益的做法。所以，无论是哪一方做东道主，这一点一定不要忽视。要使谈判人员能够很方便地打电传、电报、电话，要具备良好的灯光、通风和隔音条件。

最好在举行会谈的会谈室旁边，备有一两个小房间，作为密谈室、休息室，以利于谈判人员协商机密事情。

### （二）会场布置与座位安排

室内的布置也很重要，如选择什么形状的谈判桌，是圆形还是方形？

一般来说，大型的谈判选择长方形的谈判桌，双方代表各居一面，相对而坐，无形中增加了谈判分量。

规模小，谈判双方比较熟悉的情况下多选用圆形谈判桌，这样既可以消除谈判双方代表的距离感，还能加强促进关系融洽，使得谈判容易进行。

有时，出于需要，还可以采用任意排位方法就座，它适合于小规模的、双方都比较熟悉的谈判，或是比较特殊的谈判。例如，以色列和中东国家的和平谈判，由于双方的立场极为对立，要有中间调节人，即第三方出席谈判，为此，专门发明了一种T形谈判桌。

最后，有些谈判，还可以不设谈判桌，但是，要事先确定一种有效的信号控制方法，以便随时根据情况发出指令，控制局面。

与谈判桌相配的是椅子，椅子要舒适，不舒适使人坐不住，但也不能过于舒适，太舒适使人易产生睡意，精神不振。

此外，会议所需的其他设备和服务也应周到，如烟缸、纸篓、笔、记事本、文件夹、各种饮料等。

双边会谈通常用长方形、椭圆形或圆形桌子，宾主相对而坐，以正门为准，主人要坐在背门一侧，客人坐在面门一侧。主谈人居中。双方人员的排序也由双方按照每个人的职务、地位、本次会见的内容等综合排定。如会谈长桌一端向正门，则以入门的方向为准，右侧为客方，左侧为主方。

会见座位的安排上，通常将客人安排在主人的右侧，翻译人员、记录人员安排在主人和主宾的后面，其他人员按礼宾次序在主宾一侧就座。主方陪见人员在主人一侧就座。座位不够，可在后排加座。双方人员的排序由双方按照每个人的职务、地位、本次会见的内容等综合排定。

### 二、谈判人员的食宿安排

商务谈判是一项艰苦复杂、体力消耗大、精神高度紧张的工作，对谈判人员的精力及体力有较高的要求。要根据谈判人员的饮食习惯，尽量安排可口的饭菜，尽量安排安全的住宿条件。东道国一方对来访人员的食宿安排应周到细致，方便舒适，但不一定要豪华、阔气，可以按照国内或当地的标准条件招待即可。

许多外国商人，特别是发达国家的客商，十分讲究时间、效率，反而不喜欢烦琐冗长的招待仪式，但适当组织客人参观游览，参加文体娱乐活动也是十分有益的，它不仅会很好地调节客人的旅行生活，也能增进双方私下接触。融洽双方关系的形式，有助于谈判的进行。

此外，谈判礼品的选择也很重要，商务礼品是企事业单位在商务活动中或会议、节日等社交场合为了加强彼此之间的感情及商务交流赠送给对方的纪念性礼品。作为商务礼品的产品，一般多带有企事业名称和标志。

## 第五节　谈判风格的选择

### 一、谈判风格的含义

谈判风格是指谈判人员在谈判过程中通过言行举止表现出来的，建立在其文化积淀基础上的，与对方谈判人员明显不同的，关于谈判的思想、策略和行为方式等的特点。

这一概念包括以下几层含义：

首先，谈判风格是在谈判场合与过程中表现出来的关于谈判的言行举止。

其次，谈判风格是对谈判人员文化积淀的折射和反映。

再次，谈判风格有其自身的特点，与不同国家或地区的风格存在显著的差异。

最后，谈判风格历经反复实践和总结，被某一国家或民族的商人所认同。

谈判风格所包含的内容太多、太广，所以，很难用简短的语言来概括它。但这丝毫不影响人们对谈判风格的运用。

### 二、谈判风格的类型

**1. 合作型**

合作型风格的人，对待冲突的方法是维持人际关系，确保双方都能够达到个人目标。

他们对待冲突的态度是一个人的行为不仅代表自身利益,而且代表对方的利益。当遇到冲突时,他们尽可能地运用适当的方式来处理冲突、控制局面,力求实现"双赢"的目标。

**2. 妥协型**

妥协型的特点不是双赢,而是或者赢一点,或者输一点。

采用妥协型风格的人,他们在处理冲突时,既注重谈判目标,又珍视双方关系。其特点是说服和运用技巧,目的是寻找某种权宜性的、双方都可以接受的方案,使双方的利益都得到不同程度的满足,妥协型风格意味着双方都采取"微输微赢"的立场。

**3. 顺从型**

采用顺从型风格的人,对待冲突的态度是不惜一切代价维持人际关系,很少或不关心双方的个人目标。

他们把退让、抚慰和避免冲突看成是维护这种关系的方法。这是一种退让或"非输即赢"的立场,其特点是,对冲突采取退让——输掉的风格,容忍对方获胜。

**4. 控制型**

采用控制型风格的人对待冲突的方法是,不考虑双方的关系,采取必要的措施,确保自身目标得到实现。

他们认为,冲突的结果非赢即输,谈得赢,才能体现出自己的地位和能力。这是一种支配导向型的方式,即可以使用任何支配力来维护一种自认为是正确的立场,或仅仅自己获胜。

## 三、谈判风格的特点

**1. 对内的共同性**

同一个民族的谈判人员或者有着相同文化背景的谈判人员,在商务谈判中会体现出大体相同的谈判风格。这就是谈判风格的共同性特点。例如,受儒家文化影响的中国人和日本人,都有"爱面子"的思想。这一特征是由于文化对人的同化和影响形成的。从这个意义上,世界上才存在不同国家或地区商人的特点。

**2. 对外的独特性**

谈判风格的独特性是指特定群体及其个人在判断中体现出来的独特气质和风格。从社会学观点来看,任何集团的人的集合都是一种群体。各群体有自己的主文化和亚文化,会体现出群体与群体之间的差异。在同一个群体内,个体与个体之间也存在着差异。谈判风格的独特性决定了它的表现形式的多样化。所以,不同国家、民族,或同一个国家、同一个民族,由于文化背景、生活方式、风俗习惯等的影响,会表现出不同的特点和风格。

**3. 成因的一致性**

无论哪种谈判风格,其形成原因都大体一致,即它主要受文化背景、人的性格以及文化素养等的影响。

任何一个民族都深深植根于自己文化的深厚土壤中。无论他是否意识到,是否承认,他都会受到本民族风俗习惯、价值观念和思维方式等的潜移默化的影响,形成他们的世界观,并由此指导自己的行为处事方式,表现该民族在特定的文化背景下形成的共同气度和作风。如果忽视这一点,则很难对其表现出来的谈判风格做出合理而深刻的理解,很难适应对方的谈判风格,当然也难以获得谈判的成功。

人的性格与文化背景有着源远流长的关系。根据社会心理学研究,在先天因素的基础上，人的性格与后天环境影响有着密切的关系，是社会化的结果。社会化的内容之一，就是社会文化的内化。我国北方人多以从事农业为主，多处于征战与政治漩涡的中心，形成了直爽、豪侠、慷慨的性格。南方人长期遨游商海，形成了机智灵活的特点。

一个国家和一个民族的价值观、文化传统以及思维方式造就出体现自己风格的优秀谈判人员，并不等于其国家和民族所有的人都体现这种优秀的东西。同时，不同性格的人，同样都可以成为优秀的谈判人员。原因何在？是后天因素的影响。后天因素是指个体所受的教育程度，表现为知识、修养、能力的提高等。谈判人员的风格不仅与其性格、民族有一致性，更与其文化素养一致。为此，要形成和培养自己良好的谈判风格，还需要努力学习，从提高自己的文化素养入手。

### 四、研究谈判风格的作用

谈判风格对谈判有着不可忽视的作用，甚至关系到谈判的成败。学习和研究谈判风格，具有重要的意义和作用。

**1. 营造良好的谈判气氛**

良好的谈判气氛是保证谈判顺利进行的首要条件。如果我们对谈判对手的谈判风格十分熟悉的话，言行举止会十分得体，能比较快的赢得对方的好感，即使他们从感情和态度上接纳你。在这样的氛围下开展谈判，深入探讨问题，自然会容易得多。谈判风格是一种看不见摸不着的东西，但它会在谈判中反复顽强地表现出来，并成为始终起重要作用的因素。我们可以通过了解对方的民族、宗教、习惯、习俗、文化背景、思维方式、价值取向等来掌握其谈判风格。

**2. 为谈判策略提供依据**

学习和研究谈判风格不仅仅是为了创造良好的谈判气氛，更重要的意义是为谈判谋略的运筹提供依据。如果我们不研究对方的谈判风格，不了解谈判风格的形成、表现形式及其作用，或缺乏这方面的知识，就会在制定谈判谋略的时候束手无策，更谈不上主动地根据对方的谈判风格设谋用略。

谈判风格所涉及的知识领域非常广阔，既有天文的、地理的、社会的、宗教的、民俗的、文化的知识，又有心理的、行为的、政治的、经济的知识。这些知识本身就会为谈判设谋提供依据和帮助。

**3. 有助于提高谈判水平**

商务谈判往往是很理性的行为，但理性往往受到非理性或感性东西的引导或驱使。谈判风格在认识上有可能是理性的，但其表现形式多为感性。我们研究和学习谈判风格的过程本身，就是一种学习和提高的过程。我们要汲取不同国家、不同民族和地区谈判风格中优秀的东西，拿来为我所用，汲取他们优秀的谈判经验与艺术，减少失误或避免损失，进而形成自己的谈判风格，或使自己的谈判风格更加完善、更加完美。

## 第六节　模　拟　谈　判

为了更直接地预见谈判的前景，对于一些重要的和难度大的谈判，可以采取模拟谈判的方法来改进和完善准备工作。

商务谈判与沟通

模拟谈判即正式谈判的"彩排",将谈判小组成员一分为二,一部分人扮演谈判对手,并以对手的立场、观点和作风来与己方另一部分谈判人员进行交锋,预演谈判过程。模拟谈判是谈判准备工作的最后阶段,企业通过模拟谈判,检验自己的谈判方案有无漏洞,而且也能使谈判人员提早进入实战状态。

## 一、模拟谈判的必要性

模拟谈判的必要性表现在以下几个方面:

**1. 提高应对困难的能力**

模拟谈判可以使谈判者获得实际性的经验,提高应对各种困难的能力。很多成功谈判的实例和心理学研究成果都表明,正确的模拟练习不仅能够提高谈判者的独立分析能力,而且在心理准备、心理承受、临场发挥等方面都是很有益处的。在模拟谈判中,谈判者可以一次又一次地扮演自己,甚至扮演对手,从而熟悉实际谈判中的各个环节。这对初次参加谈判的人来说尤为重要。

**2. 检验谈判方案是否周密可行**

谈判方案是在谈判小组负责人的主持下,由谈判小组成员具体制定的。它是对未来将要发生的正式谈判的预计,这本身就不可能完全反映出正式谈判中出现的一些意外事情。同时,谈判人员受到知识、经验、思维方式、考虑问题的立场、角度等因素的局限,谈判方案的制订就难免会有不足之处和漏洞。事实上,谈判方案是否完善,只有在正式谈判中方能得到真正检验,但这毕竟是一种事后检验,往往发现问题为时已晚。模拟谈判是对实际正式谈判的模拟,与正式谈判比较接近。因此,能够较为全面严格地检验谈判方案是否切实可行,检查谈判方案存在的问题和不足,及时修正和调整谈判方案。

**3. 训练和提高谈判能力**

模拟谈判的对手是自己的人员,对自己的情况十分了解,这时站在对手的立场上提问题,有利于发现谈判方案中的错误,并且能预测对方可能从哪些方面提出问题,以便事先拟定出相应的对策。对于谈判人员来说,能有机会站在对方的立场上进行换位思考,是大有好处的。正如美国著名企业家维克多·金姆(Victor Kim)说的那样:"任何成功的谈判,从一开始就必须站在对方的立场来看问题。"这样角色扮演的技术不但能使谈判人员了解对方,也能使谈判人员了解自己,因为它给谈判人员提供了客观分析自我的机会,注意到一些容易忽视的失误。例如,在与外国人谈判时使用过多的本国俚语、缺乏涵养的面部表情、争辩的观点含糊不清等。

## 二、拟定假设

要使模拟谈判做到真正有效,还有赖于拟定正确的假设条件。

拟定假设是指根据某些既定的事实或常识,将某些事物承认为事实。不管这些事物现在或将来是否发生,但仍视其为事实进行推理。依照假设的内容,可以把假设分为对客观事物的假设、对谈判对手的假设和对己方的假设。

在谈判中,常常由于双方误解事实真相而浪费大量的时间,也许曲解事实的原因就在于一方或双方假设的错误。因此,谈判者必须牢记,自己所做的假设只是一种推测,如果把假设奉为必然去谈判,将是非常危险的。

拟定假设的关键在于提高假设的精确度，使之更接近事实。为此，在拟定假设条件时要注意以下方面：

（1）让具有丰富谈判经验的人做假设，这些人身经百战，提出假设的可靠度高。

（2）必须按照正确的逻辑思维进行推理，遵守思维的一般规律。

（3）必须以事实为基准，所拟定的事实越多、越全面，假设的准确度就越高。

（4）要正确区分事实与经验、事实与主观臆断，只有事实才是靠得住的。

模拟假设归根结底只是一种推测，带有一定的或然性，如果把或然性奉为必然而指导行动，先入为主，对谈判有益无害。

一般来说，模拟谈判需要下列三类人员：

（1）知识型人员，这种知识是指理论与实践完美结合的知识。这种人员能够运用所掌握思维知识触类旁通、举一反三，能够把握模拟谈判的方方面面，使其具有理论依据和现实基础，同时，他们能从科学的角度去研究谈判中的问题。

（2）预见型人员，这种人员对于模拟谈判是很重要的。他们能够根据事物的变化发展规律，加上自己的业务经验，准确地推断出事物发展的方向，对谈判中出现的问题相当敏感，往往能够对谈判进程提出独到见解。

（3）求实型人员，这种人员有着强烈的脚踏实地的工作作风，考虑问题客观、周密，不凭主观印象，一切以事实为出发点，对模拟谈判中的各种假设条件都仔细求证，力求准确。

## 三、模拟谈判的方法

### （一）全景模拟法

全景模拟法是指在想象谈判全过程的前提下，有关人员扮演不同角色的实战性排练。这是最复杂、耗资最大，也是最有效的模拟谈判的方法。这种方法一般适用于关系到企业重要利益的谈判。在采用全景模拟法时应注意以下两点：

**1. 合理地想象谈判全过程**

要求谈判人员按照假设的谈判顺序展开充分的想象，不止想象事情发生的结果，更重要的是想象事物发展的全过程，想象在谈判过程中双方可能发生的情形，并根据想象的条件和情况，演绎双方交锋时可能出现的一切情境，如谈判的气氛、对方可能提出的问题、己方的答复、双发的策略和技巧等。合理的想象有助于谈判更充分、更准确。所以，这是全景模拟谈判的基础。

**2. 尽可能地扮演谈判中可能出现的人物**

这有两层含义：一层是指对谈判中可能出现的人物都有所考虑，要指派合适的人员对这些人物的行为和作用加以模仿；另一层是指主谈人员和其他在谈判中准备起重要作用的人员应扮演谈判中的每一个角色，包括自己、己方顾问，对手及对手顾问。这种对人物行为、决策、思考方法的模仿，能使己方对谈判中可能遇到的问题、人物有所预见，同时，站在对方角度上进行思考，有助于制定己方更完善的谈判策略。

### （二）讨论会模拟法

这种方法类似于头脑风暴法，具体分两步：

第一步，企业组织谈判人员和其他相关人员召开讨论会，请他们根据自己的经验，对企业在本次谈判中谋求的利益、对方的基本目标、对方可能采取的策略、己方的对策等问题畅所欲言。不管这些观点、见解如何标新立异，都不会有人指责，有关人员只是忠实地记录，再把会议情况上报领导作为决策参考。

第二步，请人针对谈判中种种可能发生的情况，以及对方可能提出的问题等提出疑问，由谈判组成员一一加以解答。讨论会模拟法特别欢迎反对意见。这些意见有助于己方重新审核拟定的方案，从多种角度、以多重标准来评价方案的科学性和可行性，并不断完善准备的内容，以提高成功率。国外的模拟谈判对反对意见倍加重视，然而这个问题在我国往往变成"一言堂"。这种讨论不是为了使谈判方案更加完善，而是成为表示赞成的一种仪式，因此，我国企业必须转变观念，对这种方法的使用加以改善，才能起到应有的作用。

（三）列表模拟法

这是简单的模拟方法，一般适用于小型常规谈判。具体操作过程是：通过对应表格的形式，在表格的一方列出己方的经济、技术、人员、策略等方面的优缺点和对方的目标及策略；另一方则列出己方针对这些问题在谈判中所应采取的措施。这种模拟方法最大的缺点在于，它实际上还是谈判人员的一种主观产物，只是尽可能地搜寻问题并列出对策。对于这些问题是否真的会在谈判中发生，这一对策是否能起到预期的作用，由于没有实践检验，因此，不能百分之百地讲这一对策是完全可行的。

## 四、模拟谈判的总结

模拟谈判的目的在于总结经验，发现问题，提出对策，完善谈判方案。所以，模拟谈判的总结是必不可少的。模拟谈判的总结应包括以下内容：

（1）对方的观点、风格、精神。
（2）对方的反对意见及解决办法。
（3）自己的有利条件及运用状况。
（4）自己的不足及改进措施。
（5）谈判所需资料是否完善。
（6）双方各自的妥协条件及可共同接受的条件。
（7）谈判破裂与否的界限等。

可见，谈判总结涉及各方面的内容，只有通过总结，才能积累经验，吸取教训，完善谈判的准备工作。

## 案例分析

### 模拟商务谈判

#### 案例一

甲方：A公司
乙方：B公司
A公司为国内一家颇具实力和规模的科技实业有限公司，在电子精细化工行业是首家

# 第七章 商务谈判的准备

获得ISO 9001国际质量体系认证的企业，且公司注重品牌，拥有数个国家专利，长期客户达到1000多家，销售及服务网络遍及全国各大城市，部分产品外销到马来西亚等地。该公司主要产品为电子化工产品、金属表面处理剂、清洗剂、胶粘剂。

B公司为一家起步不久的电子公司，初具规模，主营业务为电子插件的生产及技术开发。其生产过程所需的助焊剂和清洗剂长期由A公司独家提供。

2004年8月10日~12月3日期间，B公司向A公司购买了"YM-8"清洗剂、"YM-15A"环保清洗剂及不同型号的助焊剂等化工材料，货款总值46293.00元。A公司所有的《送货单》上注明的收款期限均为30天，另注明："如购方不能如期付清货款，应提前通知送货方并由送货方书面许可，否则每逾期一个月购货方应按2%支付送货方的货款利息。""YM-8"清洗剂的容器及其照片显示，该容器外部贴有"产品使用警示"标志。该"产品使用警示"的内容为："本产品含较高浓度的三氯乙烯，应在通风良好条件下，并按国家对三氯乙烯的防治要求使用。"

2004年9月22日，B公司的员工王高飞因出现"发热、触疹、尿深黄6天"的症状而到该区一家人民医院进行治疗，住院期间共用去医疗费用57838.00元，后在省职业病防治院接受治疗，花费医疗费3154.70元。之后卫生行政部门责令B公司安排其员工进行体检，体检费用9880.00元。其间B公司发给其工资和生活补贴7140.00元；王高飞的父母来探望儿子，用去2000.00元。

同年10月9日，该区卫生局对B公司进行现场检查时，发现该公司有三个工作场所仍在使用含有三氯乙烯的化工原料，清洗房等作业岗位上的三氯乙烯浓度超过国家卫生标准，该区卫生局向B公司处以罚款50000.00元及警告的行政处罚。

在双方的交涉中，A公司称，B公司向A公司购买助焊剂等化工材料，货款总值46293.00元，约定结算时间为货到30天。因B公司迟迟不支付货款，故要求其归还所欠货款46293.00元及利息1486.00元（这部分利息是根据双方经济交易中B公司所欠货款，依照之前合同中所说的每逾期一个月购货方应按2%支付送货方的货款利息计算出来的）。但是，B公司在拿到货物40天之后曾将货款中1880.00元的化工材料退还给A公司，A公司在计算总利息（1486.00元）的过程中按照逾期1个月计算加入了针对该部分货款B公司所应支付的利息。双方因此就货款中逾期的1880.00元的化工材料该支付的利息数额产生了分歧。而B公司还要求A公司：①承担王高飞已发生的治疗费用的50%，住院期间的工资和生活补贴、其父母探望费用；②赔偿B公司停产造成的经济损失10000.00元；③承担行政处罚款50%，承担王高飞继续治疗费用50%。

问题：请针对B公司要求为A公司设计模拟谈判方案。

## 案例二

甲方：广东龙的集团有限公司
乙方：广百电器公司
甲方背景资料：
广东龙的集团有限公司（以下简称龙的集团）创立于1999年，位于珠江三角洲腹地——广东省中山市，是以精品家电为核心，业务跨电子科技、照明、贸易、进出口、医疗器材等行业的大型企业集团公司。龙的集团属下有 16 家子公司，员工近 4000 人，资产近 8 亿元，年销售额达 20 多亿元。

在经营发展中，龙的集团始终以市场为导向，以质量求生存，以求实创新为信条，视产品为企业生命，严把质量关，严把销售关，严把售后服务关。迄今，龙的集团建设了遍布全国的 3000 多家销售终端网点，100 多家售后服务网点，产品赢得了广泛的社会认可。同时，龙的集团的产品畅销海内外，尤其在北美、欧洲、日本、中东、中国台湾等国家和地区久享盛誉。

面向未来，龙的将秉承以人为本的一贯作风，在"国产精品小家电第一品牌"的目标统领下，精益求精地制造领先的精品家电产品，为消费者创造精致生活境界，实现"轻松生活，轻松享受"的理想本质。同时，在实现国内近景的前提下，通过产业多元化、发展规模化、运作专业化的经营，进一步完善管理模式，建设先进企业文化，形成自我核心竞争力，在不同的领域保持稳健、高速的增长，把龙的集团创建成为世界级的中国企业。

乙方背景资料：

广百电器公司是广百股份有限公司的子公司，以电器专业连锁发展模式，通过家电零售终端的集中采购、统一配送，建立一个集品牌代理、连锁零售、安装维修服务于一体的大型电器零售企业，是广州市最有实力的电器公司之一，具有 16 年大型电器商场的综合营销经验，电器经营品种达 1 万多种，拥有 300 多个国内外知名品牌的客户资源，是中外电器客商在广州地区必争的合作伙伴，在消费者当中有着良好的口碑。在市内乃至国内都享有良好的信誉和知名度。

广百电器公司遵循中高档、时尚化和紧贴时代进步潮流的定位，以家庭为消费对象，实施"一站式"配套经营，实现市场的差异化经营，打造"最有价值的销售平台"。

谈判说明：

为了进入广百电器公司，龙的集团已经与广百电器公司进行了几次磋商，并且就龙的集团的产品摆放的区域、送货方式（货直接由龙的集团送往广百电器公司各个卖场仓库）达成了初步协议。这次龙的集团与广百电器公司将谈到最核心的入场费、场地租金和支付方式等重要问题，其他更细的问题并不在此次谈判的范畴之内。

谈判内容：

（1）入场费（参考价：30 万~60 万元）。
（2）场地租金（参考价：每月 350~550 元）。
（3）支付方式（参考值：30~60 天回款一次）。

谈判目标：双方取得合作，达到双赢。

问题：请根据列出的谈判内容和谈判目标为谈判双方设计模拟谈判方案。

## 案例三

甲方：东兴公司
乙方：美菱公司

最近几年我国国内 GD 类布料的服装市场迅猛发展，各名牌服装生产厂家都不同程度地面临此类新型布料短缺的局面。位居国内三大服装品牌之一的东兴公司，就是主要生产 GD 类布料服装，并且占有国内 GD 类布料服装市场 1/3 的份额，因此其 GD 布料来源短缺问题就更加严重。GD 新型布料颇受消费者欢迎，但生产技术含量高，印花染色工艺复杂，目前国内只有三家公司可以生产优质 GD 产品，但它们的生产安排早已被几家服装生产厂家挤满。由于多种原因，也难以从国外找到 GD 布料货源。

2003 年年初，在 GD 布料供应最紧缺的时候，东兴公司与国内生产 GD 布料的美菱公司签订了购货合同。按照合同，美菱公司向东兴公司提供 30 万 m 不同季节穿着的符合质量标准的 GD 布料，平均分三批分别于当年 4 月 30 日以前、8 月 31 日以前和 10 月 31 日以前交货；若延期交货，美菱公司将赔偿对方损失，赔偿事宜到时再商议。

2003 年春季，国内很多地方出现了"非典"疫情，美菱公司印染车间有 2 名高级技术人员被诊断为"非典"疑似病例，该车间大多数人被隔离 20 余天，生产几乎处于停顿状态。虽然 4 月底很快恢复正常生产，但美菱公司已经无法按合同规定日期向东兴公司交货，至 5 月 5 日也只能交货 2 万 m，全部交完至少要到 5 月 20 日。东兴公司因此遭受巨大损失。5 月 10 日，东兴公司决定实施索赔条款，并正式向美菱公司提出 600 万元的索赔要求。

一周后，美菱公司派出主管生产的副总经理到东兴公司就索偿问题进行交涉。交涉时，美菱公司认为，严重的"非典"疫情属于"不可抗力"，因此延迟交货不能使用处罚条款。但东兴公司对此有不同意见，并坚持要求对方赔偿巨额损失。由于初步交涉不能达成一致意见，双方同意三天后进行正式谈判。

谈判双方的关系很微妙：东兴公司既希望拿到巨额赔偿金，又希望早日拿到布料，以便尽可能满足客户要求，也不愿失去美菱公司这一合作伙伴；美菱公司虽然不愿赔偿，但又不愿让公司信誉受损，也不愿失去东兴公司这一实力较强的大客户。因此，如何务实且富有成效地解决索赔问题，摆在了双方谈判小组面前。

谈判目标：
（1）解决赔偿问题。
（2）维护双方长期合作关系。

问题：请根据案例资料内容和谈判目标为谈判双方设计模拟谈判方案。

## 复习思考题

1. 谈判双方的信息搜集包含哪些内容？应如何筛选？
2. 商务谈判人员的素质要求有哪些？
3. 商务谈判班子成员的最佳数量是多少？应该由哪些人员构成？
4. 商务谈判物质准备的内容包括哪些？
5. 简述谈判计划的制订规范。
6. 简述模拟商务谈判的重要意义。

# 第八章

# 商务谈判的策略

商务谈判策略是谈判者对谈判过程中的各项具体的活动所做的谋划。策略所解决的主要是采用什么手段或使用什么方法的问题，目的是将实际的谈判活动纳入预定的方向和轨道，最终实现预期的谈判目标。

**本章学习重点**

掌握开局阶段建立和谐谈判气氛的方法。
掌握报价首要原则、两种主要报价方式和主要报价策略。
掌握八种让步模式及其优缺点、让步原则、迫使对方让步的策略和阻止对方进攻的策略。
掌握谈判僵局产生的原因，打破僵局的方法。
掌握谈判进入结束阶段的主要标志。

◆ **导入案例**

**谈判开局的陈述表达示例**

我国某出口公司的一位经理在同马来西亚商人洽谈大米出口交易时，开局是这样表达的："诸位先生，首先让我向几位介绍一下我方对这笔大米交易的看法。我们对这笔出口买卖很感兴趣，我们希望贵方能够现汇支付。不瞒贵方说，我方已收到贵国其他几位买方的递盘。因此，现在的问题只是时间，我们希望贵方能认真考虑我方的要求，尽快决定这笔买卖的取舍。当然，我们双方是老朋友了，彼此有着很愉快的合作经历，希望这次洽谈会进一步加深双方的友谊。这就是我方的基本想法。我把话讲清楚了吗？"

这样的陈述体现了什么样的谈判策略？对于谈判结果是否会有好的影响？

## 第一节 开局阶段的谈判策略

开局导入是从步入会场到寒暄结束这段时间。导入的时间虽短，但其作用却很大。为便于双方接触，一般以站立交谈为好。虽然每个人的行为方式、个性特征各不相同，但从总体要求上应注意以下几个方面：

（1）入场：径直走向会场，表情自然，以开诚布公、友好的态度出现。
（2）握手：应掌握握手的力度、时间与方式，亲切郑重。

# 第八章　商务谈判的策略

（3）介绍：可以自我介绍，也可由双方的主谈人向对方介绍己方的谈判人员。

（4）问候、寒暄：语言亲切、和蔼、轻松自如，为塑造良好的气氛，可适当谈一些大家感兴趣的中性话题。

开局阶段是谈判双方进入具体交易内容的洽谈之前，彼此见面、互相介绍、互相熟悉以及就谈判内容和事项进行初步接触的过程。

在完成了谈判各项前期准备之后，进入到实质性谈判阶段，在谈判开局阶段谈判双方真正走到一起，进行直接的接触和沟通。

## 一、开局阶段的基本任务

### （一）开局阶段应考虑的因素

开局阶段应考虑的因素很多，但归纳起来主要体现在以下三方面：一是双方企业之间的关系；二是双方人员之间的关系；三是谈判双方的实力。

双方企业之间的关系主要有四种情况，采取的态度也要根据具体情况而进行调整，详细内容如表 8-1 所示。

表 8-1　双方企业的关系及应选择的态度

| 双方企业之间的关系 | | | |
|---|---|---|---|
| 合作伙伴<br>关系良好 | 业务往来<br>关系一般 | 业务往来<br>印象不好 | 首次合作 |
| 热烈友好<br>真诚愉快<br>热情洋溢 | 友好随和 | 礼貌谨慎<br>严肃凝重<br>保持距离 | 友好真诚<br>不卑不亢<br>沉稳自信 |

双方人员之间的关系则主要是双方成员之间是否相识、是否相熟、是否相知等，因为关系不同，对待对方的态度也会有明显差别。

谈判双方的实力主要有三种，即双方实力相当、我方强和对方强。

如果双方实力相当，则我方的态度可以是友好轻松的，力求消除对方的戒备心理，礼貌自信，又热情沉稳；如果我方实力较强，则应该礼貌友好，在表现出的自信气势基础上，也可以显现自己的强大实力，以便起到一定的威慑作用；如果自己的实力比对方弱，则应该尽量表现出礼貌友好和积极合作的态度，还要注意举止大方，不卑不亢，沉稳自信。

### （二）建立和谐的洽谈气氛

气氛会影响人的情绪和行为方式，进而影响到行为结果。同样的人员、同样的谈判议题，在不同的谈判气氛中，谈判的结果可能大相径庭。要想取得理想的谈判结果，就应该力求创造积极而又友好的谈判气氛。

谈判开局要创造一个相互信赖、诚挚合作的谈判氛围，可以先选择一些使双方都感兴趣的中性话题聊聊，同时谈判人员要保持平和的心态，热情的握手、信任的目光、自然的微笑都能营造良好的开局气氛。

**1. 把握气氛形成的关键时机**

谈判气氛形成的关键时机就是谈判双方最初接触的短暂瞬间，在这一短暂瞬间，谈判者从与对方的接触中，获得有关对方的第一印象和感觉，这种感觉和印象将在很大程度上决定谈判者在整个谈判过程中对对方的评价。可以这样说，这一短暂的瞬间的接触将确定整个谈判的基调。

**2. 运用中性话题加强沟通**

开局阶段常被称为"破冰期"。素不相识的人走到一起谈判极易出现停顿和冷场，谈判一开始就进入正题，更容易增加"冰层"厚度。因此，谈判双方在进入谈判正题之前，应留出一定时间，就一些非业务性的、轻松的话题，如气候、体育、艺术等进行交流，缓和气氛，缩短双方在心理上的距离。

**3. 树立诚实、可信、富有合作精神的谈判者形象**

谈判者以怎样的形象出现在对方面前，对谈判气氛有明显影响。形象体现在多个方面，例如谈判的姿势，到底是精力充沛还是疲乏不堪，是积极主动还是无动于衷；又如目光，是坦荡诚挚还是躲躲闪闪、疑虑重重；再如服饰仪表，是整洁大方还是邋遢古怪等。谈判者应注重自己的形象设计，以诚实可信的形象出现在对方面前，感染、影响谈判人员。

**4. 注重运用场外非正式接触**

在正式开始谈判前，双方可能有一定的非正式接触机会，如欢迎宴会、礼节性拜访等，利用此类机会，也可以影响对方人员的谈判态度，有助于在正式谈判时建立良好的谈判气氛。

**5. 合理组织**

对谈判的合理组织包括对谈判时间和谈判前活动的合理安排，谈判室内的科学布置也有助于积极良好的谈判气氛的建立。

**（三）开场陈述**

双方经过简单的寒暄之后就要为进入实质性谈判做准备，这样就需要一个简洁准确的导入，我们称之为开场陈述，开场陈述的内容主要是表明本方观点和愿望，注意原则性与灵活性。

例如，日本一家著名汽车公司在美国市场刚刚登陆时，急于找一家代理商推销其产品。当到谈判时间时，日本公司因为堵车而迟到15分钟。美国代表紧抓不放，想以此为手段获得更多优惠条件。日本公司此时已经无路可退，于是站起来说，"很抱歉耽误了你们的时间，但这绝非我方本意，我们不了解美国的交通状况从而导致这个不愉快的结果。我希望我们不再为这个无所谓的问题浪费时间了，如果贵方以此质疑我方的合作诚意的话，那我们只好结束这次谈判。我要提醒你们的是，我们提出的代理优惠条件不会在美国找不到合作伙伴的。"美国人当然不想失去一次赚钱的机会，于是言归于好，谈判继续。

## 二、开好预备会议确定谈判议程

预备会议的内容一般是双方就洽谈目标（Purpose）、计划（Plan）、进度（Pace）和人员（Personalities）等内容进行洽商。谈判双方初次见面要互相介绍参加谈判的人员，然后进一步明确谈判要达到的目标，同时还要商定谈判的大体议程和进度。

谈判的议程包括谈判的议题和程序。具体是指谈什么？先谈什么？后谈什么？……

谈判议程实际上决定了谈判进程、发展方向，是控制谈判、左右局势的重要手段。

（1）不同议程可以阐明或隐藏谈判者的动机。

（2）可以建立一个公平原则，也可以使之对一方有利。

（3）可以使谈判直接切入主题，富有效率，也可以使谈判冗长，进行无谓的口舌之争。

### 知识链接

**谈判的关键：把握第一分钟**

进行商务谈判前夕，谈判者必须做一些精心准备。

例如：①清楚地知道自己赴会的对象，以及会谈的目的；②通过各种搜索工具及社交网络了解对方的所有情况：何时入读了哪所学校？在20世纪90年代，如何完成华丽的职场升迁？你会在哪一个社交网站上添加关注？你会成为会谈对象的粉丝吗？等等；③确定自己一定会按时到场。

谈判者刚一进入会议室，诸如自我介绍、握手、互递饮料和酒水等这些在一分钟内完成的事情，实际上是建构良好社交商务关系非常重要的一步。

进入一个陌生的会议室时，面临的最主要问题就好比你在灯火通明之时离开一家夜店一样：一切都太透明了，而且整个气氛都令人有些不安和压抑。但不管你当时的感觉如何，都需要牢记这个准则：这是你的舞台！在接下来的半分钟到一分钟时间内，你将掌控一切。就算你跑到了会谈对象的地盘，也依然由你说了算；哪怕你的薪水只是那些跟你握手的人的1/10，也要有自己是主人的勇气。尽管你不是决定整个会议室气氛的唯一因素，但你要挑起这份不可推卸的责任。

美国加利福尼亚州圣塔莫尼卡喜剧演员罗伯特·皮卡特（Robert Picard）对此深有体会，他曾有如下"丛林法则"："假设你面前的每一个人都是丛林中的一头熊，如果你表现得惊慌失措，那么招致攻击的可能性便会加大。"通常我们会把这类惊慌失措理解为大喊大叫、挥舞手臂、重重踩脚，更有甚者扔掉灯笼、丢盔弃甲等。在面对陌生人群时，不要以预先道歉、过于谦恭、或者惊慌到战栗等负面的情绪开场，而要以自信武装自己，充分的自信将让你以一种得体的、令人轻松的方式出现。

在任何会谈开始前，你的表现都应该让人觉得你是无可替代的主宰。随后你需要把握以下关键因素：

1. 时机把握

通常，会谈开始时，双方都会进行自我介绍，以互相认识。你可以通过记笔记或者重复对方名字等做法加强记忆，但最好的办法是牢牢地将名字记在脑海里，以便在你们已经进行了20~30分钟的碰撞后，自然而然地在会谈中叫出对方的称谓，能够在亲切的往来互动中体现你对对方的尊重，为自己加分。

2. 名片交换

不要在会面刚一开始就迫不及待地跟人交换名片，这容易给人一种你仅仅是来谈生意的印象。

3. 眼神互动

与每一个人进行眼神的交流，但应该点到即止，真挚专注。

4. 戒骄戒躁

一切夸夸其谈或者洋洋自得的表现都会给人造成不好的印象。

商务谈判与沟通

**5. 握手交流**

如果出席会议的人员不超过6位，则应该与所有与会者一一握手，但如果超过6位，则应与其中的5位左右握手，再向其他人一一致意。心灵的"握手"可以跨越距离和空间。

**6. 切忌叫卖**

任何时候都不要以"让我们开始吧！"这类煽动性的语句进行诱导。

**7. 切勿击拳**

在整个过程中都不要出现击拳的动作，因为，这样会给人一种你脾气暴躁、修养差的印象。

**8. 避开负面情绪**

任何可能引起不愉快情绪的事情都应该避免。例如，交通拥堵、天气炎热或者自己感冒不适等，都不适合在这类场合探讨。

在会谈的这一关键时间段，你比任何时候都要更充分地表现自己，你是你自己的经纪人。要将自己最真实、最自信的一面展现出来。

比尔·克林顿（Bill Clinton）是一个非常有价值的例子。"只要比尔·克林顿踏入一个会议室的门口，他就成为绝对的主宰，"克林顿的头号新闻秘书、发言人迪迪·迈尔斯（Dee Dee Myers）透露，"因为他充满好奇心，特立独行。他希望与每一个与会者交谈，并且让他们乐在其中。片刻工夫，他就可以主导整个房间的气氛。"迪迪·迈尔斯现在是华盛顿一家传播公司的董事和总经理。

马林·菲茨沃特（Marlin Fitzwater）是罗纳德·里根（Ronald Reagan）和乔治·赫伯特·沃克·布什（George H. W. Bush，老布什）的新闻秘书，也十分欣赏克林顿这方面的能力："比尔·克林顿是我见过的最厉害的角色，他进入任何一个房间后都能够迅速吸引每一个人的注意力。从克林顿身上，我们应该学习的一点是：不要漫无目标、表现随意或者举止轻慢，而要让你的'客人'们有被尊重以及自己很重要的感觉。你来到这儿的目的就是为这些重要人物带来一些重要信息。"

所以，这看起来像是一场事先排练好的戏码，但又不完全是一场戏。它的先决条件是要有这样一种心理定位：恰到好处地表现出自己的好奇心。托马斯·休斯比（Thomas Huseby）是西雅图风险投资公司（SeaPoint）的执行合伙人，他认为好奇心非常重要。"很多企业家总是纠结于要向他人传递哪些信息，要告诉人们自己的哪些优势等，但事实是，大家都更喜欢与那些充满好奇心的人交谈。一旦人们认可你的好奇心，那么这种态度势必带来一些令人惊叹的事情。"

所以，初来乍到，足够的好奇心是一块敲门砖。但要注意的是，不要过于急功近利，仅仅表现出对自己当下正在进行的项目或者生意的探究感是远远不够的。在我们《时尚先生》（Esquire）杂志社，会议通常都有一个约定俗成的开场白：从赫斯特国际集团（Hearst Corporation）纽约曼哈顿中城区办公大楼的21层会议室往外看，能够领略到哪些风景。如果来宾问起关于这个城市的任何信息，我们都会把他带到窗户前，让他迅速开始"游览"。雄伟的帝国大厦、英雄机长苏伦伯格（Chesley Sullenberger）当年在纽约哈德逊河上成功迫降挽救155位乘客的准确地点、第八大道上那尊麦当劳叔叔的雕像……如果你极目远眺，说不定还可以辨别出临近的田园风格新泽西州的轮廓——毫无疑问，这是一个有着丰富的谈资、令人愉悦并能充分调动兴趣的开场白。

目标明确、充满自信、对自己所从事的领域富有好奇心并乐在其中；愿意分享，乐于倾听——具备这些因素，还用得着担心无法获得认可？那些重要人物没有理由不跟你进行某种形式的合作，不管是进行更多的投资，还是与你签署一项合同，一切皆有可能。因为你正是他们希望深度沟通并愉快合作的对象。

所以，在"开场一分钟"的绝佳表现后，坐下来，向人们展示你更精彩的一面。

（资料来源：销售技巧——谈判的关键：把握第一分钟. 2014-03-03. http：//blog. sina. com. cn/s/blog_b8ab53ae0101k44t. html.）

## 第二节 报价阶段的谈判策略

### 一、报价原则

报价又叫"发盘"，就是谈判双方各自提出自己的交易条件。这里的报价不仅指在价格方面的要求，而且包括价格在内的关于整个交易的各项条件，如商品的数量、质量、包装、装运、保险等交易条件。

**1. 报价首要原则**

对于卖方而言，开盘价必须是最高的；对于买方而言，开盘价必须是最低的。

（1）对于卖方而言，最初的报价及开盘价，实际上为谈判的最终结果确定一个最高限度。因为在买方看来，卖方报出的开盘价无疑表明了他们追求的最高目标，买方则以此为基准，要求卖方让步。在一般情况下，买方不可能接受卖方更高的要价，买方最终成交价将肯定低于开盘价。

（2）开盘价的高低会影响对方对本方的评价，从而影响对方的期望水平。例如，卖方产品价格的高低，不仅反映着产品的质量水平，还与市场竞争及销售前景等直接相关，买方会由此而对卖方形成一个整体印象，并据此来调整或确定己方的期望值。一般来说，卖方开盘价越高，对方对我方的评价越高，其期望水平可能就越低。

（3）开盘价越高，让步的余地就越大。在谈判过程中，双方必须做出一定的让步。如果能在一开始就为以后的让步预留足够的回旋余地，在面对可能出现的意外情况，或对方提出各种要求时，就可以做出更为积极有效的反应。

（4）开盘价高，最终的成交价格水平相对就高。或者说，最初的报价越高，最终所能得到的往往就越多。因为你要价越高，越有可能与对方在较高的价格水平达成一致。

**2. 开盘价必须合乎情理**

开盘价必须是最高的，但并不意味着可以漫天要价。相反，报价应控制在合理的界限内。如果己方报价过高，会让对方感觉己方缺乏谈判诚意，可能立即中止谈判；也可能针锋相对地提出一个令你根本无法接受的报价。也可能对己方提出的不合理的报价提出质疑，迫使你不得不很快做出让步。在这种情况下，即使你已经将交易的条件降到比较合理的水平，对方仍然可能认为己方还有很大的降价空间。

因此，己方提出的开盘价，既应服从于己方寻求最高利益的需要，又要兼顾对方能够接受的可能性。开盘价虽然不是最终的成交价，但如果报价高到被对方认为是荒谬的程度，从一开始就彻底否定己方报价的合理性，则双方磋商很难顺利进行下去。在确定报价水平时，一个普遍认可的做法是：只要能够找到足够的理由证明你方报价的合理性，曝出的价格就应尽量提高。

**3. 开盘价应该坚定、明确、清楚**

谈判中必须首先对己方报价的合理性抱有充分的信心，然后才可能希望得到对方的认可。在提出己方报价时，应该坚决而果断，言谈举止不能出现任何犹豫和迟疑，否则会引起对方的怀疑，反而增强了对方的进攻信心。报价还应该非常明确、清楚，报价时所运用的概念的内涵、外延都要准确无误，言辞应恰如其分，不能含糊模糊，引起误解。为确保报价明确、清楚，可以预先备好印刷成文的报价单。如果是口头报价，也可适当地辅以某些书面手段，帮助对方正确理解己方的报价内容。

**4. 不对报价进行主动的解释和说明**

谈判人员对己方的报价一般不应附带任何解释或说明。如果对方提出问题，也只宜做简明的答复。在对方提出问题之前，如果己方主动做出解释，不仅无助于增强己方报价的可信度，反而会由此而使对方意识到己方最关心的问题是什么，而且，过多的言辞或辩解，容易让对方发现己方的破绽和弱点。

因此，对于报价进行解释应遵循的原则是不问不答、有问必答、能问不答、避虚就实、能言不书。

## 二、报价的方式

所谓报价方式，是指报价的方法和形式，包括交易条件的构成、提出条件的程序及核心内容的处理等。简单地说，报价方式就是解决如何报价的问题。

在国际商务谈判中，有两种典型的报价方式可供我们借鉴，高报价方式和低报价方式。需要注意的是，除了这两种报价方式，还可以有许多其他报价方式，谈判者不必拘泥于已有的固定模式，而应该根据实际情况做出决策。

**1. 高报价方式**

高报价方式也称西欧式报价，这种报价的一般做法是：卖方首先提出留有较大余地的价格，然后根据谈判双方的实力对比和该项交易的外部竞争状况，通过给予各种优惠，如数量折扣、价格折扣、佣金、支付条件、延长支付期限、提供优惠信贷等方面的优惠，逐步接近买方的条件，建立起共同的立场，最终达到成交的目的。

**案例链接**

撒切尔夫人的高起点策略

1980 年，英国首相撒切尔夫人在欧共体的一次首脑会议上表示，英国在欧共体中负担的费用过多。她说，英国在过去几年中，投入了大笔的资金，却没有获得相应的利益，因此，她强烈要求将英国负担的费用每年减少10亿英镑。这是一个高得惊人的要求，使得欧共体各国的首脑脸色发青，他们认为撒切尔夫人的真正目标是减少3亿英镑（其实这也是撒切尔夫人的底牌）。于是他们认为只能削减2.5亿英镑，一方的提案是每年削减10亿英镑，而另一方则只同意削减2.5亿英镑，差距太大，双方一时难以协调。

其实，这种情况早在撒切尔夫人的预料之中。她的真实目标并不是10亿英镑，但她的策略是以提高削减金额，来改变各国首脑的预期心理。在她的底牌没有被其他国家发觉或没有被确证之前，她不准备轻易改变这一提案。

撒切尔夫人告诉下议院，原则上必须按照她提出的方案执行，暗示对手并无选择的余地，同时也在含蓄地警告各国，并对在欧共体中同样有较强态度的法国施加压力。针对英国的强硬态度，法国采取了一些报复的手段，他们在报纸上大肆批评英国，说英国在欧共体合作事项中采取低姿态，企图以此来解决问题。

面对法国的攻击，撒切尔夫人明白，要想让对方接受她提出的目标是非常困难的，所以，必须让对方知道，无论采取什么手段，英国都不会改变自己的立场，绝不向对手妥协。由于撒切尔夫人顽强地抵制，终于迫使各国首脑做出了很大的让步。最终欧共体会议决议同意每两年削减开支8亿英镑。撒切尔夫人的高起点策略取得了很好的效应。

（资料来源：妥协中巧用底牌策略. http：//www.xiexingcun.com/lizhi/E/34/52.htm.）

### 2. 低报价方式

低报价方式也称日式报价。其基本做法是将最低价格列于价格表中，首先以低价唤起对方兴趣。这种低价格一般是以卖方最有利的结算条件为前提，并且与此低价格相应的各项条件实际上又很难全部满足买方的要求。只要买方提出改变交易条件，卖方就可以随之相应提高价格。因此，买卖双方最终的成交价格往往高于卖方最初的要价。

在面临严峻的外部竞争时，日式报价是一种比较有效的报价方式。其优点表现在：①低报价可以排除竞争对手的威胁，使得买卖双方产生谈判意向，并真正付诸实施；②一旦其他卖主退出竞争，买方原有的优势地位就不复存在，而且不能以竞争作为谈判的筹码向卖方施加压力。

低报价方式虽然最初提出的价格是最低的，但是，卖方却在价格以外的其他方面提出最有利于己方的条件。对于买方来说，要想取得最好的条件，就不得不考虑接受更高的价格。

聪明的谈判人员，是不愿陷入日式报价的圈套的。避免陷入日式报价圈套的最好做法就是，把对方的报价内容与其他竞争对手的报价内容进行一一比较，看看它们所包含的内容是否一样，从而判断其报价与其他竞争对手的报价是否具有可比性。不可只看表面现象，不顾内容实质，而误入圈套。如果在对比中发现内容不一致，就可以从中判断其内容与价格的关系，不可盲目从事。

需要注意的是，如果几家的报价内容不具备直接的可比性，那就要进行相应地调整，使之具有可比性，然后再做比较和决策，切忌只注意最后的价格，在对其报价所包含的内容没有进行认真分析、比较的情况下，匆忙决策，造成不应有的被动和损失。

另外，即使某个竞争对手的报价的确比其他厂商的价格优惠，富有竞争力，也不要完全放弃与其他厂商的接触与联系，要知道这样做实际上就是要给对方一个持续的竞争压力，迫使其继续做出让步。

## 三、报价策略

### （一）报价时间策略

任何一项商务谈判中，谈判双方在报价的时间上通常都有一个先后顺序，而且，报价的先后往往对最后的结果产生重大影响。可供谈判者选择的时间策略不外乎两种，即先报价和后报价。

**1. 先报价的优点**

一般而言，先报价更为有利，先报价的好处主要表现在以下两方面：

（1）先报价为谈判结果设定了难以逾越的界限，最终的协议将在这一界限内形成。例如，买方对某货物的报价是1000美元/t，可以肯定地说，最后的成交价格是不会高于这一价格水平的。

（2）先报价会在一定程度上影响对方的期望水平，进而影响对方的谈判行为。尤其在报价出乎对方预料之外的情况下，往往会迫使对方仓促调整原来的计划。

**2. 先报价的缺点**

先报价的不利之处表现在：

（1）先报价容易为对方提供调整行为的机会，可能会使己方丧失一部分原本可以获得的利益。在本方报价之后，由于对方对本方的利益界限有了一定了解，他们就可以及时调整原来的报价，获取某些超出其预期的利益。例如，卖方报价某货物每吨1000美元，而买方事先准备的报价可能是每吨1100美元。这样对于买方来说，后报价就是他至少获得了100美元的利益。

（2）在某些情况下，先报价的一方往往会在一定程度上丧失主动。在本方报价后，有些谈判对手会对我方的报价提出各种质疑，不断向我方施加压力，迫使报价方一步一步降价，而对方究竟打算出多高价却分文不露。如果本方的报价过高，远远超出对方的心理预期，又会把对方吓跑，导致谈判失败。例如，卖方报价黄豆每吨3000元人民币，最终成交价格一定不会高于每吨3000元人民币。如果买方心理承受力为每吨1100元人民币，那么达成协议的可能性就很小，就会吓退对方。

**3. 选择报价先后可以考虑的因素**

（1）谈判的冲突程度。在冲突程度高的商务谈判中，能否把握谈判的主动权往往至关重要，此时先报价比后报价更为合适。在比较合作的谈判场合，先报价与后报价则没有很大差别，因为谈判双方都将致力于寻找共同解决问题的途径，而不是试图施压去击垮对方。

（2）谈判双方的实力对比。如果己方实力强于对手，或己方在谈判中处于相对有利的地位，先报价是比较有利的。如果己方实力较弱，又缺乏必要的谈判经验，则应让对方先报价。因为这样就可以通过对方的报价来了解对方的真实动机和利益所在，以便对己方的报价做出必要的调整。

（3）商业习惯。就一般商业习惯而言，发起谈判的一方通常应先报价。在有些商务谈判中，报价的先后次序似乎也有一定的惯例，如货物买卖谈判，多半由卖方先报价，买方还价，与之相反的做法则比较少。

**4. 后报价应采取的策略**

（1）认真倾听，不能遗漏，信息精确。后报价时一定不能着急，要认真倾听对方报价的数值及与之相对应的内容。如果单纯地记录数据，并不能掌握对方定价的目的和获利空间。

（2）不急于还价。对方报完价之后，我方可以通过质疑其价格存在不合理的地方，与对方就某些问题进一步沟通，而不要急于讨价还价，这样会使对方了解到你对于交易的迫切程度，从而不会轻易降价。

（3）要求对方做出价格解释。具体解释的内容从以下四方面进行：价格构成、报价依据、计算基础、计算方式。在对方对价格相关的细节进行解释的过程中，我们可以深入分析和判断出对方的真实意愿。

（4）寻找破绽，要求对方降低价格。迫使对方降价一定要给出让对方降价的理由，也就是在对方的报价及其对价格的解释说明中，发现有利于我方的地方，并据此要求对方降价。

### （二）报价的时机策略

报价的最佳时机一般是对方询问价格时，因为这说明对方已经对产品产生了购买欲望，此时报价往往水到渠成，比较自然。

如果对方在谈判一开始就询问价格，我们可以采取充耳不闻的策略，先谈商品或项目的功能、作用，能为交易者带来什么样的好处和利益，使对方对产品或项目产生兴趣以后再报价。

### （三）报价差别策略

由于购买数量、付款方式、交易期限、交货地点、客户性质等方面的不同，同一商品的购销价格不同。这种价格差别，体现了商品交易中的市场需求导向，在报价中应重视运用。

例如，对老客户或大批量需求的客户，为巩固良好的客户关系或建立起稳定的交易联系，可适当实行价格折扣；对新客户，有时为开拓新市场，亦可给予适当让价；对某些需求弹性较小的商品，可适当实行高价策略；对方"等米下锅"，价格则不宜下降；旺季较淡季的价格要高些；应时商品或需求紧急的商品，价格自然较高；交货地点远程较近程或区位优越者，应有适当加价；支付方式，一次付款较分期付款或延期付款，价格须给予优惠等。

### （四）价格分割策略

价格分割策略主要是为了迎合买方的求廉心理，将商品的计量单位细分化，然后按照最小的计量单位报价的策略。价格分割是一种心理策略。卖方报价时，采用这种报价策略，能使买方对商品价格产生心理上的便宜感，容易为买方所接受。价格分割策略主要包括以下两种形式：

#### 1. 用较小单位报价

例如，明前茶售价每公斤4000元，买方一看这个价格会觉得很贵，而如果卖方报价变成每两200元，就比较容易让对方接受。

又如，一台笔记本电脑原价需要5268元，但消费者只要每个月支付439元，连续支付12个月，就可以买到这台笔记本电脑，而且是提前一年使用；一块阿玛尼优雅坦克情侣对表原价需要999元，但消费者只要每个月支付83.25元，也是连续支付12个月，就可以买到这块阿玛尼优雅坦克情侣对表；巴黎地铁公司的广告是："每天只需付30法郎，就有200万旅客能看到你的广告。"

其实，这就是一种分期付款的价格策略，看似高额的单价，一经分割，价格立马就拉下来了。这种价格策略就是把单价分割成较小的单位进行报价。用小单位报价比大单位报价会使人产生便宜的感觉，更容易使人接受。

**2. 用较小单位的商品的价格进行比较**

例如，每天少抽一支烟，每天就能订一份××报纸。

又如，"使用这种电冰箱平均每天0.5元电费，0.5元只够吃一根最便宜的冰棍。""一袋去污粉能把1600个碟子洗得干干净净。""××牌电热水器，洗一次澡，不到1元。"

用小商品的价格去类比大商品会给人以亲近感，拉近与消费者之间的距离。

（五）心理价格策略

心理价格策略是针对顾客心理而采用的一类定价策略，主要包括：尾数报价、整数报价、声望报价、习惯报价、招徕报价、分档报价等。

**1. 尾数报价**

尾数报价也称零头报价或缺额报价，即给产品定一个零头数结尾的非整数价格。大多数消费者在购买产品时，尤其是购买一般的日用消费品时，乐于接受尾数价格，如0.99元、9.98元等。消费者会认为这种价格经过精确计算，购买不会吃亏，从而产生信任感。同时，价格虽离整数仅相差几分或几角钱，但给人一种低于十位数的感觉，符合消费者求廉的心理愿望。这种策略通常适用于基本生活用品。

**2. 整数报价**

整数报价与尾数报价正好相反，是指谈判者有意将产品价格定为整数，以显示产品具有一定质量。整数报价多用于价格较贵的耐用品或礼品，以及消费者不太了解的产品，对于价格较贵的高档产品，顾客对质量较为重视，往往把价格高低作为衡量产品质量的标准之一，容易产生"一分价钱一分货"的感觉，从而有利于销售。

**3. 声望报价**

声望报价即针对消费者"便宜无好货、价高质必优"的心理，对在消费者心目中享有一定声望，具有较高信誉的产品制定高价。不少高级名牌产品和稀缺产品，如豪华轿车、高档手表、名牌时装、名人字画、珠宝古董等，在消费者心目中享有极高的声望价值。购买这些产品的人，往往不在乎产品价格，而最关心的是产品能否显示其身份和地位，价格越高，心理满足的程度也就越高。

**4. 习惯报价**

有些产品在长期的市场交换过程中已经形成了为消费者所适应的价格，称为习惯价格。企业对这类产品定价时要充分考虑消费者的习惯倾向，采用"习惯成自然"的定价策略。对消费者已经习惯了的价格，不宜轻易变动。降低价格会使消费者怀疑产品质量是否有问题。提高价格会使消费者产生不满情绪，导致购买的转移。在不得不需要提价时，应采取改换包装或品牌等措施，减少抵触心理，并引导消费者逐步形成新的习惯价格。

**5. 招徕报价**

招徕报价是适应消费者"求廉"的心理，将产品价格定得低于一般市价，个别的甚至低于成本，以吸引顾客、扩大销售的一种定价策略。采用这种策略，虽然几种低价产品不赚钱，甚至亏本，但从总的经济效益来看，由于低价产品带动了其他产品的销售，企业还是有利可图的。

### 6. 分档报价

分档报价是指把同类商品比较简单地分成几档，每个档次定一个价格，以简化交易手续，节省顾客时间。例如，经营鞋袜、内衣等商品，就是从××号到××号为一档，一档一个价格。

## 四、应价的处理及其策略

所谓应价，是指谈判的一方对对方报价所做的反应。报价是谈判一方向另一方，而不是向自己提出交易的条件，因此，与某一方报价过程相对应，必然存在着另一方对报价的反应过程。报价和应价构成了谈判的两个不可或缺的部分，两者相互依存，互为条件。

在谈判的双方报价之后，一般情况下，另一方不可能无条件地接受对方的全部要求，而是会相应地做出这样或那样的反应。一个老练的谈判者能够正确应付对方提出的任何条件和要求，包括那些出乎意料的建议、要求。既然交易的条件是由双方共同来确立的，而不是取决于某一方的主观意愿，那么在对方提出报价之后，我方也应该通过一定的途径提出本方的条件。对报价方而言，应价不仅仅是对他的报价提出质疑、做出评价，或者是不置可否等，更重要的是它还直接或间接地表明了应价方对交易条件的要求，反映着应价方的立场、态度和利益。

从时间上看，应价是伴随报价而发生的，但就其实质而言，两者并无二致。因此，应价一方绝不能将自己置于被动应付的地位，而应采取积极有效的措施对报价过程施加影响，使之朝着有利于己方的方向发展，努力使己方的交易条件得到对方的认可，争取谈判的主动权。事实上，应价对谈判行为、过程的影响力绝不亚于报价，只要处理得当，谈判者完全可以"后发制人"，取得满意的谈判结果。

应价方对另一方报价做出回复，有两种策略可供选择：一种是要求对方降低其报价，另一种是提出己方报价。相比较而言，选择第一种策略可能更为有利。严格地说，不论运用哪种策略，都是己方对对方报价发动的反击，客观上都向对方传递了某些重要信息，包括己方的决心、态度、意愿等。不过，前一种策略更为隐蔽一些，因为己方既没有暴露自己的报价内容，更没有做出任何相应的让步；而对方往往因为对己方条件缺乏足够的了解，而不得不做出某些让步。

### (一) 对方高开的应价策略

如果对方的报价很高，一般应价方采取的策略主要有以下几种：

**1. 不予理睬**

在己方强势时，对于对方的高报价，己方可以顾左右而言他，根本不做回应。那么，对方会因为己方的强硬态度，考虑下一步怎么应对。

**2. 黑脸战术**

一般来说，谈判班子成员里有唱白脸、唱红脸和唱黑脸的角色分工，可以让公司里面的强硬派做黑脸，利用发脾气或指责对手无理取闹的形式，来应对对方的报价。

**3. 还价**

还价又称反下锚，是指针对对方报价不予理睬，直接提出己方报价。采用这种策略一般有两种情况：一是在己方做好充分准备的前提下采取的应价策略；二是在没有竞争对手干预的情况下，己方游刃有余的时候采取的一种应价策略。

### 4. 发问或质疑

根据对方的报价及对报价的解释说明，通过不断提问，在对方的解答过程中寻找对方破绽，获取己方需要的信息，对对方的报价提出质疑。

### 5. 扩大范围

其实价格是个复杂的范畴，报价的价格因为涵盖的内容差异有很多变数，因此，跳开对具体数字的争论，在价格包含的具体产品和服务上进行应价，往往会取得意想不到的结果。

### 6. 增加筹码

谈判双方为获得谈判主动性都会做好充分的准备，我们可以增加除报价之外吸引对方的筹码，如支付方式选择现金支付，将分三期支付改为两期……这些筹码的渗透，会诱使对方做出让步。

**案例链接**

发挥"嗯，我不知道"的威力

美国一位著名谈判专家有一次替他的邻居与保险公司交涉赔偿事宜。谈判是在专家的客厅里进行的，保险理赔员先发表了自己的意见："先生，我知道你是交涉专家，一向都是针对巨额款项谈判，恐怕我无法承受你的要价，我们公司若是只出100元的赔偿金，你觉得如何？"

专家表情严肃地沉默着。根据以往经验，不论对方提出的条件如何，都应表示出不满意，因为当对方提出第一个条件后，总是暗示着可以提出第二个，甚至第三个。

理赔员果然沉不住气了："抱歉，请勿介意我刚才的提议，我再加一点，200元如何？"

专家说："加一点，抱歉，无法接受。"

理赔员继续说："好吧，那么300元如何？"

专家等了一会儿说道："300元？嗯……我不知道。"

理赔员显得有点惊慌，他说："好吧，400元。"

专家等了一会儿说道："400元？嗯……你说呢？"

理赔员又说："就赔500元吧！"

专家说："500元？嗯……我不知道。"

理赔员又说："这样吧，600元。"

专家无疑又用了："嗯……你自己觉得怎么样？"最后这件理赔案终于在950元的条件下达成协议，而邻居原本只希望要300元。

专家事后认为，"嗯，我不知道。"这样的回答真是效力无穷。

### （二）对方低开的应价策略

如果对方报价刚开始就很低，应价方一定要分析对方低开的原因，判断其是故意的还是无意的，避免冲动应价造成不必要的损失。

因此，应价方应该站在战略高度审视己方及对方的未来长期利益，如接受对方低价是否会是陷阱，是否会对己方后期工作产生牵制等，只有符合双方的长远利益，才能选择接受。当然，为了避免己方利益受损，在接受对方条件时，需要在协议中用其他条款保护自身核心利益。

## 第三节　磋商阶段的谈判策略

磋商阶段是谈判的核心环节，磋商的过程及结果直接关系到谈判双方所获得的利益大小，决定着双方各自需要的满足程度。

磋商既是双方求同存异、协商确定交易条件的过程，也是双方斗智斗勇，在谈判经验和智力等诸多方面展开较量的过程。

### 一、让步策略

谈判本身就是一个讨价还价的过程，是一个理智取舍的过程。在任何一个谈判中，谈判双方都必须做出某些让步，可以说，没有让步，就没有谈判的成功。一直以来，让步是作为谈判双方谋求一致而存在的手段，服从于谈判双方追求自身利益最大化的要求。尽管让步是难免的，但是，何时让步？做出多大让步？分几次让步？……类似的问题，使得让步策略成为极为复杂的问题。

#### （一）假设的让步模式

表 8-2 是一个假设的卖方让步模式，卖方最大的让步金额为 60 元，让步分四个阶段进行，不同的让步模式产生的影响和结果是不同的。

表 8-2　卖方的让步模式　　　　　　　　　　　　　　　（单位：元）

| 让步模式 | 第一阶段 | 第二阶段 | 第三阶段 | 第四阶段 |
| --- | --- | --- | --- | --- |
| 1 | 0 | 0 | 0 | 60 |
| 2 | 15 | 15 | 15 | 15 |
| 3 | 24 | 18 | 12 | 6 |
| 4 | 28 | 20 | 11 | 1 |
| 5 | 40 | 20 | 0 | 0 |
| 6 | 6 | 12 | 18 | 24 |
| 7 | 50 | 10 | -2 | 2 |
| 8 | 60 | 0 | 0 | 0 |

第一种模式，这是一种冒险型的让步模式，意志薄弱的买方可能屈服于卖方的压力，或者干脆退出谈判；意志强的买方则会坚持不懈，继续要求卖方做出让步，而最后阶段卖方的大幅度让步，很可能引发买方提出更高的要求，使谈判陷入僵局。

第二种模式，这是一种刺激型的让步模式，这种让步容易使买方相信，只要有足够的耐心，卖方就会继续做出让步。因此，在第四阶段，尽管卖方已经无法再做出让步，但是买方仍期待卖方的进一步让步。

第三种模式，这是一种希望型让步模式，卖方逐步减少让步金额，显示出卖方的立场越来越强势，不会轻易让步。

第四种模式，这是一种妥协型让步模式，卖方表现出较强的妥协意思，同时又告诉了买方，所能做出的让步是有限的。

第五种模式，这是一种危险型的让步模式，这种模式大大提高了买方的心理预期，而在第三阶段卖方又拒绝让步，买方一般很难接受这一变化，容易使谈判陷入僵局。

第六种模式，这是一种诱发型的让步模式，这种递增的让步模式足以使买方相信，只要坚持下去，卖方还将做出更大的让步，买方的期望会随时间推移而增大。第四阶段，卖方虽已无路可退，但是又无法取得买方的信任，容易使谈判陷入僵局。

第七种模式，这是一种虚伪型的让步模式，第三阶段加价，显示了卖方更为坚定的立场，第四阶段为表善意而做出小小让步，目的在于增强买方的满足感。

第八种模式，这是一种愚蠢型的让步模式，卖方大幅度让步大大提高了买方的期望水平，买方势必将在随后几个阶段争取更大的让步。

（二）互惠让步模式

互惠让步模式是指以己方的让步换取对方在某一方面的让步，谋求互利结果的一种让步方式，主要有以下两种形式：

**1. 对等让步**

谈判双方在某一问题上针锋相对，相持不下时，为了打破僵局，双方做出同等程度的让步。例如，买卖双方的出价分别为80元和100元，则90元成交。

**2. 互补式让步**

谈判双方不在同一问题、同一利益上对等让步，而是在不同问题或利益上交叉进行让步。例如，一方在价格上做了让步，另一方则在产品品质或交货期、付款方式等方面让步。

（三）让步的原则

在利益冲突不能采取其他的方式协调时，客观标准的让步策略的使用在商务谈判中会起到非常重要的作用。成功让步的策略和技巧表现在谈判的各个阶段，但是，要准确、有价值地运用好让步策略，总体来讲必须服从以下原则：

**1. 目标价值最大化原则**

应当承认，在商务谈判中很多情况下的目标并非是单一的一个目标，在谈判中处理这些多重目标的过程中不可避免地存在着目标冲突现象，谈判的过程事实上是寻求双方目标价值最大化的过程，但这种目标价值的最大化并不是所有目标的最大化，如果是这样的话就违背了商务谈判中的平等公正原则，因此也避免不了在处理不同价值目标时使用让步策略。

不可否认在实际过程中，不同目标之间的冲突是时常发生的，但是在不同目标中的重要价值及紧迫程度是不同的，所以在处理这类矛盾时所要掌握的原则就是需要在目标之间依照重要性和紧迫性建立优先顺序，优先解决重要及紧迫目标，在条件允许的前提下适当争取其他目标，其中的让步策略首要就是保护重要目标价值的最大化，如关键环节——价格、付款方式等。

成功的商务谈判者在解决这类矛盾时所采取的思维顺序是：

（1）评估目标冲突的重要性、分析自己所处的环境和位置，在不牺牲任何目标的前提下，冲突是否可以解决。

（2）如果在冲突中必须有所选择时，就要区分主目标和次目标，以保证整体利益最大化，但同时也应注意目标不要太多，以免顾此失彼，甚至自相矛盾，留给谈判对手以可乘之机。

**2. 刚性原则**

在谈判中，谈判双方在寻求自己目标价值最大化的同时也对自己最大的让步价值有所准备，也就是说，谈判中可以使用的让步资源是有限的，所以，让步策略的使用是具有刚性的，其运用的力度只能是先小后大，一旦让步力度下降或减小则以往的让步价值也失去意义；同时谈判对手对于让步的体会具有抗药性，一种方式的让步使用几次就失去效果，同时也应该注意到谈判对手的某些需求是无止境的。必须认识到，让步策略的运用是有限的，即使你所拥有的让步资源比较丰富，但是在谈判中对手对于你的让步的体会也是不同的，并不能保证取得预先期望的价值回报。因此，在刚性原则中必须注意到以下几点：

（1）谈判对手的需求是有一定限度的，也是具有一定层次差别的，让步策略的运用也必须是有限的、有层次区别的。

（2）让步策略的运用的效果是有限的，每一次让步只能在谈判的一定时期内起作用，是针对特定阶段、特定人物、特定事件起作用的，所以不要期望满足对手的所有意愿，对于重要问题的让步必须给予严格的控制。

（3）时刻对让步资源的投入与你所期望效果的产出进行对比分析，必须做到让步价值的投入小于所产生的积极效益。在使用让步资源时一定要有一个所获利润的测算，你需要投入多大比例来保证你所期望的回报，并不是投入越多回报越多，而是寻求一个二者之间的最佳组合。

**3. 时机原则**

所谓让步策略中的时机原则，就是在适当的时机和场合做出适当适时的让步，使谈判让步的作用发挥到最大、所起到的作用最佳。虽然让步的正确时机和不正确时机说起来容易，但在谈判的实际过程中，时机是非常难以把握的，常存在以下问题：

（1）时机难以判定。在商务谈判中，谈判者由于自身认知的原因，对让步时机的确定存在错误的理解，如有的人认为当谈判的对方提出要求时，就认为让步的时机到了，或者有人认为让步有一系列的方法，不需要考虑时机的把握问题，谈判完成之时就是最佳的时机。

（2）对于让步的随意性导致时机把握不准确。在商务谈判中，谈判者仅仅根据自己的喜好、兴趣、成见、性情等因素使用让步策略，而不顾及所处的场合、谈判的进展情况及发展方向等，不遵从让步策略的原则、方式和方法。这种随意性导致让步价值缺失、让步原则消失，进而促使对方的胃口越来越大，在谈判中丧失主动权，导致谈判失败，所以在使用让步策略时千万不能随意而为之。

**4. 清晰原则**

在商务谈判的让步策略中的清晰原则是让步的标准、让步的对象、让步的理由、让步的具体内容及实施细节应当准确明了，避免因为让步而导致新的问题和矛盾。常存在以下问题：

（1）让步的标准不明确，使对方感觉自己的期望与你的让步意图错位，甚至感觉你没有在实际问题上让步，而是含糊其辞。

（2）让步方式、内容不清晰。在谈判中你所做的每一次让步必须是对方所能明确感受到的，也就是说，让步的方式、内容必须准确、有力度，让对方能够明确感觉到你所做出的让步，从而激发对方的反应。

### 5. 弥补原则

如果迫不得已，己方再不做出让步就有可能使谈判夭折的话，也必须把握住"此失彼补"这一原则。即这一方面（或此问题）虽然己方给了对方优惠，但在另一方面（或其他地方）必须加倍地，至少均等地获取回报。当然，在谈判时，如果发觉此问题，己方若是让步可以换取彼此更大的好处时，也应毫不犹豫地给其让步，以保持全盘的优势。

在商务谈判中，为了达成协议，让步是必要的。但是，让步不是轻率的行动，必须慎重处理。成功的让步策略可以起到以局部小利益的牺牲来换取整体利益的作用，甚至在有些时候可以达到"四两拨千斤"的效果。

让步策略要因人而异，因地而异，因时而异。让步的基本原则是以小博大。

### （四）确定让步的条件

让步有三个导向：幅度要递减；次数要少；速度要慢。确定让步的条件可从以下几方面着手：

（1）要列出让步的清单，明确己方可以在哪些方面让步？能让步多少？

（2）要营造出一种和谐的洽谈气氛，让对方在舒适的环境中忘记剑拔弩张，不会为了一点利益，争得面红耳赤，又毫无进展。

（3）制定新的磋商方案，将双方争议和让步的空间放大。

（4）确定让步的方式，按照双方当时的情况和各自最终目的确定采用哪一种让步方式。

（5）选择合适的让步时机，谈判过程漫长而复杂，谈判的机会也会转瞬即逝，选择合适的让步时机，就是为了把握"机不可失，失不再来"的规律。

### （五）影响让步策略选择的因素

**1. 谈判对手的谈判经验**

由于让步策略的选择要根据对方的具体策略实时进行调整，因此，选择哪种谈判策略，关键要看谈判对手的谈判经验如何。如果对方在过去的谈判中一直以比较强硬的姿态出现，那么己方可以通过制造竞争的策略，打压对方的优越感，从而实现迫使对方让步的目的。

**2. 准备采取什么样的谈判方针和策略**

让步策略选择要遵从己方大的谈判方针和策略，不能意气用事，导致最终的利益受损。

**3. 期望让步后对方给予己方何种反应**

己方在选择采取何种让步策略之前，都会预期对方给予己方的策略以什么样的反击，根据对方的行为，我们又该以什么样的策略予以应对。策略的选择就与下棋一样，不能走一步看一步，要有一个全局构想，再根据外部条件变化，具体问题具体分析。

## 知识链接

### 讨价还价不是谈判

磋商阶段谈判与让步的内容不仅仅局限在价格上面，单纯地把谈判等同于价格谈判是错误的。

# 第八章 商务谈判的策略

很多人分不清谈判和讨价还价，误把后者当前者。在英语里，谈判叫 negotiate，讨价还价叫 bargain，层次不同，高下立见。讨价还价就如老太太买菜，人家要一块，她还八毛，只在价格上做文章，没法影响到成本；而真正的谈判，则更多地涉及成本，通过影响成本来影响价格。讨价还价是零和游戏（非合作博弈），问题并没有解决，其目的是把问题变成对方的问题；真正的谈判，则更多地涉及共同解决问题。

讨价还价是没有解决问题的能力，或者没有解决问题的心态时的手段，对付简单的问题尚可，但在采购和供应链管理中，我们遇到的问题往往很复杂，简单的讨价还价没法解决问题，需要借助谈判，尤其是在双方相互依赖度较高、长期合作关系重要的情况下。"小采购"没有谈判，只有讨价还价：一方面，他们缺乏谈判的技巧；另一方面，他们缺乏通过谈判来协作、共同解决问题的心态。例如，你想在价格上做文章，供应商的价格确实又没什么可降的余地，但他们大都很乐意和你共同寻找可以省钱的地方，如简化生产工艺、简化供应链、降低某些过高的规格要求等，通过降低成本来降低价格。

谈判是最根本的工具，不仅仅是跟供应商谈，更多的是跟内部客户谈。这不但需要谈判技巧，而且需要通过谈判解决问题的心态。很多人习惯上依赖市场竞争而不是谈判来解决问题。讨价还价就是例子。其基本假定是存在相对充分的市场竞争，我们有备选，就如老太太买菜：你要一块，我还八毛；你不卖给我，我就从你旁边的摊子上买。在这种心态的驱使下，人们习惯性地寻找第二个供货源，导入竞争。一品两点（一个料号，两个供货源），甚至一品多点成了有些公司的政策，就是为系统地制造竞争，为讨价还价创造条件。但是，当这种做法成为我们工具箱里的唯一工具的时候，如果竞争不是很充分，我们就会"抓瞎"。在很多行业，特别是多品种、小批量的行业，复杂度高，技术和质量要求高，可选供应商并不多。即使是市场竞争很充分，在特定的时段、特定的环境下，都可能存在短期的、局部的不充分竞争。就拿机械加工件来说，可选的供应商很多；但如果你的量很大的话，短期内你很难找到具备足够产能的备选供应商，所以短期内，你还是锁定在一个供应商身上，如果你不想冒着生产线"断料"风险的话。

习惯于依赖市场竞争讨价还价的人，一旦面临独家供货就手足无措，其实我们天生都是谈判高手，是对付"独家供应商"的高手：我们的一生都是在跟"独家供应商"打交道中度过的。例如两个人结婚了，先生和太太就互为"独家供应商"。太太让先生干什么，先生不愿意，作为太太，她总有办法，而且是和平、协作的办法，让先生做她想让做的事。这主要是通过谈判的方式，而不是通过导入"市场竞争"——再找个先生的方式来迫其就范。又如我们的孩子大多是独生子女，也是典型的"独家供应商"，虽说独子难管，但我们总有办法让他们做我们认为正确的事，这也是个谈判的过程，而不是通过导入竞争（如再生一个孩子）或淘汰的方法（如把孩子送人）——这都是讨价还价的常用手段。

所以，我们缺的不是谈判的能力或技巧；我们所缺的其实是心态，即通过谈判来共同解决问题的心态。与谈判相比，讨价还价是捷径，让我们轻而易举获得的同时，也让我们变懒变低能，从而失去了很多真正解决问题的机会。

（资料来源：讨价还价不是谈判．http：//www.ceconlinebbs.com/FORUM_BESTCOM_900001_900006_1073977_0.HTM．）

## 二、迫使对方让步

**1. 软硬兼施策略**

软硬兼施策略也称红白脸策略,就是在谈判人员的角色搭配以及手段运用上软硬相间,刚柔并济。在一个谈判班子中,有人扮演"强硬者",坚持强硬的原则和条件,向对方进行胁迫;其他人则以"调和者"的面孔出现,向对方表示友好或者予以抚慰。

**2. 制造竞争策略**

当谈判的一方存在竞争对手时,另一方完全可以选择其他的合作伙伴而放弃与他的谈判,他的谈判实力就将大大减弱。在商务谈判中,谈判者应有意识地制造和保持对方的竞争局面。在筹划某项谈判时,可以同时邀请几方,分别与之进行洽谈,并在谈判过程中适当透露一些关于竞争者的情况。即便不存在竞争者,谈判者也可以巧妙地制造假象来迷惑对方,借此向对方施加压力。

**3. 虚张声势策略**

在某些谈判中,双方在一开始都会提出一些并不期望能实现的过高要求,随着时间的推移,双方再通过让步逐渐修正这些要求。过分的要求并不一定表示实力的强大,但却可能动摇对方的信心,迫使其修正自己的期望,并降低自己的目标和要求。

**4. 各个击破策略**

如果对方谈判班子由几个成员构成,成员之间必然会存在理解力、意见、经验等方面的差异,己方可以利用这一差异分化对方,将对方班子中持有利于己方意见的人员作为重点,以各种形式的鼓励和支持与之形成一种暂时的无形同盟,重点突破。

**5. 吹毛求疵策略**

吹毛求疵策略也称先苦后甜策略,是一种先用苛刻的虚假条件使对方产生疑虑、压抑、无望等心态,以大幅度降低对手的期望值,然后在实际谈判中逐步给予优惠和让步。

**6. 积少成多策略**

积少成多策略也称挤牙膏策略,就是一点点迫使对方妥协,使谈判朝着有利于己方的方向发展。具体做法是:分多次,从不同侧面向对方提出一些似乎微不足道的要求。随着时间的推移,一个小小的让步最后的结果却十分惊人。

**7. 最后通牒策略**

最后通牒策略是指谈判者以退为进,用中止谈判等理由迫使对方退让的一种策略。应注意以下问题:

(1) 己方谈判的实力强于对手。

(2) 谈判人员已使用过其他方法但没效果。

(3) 己方确实已经把条件降到最低。

(4) 经过长时间磋商使得双方无法承担谈判破裂的损失。

使用最后通牒策略时,应令对方无法拒绝,在进退两难的情况下,想抽身为时已晚。例如,对方为此次谈判已投入大量金钱、时间和精力,退出实在可惜。

发出通牒的言辞要委婉,防止对方由于一时冲动铤而走险,一气之下退出谈判,对双方均不利。

第八章 商务谈判的策略

案例链接

**一个故事**

在美国一个监狱的牢房里,一个犯人通过瞭望孔,看到狱警在陶醉地抽烟,犯人隐约嗅到了万宝路的香味……于是他轻轻地敲门。

警卫说:"你要干什么?"

犯人说:"给我一支烟吧,就是你抽的那种。"

警卫鄙夷地说道:"你慢慢想吧。"吐出一个烟圈转身要走。

犯人说:"我命令你给我一支烟!给你30秒时间,如果你不答应,我就撞墙,直至流血昏倒,醒来之后我会对监狱官员说是你干的!"

犯人接着说:"当然他们不会相信我,可按照法律程序,你要卷入一大堆审讯事务中,你将会损失时间、金钱等。就为了不给我烟抽?我只要一支,保证以后不会打搅你了。"

犯人最终得到了一支万宝路香烟。

### 三、阻止对方进攻策略

援引极限的目的是使对方处于不利地位,限制对方采取行动的自由。典型的极限控制策略包括权力极限策略、政策极限策略、财政极限策略等。

**1. 权力极限策略**

权力极限策略是指利用控制己方谈判人员的权力来限制对方的自由,防止其进攻的一种策略。谈判者的权力是在其职责范围内的支配力量。美国谈判专家荷伯·科恩(Hebb Cohen)把权力定义为:"达成事物的涵容力和能力。"权力的大小直接决定了谈判者可能的决策范围与限度,在权力有限的情况下,对方的讨价还价只能局限在本方人员的权力范围内。受到限制的权力,是用来阻挡对方进攻的坚固盾牌,权力有限恰恰意味着力量无限。但是要注意的是,这种方法不能多次使用,否则会让对方觉得缺乏诚意。

**2. 政策极限策略**

政策极限策略是指己方以企业在政策方面的有关规定作为无法退让的理由,阻止对方进攻的一种策略。通常每一个企业都会制定一些基本的行为准则,这些政策性的规定对企业的生产经营活动具有直接的约束力,企业的谈判人员必须以此规范自己的行为。既然谈判者不能偏离企业政策要求来处理他所面临的问题,那么,对方就只能在该企业政策许可的范围内与之进行讨价还价。

**3. 财政极限策略**

财政极限策略是指利用本方在财政方面所受的限制,向对方施加压力,以达到防止其进攻的目的。例如,买方会说:"我们非常喜欢你们的产品,也很感谢你们提供的合作,遗憾的是,公司的预算只有这么多。"

向对方说明你的窘境,往往能取得比较好的效果。在多数情况下,人们会对弱者抱有怜悯或同情之心，并乐于提供帮助，使他们能够实现自己的愿望。当对方确信根据你目前的财政状况，已经难以做出进一步让步的时候，他可能会放弃进一步发动攻势的想法，与你达成"皆大欢喜"的"共识"。

**4. 先例控制策略**

先例控制策略是指利用过去已经有的事例来处理同类事物，不仅可以为自己节省大量的时间和精力，缩短决策过程，而且会在一定程度上给我们带来安全感。在商务谈判中，谈判的一方常常引用对他有利的先例来约束对方，迫使其做出不利的让步。

先例引用一般有两种形式：

一是引用以前与同一个对手谈判时的例子。例如："以前我们与你谈的都是三年租借协定，为什么现在要提五年呢？"

二是引用与他人谈判的例子。例如："既然本行业的其他厂家都决定增加20%，你提供的10%就太低了。"

先例控制的目的在于消除对方欲强加给你的种种限制，从而保护己方的合理利益。当对方使用该策略时，你应该向对方说明："你所引用的先例是一种与目前谈判无任何关联的模式，因为环境或某些条件的变化，已经使以往的模式变得不再适用。"也可以告诉对方："如果答应了你的要求，对我们来说等于又开了一个先例，今后我方对其他客户就必须提供同样的优惠，这是我方所无法负担的。"

除了上述四个权力极限策略，还有资料限制策略和其他限制因素，如自然环境、生产技术、时间等因素。

**5. 疲劳战术策略**

在商务谈判中，有时会遇到一些锋芒毕露、咄咄逼人的谈判对手。他们以各种方式表现其居高临下、先声夺人的挑战姿态。应对这些谈判者，疲劳战术是一种十分有效的策略。疲劳战术的目的是通过许多回合的拉锯战，使对方疲劳生厌，以此逐渐磨去锐气，同时，也扭转自己在谈判中的不利地位，最后反守为攻，促使对方接受本方条件。

**6. 运用以攻对攻阻止对方进攻策略**

当对方要求己方降价时，己方可以提出以下要求来阻止对方逼迫我们让步的脚步：

（1）说明己方已无降价空间。这是比较直接又相对强硬的应对策略，表明自己不肯先让步的态度。

（2）要求对方增加购买数量。在商务谈判中，谈判的主要内容并不仅仅是价格一项，因此，当对方提出让己方降价时，我们可以提出降价的条件之一是购买数量达到数量折扣条件，这样的变相降价在磋商让步阶段经常被采纳。

（3）要求对方用现钞支付。在商务谈判中，另一种经常使用的折扣方式就是现金折扣。如果用汇票等支付方式，有时货款到账会在6个月以后，这样会使己方损失资金的时间价值，也会承担一定的风险。

（4）要求对方延长交货期限。延长交货期限，一方面，会使己方的生产压力得到一定释放，另一方面可以使己方获得为其他买方增加供货数量的机会，这就间接为己方获得了利益空间。

（5）要求对方改变支付币种。众所周知，国际贸易中最重要的一种风险就是外汇风险，不仅仅是因为外汇汇率的波动，更为重要的是有些货币不具有国际流通能力，因此，在确定交易币种时，尽量采用硬通货或者对己方有利的货币是十分必要的。

（6）降低产品的技术标准。降低产品的技术标准从另一个角度来说就是降低了产品成本，己方可以通过采购技术等级低的原材料，或者提供卖方质量等级不是100%优秀等手段，降低产品成本，从而获得竞争优势。

### 知识链接

**谈判中拒绝对方的4个方法**

商务谈判中，讨价还价是难免的，也是正常的，有时对方提出的要求或观点与自己相反或相差太远，这就需要拒绝、否定。但若拒绝、否定表现得死板、武断甚至粗鲁，则会伤害对方，使谈判出现僵局，导致生意失败。高明的拒绝、否定应是审时度势，随机应变，有理有节地进行，让双方都有回旋的余地，使双方达到成交的目的。

**一、幽默拒绝法**

无法满足对方提出的不合理要求，在轻松诙谐的话语中设一个否定伏笔或讲述一个精彩的故事让对方听出弦外之音，既避免了对方的难堪，又转移了对方被拒绝的不快。例如，某公司谈判代表故作轻松地说："如果贵方坚持这个进价，那就请为我们准备过冬的衣服和食物，总不忍心让员工饿着肚子瑟瑟发抖地为你们干活吧！"

某洗发水公司的产品经理，在抽检中发现有分量不足的产品，对方趁机以此为筹码不依不饶地讨价还价，该公司代表微笑着娓娓道来："美国一专门为空降部队伞兵生产降落伞的军工厂，产品不合格率为万分之一，也就意味着一万名士兵将有一个在降落伞质量缺陷上牺牲，这是军方所不能接受和容忍的，他们在抽检产品时，让军工厂主要负责人亲自跳伞。据说从那以后，合格率为100%。如果你们提货后能将那瓶分量不足的洗发水赠送给我，我将与公司负责人一同分享，这可是我公司成立8年来首次碰到使用免费洗发水的好机会哟。"这样拒绝不仅转移了对方的视线，还阐述了拒绝、否定的理由，即合理性。

**二、移花接木法**

在谈判中，对方要价太高，自己无法满足对方的条件时，可采用移花接木法或委婉地设计双方无法跨越的障碍，既表达了自己拒绝的理由，又能得到对方的谅解，如"很抱歉，这个超出我们的承受能力……""除非我们采用劣质原料使生产成本降低50%才能满足你们的价位。"暗示对方所提的要求是可望而不可即的，促使对方妥协。

也可运用社会局限，如法律、制度、惯例等无法变通的客观限制，如"如果法律允许的话，我们同意""如果物价部门首肯，我们无异议"。

**三、肯定形式法**

实质上，人人都渴望被了解和认同，可利用这一点从对方意见中找出彼此同意的非实质性内容，予以肯定，产生共鸣，造成"英雄所见略同"之感，借机顺势表达不同的看法。某玩具公司经理面对经销商对产品知名度的诘难和质疑时，坦然地说："正如你所说，我们的品牌不是很知名，可我们将大部分经费运用在产品研发上，生产出式样新颖时尚，质量上乘的产品，面市以来即产销两旺，市场前景看好，有些地方竟然脱销……"

### 四、迂回补偿法

谈判中有时仅靠以理服人、以情动人是不够的，毕竟双方最关心的是切身利益，断然拒绝会激怒对方，甚至使交易终止。假使我们在拒绝时，在能力所及的范围内，给予适当优惠条件或补偿，往往会取得曲径通幽的效果。自动剃须刀生产商对经销商说："这个价位不能再降了，这样吧，再给你们配上一对电池，既可赠送促销，又可另作零售，如何？"

房地产开发商对电梯供销商报价较其他同业稍高极为不满，供货商则信心十足地说："我们的产品是国家免检产品，优质原料，进口生产线，相对来说成本稍高，但我们的产品美观耐用，安全节能，况且售后服务完善，一年包换，终身维修，每年还免费两次例行保养维护，解除您的后顾之忧，相信您能做出明智的选择。"

（资料来源：谈判中拒绝对方的4个方法. http：//www.ceconlinebbs.com/FORUM_POST_900001_900005_939169_0_e4acd75f. HTM.）

### 案例链接

#### 伊麦思公司的超额回报

伊麦思公司同某公司签订一份合同，供应5000顶帽子，双方约定的交货期为9月10日。9月3日，该公司打来电话，要求提前到5日或6日送货。

由于伊麦思公司在签订合同时预留了足够的时间，实际在9月2日时，该公司订购的5000顶帽子已入库。

假定你是伊麦思公司负责该公司业务的销售人员，该如何做：

A. 不同意，严格执行合同，仍然在10日送货。

B. 同意5日送货（心想反正放在我们仓库还占地方，不如早点送掉）。

优秀的谈判人员会这么做：

首先，分析对方为什么要提前送货。（他们的上家要求提前交货？他们的庆典活动提前举行了……）

其次，想想如果提前送货对自己有何利弊——少占仓库位置，节省保管费用。

答复："我和生产部的同事们商量一下，看看能否赶赶进度吧。不过如果我们能够提前交货的话，你又能为我们做什么呢？"

猜猜看，结果会怎样？

该公司回复："这样吧，5日送货过来的时候，我们先付50%的现金给你，剩下的货款仍然按合同，月底给你们。"

伊麦思："（高兴得差点喷出来，原本约定的是先送货，货款月底开支票的）好吧，我马上去商量商量！"

及时索取回报的技巧及注意事项有：

（1）及时索取回报，可以让你所做出的让步更有价值。

第八章　商务谈判的策略

（2）及时索取回报，可以帮你避免很多麻烦（如果对手知道每次让你让步都要他付出代价的话，他就不会无休止地一直让你让步了）。

（3）一定要及时，在对手要求你让步的同时，当即提出，事后再提出，对手一般不会同意。

（4）注意表达方式："如果我们能够为你做这个，你会为我们做什么呢？"千万不要索取具体的报酬，避免在双方之间造成一种对抗的情绪。

注意避免以下两种方式："如果我们5日送货了，你能不能先付50%的货款给我呢？""如果我们能够5日送货，你能提前付款吗？"

## 第四节　谈判僵局的处理策略

### 一、谈判僵局产生的原因

在谈判进行过程中，僵局无论何时都有可能发生，任何主题都有可能形成分歧与对立。表面上看，僵局表现的时机与形式、对峙程度的高低是令人眼花缭乱、不可名状的。然而，谈判陷入危机往往是由于双方感到在多方面谈判中期望相差甚远，并且在各个主题上这些差异相互交织在一起，难以出现缓解的迹象。造成谈判僵局的原因可能是多方面的，僵局并不总是由于震惊世界的大事或者重大的经济问题才出现。根据一些谈判者的经验，许多谈判僵局和破裂是由于细微的事情引起的，如谈判双方性格的差异、怕丢面子，个人的权力限制，环境的改变，公司内部纠纷，与上司的工作关系不好以及缺乏决断的能力，谈判一方利用己方优势强迫另一方接纳己方的意图等。僵局的产生是由其中一个或几个因素共同作用而形成的。归纳起来，主要有以下几个方面：

**1. 谈判一方故意制造谈判僵局**

这是一种带有高度冒险性和危险性的谈判策略，即谈判的一方为了试探出对方的决心和实力而有意给对方出难题，搅乱视听，甚至引起争吵，迫使对方放弃自己的谈判目标而向己方目标靠近，使谈判陷入僵局，其目的是使对方屈服，从而达成有利于己方的交易。

故意制造谈判僵局的原因可能是过去在商务谈判中上过当、吃过亏，现在要报复对方；或者自己处在十分不利的地位，通过给对方制造麻烦可能改变自己的谈判地位，并认为即使自己改变不了不利地位也不会有什么损失。这样就会导致商务谈判出现僵局。

通常情况下，谈判者往往不愿意冒险使谈判陷入僵局，因为制造僵局往往会改变谈判者在谈判中的处境。如果运用得当，会获得意外的成功；反之，若运用不当，其后果也是不堪设想的。因此，除非谈判人员有较大把握和能力来控制僵局，最好不要轻易采用。

**2. 双方立场观点对立争执导致僵局**

在讨价还价的谈判过程中，如果双方对某一问题各持自己的看法和主张，意见分歧，那么，越是坚持各自的立场，双方之间的分歧就会越大。这时，双方真正的利益被这种表面的立场所掩盖，于是，谈判变成了一种意志力的较量，当冲突和争执激化、互不相让时，便会出现僵局。

例如，在中美恢复外交关系的谈判中，双方在公报如何表述台湾的问题上发生了争执。

中方认为台湾是中国领土的一部分，而美方不想得罪台湾当局，双方谈判代表为此相持不下，绞尽脑汁。最后，在上海公报里，用了"台湾海峡两边的中国人"这种巧妙的提法，使双方的立场冲突得到了缓解，"上海公报"得以诞生。

中美两国的谈判代表在如何称谓台湾的问题上都认为，这是关系到本国政府外交政策的重大立场性问题，不肯轻易让步，这时如果找不到适当的措辞，公报就不能产生，谈判自然陷入困境。

所以谈判双方在立场上关注越多，就越不能注意调和双方利益，也就越不可能达成协议。纠缠于立场性的争执是低效率的谈判方式，它撇开了双方各自的潜在利益，不容易达成明智的协议，而且由于相持不下，它还会直接损害双方的感情，谈判者要为此付出巨大代价。

在谈判过程中，谈判对手为了维护自己的正当利益，会提出自己的反对意见；当这些反对意见得不到解决时，便会利用制造僵局来迫使对方让步。例如，卖方认为要价不高，而买方则认为卖方的要价太高；卖方认为自己的产品质量没有问题，而买方则对产品质量不满意等。也可能是客观市场环境的变化造成的不能让步，如由于市场价格的变化，使原定的谈判让步计划无法实施，便会在谈判中坚持条件，使谈判陷入僵局。

**3. 沟通障碍导致僵局**

沟通障碍就是谈判双方在交流彼此情况、观点、洽商合作意向、交易的条件等过程中，所可能遇到的由于主观与客观的原因所造成的理解障碍。

由于双方文化背景的差异，一方语言中的某些特别表述难以用另一种语言准确表述出来而造成误解。

例如，某跨国公司总裁访问一家中国著名的制造企业，商讨合作发展事宜。中方总经理很自豪地向客人介绍说："我公司是中国二级企业……"此时，翻译人员很自然地用"Second-class Enterprise"来表述。不料，该跨国公司总裁闻此，原本兴致很高突然冷淡下来，敷衍了几句立即起身告辞。在归途中，他抱怨道："我怎么能同一个中国的二流企业合作？"可见，一个小小的沟通障碍，会直接影响到合作的可能与否。

美国商人谈及与日本人打交道的经历时说："日本人在会谈过程中不停地'Hi''Hi'，原以为日本人完全赞同我的观点，后来才知道日本人只不过表示听明白了我的意见而已，除此之外，别无他意。"

**4. 谈判人员的偏见或成见导致僵局**

偏见或成见是指由感情原因所产生的对对方及谈判议题的一些不正确的看法。由于产生偏见或成见的原因是对问题认识的片面性，即用以偏概全的办法对待别人，因而很容易引起僵局。

由于谈判人员对信息的理解，受其职业习惯、受教育程度，以及为某些领域内的专业知识所制约。所以表面上看来，谈判人员对对方所讲的内容似乎已完全理解了，但实际上这种理解却常常是主观、片面的，甚至往往与信息内容的实质情况完全相反。

**5. 环境的改变导致僵局**

当谈判的外部环境，如价格、通货膨胀等因素发生变化时，如果按照原来的谈判条件来签约，可能会导致某一方利益受损，此时，利益有可能受损的谈判一方是不愿按原有的承诺签约的，这样也会导致僵局产生。

**6. 谈判双方用语不当导致僵局**

由于谈判的进程受多方因素的影响，在谈判进行过程中，由于争论激烈，某一方谈判人员的言辞可能激烈些、谈判用语运用可能不恰当，带有某些情绪或负面情感，造成对方或双方在感情上的强烈对立，此时，谈判双方都感到自尊受到伤害，因而不肯做丝毫的让步，谈判便会陷入僵局。

**7. 谈判中形成一言堂导致僵局**

谈判中的任何一方，不管出自何种欲望，如果过分地、滔滔不绝地论述自己的观点而忽略对方的反应和陈述的机会，必然会使对方感到不满与反感，有可能导致谈判僵局的形成。

**8. 谈判人员的失误导致僵局**

有些谈判者想通过表现自我来显示实力，从而使谈判偏离主题；或者争强好胜，提出独特的见解令人诧异；或者设置圈套，迷惑对方，使谈判的天平向着己方倾斜，以实现在平等条件下难以实现的谈判目标。但是在使用一些策略时，因时机掌握不好或运用不当，也往往导致谈判过程受阻及谈判僵局的出现。

**9. 谈判人员的强迫手段导致僵局**

谈判中，人们常常有意或无意地采取强迫手段而使谈判陷入僵局。特别是涉外商务谈判，由于不仅存在经济利益上的相争，还有维护国家、企业及自身尊严的需要。因此，某一方越是受到逼迫，就越是不会退让，谈判的僵局也就越容易出现。

**10. 谈判人员素质低下导致僵局**

谈判人员素质的高低往往成为谈判进行顺利与否的决定性因素。无论是谈判人员工作作风方面的原因，还是谈判人员知识经验、策略技巧方面的不足或失误，都可能导致谈判陷入僵局。

**11. 利益合理要求的差距导致僵局**

许多商务谈判，即使双方都表现出十分友好、坦诚与积极的态度，但是，如果谈判双方对各自所期望的收益存在很大差距，那么谈判就会搁浅。当这种差距难以弥合时，合作必然走向流产，僵局便会产生。

## 二、打破僵局的方法

在谈判中不可能总是一帆风顺的，双方磕磕碰碰是很正常的事，如果我们在准备资料时就确定什么是唯一的最佳方案，这往往阻止了许多其他可作选择的方案的产生，这时，僵局就会产生。因此，在谈判准备时期，就能构思彼此有利的更多方案，往往会使谈判如顺水行舟，一旦遇有障碍，只要及时调整船头方向，就能顺畅无误地到达目的地。

同时，我们也可以对一个方案中的某一部分采用不同的替代方法。例如，我们可以彼此约定重新商议的时间，以便讨论较难解决的问题；建议减少某些烦琐的手续，以保证日后的服务；使互相争利的情况改变为同心协力、共同努力的团体；让交易双方负责人、员工彼此联系，互相影响，共同谋求解决的办法等。具体来说，打破僵局主要有以下策略：

**1. 运用休会策略打破僵局**

谈判出现僵局，双方情绪都比较激动、紧张，会谈一时也难以继续进行。这时，提出休会是一个较好的缓和办法。因为，休会不仅是谈判人员为了恢复体力、精力的一种生理需求，而且是谈判人员调节情绪、控制谈判过程、缓和谈判气氛、融洽双方关系的一种策略技巧。

谈判的一方把休会作为一种积极的策略加以利用，可以达到"仔细考虑争议的问题，构思重要的问题；召集各自谈判小组成员，集思广益，商量具体的解决办法，探索变通途径；研究讨论可能的让步；缓解体力不支或情绪紧张；缓和谈判一方的不满情绪"等目的。

因此，己方可以把休会作为一种战术性拖延的手段，走出房间，打个电话什么的。当回到谈判桌边时，可以说"原来说过要在某一特殊问题上让步是不可能的，但是上级指示现在可以有一种途径，比如……"这样让对方感到改变观点是合理的。但是，在休会之前，务必向对方重申一下己方的提议，引起对方的注意，使对方在头脑冷静下来以后，利用休会的时间去认真地思考。

休会期间双方应集中考虑的问题有：

贸易洽谈的议题取得了哪些进展？

还有哪些方面有待深谈？

双方态度有何变化？

己方是否调整一下策略？

下一步谈些什么？

己方有什么新建议？

……

**2. 有效退让打破僵局**

谈判犹如一个天平，每当我们找到了一个可以妥协之处，就等于找到了一个可以加重自己谈判的砝码。在商务谈判中，当谈判陷入僵局时，如果对国内、国际情况有全面了解，对双方的利益所在又把握得恰当准确，那么就应该以灵活的方式在某些方面采取退让的策略，去换取另外一些方面的得益，以挽回本来看来已经失败的谈判，达成双方都能接受的合同。不能忘记，谈判双方坐在谈判桌上的目的是使谈判成功而非失败。

因此，当谈判陷入僵局时，我们应有这样的认识，即如果促使合作成功所带来的利益大于坚守原有立场而让谈判破裂所带来的好处，那么有效退让就是我们应该采取的策略。

**3. 用语言鼓励对方打破僵局**

如果在一场包含六项议题的谈判中，有四项是重要议题，其余两项是次要议题。现在假设四项重要议题中已有三项达成协议，只剩下一项重要议题和两项小问题了，那么，针对僵局，你可以这样告诉对方："四个难题已解决了三个，剩下一个如果也能一并解决的话，其他的小问题就好办了，让我们再继续努力，好好讨论讨论唯一的难题吧！如果就这样放弃了，前面的工作就都白做了，大家都会觉得遗憾！"听你这么说，对方多半会同意继续谈判，这样僵局就自然化解了。

此外，叙述旧情，强调双方的共同点，也是打破僵局的重要手段。具体来说，就是通过回顾双方以往的合作历史，强调和突出双方的共同点和曾经的合作成果，以此来削弱彼此的对立情绪，以达到打破僵局的目的。

**4. 采取横向式的谈判打破僵局**

把谈判的面撒开，先撇开争议的问题，再谈另一个问题，而不是盯住一个问题不放，不谈妥誓不罢休。例如，在价格问题上双方互不相让，僵住了，可以先将价格问题暂时搁置一旁，改谈交货期或付款方式等其他问题。如果在这些议题上对方感到满意了，再重新回过头来讨论价格问题，阻力就会小一些，商量的余地也就更大些，从而弥合分歧，使谈判出现新的转机。

**5. 利用调节人调停打破僵局**

利用调节人调停打破僵局是指当谈判双方进入立场严重对峙、谁也不愿让步的状态时，找位中间人来帮助调解，有时能很快使双方立场出现松动。在政治事务中，特别是国家间、地区间冲突中，由第三者做中间人进行斡旋，往往会获得意想不到的效果。因此，一旦谈判出现僵局，完全可以考虑运用这一方法来帮助双方有效地消除谈判中的分歧。

中间人主要是由谈判者自己挑选的。谈判一方所确定的中间人——斡旋者应该是对方所熟识的，为对方所接受的，否则就很难发挥其应有的作用。因此，寻找中间人就成了谈判一方为打破僵局而主动采取的措施。在选择中间人时不仅要考虑其具有调节性，而且还要考虑其是否具有权威性。这种权威性是使对方受中间人影响，最终转变强硬立场的重要力量。而主动运用这一策略的谈判者就是希望通过中间人的作用，将自己的意志、中间人的意志转化为双方意志，从而来达到自己的目的。

**6. 更换谈判人员或者由领导出面打破僵局**

有时在谈判陷入僵局时，需要通过调换谈判人员来打破僵局。被调换的谈判人员并非出于他们的失职，而可以是一种自我否定的策略，用调换人员来表示：以前我方提出的某些条件不算数，原来谈判人员的主张欠妥，因而在这种情况下调换人员也蕴含了向谈判对方致歉的意思。临阵换将，把自己一方对僵局的责任归咎于原来的谈判人员——不管他们是否确实应该担负这种责任，还是莫名其妙地充当了替罪羊的角色——这种策略为自己主动回到谈判桌前找了一个借口，缓和了谈判场上对峙的气氛。

不仅如此，这种策略还含有准备与对手握手言和的暗示，成为己方调整、改变谈判条件的一种标志，同时，这也向对方发出新的邀请信号：我方已做好了妥协、退让的准备，对方是否也能做出相应的灵活表示呢？

谈判双方通过谈判暂停期间的冷静思考，若发现双方合作的潜在利益要远大于既有的立场差距，那么调换人员就成了不失体面、重新谈判的有效策略，而且在新的谈判氛围中，在经历了一场暴风雨后的平静中，双方都会更积极、更迅速地找到一致点，消除分歧，甚至做出必要的、灵活的妥协，僵局由此而可能得到突破。

但是，使用这一策略必须注意两点：①换人要向对方做出婉转的说明，使对方能够予以理解；②不要随便换人，即使出于迫不得已而换，事后也要对换下来的谈判人员做一番工作，不能挫伤他们的积极性。

在有些情况下，如果协议的大部分条款都已商定，却因一两个关键问题尚未解决而无法签订合同。此时，我方也可由地位较高的负责人出来参与谈判，表示对僵持问题的关心和重视。同时，这也是向对方施加一定的心理压力，迫使对方放弃原先较高的要求，做出一些妥协，以利协议的达成。

**知识链接**

### 12 条主要谈判策略

**1. 目标至上**

目标是在谈判开始阶段不具备而在谈判结束时想要得到的东西。显然，你必须通过谈判来实现自己的目标。很多人，即使不是大多数人，采取的行动往往和自己的目标相悖，因为他们把注意力放在了其他方面。

无论是购物还是谈恋爱，这种人往往表现得易躁、易怒，喜欢攻击错误的对象。正视自己的目标，在谈判当中，就不应该仅凭自己认为其有效，而想当然地去追求人际关系、更多利益、双赢结果或其他东西。你在谈判中的所有行为都应该明确无误地使你更接近自己在本次谈判中的目标。

2. 重视对手

如果你对谈判对手头脑中的图像一无所知，就别指望会说服他们。谈判对手头脑中的图像包括他们的观点、情感、需求、承诺方式、可信赖程度等。设法找出令对方尊敬的第三方，以及能够对自己有所帮助的人，也是推动谈判顺利进行的手段。搞清楚谈判中的每个人之间究竟存在怎样的关系，就使你不会在谈判中无从下手。学会把自己看成是谈判中无足轻重的人，必须学习进行角色互换，将自己放在对方的立场上。如果轻视对方，在谈判时利用权力或手段来达成目标，则最终结果往往会破坏谈判双方的关系，有时会招致报复。要想使谈判更有成效，也更有说服力，你必须成为激起对方的动力。

3. 进行情感投资

世界是非理性的。对于个人而言，一场谈判越重要，他就会变得越不理性，无论事关世界和平，还是一宗事关百万美元的交易，或是你的孩子想要一个冰淇淋甜筒。不理性就会导致情绪化，情绪化导致无法倾听别人的想法，因此，没有人能够说服他们。对于失去理性的人，你说得再多也是枉然，尤其是讲道理。要尽力体会对方的情感世界，做到感同身受。必要时，不妨向对方道歉，重视对方，或提供其他一些能让对方头脑清醒的东西。

4. 谈判形势千差万别

谈判没有万能通用的模式。同样的人在不同时刻进行同样的谈判，谈判形势也会完全不同。必须对每一种形势进行分析。如果你想和谈判对手在今天，或明天，实现更多目标，那么所谓的常见的谈判情况、谈判趋势、各项谈判数据或过去遗漏下来的东西就变得不那么重要了。如果将适用于日本人或穆斯林的谈判规则进行推广，或固守永远不能第一个开价的原则，那就大错特错了。要知道，谈判者千态万状，谈判形势千差万别，我们怎能故步自封、墨守成规呢？如果有人告诉你："我恨你。"正确的回应应该是："告诉我为什么。"只有了解对方的想法和感受，才能更好地说服他们。

5. 谨守循序渐进这一最佳原则

人们在谈判中经常失败是因为他们一次所提的要求太多，步子迈得太大，这会吓到对方，增加谈判风险，放大双方的差异。无论是想要加薪，还是达成协议，从熟悉到不熟悉，一次一小步。如果双方缺乏信任，循序渐进原则就显得非常重要。每迈一步都要小心检测。如果双方差距很大，那就慢慢向彼此靠近，逐步将差距缩小。

6. 交换评价不同的东西

每个人对事物的评价各不相同。首先要搞清楚谈判双方在意什么，不在意什么，无论大或小，无论有形还是无形，无论是在交易之中还是在交易之外，无论是理性的还是感性的。接下来，将一方重视而另一方不重视的东西拿出来进行交换。例如，用节假日加班换取更多的假期；用允许孩子看电视为条件，让孩子做更多的作业；用压低价格的方法让对方为你介绍更多的客户等。与"利益"或"需求"策略相比，这种策略的含义要更广，因为这个策略涵盖了人们生活中的方方面面。而且这一策略将利益蛋糕做得奇大无比，为企业乃至家庭创造了更多机会。

### 7. 摸清对方的谈判准则

对方的政策是什么？执行政策时是否有过例外或先例？过去发表过什么样的声明？决策方式是怎样的？要利用这些信息去获得更多的利益。对方是否曾纵容客人推迟退房结账的时间？就任何人都不能打扰这一点，对方是否同意？无辜的人应该受到伤害吗？和强硬对手进行谈判时，这一策略尤为有效。

### 8. 开诚布公并积极推进谈判，避免操纵谈判

这是本书与传统观点之间最大的差别。不要欺骗对方，谎言迟早会被揭穿，而且长期回报率会很低。要以真实面目示人。不要假装强硬，也不要假装谦恭有礼，不要假装成任何与你不符的样子，因为对方会识破欺骗的伪装。以真实面目示人，可以使对方对你产生高度的信任感，而这种信任感是你最大的财富。如果你心情不佳，或者正在气头上，或对某些谈判内容缺乏理解，那就如实说出来，这会有助于问题的解决。你的谈判方式和态度十分关键，这并非意味着你只能被动接招，或是提前公开所有谈判内容，它意味着你要诚实坦荡，做真实的自己。

### 9. 始终和对方保持沟通顺畅，提出显而易见的问题，将对方引至己方设定的道路

大多数谈判失败都是由于沟通不畅或是根本没有沟通造成的。除非谈判双方一致同意休息片刻，或者你想结束谈判，否则千万不要走开。不沟通就得不到信息。威胁和责怪对方只能招致对方相同的回应，尊重对方才能获取更多。最出色的谈判者会将沟通中出现的显而易见的问题指出来，他们会说："我们之间似乎有些不愉快。"然后，用三言两语化解掉当时的不快。将对方引至为他们设定的道路上来："你们的目标是给顾客带来幸福和快乐吗？"

### 10. 找出问题的症结所在并将它转化成机会

在谈判中能否有人找出机会，这真的是个问题。问自己："究竟什么在妨碍我实现目标？"要想找出真正的问题，必须搞清楚对方采取某种行动的原因。这种原因在谈判最初也许并不明显。你必须深入调查，直到找到为止。你要换位思考。围绕着孩子熄灯就寝的时间或企业价值评估所产生的争议，也许真的是双方相互信任的问题，也是改善双方关系的一个机会。找到问题仅仅是分析的开始，这些问题通常可以在谈判中被转化成各种机会。

### 11. 接受双方的差异

大多数人都认为双方存在差异不是件好事，会招致风险，令人讨厌或不快。但事实上，双方之间的差异明显可能更好一些，因为这样会使你更有利可图，更富有创造性。这些差异可以产生更多的看法、更多的观点、更多的选择，使谈判更加成功，谈判结果更令人满意。多问对方有关差异的问题，会让对方更加信任你、使双方达成更加理想的协议。无数公司、国家和各种文明通过自己的行为已反复说明，他们对差异恨之入骨，尽管他们在自己的公共关系声明中都言不由衷。

### 12. 做好准备——列一份谈判准备清单，并根据内容进行联系

以上策略只是一份谈判准备清单的开头，这份清单是由谈判策略、谈判技巧和谈判模

式组成的。这份清单就像一间餐具室，你可以从这份清单里挑选特定的东西来助你一臂之力。其中之一就是谈判技巧，即采取一种具体的行动来实施一项策略。例如，通过致歉和做出妥协可以帮助你实施情感投资策略。

（资料来源：斯图尔特·戴蒙德. 沃顿商学院最受欢迎的谈判课［M］. 杨晓红，李升炜，王蕾，译. 北京：中信出版社，2012.）

## 第五节　结束阶段的谈判策略

### 一、谈判结束阶段的主要标志

一般来说，谈判进入结束阶段往往有两个明显标志：达成了谈判的基本目标和出现了交易信号。

**1. 达成了谈判的基本目标**

经过实质性的磋商阶段，双方都从原来出发的立场做出了让步，此时，谈判人员较多地谈到实质性问题，甚至亮出了此次谈判的"底牌"。如果双方都确定在主要问题上已基本达到了目标，谈判成功就有了十分重要的基础，就可以说，促成交易的时机已经到来。

**2. 出现了交易信号**

在谈判的早期阶段，谈判双方可能会大量使用假象、夸张和其他策略手段。但谈判要进入结束阶段时，谈判者会发出某种信号，显示自己的真实主张。当对方收到这样的信号时，他就会明白，在这些主张的基础上有可能达成交易。各个谈判者实际使用的信号形式是不同的，一般来说，谈判人员通常使用的成交信号有以下几种：

（1）谈判者用最少的言辞阐明自己的立场，谈话中可能表达出一定的承诺意愿，但不包含讹诈的含义。

（2）谈判者所提出的建议是完整的、明确的，并暗示如果他的意见不被接受，只好中断谈判，别无他路。

（3）谈判者在阐述自己的观点、立场时，表情不卑不亢，态度严肃认真，两眼紧紧盯住对方，语调及神态表现出最后决定和期待的态度。

（4）谈判者在回答对方问题时，尽可能简单，常常只回答"是"或"不是"，很少谈论论据，表明确实没有折中的余地。

例如，有一家公司在和对方谈生意，当双方在砍价时，一方报出48元，对方马上叫起来："你怎么能指望我们在45元以上买你们的商品呢？"这一句话输出了两个信息：一是他们的价位是45元，二是他已准备成交了。

又如，一家油漆公司与它的经销代理商谈判经销价格问题，油漆公司认为经销商要价太高，派财务经理与他压价，但对方在与他沟通时，他却问，这项计划什么时间开始执行？这立刻暴露出油漆公司已准备与经销商成交了，这种情况下再指望他降价已不可能了。

### 二、促成缔约的策略

商务谈判是双方谋求缔约的过程，在完成最后签约之前，双方的立场和利益始终存在一定的分歧，即使在缔约过程中，谈判双方已经达成近乎完全一致的意向时，仍然会有因为微小差异而扩大矛盾，最后分道扬镳的可能。因此，谈判者应该珍惜来之不易的谈判结果，设法促成协议的最后缔约。在缔约阶段谈判者可考虑运用两个策略：期限策略和最终出价策略。

**1. 期限策略**

期限策略是指限定缔约的最后时间，迫使对方在规定的时间内完成协议缔结的一种方法。与最后通牒不同的是，期限策略的核心不是设定己方所能接受的交易极限，而是不可逾越的时间界线。

限定的期限往往会给对方带来沉重的心理压力，而对方迫于这种压力，就会产生机不可失、失不再来的念头，最终促成缔约行为。在采用这一策略时，有以下几个要点需要注意：

（1）要仔细观察和分析对方的既定截止期限。对方可能在谈判开始时提出一个截止日期，也可能不明确截止期限，还可能以截止期限作为一种战术给己方施加压力，但不管对方采取何种做法，他们总是有一个预定的截止日期，正确地推测对方的既定截止日期，有助于己方掌握谈判的主动权。

（2）己方要根据谈判的实际情况，合理地确定一个截止日期，但要避免暴露己方的这一截止日期，以便能够主动地促进谈判进程。

（3）在给对方一个最后期限时，讲话要委婉和自然，不要引起对方不满，要向对方表明，此做法的目的在于提高谈判的效率，从而迫使对方尽快亮出底牌。

（4）要加强与对方每位谈判人员之间的交流，联络感情，增进友谊，从侧面促进谈判尽早成交。

### 案例链接

**雅贵商厦的最后期限策略**

美妙公司是一家主营圣诞礼物的企业，主力产品是圣诞卡、圣诞老人及各种毛绒玩具，因为专业性强，在业界享有极高的知名度，其产品遍及市内所有中高档商场。

雅贵商厦是一家著名的综合性商场，地理位置极佳且交通便利，每个重要节日都会创造极高的销售额。双方在每年的圣诞节都会有愉快的合作，各自都能达到预期的销售目标。而今年，雅贵商厦提高了进店费用，这令美妙公司极为不满，因为，这将增加该公司的运营成本，会影响其经营利润。于是双方进行了沟通，在十月初进行了一次失败的谈判后谁也没提出第二次会面时间，但圣诞节却越来越近了。

美妙公司认为他们是圣诞行业中无可争议的第一品牌，每年销量都在上升，消费者非常认可美妙品牌，如果在圣诞期间，雅贵商厦没有该产品的销售，在经营上将造成较大的损失，所以他们计划使用时间压力策略，在最后时刻等待雅贵商厦的让步。

雅贵商厦则认为：他们有众多的固定消费群体，美妙公司是通过这个良好的平台才获得了今天的业绩，另外，雅贵商厦目前和全国很多优秀的供应商有合作，拥有不同档次的完整产品线，即使不销售美妙公司的产品也不会造成多大的影响，所以它也使用时间压力策略，在最后时刻等待美妙公司的让步。

**商务谈判与沟通**

> 当双方很明显都在使用这一相同的谈判策略时,我们该如何应对呢?
> 
> 答案很简单,处于强势的一方可以从容使用时间压力策略,而处于弱势的一方应该想办法避免它的发生,时间的拖后会使谈判地位继续降低。
> 
> 在这个例子中,哪方处于强势地位呢?
> 
> 很显然,雅贵商厦处于绝对的优势,它会更多地引进其他品牌的圣诞产品,在销售收入上最大限度地弥补缺少美妙产品的损失,消费者方面也不会有流失率的隐患,它不会因为缺少美妙产品而拒绝消费其他品牌。所以,雅贵商厦如果能与美妙公司合作是锦上添花,不能合作也不会带来什么负面影响。
> 
> 相反,美妙公司主营圣诞产品,圣诞节的销售对企业是至关重要的,缺少一家销售终端就意味着丧失一份销售收入,更何况缺少的是雅贵商厦这样的大型商场,另外,每年的销售高峰都出现在圣诞节的前20天,所以对它而言时间就是金钱。所以它此刻使用时间压力策略是错误的,越临近圣诞节美妙公司谈判的谈判筹码就越低,而且对方的选择余地要远远超过美妙公司,雅贵商厦可以从容地等待而美妙公司已经没有时间了。
> 
> 通过这个例子我们深入了解了时间压力策略的运用,在你使用之前要分析一下双方的谈判力量,如果你有绝对的谈判优势,则可以使用该策略;如果处于谈判劣势,则建议你考虑其他谈判策略,不要试图在时间上做文章。

**2. 最终出价策略**

最终出价策略是指谈判一方给出了一个最后的价格,告诉对方不准备再进行讨价还价了,要么在这个价格上成交,要么谈判破裂。西方谈判界把最终出价形象地描述为"要么干,要么算"。

最终出价很容易把谈判双方逼到"不成功,则成仁"的境地,造成双方的对抗,导致谈判的破裂。一般来说,商务谈判中谈判者往往不愿意中断谈判。因为任何经理、老板都明白,市场竞争是何等激烈,一旦自己退出谈判,很可能有许多身旁的竞争者会乘虚而入,取代自己的位置。所以,在商务谈判中对待使用最终出价的战术,往往是慎之又慎的。

当谈判中出现以下情况时,可以考虑选择最终出价这一谈判技巧来达到自己的目标:

(1)谈判的一方处于极为有利的谈判地位,"皇帝的女儿不愁嫁",对手只能找自己谈判,任何人都不能取代自己的位置。

(2)讨价还价到最后,所有的谈判技巧都已经使用过,均无法使对方改变立场,做出自己所希望的让步。

(3)讨价还价到这样一种情况,自己的让步已经到了极限,再做任何让步都将带来巨大的损失,而对方还在无限制地提出要求。

在使用这一策略时应注意把握以下几方面内容:

(1)最后让步时不要急表态。当谈判进入收尾阶段,谈判者一定要正确评估谈判迈向协议的形势,在各种达成协议的条件都具备的时候,才做出最终出价。如果过早亮出"底牌",容易使对方产生得陇望蜀的想法,导致对方希望通过换一个话题而得到更多的东西,延长谈判时间,使自己陷入被动局面。因此,最好能够在对方做出最终出价之后再亮出自己"底牌"。如果出现双方僵持不下的局面,则应该在最后期限前做出最终出价。这一策略是对谈判者耐力的考验,越是关键时刻,越要沉住气,不要急于表态。

(2)最后让步的条件一定小于前次。谈判者可以以上次出价作为最后出价,明确地告诉对方:这是我方最后出价,也可以再做些让步作为最后出价。但值得注意的是,如果不得不再做些让步的话,这一次的让步一定要小于前次让步的幅度,使对方感到己方真的已经没有让步的可能性了。

(3)最后让步也应有一定的条件。即使在做最后让步时,也不要忘记最后附加条件。这个附加条件应包含两方面意思:一是要求对方也做出某种让步;二是以需经己方决策层批准为条件。这样,既为是否兑现让步留有余地,也可以征得对方的积极反应。

### 知识链接

**谈判永不失败的四个技巧**

谈判专家斯图尔特·戴尔蒙德(Stuart Diamond)在他的著作《得到更多:你如何能够在工作和生活中通过谈判取得成功》(Getting More: How You Can Negotiate to Succeed in Work and Life)一书中,分享了他教给沃顿商学院的学生们以及他所进行过顾问咨询的200家财富500强企业的管理人员们的谈判技巧。

他对谈判的相关问题进行了跨越20年的研究,其研究在45个国家进行并且使用了来自30000人的数据。以下是他的让谈判永不失败的四个技巧:

**不要想着"赢"**

谈判并不是一场竞赛,而是一种合作。你应该把注意力集中在达成目标上,而非获胜。"如果你从'赢'的角度来考虑,那你就会想着打败他们。而如果你这样做的话,就不会尽可能地合作。"戴尔蒙德说。确定你的目标并问问自己你的行为是否能帮助你达到这些目标。

**询问你自己能为他们做些什么**

谈判是一个给予和接受的过程,而询问你自己如何帮助其他人将会对其大有帮助。"为了满足你的需求,他们首先必然会觉得你是愿意满足他们的需求的,"戴尔蒙德说:"例如,在进行工作面试或是要求加薪或晋升时,询问公司的负责人他们想要满足什么需求,然后,讨论一下你将会如何满足他们的需求,反之亦然。"

**排除任何误解**

戴尔蒙德说:"人们往往有着一个比他们所想象的更为接近的观点,而愤怒的表达方法会妨碍你们两个人看清你们到底有多么相似。取代表达出你对他们的观点的厌恶的是要求他们进行澄清。"任何时候当你与某个人发生冲突时,询问当事人各自对情况的理解,看看是否存在不匹配,而如果存在的话,询问为什么会这样。此外,了解他们的看法给了你一个更好地进行劝说的起点,因为你了解他们的想法。

**永远不要做出威胁或直接离席**

最后通牒和离席使得达成一致几乎成了不可能的事情,戴尔蒙德说,他最喜欢的例子就是美国职业篮球联赛(NBA)的停工。"当时事件的当事人们都拒绝以有建设性的谈判协定与彼此达成一致，美国篮球协会因赛季缩短而浪费了8亿美元，浪费了宝贵的可以被用于达成协定的时间。"你要始终控制住自己的情绪，否则你将从谈判中出局。

（资料来源：让谈判永不失败的四个技巧．http://www.gkstk.com/article/wk-78500000738191.html．）

### 三、谈判的收尾工作

#### （一）谈判破裂的收尾

谈判破裂意味着谈判的失败，是谈判双方所不愿意发生的事情。但是，谈判破裂又是经常出现的正常现象，其出现的原因往往是交易双方的交易条件相差太大，难以通过协商达成一致。当谈判出现这种情况时，谈判人员应该采用适当的方法正确处理。

**1. 正确对待谈判破裂**

谈判双方无法达成一致协议，说明要么一方对另一方的提议做出拒绝的行为，要么谈判双方相互拒绝对方提议。当一方的提议遭到对方的拒绝时，必然会在心理上产生失望和不快，因此，拒绝方要将对方的这种失望与不快的情绪控制在最小范围内，想办法让对方在和谐的气氛中接受拒绝。

**2. 把握最后可能出现的转机**

当对方宣布最后立场后，谈判人员要做出语言友好、态度诚恳的反应，并争取最后的转机。在分析对方立场之后，可以做以下陈述："贵方目前的态度可以理解，回去后若有新的建议，我们很乐意再进行讨论。"或"请贵方三思，如果贵方还有机动灵活的可能，我们愿意陪贵方继续讨论。"这样，给那种以谈判结束要求对方让步的谈判对手以台阶，可能会使谈判出现转机。

如果是在自己的主场，即使谈判破裂，也要给对方在生活上提供各种便利服务，直至将对方送上飞机。一方面，一直到飞机起飞前，对方都有可能在感知己方的诚意之后改变原有决定；另一方面，也为双方在最短的时间内的再次进行谈判创造机会。

#### （二）谈判成交的收尾

谈判成交的收尾工作更为复杂，为了更好地维护双方的利益，可以从以下几方面来完善整个谈判：

**1. 最后的回顾与起草备忘录**

（1）最后的回顾。在这一阶段要做到：①明确是否所有的项目都已谈妥，是否还有遗漏的问题尚未解决；②明确关于所有的交易条件的谈判是否都达到了我方的期望或谈判目标；③明确我方最后可能做出的让步限度；④决定我方将采取何种谈判技巧来结束谈判，进行签约。

（2）起草备忘录。在这一阶段要做到：①备忘录实际上是谈判工作的记录；②备忘录不作为有约束力的协定；③备忘录所注重的是内容而不是措辞，没有必要逐字逐句去推敲，这与协议是不同的。

**2. 起草谈判协议或合同**

谈判协议也称为成交确认书，是交易双方为明确各自的权利和义务，以书面形式确定下来的合同。协议一经谈判双方签字确认，就成为对双方具有约束力的法律文件。

（1）草拟协议的基本要求：①协议的条理必须清晰，协议必须围绕谈判各方的目的，有条理地把各条款内容组织起来；②协议内容必须具体、明确，措辞准确；③协议中的权利义务条款应全面、详细、对等；④协议的违约责任必须具体明确。

（2）商务谈判协议的文本格式。商务谈判协议的文本格式包括约首、主文、约尾。

约首就是协议的首部，一般应包括协议的名称、编号、订立协议的时间和地点、签订协议双方的名称等内容，有时还必须注明据以签订协议的有关函电的日期及编号，协议中有关概念的定义与解释等内容。

主文即合同条款，就是合同包含的主要内容。

约尾就是协议的结尾，主要应载明合同双方的住所、电话、传真、开户行、账号、邮政编码等，并标明双方当事人的签字之处。

签约过程中应注意的问题有：①双方当事人是否具有签约资格；②双方确认事项拟成条款，是否与合同的目的相符；③订立合同的条款要符合有关法律规定和要求；④确定的合同条款，其内容不得违反我国法律和社会共同利益；⑤合同中的违约责任条款必须明确具体；⑥对对方提出的免责条款要慎重研究，弄清其范围，才能表示是否同意；⑦仔细拟订适用法律条款和仲裁条款；⑧要注意中外文本的一致性。

### 3. 审核协议与签约

协议有效成立的基本条件有：①协议必须合法；②协议必须体现平等互利、等价有偿；③商务谈判协议必须具备主要条款。

### 4. 协议纠纷的处理

协议纠纷解决的方法有四种：协商、调解、仲裁和诉讼。

## 案例分析

### 案例一　权力权限策略的妙用

伊麦思的销售经理 A 正在和某顾客商谈销售 1000 件羊毛背心事宜，A 报价 100 元，顾客只同意支付 90 元，经过多轮讨价还价，最终以 95 元都能接受的价格成交。这时候顾客在想："我已经从 100 元降到了 95 元，再谈谈，说不定还能降呢！"于是他说："我最后请示一下我的领导吧！"（注意他应用了更高权威策略）几分钟过后，他说："很抱歉，我的领导不同意95元的价格，现在的生意也不好做，我想，如果是94.5元，我现在马上就可以和你签订合同！"

假定你是 A，该怎么应对？

（1）同意94.5元的价格，双方签订合同。

（2）不同意，对方也下不了台，无法合作。

优秀的谈判人员，会这么处理：

（1）意识到对方只是在引诱自己，看看能否把价格再降低一点，保持镇静。

（2）明确告诉顾客："我无法再让步了，这样吧，让我回去请示一下领导，明天再答复你！"

（3）次日，再次和顾客见面，一副很抱歉的样子："实在是对不起，我们昨天商量了很长时间，结果发现，我昨天犯了一点小错，成本核算出了点问题。我知道我们昨天商定的价格是95元，但我们恐怕无法接受这个价格，我们现在所能接受的最低价格是95.4元。"

猜猜看，结果会怎样？

（1）顾客非常生气："不可能吧，我们昨天谈的可是95元，我最多也只能接受95元的价格，怎么今天就变成95.4元了呢？"

（2）顾客再也不提94.5元的价格，双方最终以95元成交。

问题：上述案例使用的是什么策略？注意事项有哪些？

### 案例二　红脸白脸策略的妙用

伊麦思销售经理A和B公司洽谈1000件夹克衫的订单，双方经过多次电话沟通，基本确定了价格是150元/件。约定好时间，A来到B公司，和B公司的采购部经理在会议室进行洽谈，突然，B公司总经理推开会议室的门，看了看，采购部经理说："张总，我正在和伊麦思的王经理讨论夹克衫的事情，您有空吗？要不一起听听！"很自然，张总坐下来了。

几分钟过后，张总突然站起来，脸色阴沉地说："小李，我感觉伊麦思的东西不值这个价格，你看着办，我还有事情处理，先走了！"

李经理很尴尬地说："很抱歉，王经理，我们张总就是这个脾气，你不要介意。其实我个人还是蛮喜欢你们的产品的，我们继续谈。"

"如果你能在价格上更加灵活一点，我想我还可以在张总那里去争取争取的，也很有希望。"

问题：

1. 假定你是A，该如何选择？

2. 这就是我们经常所说的黑脸—白脸策略。那么，如何识别和应对谈判对手的黑脸—白脸策略呢？

## 复习思考题

1. 何谓商务谈判策略？策略主要解决的是什么问题？
2. 在谈判开局阶段，谈判者应如何去营造特定的谈判气氛？
3. 报价的先后对谈判行为会产生怎样的影响？
4. 谈判者在报价时应如何处理价格与价值之间的关系？
5. 报价应遵循哪些主要原则？
6. 报价的方式和策略有哪些？
7. 理想的让步方式有什么特定要求？
8. 商务谈判中可以采取哪些策略迫使对方让步？哪些策略可以阻止对方的进攻？
9. 谈判僵局的处理有哪些策略？
10. 在谈判结束阶段有哪些促成缔约的策略？

# 第九章

## 电话沟通的准备与策略

电话沟通是当代人与人沟通十分重要的手段，也是一种拉近人与人之间距离的沟通艺术。掌握拨打和接听电话的技巧，不仅可以提高自己在别人心目中的形象，也可以为工作和生活创造更多资源。

**本章学习重点**

掌握接听电话的基本技巧和程序。
掌握拨打电话的基本技巧和程序。
熟悉和了解电话销售的策略。
熟悉和了解客服人员电话接听的策略。

◆ 导入案例

### 一次失败的电话销售

数月以前，一家国内IT（信息技术）企业进行笔记本电脑的促销活动，我是接到推销电话的一个他们认为的潜在客户。

"先生，您好，这里是××公司个人终端服务中心，我们在做一个调研活动，您有时间的话我们可以问两个问题吗？"

一个月以前，应该有不少人会接到类似的电话。这是××公司在做笔记本电脑的促销活动，我就是其中接到电话的一个他们认为的潜在客户。

我说："你讲。"
销售员："您经常使用电脑吗？"
我说："是的，工作无法离开电脑。"
销售员："您用的是台式机还是笔记本电脑。"
我说："在办公室，用的是台式机，在家就用笔记本电脑。"
销售员："最近我们的笔记本电脑有一个特别优惠的促销，您是否有兴趣？"
我说："你这是在做笔记本电脑促销吧？不是搞调研吧？"
销售员："其实，也是，但是……"
我说："你不用说了，我现在对笔记本电脑没有购买兴趣，因为我有了，而且，现在用得很好。"

销售员："不是，我的意思是，这次机会很难得，所以，我……"

我问："你做电话销售多长时间了？"

销售员："不到两个月。"

我问："在开始上岗前，××公司给你们做电话销售的培训了吗？"

销售员："做了两次。"

我问："是外请的电话销售专业公司给你们培训的，还是你们的销售经理给培训的？"

销售员："是销售经理。"

我问："培训了两次，一次多长时间？"

销售员："一次大约就是两个小时吧，就是说了说，也不是特别正式的培训。"

我问："你现在做这个笔记本电脑的电话销售，成绩如何？"

销售员："其实，我们遇到了许多销售中的问题，的确，销售成绩不是很理想。"

一个人接听、拨打电话的沟通技巧是否高明，常常会影响到他是否能顺利达成本次沟通的目标，甚至也会直接影响到企业的对外形象。因此，应多动脑筋，千方百计地让对方从声音中感受到你的热情友好。要想给对方留下诚实可信的良好印象，学习和掌握基本的电话沟通技巧和办公室电话礼仪是很有必要的。有资料显示：在双方面谈时，你的身体姿势、面部表情占谈话效果的55%，而电话交谈时却只闻其声，不见其人，即只能靠声音、语言沟通。

# 第一节　拨打电话的准备和策略

现代社会，各种高科技的手段拉近了人与人之间的距离，即使远隔千里，也可以通过现代通信技术近若比邻。事实上，我们在日常的沟通活动中，借用的最多的工具就是电话。电话使人们的联系更为方便快捷，但另一方面，电话沟通也有其自身的缺陷。

要想给对方留下诚实可信的良好印象，学习和掌握基本的电话沟通技巧和办公室电话礼仪是很有必要的。

为了提高电话沟通效果，正确表达自己的思想，需注意以下几点：

## 一、要选择拨打电话的时间和时机

### 1. 不要在别人休息时打电话

不论与他人有多熟，也最好不要在别人休息的时间打电话。譬如说选择对方用餐时间、午休时间打电话，甚至是晚上的睡觉时间，这种行为，会给对方带来极大的困扰，使其无法好好休息，必然导致烦躁、易怒等行为，从而波及更多的无辜者。因此，一天中，不要太晚打电话，尤其是九点以后，而早晨七点之前也不宜打扰对方。

如果是公事，就更不要占用他人休息的时间，尤其是节假日。公事属于工作范畴，在对方休息时间打扰对方，不仅让人无法休息，也会让对方对己方本来可以顺利解决的问题产生怀疑。

## 2. 要避开业务繁忙时间打电话

拨打电话时，要力求避免在对方业务繁忙的时间内打电话。例如，在医院，医生每天都有早会，还要查房，如果不是非常重要的事情，这时给对方打电话就会给对方带来一定的不便，也会影响双方进行的沟通内容，以及沟通效果。

此外，在多数公司，每天早晨上班的前半个小时往往会有碰头会、例会，都不适合在这个时间打电话。

## 3. 注意时差的存在

在打电话前应该搞清各地区时差，还要了解各国工作时间上的差异，尽量选择适合对方接听电话的时间来拨打电话，而不要选择自己方便的时间。尤其是国外作息时间与国内不一样，每周工作时间4~5天，不能按照国内的思维惯性，认为很重要的电话就不用考虑对方是否在休息，这样往往会适得其反。

## 4. 尽量不要拨打对方家里电话

如果是公事的话，即使客户已将家中的电话号码告诉了你，也尽量不要往客户的家里打电话。如果双方关系已经很近，是私人邀约，在没有影响他人休息的前提下，才能打对方家里的电话。

## 二、拨打电话前做好充分准备

### 1. 电话机旁应备好记事本和铅笔

如果现在让你回忆本周前4天晚饭吃了什么，大概很少有人会想得起来。因为，人的记忆力会随着时间推移、外部环境干扰，以及人的情绪等因素共同作用呈现不同程度的遗忘，即使是人们用心去记住的事，经过9个小时，遗忘率也会高达70%，日常琐事遗忘得更快。所以，不可太相信自己的记忆力，重要事项可采取做记录的措施予以弥补。

为了解决这个问题，防患于未然，最好在电话机旁放置好记事本、铅笔，当与他人进行电话沟通时，可立刻记录主要事项。如果没有预先备妥纸笔，到时候会措手不及、东找西找，不仅耽误时间，而且会搞得自己狼狈不堪。

### 2. 先整理电话内容后再拨电话

给别人打电话时，如果想到什么就讲什么，往往会丢三落四，忘却了主要事项，还毫无觉察，等对方挂断了电话，才恍然记起有很多重要的事情还没有说。因此，应事先把想讲的事情逐条逐项地整理记录下来，然后再拨电话，边讲边看记录，随时检查是否有遗漏。

另外，打电话时要力求遵守"三分钟原则"。也就是说，通话时间要尽可能在3分钟之内结束。实际上，3分钟可讲1000个字，相当于两页半稿纸上的内容，按理是完全能达到沟通目的的。在通话时，基本要求应为：以短为佳，宁短勿长，不是十分重要、紧急、烦琐的事务一般不宜通话时间过长。如果一次电话用了5分钟，甚至10分钟，那么一定是措辞不当，未抓住纲领和突出重点。

## 三、拨打电话的策略

我们打电话的目的是彼此更好地交流和沟通，以拉近彼此的距离。电话本身是没有任何感情色彩的，但人的声音是能表达出喜怒哀乐的情感和烦躁、疲惫的情绪的，这会使得电话的通话效果产生很大差别。所以，在打电话时，一定要给电话赋予感情色彩，达到使对方"闻其声如见其人"的效果。要达到这样的效果，就应做到以下几方面：

（一）力求避免感情机械化

有些人会错误地认为电话只是传达声音的工具，只要把声音传给对方就可以了。所以，打电话时，只是在意发出声音，不在意自己说话的音调、语速和语调。但是，人的声音是能表达出当时人的具体状态的，如果我们在打电话时，表情机械且没活力，表现在声音上就是平淡的、呆板的、生硬的甚至是不愉快的。对方如果获得的感知是这样的，就会影响对方与我方以后的沟通和交流。

因此，一旦你拿起电话机，就要试图用你自己的声调表达出微笑和友谊。对方不能从电话中看见你的表情，但能够通过你说话的声调感觉出你的态度。要注意保证自己的声音表达遵循：声音甜美，语调轻快，富有韵律，以便传递给对方积极乐观、心情愉悦的情绪。

根据这一原理，在一些大公司的总机或者前台，管理者有意在接线员的桌上放置一面镜子，以促使她们在接听电话的时候自然地微笑，然后通过语言把这一友好的信息传递出去。

（二）注意调节语速

因为声音通过电话后音调会有一点改变，所以，在打电话时，要注意语速适中，音量也要适中。急性子的人听到缓慢的讲话，会觉得断断续续，有气无力，颇为难受；慢性子的人听到快速的话语，会感到焦躁心烦，无所适从；年龄高的长者，听到快速的讲话，难以充分理解其意……

因此，讲话速度是电话沟通中最应关注的问题之一。打电话的语速具体应该是什么样的并无定论，应视对方具体情况，具体分析。在确定了对方的性别、年龄、职业特点等信息之后灵活调整自己的语速，真正做到随机应变。

打电话时，适当地提高声调，有时也会传递出心情愉悦、富有朝气、开朗大方的信息，使别人产生与你进一步交流的愿望，从而达到电话沟通的预期效果。因为，人们在看不到对方的情况下，大多凭第一听觉形成初步印象来判断对方的性格、素质和能力，影响是否与你继续沟通和交流的意愿。

此外，打电话时，嘴要正对着话筒，一个字一个字地说，做到咬字清晰，特别是在说到数字、时间、日期、地点等重要内容时，要放慢语速，给对方做记录的时间，并且要反复复几遍，并要和对方进行最后确认，避免出现沟通和理解上的误差，导致不必要的损失。

（三）表现要文明

**1. 语言文明**

打电话时的语言文明可以通过以下几方面显现出来：

（1）在对方拿起电话的时候，首先，要向接电话的人热情地问候："您好！"然后再继续需要交流的内容，不能一开始就"喂……"或是在一开始就开口说事情，这样让对方感到你没有礼貌，素质低下，有时也会感到莫名其妙。

（2）在问候对方以后，就要自报家门，以便让接电话的人明白是谁打来的电话，做好应对准备，如是否要做记录、是否直接与你交流沟通、是否请他人与你沟通、是否与你约定见面时间等。

（3）终止通话时，在放下话筒之前，要与对方说"再见"，等待对方先挂电话之后，自己再放下话筒。如果少了这句礼貌用语，直接挂断电话，会让对方感觉通话终止得有些突然，难以接受。

**2. 举止文明**

打电话时的举止文明主要表现在以下几方面：

（1）在打电话时，举止要得体，要站好或坐端正，不可以坐在桌角上或椅背上，也不要趴着、仰着、斜靠着或者双腿高架着。用电话时，也要做到轻拿轻放。虽然对方看不见你打电话的姿势与动作，但你的不良姿势可以影响一个人的情绪和声音，从而使对方有所察觉。

（2）在与对方通话的时候，不要发声过高，免得让对方承受不起。标准的做法是：使话筒和嘴的距离保持3cm左右，而且说话要以正常、适中的音量为最佳。

（3）不管在什么样的情况下，都不要在通话的时候将话筒夹在脖子下，或者抱着电话机随意走动。无论是按键式电话还是复古转动号码的电话，拨打时都不要以笔代手。此外，不可以边打电话边吃东西，或边打电话边喝水。这些不文明的举止，一旦让对方在电话里察觉，就会给自己带来不好的影响。

**3. 态度文明**

打电话时的态度文明表现在以下几方面：

（1）打电话时，不要因为对方职位不高而厉声呵斥和态度粗暴，也不要因为对方位高权重就表现出阿谀奉承、低三下四的丑态。

（2）如果电话打过去后，恰好要找的人不在，或需要接听电话的人代找，或有代为转告、留言的话，态度同样要文明而有礼貌。

（3）对方电话如果需要总机接转，不要忘记对总机的话务员问一声好，并且还要加上一声"谢谢"。另外，"请""麻烦""劳驾"之类的词，也要经常挂在嘴边。

（4）在与他人通话时，如果电话忽然中断，就需要由打电话的人立即再拨过去，并说明通话中断可能是由于线路故障所致。不能不了了之，或者等接电话的人打过来。

（5）打电话时，如果不小心拨错了电话号码，就要对接听的人表示歉意。绝不能一言不发，悄悄挂断了事。

（6）打电话时避免使用内部用语或缩略语。将"行销三科"简称"三科"这种企业内部习惯用语，往往会使第三者无法理解。同样，专用语也仅限于行业内使用，普通顾客不一定知道。有的人为显示自己懂得多，得意扬扬地乱用英文或各种缩略语，往往给对方留下轻浮和不够友善的印象。有的人认为英语及其他外语高雅、体面，往往自作聪明地乱用一通，可是意义不明的英语，并不能正确表达自己的思想，不但毫无意义，有时甚至会发生误会，这无疑是自找麻烦。

## 四、第一次与客户电话沟通的技巧

事实上，对于那些陌生的客户，如果你曾经跟客户交换过名片的话，第一次的沟通就已经成立了，按照名片上的联络方式，或从其他渠道得来的电话号码，尝试给对方打个电话，沟通就开始了。使用电话沟通要注意做到以下几点：

**1. 适可而止**

拨通客户电话后，如果没有人接听，则要及时放下电话，或许你的客户正在接听另一个电话，或者客户现在不方便接听，如果你的电话铃声固执地响个不停，会使客户反感。

与客户第一次联络不要太过亲密和随意，时间不要太长，一般只是问候一下，告诉对方你是谁就足够了。

一定不要在第一次的电话里让客户感到你在推销。甚至除了自我介绍之外，不要谈及关于业务的任何事情。

如果你想约对方见面，最好在第二次的电话里再提。可以先礼貌地询问对方什么时间有空，如果方便的话，是否可以约下午茶（或其他项目）。

电话联络是第一次与客户沟通的最好办法，既可以通过声音，使客户感到客户经理实实在在存在，又可以避免因客户拒绝沟通而产生的尴尬。

**2. 表述清晰**

在电话里，自我介绍或表述一定要简短清晰，突出主要问题。让对方在最短的时间内，很轻松地理解你的话。有效的客户大都日理万机，惜时如金，他对外部的事物是有选择的，而且这种选择常常通过他们的直觉，在极短的时间里判断出来。如果你拖泥带水，表述不清，会给对方造成思维没有条理的感觉，他们就会从心理上产生排斥，给进一步的沟通带来障碍。

在拿起电话拨号前，养成简单整理一下思维的习惯，说什么，怎样说，要做到心中有数。

**3. 心态从容**

在与客户第一次通话时，要有充分的心理准备，要从与客户交朋友的角度出发，保持心态平和，既考虑到对方可能做出积极的反应，也要考虑到对方可能出现的冷淡。这种良好的心态会在你的语言、语调中表露出来，虽未谋面，对方也会感到你的自信和坦然，从而留下好的印象。

## 第二节  接听电话的策略和注意事项

### 一、接听电话的策略

单纯进行拨打电话的能力训练只是电话沟通成功的第一步，而接听电话的训练则是电话沟通成功与否的更为重要的环节，因此，掌握接听电话的技巧和策略就显得非常必要了。接听电话的策略主要有以下几方面：

**1. 及时接听**

在接电话时，我们提倡"铃响不过三"，也就是说，在接听电话时，铃响三声之内接最恰当。接听电话就像敲门一样，如果刚敲第一声门，你就开门，会让对方吓一跳，而且还会认为你清闲得聚精会神地等着别人来敲门。如果门被敲了很多次还没有应答，又会被认为没有人在，或者是不想理睬对方。因此，接听电话时，注意不要响铃许久，才姗姗来迟地接电话，也不要铃响过一次，就拿起听筒，这样会让打电话的人大吃一惊。

如有特殊原因，致使铃响许久才接听，则要在和对方通话时，向对方说明情况，并表示歉意。

通常情况下，不允许不接听来电，特别是"应约而来"的电话。而且，应该亲自接听

## 第九章　电话沟通的准备与策略

的话，轻易不要让他人代劳，尤其是不要让小孩子代接。

**2. 礼貌地确认对方身份**

一般情况下，对方打来电话后都会主动介绍自己。如果对方打来电话，没有主动介绍自己，或者自己没有听清楚对方是谁，你就应该主动问："请问您是哪位？""我能为您做什么？""您找哪位？"……

但是，人们习惯性的做法是，拿起电话听筒后便会向对方盘问："喂，哪位？"这会让对方感到陌生，而且感情疏远，缺少人情味。我们在接电话时，要礼貌地确认对方身份，拿起听筒后，应首先自我介绍："您好！我是×××。请问您找谁？"

**3. 分清主次**

（1）接听电话要专心，与其他人交谈、边听电话边看文件、看电视是很不礼貌的行为，边接电话边吃东西更是失礼。

（2）如果在会晤贵宾或会议期间接到电话，应向其歉意地说明不能立即通话的原因，并承诺稍后再联系。

（3）接听电话时，如果有别的电话打进来，千万不要不理睬，因为很可能是急事。可请求正在通话的一方稍等片刻，并对其讲明原因，然后立即转接另一个电话，问清情况后，先请对方稍候，或让对方晚一会儿再打进来，或者告诉对方你一会儿给对方打过去……之后再继续和前者通话。

（4）不能因为图清净随便拔下电话线。

**4. 保持正确的姿势**

接听电话的过程中应该始终保持正确的姿势。一般情况下，当人的身体稍微下沉，声音就不易发出；大部分人讲话使用的是胸腔，容易口干舌燥，如果运用丹田的声音可以使声音有磁性，不会伤害喉咙。因此，要保持端坐的姿势，可以使声音自然、流畅地发出。

**5. 轻轻挂断电话**

电话接听完毕之前，不要忘记复述一遍来电的要点，防止记录错误或者偏差而带来的误会，使整个工作的效率更高。最后别忘了道谢和道别，这也是基本的电话礼仪。

让客户先收线。通常是打电话一方先放电话，但对于职员来说，如果对方是领导或顾客，就应让对方先放电话。待对方说完"再见！"后，等待2～3秒钟再轻轻挂断电话。

无论通话过程多么完美得体，如果最后毛毛躁躁"咔嚓"一声挂断电话，则会功亏一篑，令对方很不愉快。因此，结束通话时，应慢慢地、轻轻地挂断电话。

## 二、代接电话的策略

代别人接电话时，要特别注意讲话顺序，首先要礼貌地告诉对方，所找的人不在，然后才能问对方是何人？所为何事？但不要询问对方和所找人的关系。

代接电话时，只有两种情况：对方要找的人在办公室；对方要找的人不在办公室。而对方在办公室时也有两种情况：对方要找的人想接这个电话；对方要找的人不想接这个电话。对待不同状况，在代接电话时，注意事项是有差别的。

**1. 对方要找的人在办公室时的接听策略**

当对方要找的人在办公室，而且打电话的人不是被嘱咐的拒接对象时，你要告知对方要找的人"×××，有人找""×××，电话"，然后，将电话交给对方要找的人，或转接到对方要找的人的办公室。需要注意以下事项：

（1）代接电话时，不要远远地大声召唤对方要找的人。这样，一方面会让对方感觉，你所在单位的办公人员素质低下，办公室文化像菜市场；另一方面会打乱本单位的办公秩序，影响其他同事的正常工作思路和工作节奏。

（2）不要旁听别人通话，更不要插嘴。对方接电话时，你要识趣地离开一会儿，给他们通话的空间，不要一边假装工作，一边偷听对方的通话，更不能在听到通话内容之后，说出自己的想法和主张。

但是，当对方要找的人在办公室，而打电话的人是被嘱咐的拒接电话时，你要找好理由，告知对方"×××，不在""×××，出差了"……所找的理由，要让对方能够接受，感觉上符合实际情况。

**2. 对方要找的人不在办公室的接听策略**

（1）代接电话时，先要弄清楚对方要找谁，如果对方不愿回答你他是谁，你也不要勉强。如果对方要找的人不在，要如实相告，然后再询问对方"请问您有什么事情？"

这二者不能颠倒先后次序，之后要在第一时间，把对方想要传达的内容传达到位。不管什么原因，都不能把自己代人转达的内容，托他人转告。

（2）如果对方要找的人不在，应先询问对方是否需要代为转达。如对方有此意愿，应照办。这时，最好用笔，记下对方要求转达的具体内容，如对方姓名、单位、电话、通话要点等，以免事后忘记；对方讲完后，应再与其验证一遍，避免不必要的纰漏。

（3）慎重地选择理由。通常，被指定接电话的人不在时，原因很多，如因病休息、出差在外、上厕所等。这时，代接电话的你，应学会应付各种情况。

当告诉对方，×××不在办公室时，应注意不要让对方产生不必要的联想，如果对方要找的人出差在外，不能告诉对方×××的出差地点，因其出差所办事情，或许正是不能让对方觉察知晓的商业秘密。

另外，如果我们遇到领导正在参加重要会议，突然接到客户的紧急电话，怎么办？这时应正确判断，妥当处理。

如果领导有约在先："开会期间，不得打扰。"那转告之类的事，当然不能例外。

要想谋求一个两全其美的办法，既不中断会议，又不打扰领导，那么，就用纸条吧。如在纸条上写道："×××先生电话找您，接电话（  ），不接（  ），请画钩。"然后悄悄走进会议室，将纸条递给领导看，领导一目了然，瞬间即画好钩。如此这般，既对会议不影响，领导又能当场定论，是一种很适合的方法。

为了确保转接电话的效果，可做两个自检，根据自检结果评价工作中的经验与不足，针对存在的问题，制订改进计划，具体自检内容如表9-1和表9-2所示。

表9-1 转接电话的自检表

| 转接电话的要点 | 是√ 否× | 改进计划 |
| --- | --- | --- |
| 听清楚关键字句 | | |
| 选择恰当的理由 | | |
| 选择恰当的时机 | | |

表 9-2　拨打、接听电话的要点自检表

| 需要注意的要点 | 要　　点 | 具体改进计划 |
| --- | --- | --- |
| 电话机旁应备有笔记本和铅笔 | ◇ 是否把记事本和铅笔放在触手可及的地方<br>◇ 是否养成随时记录的习惯 | |
| 先整理电话内容，后拨电话 | ◇ 时间是否恰当<br>◇ 情绪是否稳定<br>◇ 条理是否清楚<br>◇ 语言能否简练 | |
| 态度友好 | ◇ 是否微笑着说话<br>◇ 是否真诚面对通话者<br>◇ 是否使用平实的语言 | |
| 注意自己的语速和语调 | ◇ 谁是你的信息接收对象<br>◇ 先获得接收者的注意<br>◇ 发出清晰悦耳的声音 | |
| 不要使用简略语、专用语 | ◇ 用语是否规范准确<br>◇ 对方是否熟悉公司的内部情况<br>◇ 是否对专业术语加以必要的解释 | |
| 养成复述习惯 | ◇ 是否及时对关键性字句加以确认<br>◇ 善于分辨关键性字句 | |

### 三、接听特殊电话的应对策略

电话沟通过程中难免出现一些出乎意料的特殊情况，在应对方面要根据具体情况随时调整具体策略。

**1. 听不清对方的话语的应对技巧**

当对方讲话听不清楚时，进行反问并不失礼，但必须方法得当。如果惊奇地反问："咦？"或怀疑地回答："哦？"对方定会觉得无端地招人怀疑、不被信任，从而非常愤怒，连带对你印象不佳。但如果客客气气地反问："对不起，刚才没有听清楚，请再说一遍好吗？"对方定会耐心地重复一遍，丝毫不会责怪。

有时候接起电话，问候多声却听不见对方说话，这时绝对不可以不分青红皂白，认为是恶意骚扰电话而破口大骂。因为，这种情况极可能由电话线路问题引起。即使你听不见对方的声音，而对方仍有可能听见你声音。万一对方是你的客户或上级，听到你在这端破口大骂，会造成什么样的后果，可想而知。

**2. 接到打错了的电话的应对技巧**

如果接到打错的电话，不要发怒，更不能出口伤人，也不要像一些职员那样冷冰冰地说："打错了。"就迅速放下电话。上述做法，会让人觉得这个单位的员工素质极差，即便原来与你方有合作的项目，或有与你方进行合作的意向都会因此而取消，至少会减少与你方进一步合作的可能。

正确做法是：简短地向对方说明情况，告诉对方："这是××公司，您找哪儿？"如果自己知道对方所找公司的电话号码，不妨告诉他，也许对方正是本公司潜在的顾客。即使不是，你热情友好地处理打错的电话，也可使对方对公司抱有初步好感，说不定就会成为本公司的客户，甚至成为公司的忠诚支持者。

如果是恶意骚扰的电话，则应简短而严厉地批评对方。不必长篇大论，更不应该说脏话；如果问题严重，可以考虑报警解决。

### 3. 遇到自己不知道的事的应对技巧

有时候，对方在电话中一个劲儿地谈自己不知道的事，而且像竹筒倒豆子一样，没完没了。职员碰到这种情况，常常会感到很恐慌，虽然一心企盼着有人能尽快来接电话，将自己救出困境，但往往迷失在对方喋喋不休的陈述中，好长时间都不知对方到底找谁，等到电话讲到最后才醒悟过来："关于××事呀！很抱歉，我不清楚，负责人才知道，请稍等，我让他来接电话。"这时候，对方一定非常生气，因为自己一直在"对牛弹琴"。

碰到这种情况，接电话的职员应尽快理清头绪，了解对方的真实意图，自己无法解决的事情应尽快告知对方需要找的人是谁，或者询问对方的电话是多少，让相关人员回电话，一定避免等对方讲完，再告知对方的被动局面的出现。

### 4. 接到领导亲友的电话的应对技巧

领导对部下的评价常常会受到其亲友印象的影响。打到公司来的电话，并不局限于工作关系。领导及先辈的亲朋好友，常打来与工作无直接关系的电话。不要因为这些电话会影响你的工作进程而草草对待，敷衍了事。因为他们对接电话的你的印象，会在很大的程度上左右领导对你的评价。

例如，当接到领导夫人找领导的电话时，由于你忙着赶制文件，时间十分紧迫，根本顾不上寒暄问候，而是直接将电话转给领导就完了。当晚，领导夫人就会对领导说："今天接电话的人，不懂礼貌，真差劲。"简单一句话，便会使领导对你的印象一落千丈，使你平时的努力付出瞬时化为乌有。

可见，接听领导及先辈的亲朋好友的电话，是对下属职员职业素养的基本考验，员工要注意自己的一言一行，要争取做到彬彬有礼、面面俱到，却又不是虚情假意、阿谀奉承，其中的界限非常敏感，尺度的掌握往往要经过多年的历练才能做到。

对于那些新入职的人员来说，不要对自己完成沟通交流的行为和能力期望值过高，时时切记：要虚心学习，态度诚恳，严格要求自己。坚持这样做，就不会出现明显过错。

## 四、语音和录音电话的设置

现在，越来越多的公司为了节省人员开支，采用语音电话，或用录音电话来取代专门人员接听那些内容重复，问题容易解决的电话接听工作，为了确保用户使用起来方便而快捷，语音电话的设置就显得尤为重要。

### （一）语音电话的设置

（1）要将用户的需求尽可能多地考虑周全，用0～9的数字代表，一定要有一个数字键是人工服务，因为打电话的人有可能不会使用语音提示操作。

（2）对方拨打语音电话必须免费，因为操作的过程可能很长时间，不能让用户感觉不舒服。

### （二）录音电话的设置

**1. 留言制作要规范**

留言内容一般包括问候语、机主姓名或单位、留言的原因、对来电者的要求，以及道别

## 第九章 电话沟通的准备与策略

语等。

### 2. 及时处理录音电话

除非不得已，尽量不要使用录音电话，毕竟得知录音电话的通话内容是有时间上的滞后性的。如果不得已使用录音电话，一定要及时处理录音电话包含的信息要求，避免出现不必要的损失。

### 五、手机沟通的注意事项

手机作为日益普及的通信工具，其使用礼仪的不完善已经成为社交礼仪的最大威胁之一。很多人在公共场所或工作场合放肆地使用手机，严重影响了他人，也影响到其本身的形象。

当下手机礼仪越来越受到关注，在国外，如澳大利亚的各电信营业厅就采取了向顾客提供"手机礼节"宣传册的方式，宣传手机礼仪。关于手机礼仪应该注意以下几点：

#### 1. 公共场合不可以旁若无人地使用手机

公共场合不可以旁若无人地使用手机，尤其是在楼梯、电梯、路口、人行道、公共交通工具上等地方。公共场合是大家共有的环境，如果每个人都大声地打电话，会严重影响其他人的工作和生活。如果必须在公共场合使用手机，应该尽量压低自己的音量，而绝不能大声说话以赢取路人的眼球。

#### 2. 特殊情况下将手机调成静音或振动状态

在会议中，或是与人洽谈业务时，最好把手机关掉，特殊情况下可以调成静音或振动状态。这样既不会打断对方思路、使通话陷入尴尬，又显示出你对对方的尊重，这同时也是你个人修养的体现。而那种在会场上手机铃声不断的人，只会令旁人对其更没有好感，认为他缺少教养。

在某些需要保持安静的场合，如电影院或是文艺演出场所，一定不能用手机。如果是急事不得不回话，可以把手机调为静音，用发送手机短信的方式来与打电话者交流。

在与人一起用餐时，我们也很有必要把手机关掉，或是调到静音或振动状态。不要出现当人们正吃到兴头上时，不断被烦人铃声打扰的情况。

#### 3. 手机的合理放置

在所有的公共场合，都要在手机没有使用时，把它放在合乎礼仪的常规位置。放手机最正规的位置是随身携带的公文包里，也可以放进上衣的内袋里。无论如何都不要随意拿在手里或挂在上衣口袋外。特别时候，可以将手机暂时挂腰带上，或是开会的时候交给秘书、会务人员暂时保管，也可以放在手边、背后、手袋里等不起眼的地方，但是为安全起见，不要放在桌上。

#### 4. 乘坐飞机时都必须关机

不管业务多忙，为了自己和其他乘客的安全，乘坐飞机时都必须关机。这不仅是遵守公共秩序的问题，更重要的是在飞机上使用手机，真的会干扰飞机的信号接收，从而影响飞机的飞行安全。

#### 5. 有效使用微信、QQ 等即时通信软件

手机短信、微信、QQ 等现代网络交流工具，因其快速而又类似书面信函的优势，被大众尤其是年轻人广泛使用。因此，在一些公共场合和社交场合，当我们不方便接听电话，这

些即时通信软件可以在手机设为震动或是静音的时候仍然能接受到信息，从而提高工作效率和生活品质。

但是也要注意，不要一边和别人交谈，一边低头查看信息，这是对对方的极大不尊重。同时在信息内容的选择和编辑上，应该和通话文明一样重视。

## 第三节　客服人员的电话训练技巧

### 一、客服的声音训练技巧

一个人说话的语音、语调，声音的音色、音高等，直接影响另一个人是否有与你继续接触的愿望。对于客服人员，通过电话与顾客的接触代表着一个公司的基本层次，也反映出这个客服的基本素养，在对客服接线声音进行培训时，可从以下几方面着手：

（一）变换说话语调

**1. 说话语调原则**

对于不同的谈话对象，以及说话人的各种情绪，决定着说话的语调会有很大差别，但是作为客服人员，在自己语调训练时应注意以下几点：

（1）向他人及时准确地传递你所掌握的信息。客服人员与客户的信息沟通是重中之重，因此，说话语调训练第一个需要遵守的原则就是，能否及时准确地将信息有效传递出去。

（2）得体地劝说他人接受某种的观点。客服人员的另一个职责就是劝说客户接受自己的观点。这就需要使用和煦、轻缓的语调让对方在放松、不抵触的情况下与你交流，这样接受你的观点的可能性就大大提高。

（3）倡导他人实施某一行动。这一原则，需要客服人员的语调具有一定的鼓动性和感染力，将热烈、激动的情绪通过电话传递给客户，使对方容易被自己感染，从而采取你倡导的某种行动。

（4）果断地做出某一决定或制定某一规划。客服人员有时扮演着劝说对方采取购买行为，或选择某种品牌服务的决定。在这些客户的潜意识里，实际上已经做出决定，只是没有外力促使其真正采取行动，客服人员此时就扮演"推一把"的角色，让对方心安理得的做出某一决定。

**2. 感动和感染你的听众**

用你的热忱和信心感染你的客户是每个客服人员最重要的训练项目。声音不可见，但却给人无穷的想象空间。客服人员在语调训练方面要注意对自己语调感染力的训练，通过语调变化，传递多种信息，感动或感染对方。

**3. 注意你的发音**

客服人员的发音训练要严格按照普通话的标准训练，地方方言和地方发音习惯会让对方有着不同的感觉和判断。正如现在很多人一接电话，听到是南方口音就挂电话，这与前几年大量的电话诈骗案件的影响有关。经过专业训练的客服人员，会增加沟通内容的可信度，起到良好的沟通效果。

此外，发音训练过程中，要注意对于关键内容加重音的训练，以达到强调沟通内容和效果的作用。同时，注意沟通过程中，减少官话和套话的使用，这样容易使对方产生反感。

# 第九章　电话沟通的准备与策略

### 4. 控制你的说话速度

前面已经提到,说话的语速对于沟通效果的影响。而说话的速度同时也能表达说话者当时的情绪,例如,说话者说话的速度太快,往往表明此时他的情绪是紧张和焦虑的;说话者说话的速度太慢,则表明此时他的情绪是迟钝和谨慎的。对于客服人员,语速训练可从以下几方面进行:

（1）阿拉伯数字从1数到10,第一次5秒说完,第二次10秒说完,第三次20秒说完。这样对语速和节奏训练简单有效。

（2）经常练习高声朗诵报纸上的文章。默读与朗读对人的语言能力的影响很大,客服人员都要像播音员一样,每天加强朗读训练,注意朗读文章时的语速控制。

（3）用录音机录音,然后倒回重放,检查自己的速度。这种方法是一种站在对方的角度来评价自己的语速的客观、真实、有效的方法。沟通的目的是让对方明了自己要传递的信息,要影响对方的主观判断,所以站在对方角度进行训练,效果一定快速有效。

（4）录下一些好的新闻报道,试着模仿播音员播音。模仿是人自我学习和自我完善的很重要的能力,这其实就是不断学习的过程。人的进步都是建立在学习他人经验和学识的基础上实现的。模仿播音员的发音、语速等技巧,对于提高客服人员自身能力至关重要。

### 5. 调节你的说话音量

语言的威慑、影响力与声音的大小有关。客服人员要根据沟通对象的特点,使用有区别的音量表达自己要传递的内容。起到劝说、诱导客户按照你既定的方向来决策的目的。在通话过程中,禁止用鼻音说话,如"唔……哼……嗯……"等单音,或是鼻音发出的单字来进行沟通,这样会让人觉得你是漫不经心的,态度敷衍。

### 6. 不要出现尖叫声

人的情绪处于紧张、惊恐,或者兴奋、激动时往往会高声尖叫,尤其是女性,而客服人员往往以女性居多,因此,对于女性客服人员,电话沟通训练的一个重要环节就是"宠辱不惊",不要因为对方传递的信息而情绪失控、大声尖叫,这不仅有损企业形象,也会误导打电话的客户对他提出或反馈的问题重要性的认知,做出有损企业的错误决定。

### 7. 变换你的说话节奏

说话时由于不断发音与偶尔停顿而形成的强、弱有序和周期性的变化称为节奏。一个人的说话节奏往往能够体现出一定的韵律感,让对方长期交流的过程中不会感觉疲倦或困倦,会让对方对你产生好感,也会增强对方与你进一步交流的兴趣。因此,客服人员要加强自己说话时节奏变化的训练,提高沟通效果。

## （二）保护嗓子

客服人员的嗓音非常重要,而要确保嗓音甜美,与对嗓子的保护分不开。对嗓子的保护可从以下几方面着手:

### 1. 保证睡眠充足

充足的睡眠不仅是确保人身体健康最重要的手段,也是人养护嗓子和嗓音的重要手段。此外,在刚睡醒的时候,由于各种细胞都不够活跃,不要发过强、过高的声音,一旦破音,会伤害到嗓子,很难恢复。

### 2. 注意饮食

饮食习惯对于嗓子和嗓音的影响也很大。就像外科医生不能酗酒一样,因为酗酒会造成手抖，而导致无法进行精细的手术。保养嗓子一定要忌食辛辣和生冷、油腻的食物，这些刺激性食物，会破坏嗓音的圆润。此外，还要注意不要吸烟，少饮酒。

**3. 说话过程中不宜喝水**

说话过程中不宜喝水，这样并不能养护嗓子，反而会使得一次连续讲话时间大大缩短。一般情况下，在长时间讲话时 15 分钟前后不要喝水。而且，喝水尽量喝温水，不要喝冷水或温度很高的热水，这样会对嗓子有刺激性，影响音调和音色。

**4. 保持健康的体魄**

身体机能是一个整体，当人的某部分出现问题，必然会直接、间接地影响到正常的工作、生活、休息和睡眠。因此，保持健康的体魄，是确保每个人工作状态和工作效果的基本保障。

## 二、客服人员电话沟通的应对策略

**（一）客服人员接听电话的礼貌用语**

（1）向客户致意，表达希望提供帮助的愿望。例如，"早上好，王先生，我能为您做什么吗？""下午好，王太太，今天好吗？""能为您效劳吗？""您好，我能帮您什么忙吗？"

（2）不断使用有礼貌的语言。例如，"谢谢！""不客气。""谢谢你的工作！""同您谈话很高兴！""谢谢您打电话来！""请随时打电话来。""请您稍等一会儿，或者待会儿我打回来。"

（3）使用积极的、以行为为导向的、明确的语言。例如，"我会在三点钟之前给您电话。""货会在星期五到。""我会立即给您消息。""我会打电话再为您查一下。"

（4）随时通知客户。例如，"如有任何问题，我会随时给您回电。""我想让您知道书面文件是完整的。""您会在星期五之前拿到文件。""一得到消息，我就会打电话给您。""会面时间改到一点钟。"

（5）按常识做事。具体表现在：①接电话时尽可能地缩短客户等电话的时间；②三声铃响之内接听电话；③使客户容易找到你；④假设客户是对的；⑤专注地倾听客户所说的话。

**（二）电话应对十项基本礼仪**

客服人员接听电话的礼仪与前面讲述的内容一致，具体来说体现在：①左手持听筒、右手拿笔；②电话铃声响 3 声内接听；③主动自报家门；④确定来电者身份和姓氏；⑤了解来电主要目的；⑥注意声音和表情；⑦保持正确的姿势；⑧重复并确认来电要点；⑨最后道谢、节日问候；⑩让对方先收线。

**（三）不同类型客户的应对策略**

**1. 一般性客户的应对**

一般性客户就是多数客服人员经常会遇到的，具有很多明显共性的那部分人群。应对一般性客户的核心就是满足客户心理，一般来说客户的心理类型主要表现在果断型、自我意识型、自尊型、怕麻烦型、追求货真价实型等，无论客服人员面对的是哪种心理状态的客户，都要注意一点，即尽量满足对方要求，不要欺骗客户。

**2. 沉默型客户的应对**

应对沉默型客户的应对技巧主要有以下几种：

（1）诱导法。由于沉默型顾客具有少言的特点，客服人员要利用不断地发问发现其需求。提问的方式主要有开放式提问和封闭式提问两种。开放式提问是简答题，让对方随性发挥，没有标准，但是，面对沉默型客户，这种方法效果往往不够理想。封闭式提问是做选择题，而且以单选居多，操作简单，效果直接，但是，提问问题及答案设置的难度较大。

（2）沉默对沉默。如果沟通双方都沉默不语，气氛会变得紧张压抑，无法适应这一环境的人会首先会败下阵来。这是客服人员给客户施压的一种方法。

（3）捕捉对方的真实意图。在与对方的交流过程中，能否发现对方的真正意图，决定着能否继续进行有效沟通。善于观察和倾听，是能否把握对方真实意图的关键。

（4）循循善诱，让对方打开心扉。沉默型客户的特点是不善言辞，比较内向，不愿与陌生人沟通交流。因此，客服人员要学会循循善诱的方法，让对方消除戒心，让他对你所谈论的事情产生兴趣，逐渐对你打开心扉。

**3. 健谈型客户的应对技巧**

对待健谈型客户，首先要对其进行心理分析，了解其不停说话的真实目的，一般来说，健谈型客户的健谈心理表现在：①为一时之乐，表现欲极强；②寻求击败对方的满足感；③发泄内心的不满。了解了客户滔滔不绝的原因，才能更好地找出应对办法。

应对健谈型客户的技巧主要有：①不怕苦、不胆怯；②适当倾听、适时恭维；③严格限制交谈时间。

**（四）改善倾听技巧的十步法**

改善倾听技巧的方法与有效倾听的方法是一致的，具体来说有十步：①重视倾听；②与客户交谈时注意每一句话；③做记录，记下要点；④在必要和适当时，复述客户的话并请他确认；⑤对客户说话的语气、语调和任何暗示充分重视；⑥消除环境干扰；⑦不要猜测客户会说什么；⑧在接客户电话时，不要同时做其他的事；⑨在接客户电话时，不要同时与其他人谈话；⑩自我评价倾听技巧，留意哪些地方需要改进。

**（五）电话沟通的八个时机**

客服人员的电话沟通不是能够随时进行的，其时机的把握也非常重要。电话沟通的时机有：

（1）客户回电。客户回电时是进行沟通最好的时机，因为这时是以对方的时间为主导的，可以根据他的时间进行或长或短的沟通交流，这样做既不让对方感到反感，又能让对方感到你对他的重视。

（2）有问题的客户。有问题的客户是推动企业不断进步的利器。通过与有问题的客户进行电话沟通，积极想办法为对方找寻有效的解决途径，倾听对方的不满情绪的发泄，会让对方在不知不觉中认同客服人员对其提供的帮助。

（3）主动与客户联系。正规的企业都会设专人定期对客户进行电话跟踪、回访，一方面能够了解自己的产品或服务还有什么不足，还有哪些需要改进的地方，另一方面，通过电话沟通，可以与客户建立起互相关爱、共同进退的友好关系，使客户成为我们的忠诚客户，不断地进行重复购买，为企业带来长远的发展利益。

（4）共享新信息。当今的世界是信息主导的世界，每天都会发生很多不为你所知道事情。单纯依靠自己的团队，对于搜集的信息不仅在数量上，而且在质量上也会存在一定问题与偏差。要及时地把己方了解的信息告知客户，也要随时联系客户，掌握对方了解的信息。

正所谓"兼听则明",如果做到与客户新信息的共享,一方面能防止因为信息沟通不畅造成的双发的误解与不合作,另一方面则能促使双方同步行动,应对外部市场变化,保证长期合作。

(5) 与以前的客户联系。每一个客户都是企业的资源,应该定期向以前的客户表示问候与祝福,进行一定的沟通交流,以便了解以前客户新的动向和发展战略,试图发掘与之有可能发生的业务往来机会。

(6) 消除客户的焦虑。当一个人心情焦虑,无所适从时,来自友人的关心和安慰就显得弥足珍贵。把握客户负面情绪出现的机会,为对方提供这样或那样的建议和帮助,比由双方的实际交易带来的利益更容易让对方的满意。

(7) 跟踪笼统提问的客户。笼统提问的客户对于自己所要解决的问题还认识不清,这时,客服人员的跟踪电话,可以起到指引对方,随时解决对方的困惑的作用。

(8) 打电话跟踪客户的来信。当企业收到客户的反馈信息或者投诉信件时,要及时与这些客户联系,对于其反馈或投诉问题的解决情况进行电话跟踪,可以让客户感到企业对他的重视,让他看到企业解决问题的态度和决心,从而将这些对企业不满的客户逐渐转变成企业的忠诚客户。

### 三、客户投诉的处理技巧

#### (一) 客户投诉的产生

当客户期望与体验之间产生差距时就会出现客户投诉,客户投诉的类型主要有以下四种:

(1) 商品质量投诉型。客户对产品质量不满而进行投诉,对此,企业应真诚道歉,并承诺更换商品及给予一定补偿。

(2) 服务不当投诉型。客户对企业提供的售前、售中、售后服务的某一部分不满意而进行的投诉,对此,企业应该自我反省,分析服务不到位的原因,疏散压力,严于律己。

(3) 自身原因投诉型。客户对产品不了解,或者在操作过程中由于自己操作不当使产品出现问题而进行的投诉,对此,客服人员不要直接拒绝,注意语气委婉,将自己的责任和义务解释清楚。

(4) 企业原因投诉型。客户因为对企业不够了解,或者因为其他消息对企业不满而进行投诉,对此,客服人员要"有备而战",尽全力解决彼此之间存在的误解和分歧。

#### (二) 投诉处理

**1. 投诉处理的十项原则**

投诉处理的原则有动之以情原则、绳之以法原则、尊重原则、敏感性原则、不争论原则、晓之以理原则、信任原则、理解原则、时效性原则、解决问题原则。

**2. 投诉处理的基本功**

投诉处理的基本功遵循7A法则,即接受—道歉—认同—分析—权宜—协议—保证。

(1) 接受(Accept)。接受是指用积极的语调表示你提供帮助的能力和许诺。

(2) 道歉(Apologize)。道歉是指通过真诚的道歉表达给客户带来的不便之处。

(3) 认同(Acknowledge)。认同是指要感同身受地表示我们的理解和我们提供帮助的意愿。

（4）分析（Analyze）。分析是要做到：①将每个案例区分对待；②避免偏见和意气用事；③不打断客户，虚心倾听客户的意见；④收集信息时，提问题并澄清自己的理解程度。

（5）权宜（Advise）。权宜是指提出合理、可行的解决办法，提供多种解决方案和建议。

（6）协议（Agreement）。协议是指确认提出的方案对客户是可行的。

（7）保证（Assure）。保证是指表达我们对客户真诚的关爱、承诺为其提供帮助、感谢客户理解配合。具体方法有用心服务、承担责任、仔细询问、详细记录、解决问题、礼貌结束。

**3. 投诉处理禁忌**

在处理投诉过程中，客服人员在电话中切忌说出下面的话：

"你可能不明白。"

"你要投诉吗？"

"你肯定自己搞错了。"

"你别激动。"

"我们不会……"

"我们从没……"

"你喊什么？"

"你什么意思？"

"你想干什么？"

"你想怎么样？"

……

此外，在处理投诉问题时，客服人员千万不要说出态度强硬的语言，例如：

"不可能。"

"不知道。"

"不清楚。"

"我以为……"

"你不就是要钱么？"

"这是公司规矩。"

……

**（三）接到顾客的索赔电话的应对技巧**

索赔的客户也许会牢骚满腹，甚至暴跳如雷。作为被索赔方的你，如果缺少理智，像对方一样感情用事，以唇枪舌剑的行为回应客户，不但于事无补，反而会使矛盾升级。正确的做法如下：

你处之泰然，洗耳恭听，让客户诉说不满，并耐心等待客户心静气消。其间切勿说："但是……""话虽如此，不过……"之类的话进行申辩，应该一边肯定客户话语中的合理成分，一边认真琢磨对方发火的根由，找到正确的解决方法，用肺腑之言感动顾客。从而，化干戈为玉帛，取得客户谅解。

面对客户提出的索赔事宜，自己不能解决时，应将索赔内容准确、及时地告诉负责人，请他出面处理。闻听索赔事宜，绝不是件愉快的事，而要求索赔的一方，心情同样不舒畅。也许要求索赔的客户还会在电话中说出过激难听的话，但即使这样，到最后道别时，你仍应

商务谈判与沟通

加上一句:"谢谢您打电话来。今后一定加倍注意,那样的事绝不会再发生。"这样,不仅能稳定对方情绪,而且还能让其对公司产生好感。

正所谓:"精诚所至,金石为开。"对待索赔客户一定要诚恳,用一颗诚挚的心感动客户,以化解怨恨,使之从这次处理得当、令人满意的索赔活动中,理解与支持本公司,甚至成为公司产品的支持者。

通过对索赔事件的处理,你也能了解公司的不足之处,并以此为突破口进行攻关。当你经过不懈努力,终于排除障碍、解决问题,甚至使产品质量更上一层楼,使企业走出困境,不断繁荣昌盛。这时,谁又能说索赔不是一件好事呢?

## 案例链接

### 应对客户投诉的技巧

**客服:** 早上好! ××为您服务。请问有什么可以帮您?

**客户:** 我姓王,昨天打过电话说要求维修。你们说今早会回复我处理的结果,但到现在我也没有收到任何电话,你们到底怎么搞的?

**客服:** (道歉)(接受与认同)

**客户:** 你必须给我解决问题,否则我要直接找你们领导。

**客服:** (保证)

**(案例深入)**

**客服:** (分析)

**客户:** 你们的人告诉我,今天上午十点会给我答复,但我已经等了几个小时了,并没有任何人给我电话。

**客服:** 王先生,我非常理解您此时的感受,请允许我对我们工作的延误向您表示歉意。您可以告诉我,事情的详细情况吗?希望我能帮上您,我是××号(姓名)……我明白了,请让我确认一下(综括)……您说对吗?

**客户:** 那么,你准备怎么做呢?

**客服:** 首先,我对我们工作的疏忽再次向您道歉。王先生,经过了解,这次延误是由于先前工作人员工作交接失误引起的。我建议今天下午3点前安排我们的服务人员到您那儿详细商谈解决办法(权宜),您觉得这个时间对您方便吗?(协议)

**客户:** 好吧。

**(案例结尾)**

**客服:** 谢谢您的理解。我马上制定服务单,联系我们的服务人员。一定会准时到达您那儿。那么,您还有其他的事情需要帮忙吗?

**客户:** 没有了,我只希望你们的业务人员这次准时到来。

**客服:** 王先生,如果您今后有任何问题,欢迎拨打我们的服务热线××××××××,谢谢您,祝您工作愉快,再见!

**客户:** 好的,再见!

## 第四节　电话销售的准备与策略

### 一、电话销售前准备

**1. 电话行销的必备信念**

电话行销的必备信念准备有：

（1）我一定要和任何跟我通电话、我确认要见面的、有趣的人会面。

（2）我所接听到的每一个电话都可能是一次宝贵的交易机会。

（3）我所拨出的每一通电话，都可能为客户带来价值。

（4）我的每一通电话不是要获得交流，而是为了获得与客户见面的机会。有机会你就默念它们，牢记它们，重复的次数越多，越能深入到你的潜意识中。

（5）克服你的内心障碍，要有自信。

**2. 知识**

电话行销的知识准备包括：

（1）彻底了解产品与服务。了解客户购买产品和服务的好处，以及本次购买能够解决的问题，而不是单纯的卖产品。

（2）卖点知识。一定要确定你所售商品或服务的卖点是什么，了解主要竞争对手的卖点是什么，搜集所有主要竞争对手、一般竞争对手和潜在竞争对手的相关信息，确保自己产品或服务的卖点具有足够的吸引力。

（3）渠道知识。现在的消费者在购买产品时，对渠道的选择非常重视，因为选择不同的渠道，意味着不同的价格和不同的服务。要充分掌握现在所有的渠道类型和符合自己产品与服务的渠道类型，便于在向客户进行推销时能把握住关键问题。

**3. 经验**

要对如何向客户表明经验做充分准备。这所说的经验通常包括客户的见证和成功案例，通过仔细揣摩对方心理，选择能够让对方认同的经验。

**4. 资料**

与电话行销有关的资料，如客户资料、产品说明资料、卖点、渠道策略等都需要做充分的准备，不能让客户在电话另一端等待太长时间，所以资料一定要放在手边，以便需要查阅时立刻就能找到。

**5. 行为**

即使是电话销售，对方看不到你的样子，也仍然要保持站立和微笑，因为你的姿势和态度是能够通过声音传递出去的。你的微笑一定是心情愉悦的一种传递，能让客户愿意继续与你的对话。

**6. 声音和语言技巧**

电话销售的声音和语言技巧与前面讲述的内容是一致的，只是更应该注意以下三方面：①语气——关心，愉快，不卑不亢；②语调——不高不低，有感染力；③语速——不快不慢。目的是达到以下效果：

（1）我们要给对方形成良好的印象，就要通过清晰而干脆利落、令人愉悦而带着笑意的声音,克制的声调,但又不能过分夸张的声音,反映出你的个性和态度。

(2)"带着笑意的声音""得体""机智敏捷"是在良好的电话沟通中必需的主要素质。例如,尽量使用"魔术语",如"请""请稍等""谢谢""对不起""再见"等。避免使用非正式或草率的语言,如"不知道""不清楚""不是我负责""不归我管"等。

(3)通过音量、语速、语气、态度等塑造出不同的形象。让客户一听就把你想象成一个美女或者帅哥。例如,跟北方的客户打交道,声音可以大些,让对方感觉自己很自信,很爽快。跟南方的客户就要声音小点,语速慢点,温柔些。这样都会让客户感觉到很舒服。

(4)根据客户声音,判断客户类型。根据客户类型,通过调整自己的音量、语速、语气、态度等塑造出不同的形象。

对待奔放、热情、夸张的客户,声音可以大些,语速快些,语气词频繁些,表情丰富些。

对待平和、亲切、注重亲情的客户,要声音稍小、语速稍慢、语气平和,因为这样的人认为平平淡淡才是真。

对待说话有官腔的人,应尽可能找到他们的优点、闪光点并进行赞美,并且是真心的赞美和佩服。

对待做事十分严谨的人一般要语速适中,用稳定的口气,给人信赖感。

**7. 口才训练**

为了让自己说话的能力得到提高,电话销售人员要加强自身的口才训练。具体方法如下:

(1)表达能力训练,多练习说话。

(2)语言组织能力训练。

(3)抑扬顿挫。

(4)学会根据客户的口吻、用心去感觉,把握客户说话时的心情、神态等,瞬间演变成跟他相似的说话方式,以打动他的心。

(5)能与各种人进行良好沟通、学会见什么人说什么话,这也是销售人员所必须掌握的技巧技能。

## 二、电话销售开场白

电话销售的开场白要单刀直入,简单直接。你的开场白能否引起客户的兴趣,决定着电话沟通的顺畅程度。因此,设计出一套客户愿意听下去的沟通方案,成为电话销售成功的关键。

电话前10秒就要抓住客户的注意力,并引发他的兴趣。30秒内就决定了后面的命运,即是结束还是继续。

### (一)开场白三要素

开场白三要素是指30秒内要传递的信息,包括:

(1)你是谁?介绍你和你的公司。——要简单明了,快速简洁。

(2)电话的目的?

(3)是否方便讲电话?方便:继续进行;不方便:确定下次时间。

### (二)开场白"标准化"

## 第九章 电话沟通的准备与策略

**1. 开场白"标准化"的方法**

（1）先写后说。

（2）不断修改。

（3）不断地练习。

（4）反复使用。

（5）再修正。

**2. 开场白"标准化"的好处**

开场白"标准化"的好处主要体现在：①从容而说；②精简有序；③条理清晰，不怕打断。

### （三）开场白方法——六种方法

**1. 请求帮忙法**

一般情况下，在刚开始就请求对方帮忙时，对方是不好意思断然拒绝的。电话销售人员会有100%的机会与接线人继续交谈。

例如，电话销售人员："您好，李经理，我是××，××公司的，有件事情想麻烦一下您！（有件事想请您帮忙！）"

客户："请说！"

……

**2. 第三者介绍法**

通过"第三者"这个"桥梁"过渡后，更容易打开话题。因为有"朋友介绍"这种关系之后，就会无形地解除客户的不安全感和警惕性，很容易与客户建立信任关系，但如果技巧使用不当，将很容易造成不好结果。

例如，电话销售人员："您好，是李经理吗？"

客户："是的。"

电话销售人员："我是××的朋友，我叫××，是他介绍我认识您的，前几天我们刚通了一个电话，在电话中他说您是一个非常和蔼可亲的人，他一直非常敬佩您的才能。在打电话给您之前，他务必叮嘱我要向您问好。"

客户："客气了。"

电话销售人员："实际上我和××既是朋友关系又是客户关系，一年前他使用了我们的产品之后，公司业绩提高了20%，在验证效果之后他第一个想到的就是您，所以他让我今天务必给您打电话。"

**3. 牛群效应法**

在大草原上，成群的牛一起向前奔跑时，它们一定是很有规律地向一个方向跑，而不是向各个方向乱成一片。把自然界的这种现象运用到人类的市场行为中，就产生了所谓"牛群效应法"。牛群效应法是指通过提出"与对方公司，属于同行业的几家大公司"已经采取了某种行动，从而引导对方采取同样行动的方法。

例如，电话销售人员："您好，王先生，我是××公司的××，我们是专业从事电话销售培训的，我打电话给您的原因是因为目前国内的很多IT公司如戴尔、用友、金蝶等都是采用电话销售的方式来销售自己的产品的，我想请教一下贵公司在销售产品的时候有没有用到电话销售呢……"

电话销售人员在介绍自己产品的时候,告诉客户同行业的前几个大企业都在使用自己产品的时候,这时"牛群效应"开始发挥作用。通过同行业前几个大企业已经使用自己产品的事实,来刺激客户的购买欲望。

**4. 激起兴趣法**

这种方法在开场白中运用得最多、最普遍,使用起来也比较方便、自然。激起对方兴趣的方法有很多,只要我们用心去观察和发掘,话题的切入点是很容易找到的,激起谈话兴趣的方法有以下几种:

(1)提及对方现在最关心的事情。例如,"李总您好,听您同事提到,您目前最头疼的事情是公司现在很难招到合适的人,是吗?"

(2)赞美对方。例如,"同事们都说应该找您,您在这方面是专家。""我相信贵公司能够发展这么快,与您的人格魅力是分不开的。"

(3)提及他的竞争对手。例如,"我们刚与××公司(目标客户的竞争对手)合作过,他们认为我们的服务非常好,所以我今天决定给你们一个电话。"

(4)引起他的担心和忧虑。例如,"不断有客户提到,公司的销售人员很容易流失这一现象,这实在是一件令人担心的事情。""不少的客户提到他们的客户服务人员经常接到一些骚扰电话,很不好应对,不知王经理是如何处理这种事情呢?"

(5)提到你曾寄过的信。例如,"前几天曾寄过一封重要的信/邮件给您……""我寄给您的信,相信您一定看过了吧!……"

(6)畅销品。例如,"我公司产品刚推出一个月时间,就有1万个客户注册了……""有很多客户主动打电话过来办理手续……"

(7)用具体的数字。例如,"如果我们的服务能让您的销售业绩提高30%,您一定有兴趣听,是吗?""如果我们的服务可以为贵公司每年节约20万元开支,我相信您一定会感兴趣,是吗?"

**5. 巧借"东风"法**

三国时,诸葛亮能在赤壁一战中,一把火烧掉曹操几十万的大军,借的就是东风。如果电话销售人员能够敏锐发现身边的"东风",并将之借用,往往能起到"四两拨千斤"的效果。

## 案例链接

### 冰冰的成功推销

冰冰是国内一家大型旅行公司G的电话销售人员,她的工作是向客户推荐一张旅行服务卡,如果客户使用该卡去住酒店、乘坐飞机,可获得折扣优惠。这张卡是免费的,她的任务是让客户充分认识到这张卡能给对方带来哪些好处,然后去使用它,这样就可以产生业绩。刚好她手里有一份从成都机场拿来的客户资料,看一下她是怎样切入话题的。

电话销售人员:"您好,请问是李经理吗?"

> 客户："是的，什么事？"
> 电话销售人员："您好，李经理，这里是四川航空公司客户服务部，我叫冰冰，今天给您打电话最主要是感谢您对我们川航一直以来的支持，谢谢您！"
> 客户："这没什么！"
> 电话销售人员："为答谢老客户对我们公司一直以来的支持，公司特赠送一份礼品表示感谢，这份礼品是一张优惠卡，它可以使您在以后的旅行中不管是住酒店还是坐飞机都有机会享受优惠折扣，这张卡是川航和G公司共同推出的，由G公司统一发行，在此，请李经理告诉我您的详细地址，我们会尽快给您邮寄过来的。"
> 客户："四川省成都市……"

#### 6. 对于老客户回访

老客户就像老朋友，一说出口就会产生一种很亲切的感觉，对方基本上不会拒绝。

例如，电话销售人员："王总您好，我是G旅行公司的小舒，您曾经在半年前使用过我们的会员卡预订酒店，今天是特意打电话过来感谢您对我们工作的一贯支持，另外有件事情想麻烦一下王总，根据我们系统显示您最近三个月都没有使用它，我想请问一下，是卡丢失了，还是我们的服务有哪些方面做得不到位？"

王总："上一次不小心丢了。"

从事销售的人都知道，开发一个新客户花的时间要比维护一个老客户的时间多3倍。

据权威调查机构调查的结果显示，在正常情况下顾客的流失率将会在30%左右，为了减少顾客的流失率我们要时常采取客户回访方式与客户建立关系，从而激起客户重复购买的欲望。

电话销售人员在客户回访时要注意以下几点：①在回访时首先要向老客户表示感谢；②咨询老客户使用产品之后的效果；③咨询老客户现在没再次使用产品的原因；④如在上次的交易中有不愉快的地方，一定要道歉；⑤让老客户提一些建议。

### （四）开场白中抓住客户的心态

开场白中，要抓住客户的心态，探求他想听的话。一般来说，客户关注点主要有以下几方面：

#### 1. 如何提高业绩

"您作为公司的老总，我相信您对公司的业绩问题一定非常关注，是吗？"

"不少公司的销售部经理都会为提高业绩问题伤透脑筋，如果只需要花10分钟就能解决这个问题，您愿意吗？"

#### 2. 如何节约开支

"如果我告诉您，贵公司明年可能会节省20%的开支，您一定有兴趣对吗？"

#### 3. 如何节约时间

"如果有一种方法可以在您现在的基础上每天节约2个小时的时间，您一定想知道，对吗？"

#### 4. 如何使员工更加敬业

"目前很多老总打电话告诉我，公司有很多员工不够敬业，我听了真的很难过，如今如何提高员工的敬业精神对每个企业都非常重要，您觉得呢？"

#### 5. 真诚的赞美

"您的声音真的非常好听!"

"听您说话,就知道您是这方面的专家。"

"公司有您这种领导,真是太荣幸了。"

"跟您谈话我觉得我增长了不少见识。"

#### 6. 客观看问题的态度

"您说得非常有道理,毕竟我相信每个企业的存在,毕竟有他存在的理由。"

#### 7. 新颖的说话方式

"猜猜看!"

"这是一个小秘密!"

"告诉您一件神秘的事!"

"今天我告诉您的事情是古往今来没有一个人说过的。"

#### 8. 对他的理解和尊重

"您说的话很有道理,我非常理解您。"

"如果我是您,我一定与您的想法相同。"

"谢谢您听我谈了这么多。"

以上这些话题都是客户感兴趣的,但在与客户谈话时电话销售人员要养成提问题的习惯,通过提问引起客户的注意,再积极的倾听,让客户尽量说更多的话,听出客户的兴趣点。这样电话销售人员才有机会把话说到客户的心坎上去,从而让客户觉得我们很理解和尊重他,最终赢得客户对我们的信任。

### 三、探询需求

通常情况下,企业的主要需求有:①提高收入;②降低成本;③更高利润;④提高生产力。企业的需求不同,电话推销的侧重点也应该适时调整,这就需要电话销售人员能够探寻企业的需求是什么。

探询的要点有:①现状(就是针对他的现状,你现在的需求有什么要求吗?);②满意程度(你现在满意吗?);③改进状态(你现在对你的那些需求有哪些需要改进的地方?);④解决方案(你需要我们提供一套解决方案吗?);⑤决策(你能够决策吗?)。探询的目的是从提问中发现客户的需求。

### 四、说明产品的好处及价值

电话销售人员在描述产品时,应该主要说明产品能够帮助客户解决哪些实际问题,能够为客户创造哪些价值和利益,这样客户才会容易接受你的东西。自身价值都是销售过程中必须强调的部分,因为这是决定客户是否产生成交结果的关键因素。

说明产品好处及价值的三要素有:①介绍你的产品或服务最与众不同的方面,最能够吸引人的卖点;②陈述你最能满足对方需求的东西;③如果不能合作,对方有什么损失。

例如,你可以说:"许多客户告诉我们,我们的产品帮助他们降低了病毒入侵计算机造成损失的机会,保证了系统的安全性,还减少了因垃圾邮件过多而需要额外增加容量的问题,并且让他们省去了购买新的安全软件的费用。这些对您这样的企业而言,应该是很重要的。"

### 五、解除反对意见

设想客户可能会提到的问题并做好准备。给客户打电话时，客户也会向你提问一些问题。如果客户的问题你不是很清楚，要花时间找一些资料，客户很可能怕耽误自己的时间而把电话给挂掉，这也不利于信任关系的建立。所以明确客户可能提一些什么问题，而且应该事先就知道怎么去回答。

整理出客户非买不可的理由与好处。把你企业的消费者提出来的那些障碍一条一条地写出来，然后把它怎样来解决这个异议、解决消费者的反对意见对应写出来，然后把它们按一定规律整理出来。

（1）如果客户说："我没时间！"那么推销员应该说："我理解。我也老是时间不够用。不过只要3分钟，你就会相信，这是个对你绝对重要的议题……"

（2）如果客户说："我现在没空！"推销员就应该说："先生，美国富豪洛克菲勒说过，每个月花一天时间在钱上好好盘算，要比整整30天都工作来得重要！我们只要花25分钟的时间！麻烦你定个日子，选个你方便的时间！我星期一和星期二都会在贵公司附近，所以可以在星期一上午或者星期二下午来拜访您一下！"

（3）如果客户说："我没兴趣。"那么推销员就应该说："是，我完全理解，对一个谈不上相信或者手上没有什么资料的事情，你当然不可能立刻产生兴趣，有疑虑、有问题是十分合理自然的，让我为你解说一下吧，星期几合适呢……"

（4）如果客户说："我没兴趣参加！"那么推销员就应该说："我非常理解，先生，要你对不晓得有什么好处的东西感兴趣实在是强人所难。正因为如此，我才想向你亲自报告或说明。星期一或者星期二过来看你，行吗？"

（5）如果客户说："请你把资料寄过来给我怎么样？"那么推销员就应该说："先生，我们的资料都是精心设计的纲要和草案，必须配合人员的说明，而且要对每一位客户分别按个人情况再做修订，等于是量体裁衣。所以最好是我星期一或者星期二过来看你。你看上午还是下午比较好？"

（6）如果客户说："抱歉，我没有钱！"那么推销员就应该说："先生，我知道只有你才最了解自己的财务状况。不过，现在开始做个全盘规划，对将来才会最有利！我可以在星期一或者星期二过来拜访吗？"或者是说："我了解。要什么有什么的人毕竟不多，正因如此，我们现在开始选一种方法，用最少的资金创造最大的利润，这不是对未来的最好保障吗？在这方面，我愿意贡献一己之力，我可不可以下星期三，或者周末拜见您呢？"

（7）如果客户说："目前我们还无法确定业务发展会如何。"那么推销员就应该说："先生，我们行销要担心这项业务日后的发展，你先参考一下，看看我们的供货方案优点在哪里，是不是可行。我星期一过来还是星期二比较好？"

（8）如果客户说："要做决定的话，我得先跟合伙人谈谈！"那么推销员就应该说："我完全理解，先生，我们什么时候可以跟你的合伙人一起谈？"

（9）如果客户说："我们会再跟你联络！"那么推销员就应该说："先生，也许你目前不会有什么太大的意愿，不过，我还是很乐意让你了解，要是能参与这项业务。对你会大有裨益！"

（10）如果客户说："说来说去，还是要推销东西？"那么推销员就应该说："我当然是很想销售东西给你了，不过要是能带给你让你觉得值得期望的，才会卖给你。有关这一点，我们要不要一起讨论研究看看？下星期一我来找你？还是你觉得我星期五过来比较好？"

（11）如果客户说："我要先好好想想。"那么推销员就应该说："先生，其实相关的重点我们不是已经讨论过吗？容我直率地问一问：你顾虑的是什么？"

（12）如果客户说："我再考虑考虑，下星期给你电话！"那么推销员就应该说："欢迎你来电话，先生，你看这样会不会更简单些？我星期三下午晚一点的时候给你打电话，还是你觉得星期四上午比较好？"

（13）如果客户说："我要先跟我太太商量一下！"那么推销员就应该说："好，先生，我理解。可不可以约夫人一起来谈谈？约在这个周末，或者您喜欢的哪一天？"

类似的拒绝自然还有很多，我们肯定无法一一列举出来，但是，处理的方法其实还是一样，那就是要把拒绝转化为肯定，让客户拒绝的意愿动摇，推销员就乘机跟进，诱使客户接受自己的建议。

## 六、要求成交

电话推销最重要的一步就是确定能否成交，请求对方成交的结果一般有三种：一是答应约见，这意味着本次电话推销的成功的概率有50%；二是给电话销售人员传真号，此时就要求销售人员要进行继续跟踪，以确保最后的成交；三是要考虑考虑，这往往意味着此次销售失败，但是，只要电话销售人员能够对客户坚持不懈，紧追不舍，依然有成功的可能性。

## 七、挂电话

在与客户的电话沟通中，不管是谁先打这个电话，结束后一定要记住一点：永远让客户先挂电话。客户至上，对于销售人员来说，这不仅仅在口头上，而要随时记在心上。

挂电话时遵循的礼仪有：

（1）对上级——尊重。

（2）对下级——修养及领导风范。

（3）对异性——关心及尊重。

## 案例分析

**电话谈判**

王玉松：M乳品公司大客户经理

宋卫东：华惠（化名）大型连锁超市采购经理

周一早晨，王玉松拨通了宋经理办公室的电话。

王玉松：早上好，宋经理，我是M乳品公司大客户经理王玉松，想和您谈一谈我家产品进店的事宜，请问您现在有时间吗？（通过前期了解，王玉松已经知道卖场的负责人姓名及电话）

## 第九章 电话沟通的准备与策略

宋卫东：我现在没有时间，马上就要开部门例会了。（急于结束通话，很显然对此次交谈没有任何兴趣）

王玉松：那好，我就不打扰了，请问您什么时间有空，我再打电话给您。（这时一定要对方亲口说出时间，否则你下次致电时他们还会以另一种方式拒绝）

宋卫东：明天这个时间吧。

王玉松：好的，明天见。（明天也是在电话里沟通，但"明天见"可以拉近双方的心理距离）

周二早晨，王玉松再次拨通了宋经理办公室的电话。

王玉松：早上好，宋经理，我昨天和您通过电话，我是M乳品公司大客户经理王玉松。（首先要让对方想起今天致电是他认可的，所以没有理由推脱）

宋卫东：你要谈什么产品进店？

王玉松：我公司上半年新推出的乳酸菌产品，一共5个单品，希望能与贵卖场合作。

宋卫东：我对这个品类没有兴趣，目前卖场已经有几个牌子在销售了，我暂时不想再增加品牌了，不好意思。（显然已经准备结束谈话了）

王玉松：是的，卖场里确实有几个品牌，但都是常温包装，我们的产品是活性乳酸菌，采用保鲜包装，您当然了解消费者在同等价格范围内肯定更愿意购买保鲜奶；其次我们的产品已经全面进入餐饮渠道，销售量每个月都在上升，尤其是您附近的那几家大型餐饮店，会有很多消费者到卖场里二次消费；我们公司采用"高价格高促销"的市场推广策略，所以我们的产品给您的毛利点一定高于其他乳制品。（用最简短的说辞提高对方的谈判兴趣，在这段话中王玉松提到了产品卖点、已形成的固定消费群体、高额毛利，每一方面都点到为止，以免引起对方的反感从而结束谈判）

宋卫东：（思考片刻）还有哪些渠道销售你的产品？（对方已经产生了兴趣，但他需要一些数据来支持自己的想法）

王玉松：现在已经有100多家超市在销售我们的产品了，其中包括一些国际连锁超市，产品销售情况良好，我可以给您出示历史数据。（通过事实情况的述说增强对方的信心）

宋卫东：好吧，你明天早上过来面谈吧，请带上一些样品。

问题：请列出王玉松的成功经验。

## 复习思考题

1. 拨打电话的策略有哪些？
2. 接听电话时的注意事项有哪些？
3. 客服人员接听电话的特点有哪些？
4. 电话销售人员接触对方反对意见时的做法有哪些？

# 第十章

## 面试沟通的准备与策略

每一位即将进入和已经进入职场的人都会经历的一种沟通形式就是面试，这也是备受人们关注和重视的一种重要沟通方式。面试者只要经过精心准备，就可以在各种特定场景下，自如应对考官的各种"刁难"。在面试过程中，面试人员的应变能力与应变策略是决定面试结果的重要依据。

**本章学习重点**

掌握面试的形式和不同分类标准的面试类型。
掌握面试的构成和面试的主要内容。
了解结构型面试的概念、特点及应对技巧。
了解无领导讨论面试的策略。
了解情景模拟面试的应对策略。
了解答辩面试需要注意的事项。

◆ **导入案例**

### 善解人意的应聘者

某公司招聘营销人才，众多本科生趋之若鹜，但公司都觉得不满意，迟迟没有确定录取名单。某日，大专生龚毅很早就来到该公司办公室门前，他想直接和总经理面谈，增加被聘用的机会。

见到总经理后，龚毅简短地说明来意后恭敬地递上自己的简历材料。总经理接过简历材料冷冷地说："简历材料就留在这里，我现在没有时间看，你回去等候我们的通知吧。"说完就转过身，进了办公室。龚毅知道"等候通知"就是委婉的拒绝，通知会杳无音信。面对如此局面，他并没有泄气，显得很从容，因为他知道这家公司还空缺若干个营销业务员的岗位，另外他对自己的能力和素质充满自信。此时，总经理手中拿着纸篓从办公室走出来，准备出去倒垃圾。龚毅微笑着走过去说："总经理，您时间宝贵，这个垃圾我去倒，您省下的三分钟时间，帮我看看简历，这样省得我还在家苦苦等候通知，这样我们各取所需了。不录用没关系，认识您并接受您的考核，我很高兴。您看如何？"总经理觉得小伙子很乐观、很阳光、很有亲和力，而且说得很有道理，于是欣然同意。龚毅倒完垃圾回来，总经理问道："你认为一个搞业务的人员需要哪些重要的能力和素质？"龚毅略作思考后，很流畅地答道："要善解人意、善于表达、善于与人合作。"总经理听后，满意地点头并说："说得很好，目前我们公司的团队正需要补充像你这样的人，我决定录用你了，今天你去人事部门办手续，如果你没有什么困难的话，后天就来公司上班吧，在我们公司你一定会有很好的发展。"

## 第一节　面试的形式与程序

　　面试是一种经过组织者精心设计，在特定场景下，以考官对考生的面对面交谈与观察为主要手段，由表及里测评考生的知识、能力、经验等有关素质的一种考试活动。面试是公司挑选职工的一种重要方法。面试给公司和应招者提供了进行双向交流的机会，能使公司和应招者之间相互了解，从而双方都可以更准确地做出聘用与否、受聘与否的决定。

　　一般来说，面试有以下几个目的：①考核求职者的动机与工作期望；②考核求职者的仪表、性格、知识、能力、经验等特征；③考核笔试中难以获得的信息。

### 一、面试形式

　　面试有很多形式，依据面试的内容与要求，大致可以分为以下几种：

**1. 问题式**

　　由招聘者按照事先拟订的提纲对求职者进行发问，请予回答。其目的在于观察求职者在特殊环境中的表现，考核其知识与业务，判断其解决问题的能力，从而获得有关求职者的第一手资料。

**2. 压力式**

　　由招聘者有意识地对求职者施加压力，就某一问题或某一事件做一连串的发问，详细具体且追根问底，直至无以对答。此方式主要观察求职者在特殊压力下的反应、思维敏捷程度及应变能力。

**3. 随意式**

　　即招聘者与求职者海阔天空、漫无边际地进行交谈，气氛轻松活跃，无拘无束，招聘者与求职者自由发表言论，各抒己见。此方式的目的为：于闲聊中观察应试者的谈吐、举止、知识、能力、气质和风度，对其做全方位的综合素质考察。

**4. 情景式**

　　由招聘者事先设定一个情景，提出一个问题或一项计划，请求职者进入角色模拟完成，其目的在于考核其分析问题、解决问题的能力。

**5. 综合式**

　　招聘者通过多种方式考察求职者的综合能力和素质，如用外语与其交谈，要求即时作文，或即兴演讲，或要求写一段文字，甚至操作一下计算机等，以考察其外语水平、文字能力、书法及口才等各方面的能力。

　　以上是根据面试种类所做的大致划分，在实际面试过程中，招聘者可能采取一种或同时采取几种面试方式，也可能就某一方面的问题对求职者进行更广泛、更深刻，即深层次的考察，其目的在于能够选拔出优秀的应聘者。

## 二、面试种类

### （一）结构化面试与非结构化面试

根据面试的结构化（标准化）程度，面试可以分为结构化面试、半结构化面试和非结构化面试三种。

**1. 结构化面试**

结构化面试是指面试题目、面试实施程序、面试评价、考官构成等方面都有统一明确的规范的面试。

正规的面试一般都为结构化面试，公务员录用面试即为结构化面试。所谓结构化，包括三个方面的含义：①面试过程把握（面试程序）的结构化，是指在面试的起始阶段、核心阶段、收尾阶段，主考官要做些什么、注意些什么、要达到什么目的，事前都会相应策划；②面试试题的结构化，是指在面试过程中，主考官要考察应试者哪些方面的素质，围绕这些考察角度主要提哪些问题，在什么时候提出，怎样提，在面试前都会做准备；③面试结果评判的结构化，是指从哪些角度来评判应试者的面试表现，等级如何区分，甚至如何打分等，在面试前都会有相应规定，并在众考官间统一尺度。

**2. 半结构化面试**

半结构化面试是指只对面试的部分因素有统一要求的面试，如规定统一的程序和评价标准，但面试题目可以根据面试对象而随意变化。

**3. 非结构化面试**

非结构化面试是对与面试有关的因素不做任何限定的面试，也就是通常没有任何规范的随意性面试。

在非结构化的面试条件下，面试的组织非常"随意"。关于面试过程的把握、面试中要提出的问题、面试的评分角度与面试结果的处理办法等，主考官事前都没有精心准备与系统设计。非结构化面试类似于人们日常非正式的交谈。除非面试考官的个人素质极高，否则很难保证非结构化面试的效果。目前，非结构化的面试越来越少。

### （二）单独面试与集体面试

根据面试对象的多少，面试可分为单独面试和集体面试。

**1. 单独面试**

单独面试是指主考官个别地与应试者单独面谈。这是最普遍、最基本的一种面试方式。单独面试的优点是能提供一个面对面的机会，让面试双方较深入地交流。单独面试又有两种类型：一是只有一个主考官负责整个面试过程，这种面试大多在规模较小的单位，在聘用较低职位人员时才会采用；二是由多位主考官参加整个面试过程，但是，每次只与一位应试者进行交谈，公务员面试大多采用这种形式。

**2. 集体面试**

集体面试也称小组面试，是指多位应试者同时面对面试考官的情况。在集体面试中，通常要求应试者做小组讨论，相互协作解决某一问题，或者让应试者轮流担任领导主持会议、发表演说等。这种面试方法主要用于考察应试者的人际沟通能力、洞察与把握环境的能力、领导能力等。

无领导小组讨论是最常见的一种集体面试法。在不指定召集人、主考官也不直接参与的情况下，应试者自由讨论主考官给定的讨论题目，这一题目一般取自于拟任工作岗位的专业需要，或是现实生活中的热点问题，具有很强的岗位特殊性、情景逼真性和典型性。讨论中，众考官坐于离应试者一定距离的地方，不参加提问或讨论，通过观察、倾听为应试者进行评分。

### （三）压力性面试与非压力性面试

根据面试目的的不同，可以将面试区分为压力性面试和非压力性面试。

#### 1. 压力性面试

压力性面试是指有意制造紧张，以了解求职者将如何面对工作压力。面试人通过提出生硬的、不礼貌的问题故意使候选人感到不舒服，针对某一事项或问题做一连串的发问，打破砂锅问到底，直至无法回答。其目的是确定求职者对压力的承受能力、在压力前的应变能力、情绪稳定性和人际关系能力等。

如果工作要求具备应付高度压力的能力，了解这一因素是很重要的。但另一方面，有些人力资源专业人士认为，压力性面试不仅不替别人着想而且作用不大。这种观点的支持者觉得，在压力环境下所获信息经常被扭曲，被误解，这些批评者坚持认为这种面试获得的资料不应作为选择决策的依据。有一点很明显，即压力性面试对大多数情况是不合适的。但这种面试方式特别适用于对高级管理人员的测试。考官以"压力发问"方式逼迫应考者表现出对待难题的机智灵活性、应变能力、思考判断能力、气质性格和修养等方面的素质。

#### 2. 非压力性面试

非压力性面试是在没有压力的情景下考察应考者有关方面的素质。

### （四）一次性面试与分阶段面试

根据面试的进程来分，可以将面试分为一次性面试和分阶段面试。

#### 1. 一次性面试

一次性面试是指用人单位对应试者的面试集中于一次进行。在一次性面试中，面试考官的阵容一般都比较"强大"，通常由用人单位人事部门负责人、业务部门负责人及人事测评专家组成。在一次性面试情况下，应试者是否能面试过关，甚至是否被最终录用，都取决于这一次面试表现。面对这类面试，应试者必须集中所长，认真准备，全力以赴。

#### 2. 分阶段面试

分阶段面试是指用人单位对应试者进行多次面试，分阶段进行。分阶段面试又可分为两种类型：一种叫依序面试，另一种叫逐步面试。

（1）依序面试一般分为初试、复试与综合评定三步。初试的目的在于从众多应试者中筛选出较好的人选。初试一般由用人单位的人事部门主持，主要考察应试者的仪表风度、工作态度、上进心、进取精神等，将明显不合格者予以淘汰。初试合格者则进入复试，复试一般由用人部门主管主持，以考察应试者的专业知识和业务技能为主，衡量应试者对拟任工作岗位是否合适。复试结束后再由人事部门会同用人部门综合评定每位应试者的成绩，确定最终合格人选。

（2）逐步面试一般由用人单位的主管领导、处（科）长以及一般工作人员组成面试小组，按照小组成员的层次，由低到高的顺序，依次对应试者进行面试。面试的内容依层次不同各有侧重，低层一般以考察专业及业务知识为主，中层以考察能力为主，高层则实施全面考察与最终把关。逐步面试实行逐层淘汰筛选，越来越严。应试者要对各层面试的要求做到心中有数，力争每个层次均留下好印象。在低层次面试时，不可轻视大意，不可骄傲马虎，在面对高层次面试时，也不必胆怯拘谨。

### （五）常规面试、情景面试与综合性面试

根据面试内容设计的重点不同，可将面试分为常规面试、情景面试和综合性面试三类面试。

**1. 常规面试**

常规面试就是我们日常见到的，主考官和应试者面对面以问答形式为主的面试。在这种面试条件下，主考官处于积极主动的位置，应试者一般是被动应答的姿态。主考官提出问题，应试者根据主考官的提问做出回答，展示自己的知识、能力和经验。主考官根据应试者对问题的回答以及应试者的仪表仪态、身体语言、在面试过程中的情绪反应等对应试者的综合素质状况做出评价。

**2. 情景面试**

在情景面试中，突破了常规面试考官和应试者那种一问一答的模式，引入了无领导小组讨论、公文处理、角色扮演、演讲、答辩、案例分析等人员甄选中的情景模拟方法。情景面试是面试形式发展的新趋势。在这种面试形式下，面试的具体方法灵活多样，面试的模拟性、逼真性强，应试者的才华能得到更充分、更全面的展现，主考官对应试者的素质也能做出更全面、更深入、更准确的评价。

**3. 综合性面试**

综合性面试兼有前两种面试的特点，而且是结构化的，内容主要集中在与工作职位相关的知识技能和其他素质上。

### （六）口试和模拟操作试

根据面试实施时的模式，可以把面试分为口试和模拟操作试。

**1. 口试**

口试是指考生以口头语言方式作答的面试。按照具体模式，口试还可以分为：交谈式，即考官与考生以谈话方式进行的面试；问答式，即考官逐个提出问题，考生逐个回答问题进行的面试；辩论式，即考生与考官或考生与考生双方就某个论题持相互对立的论点而进行辩论的面试；答辩式，即考生就考官的诘问进行解释、辩白的面试；演讲式，即考生就某个题目向考官发表演说的面试模式；讨论式，即考生讨论某种问题的面试模式，如会议讨论、案例分析等。

**2. 模拟操作试**

模拟操作试是指考生扮演一定角色，完成一定的实际工作，以表现自己的某项技能的面试模式。这种考试要求考生扮演现实工作生活中的某一角色，在模拟情境中考察其完成"实际工作"的能力。

### （七）鉴别性面试、评价性面试和预测性面试

依据面试的功能，可以将面试分为鉴别性面试、评价性面试和预测性面试。

（1）鉴别性面试是指依据面试结果把应考者按相关素质水平进行区分的面试。

（2）评价性面试是指对应考者的素质做出客观评价的面试。

（3）预测性面试是指对应考者的发展潜力和未来成就等方面进行预测的面试。

### (八) 目标参照性面试和常模参照性面试

依据面试结果的使用方式，可以将面试分为目标参照性面试和常模参照性面试。

目标参照性面试就是面试结果须明确应考者的素质水平是否达到某一既定的目标水平，通常分为合格与不合格两种。

常模参照性面试则是根据面试结果对应考者按素质水平高低进行排序，从而优胜劣汰的一种面试，结果往往分为若干档次。

此外，依据面试的用途，面试可分为公务员录用面试、招工面试、招兵面试、招聘面试、招生面试、晋升职务资格评定面试、职称资格评定面试等。

依据测评项目的性质，面试可分为人格（气质性格）面试，智能（智力、能力、技能）面试，知识面试，意愿（理想愿望、兴趣爱好、意志立场、态度情感）面试，体貌（形体、相貌、仪表、身体健康状况）面试。

## 三、面试的构成要素

作为测评考生的面试活动，共有 12 个要素，即面试目的、测评项目、测评标准、面试考官、面试考生、测评模式、面试试题、考官信息、考生信息、面试时间、面试考场、面试结果。这些要素，在不同的面试活动中有不同的具体内容和具体表现形式。但这些要素是任何一次面试都应该具备的，缺少任何一项，面试活动都不能成立。只有合理配置这些要求，才能有好的面试效果。

**1. 面试目的**

面试目的是指通过面试要达到的预期效果。例如，公务员录用考试中，考官组织面试的目的是对考生的素质进行测评，以此作为录用合适人员的依据。考生参加面试的目的是向考官展现自身素质和优秀的方面，作为获得被录用的资格条件。

**2. 测评项目**

测评项目也叫面试内容、测评要素，是面试考官所要测评的考生的素质项目。目前实施的面试，主要模式是要素分解式，即设想考生的素质是由多种因素构成的有机体，把这个素质有机体的构成因素列出来，再选择部分因素作为测评项目。

**3. 测评标准**

测评标准是衡量考生素质的因素构成是否完整、结构是否优化、功能水平高低的参照系。

**4. 面试考官**

面试考官是对考生素质状况进行测评和实现者。面试考官在面试中地位十分重要，其职责是提出试题、全面了解考生作答情况并据此对考生素质状况做出测评结论。

**5. 面试考生**

面试考生即被测评者。面试考生，与面试考官共同构成面试活动的主体。考生与考官之间是被测评者与测评者的关系，既有共同合作的一面，也有矛盾对立的一面。

**6. 测评模式**

测评模式是指考官及考生相互活动的基本方式，主要包括考官命题方式、考生作答方式及考官评定方式。通常所指的口试和模拟操作试，是面试的两类基本模式。

#### 7. 面试试题

面试试题是面试测评过程中考官发出和刺激指令，也是对考生做出一定行为反应的要求。由于面试模式的不同，面试的试题有多种多样的表现形式。例如，问答式面试中试题表现为"问题"，讨论式面试中试题表现为"议题"，演讲面试中试题表现为"演讲题目"，模拟操作试中试题表现为"模拟工作任务""操作要求"等。

#### 8. 考官信息

考官信息是指面试测评过程中考官所发出的信息。最主要的考官信息，是考官对考生下达的测评指令，以及对考生的行为反应所表现的态度等。

#### 9. 考生信息

考生信息是指面试测评过程中考生所表现出的行为反应信息，包括自觉发出的和不自觉发出的、语言的和非语言的。最主要的考生信息是对考官的测评指令所做出的行为反应，即作答情况。

#### 10. 面试时间

面试时间是面试活动过程在时间维度上的体现。面试时间长短，是制约面试结果的重要因素。其他条件一定时，时间越长，考官和考生间的信息交流量越大，对考生素质状况的了解就更全面、更深刻。但面试是一种样本测评活动，不可能把时间拖得无限长。因此，如何确定面试时间的长短，以及如何在有限的时间内交流、收集更多的信息，是很重要的问题。

#### 11. 面试考场

面试考场是面试活动在空间维度上的体现。面试考场的选择和布置，对测评结果有一定的影响。任何具体的面试活动，都是在特定时间和空间维度上进行的。口试中，考场就是"面试室"，而在模拟操作试中，"考场"的概念是指"模拟情境"，就不仅仅限于"室内"了。

#### 12. 面试结果

面试结果也叫测评结果，是考官对考生素质状况做出的测评结论。

上述面试的构成要素，在面试活动中有机结合，相互联系，相互促进，相互制约。这种相互关系是：面试是在特定时间（面试时间）内和特定场合（面试考场）中，面试考官测评考生的某些素质（测评项目）而进行的考试活动（面试目的）。考官与考生以一定方式（测评模式）进行信息（考官信息与考生信息）交流，考生通过一定的行为来展现自己某些素质的数量水平，如能力强弱、知识多寡，考官则以考生某些能够反映考生素质的行为表现为依据，并参照一定的测评标准（测评指标及水平刻度），对考生的素质状况做出判断（测评结论），从而实现面试目的。

### 四、面试的主要内容

从理论上讲，面试可以测评应试者几乎任何一种素质，但是，在测评甄选实践中，我们并不是以面试去测评一个人的所有素质，而是有选择地用面试去测评它最能测评的内容。下面以公务员考录面试的主要内容为例，解释说明面试的主要内容。

#### 1. 仪表风度

仪表风度是指应试者的体形、外貌、气色、衣着、举止、精神状态等。像国家公务员、教师、公关人员、企业经理人员等职位，对仪表风度的要求较高。研究表明，仪表端正、衣着整洁、举止文明的人，一般做事有规律，注意自我约束，责任心强。

**2. 专业知识**

了解应试者掌握专业知识的深度和广度，其专业知识是否符合所要录用职位的要求，作为对专业知识笔试的补充。面试对专业知识的考察更具灵活性和深度，所提问题也更接近空缺岗位对专业知识的需求。

**3. 工作实践经验**

一般根据查阅应试者的个人简历，或求职登记表的结果，做出一些相关问题的提问，查询应试者有关背景及过去工作的情况，以补充、证实其所具有的实践经验。通过工作经历与实践经验的了解，还可以考察应试者的责任感、主动性、思维能力、口头表达能力及遇事的理智状况等。

**4. 口头表达能力**

主要看面试中应试者是否能够将自己的思想、观点、意见或建议顺畅地用语言表达出来。考察的具体内容包括表达的逻辑性、准确性、感染力、准确性、音质、音色、音量、音调等。

**5. 综合分析能力**

主要看面试中应试者是否能对主考官提出的问题，通过分析抓住本质，并且说理透彻、分析全面、条理清晰。

**6. 反应能力与应变能力**

主要看应试者对主考官所提问题的理解是否准确贴切，回答的迅速性、准确性等。对于突发问题的反应是否机智敏捷、回答是否恰当。对于意外事情的处理是否得当、妥当等。

**7. 人际交往能力**

在面试中，通过询问应试者经常参与哪些社团活动，喜欢同哪种类型的人打交道，有哪种社交倾向和与人相处的技巧，来考察面试人员的人际交往能力。

**8. 自我控制能力与情绪稳定性**

自我控制能力对于国家公务员及许多其他类型的工作人员（如企业的管理人员）显得尤为重要。一方面，在遇到上级批评指责、工作压力或是个人利益受到冲击时，能够克制、容忍、理智地对待，不致因情绪波动而影响工作；另一方面，对待工作要有耐心和韧劲。

**9. 工作态度**

对工作态度的考核分两方面：一是了解应试者对过去学习、工作的态度；二是了解其对现报考职位的态度。在过去学习或工作中态度不认真，做什么、做好做坏都无所谓的人，在新的工作岗位也很难勤勤恳恳、认真负责。

**10. 上进心、进取心**

上进心、进取心强的人，一般都确立了事业上的奋斗目标，并为之而积极努力，表现在努力把现有的工作做好，且不安于现状，工作中常有创新等方面。上进心不强的人，一般都是安于现状，无所事事，不求有功，但求能敷衍了事，因此，对什么事都不热心。

**11. 求职动机**

应试者为何希望来本单位工作？对哪类工作最感兴趣？在工作中追求什么？……通过上述问题，判断本单位所能提供的职位或工作条件，能否满足面试人员的工作要求和期望。

**12. 业余兴趣与爱好**

应试者休闲时间喜欢从事哪些运动？喜欢阅读哪些书籍？喜欢什么样的电视节目？有什么样的嗜好……这些信息有助于了解一个人的兴趣与爱好，这对录用后的工作安排非常有好处。

此外，面试时，主考官还会向应试者介绍本单位及拟聘职位的情况与要求，讨论有关工薪、福利等应试者关心的问题，以及回答应试者可能要问到的其他一些问题等。

## 第二节 结构化面试的应对策略

结构化面试是当前面试实践中应用最广的一种面试方法，公务员录用考试、公开选拔党政领导干部面试、竞争上岗等都把它作为一种主要方法。

### 一、结构化面试的特点与系统结构

#### （一）结构化面试的概念与特点

结构化面试是指面试前就面试所涉及的内容、试题评分标准、评分方法等一系列问题进行了系统的结构化设计的面试方式。

结构化面试虽然也是通过考官与考生的谈话方式进行的，但从形式到内容上，它都突出了系统结构的特点，以确保这种面试方法更为有效、客观、公平、科学。具体来说，主要有以下特点：

（1）面试测评要素的确定要以工作分析为基础。
（2）面试的实施过程对所有的应考者相同。
（3）面试评价有规范的、可操作的评价标准。
（4）考官的组成有结构。
（5）结构化面试兼具面试与笔试的优点。

#### （二）结构化面试的系统结构

结构化面试的一项主要要求是对报考相同职位的考生，应测试相同的面试题目。结构化面试的系统结构性主要表现在以下几方面：

**1. 考官的组成结构**

即考官不是随意形成的，而是由5~9名考官依据选人岗位需要按专业、职务甚至年龄、性别以一定比例进行科学配置，其中有一名是主考官，一般由他负责向考生提问，并把握整个面试的总过程。

**2. 测评的要素结构**

这不仅体现在测什么？用什么题目？测试要根据测试前所做的工作分析来确定，并按一定的顺序及不同分值、比重进行结构设计，同时还要在测评要素下明确测评要点，即观察要点，测评要点下是测试题目，每个测试题目都有出题思路或答题参考要点，以供考官评分时参考。

测评要素包括一般能力、领导能力、个性特征几个方面。其中：一般能力评价包括逻辑思维能力和语言表达能力两部分；领导能力评价包括计划能力、决策能力、组织协调能力、人际沟通能力、创新能力、应变能力和选拔职位需要的特殊能力七个方面；个性特征评价主要是指面试人员在面试中表现出来的气质风度、情绪稳定性、自我认知等。

**3. 测评标准结构**

它突出地表现在要素评分的权重系数结构中，每一测评要素内的评分等级都有结构（一般在评分表中分优、良、中、差四级），考生最后的面试成绩是经过科学方法统计处理的（即去掉众多考官要素评分中的最高分、最低分然后得出算术平均分，再根据权重合成总分）；作为对考官评分科学性的估价及对考官打分公正性的监督，还可以设标准差一项，看每一位考官打分与标准分的离散度。

**4. 面试程序及时间安排结构**

结构化面试是严格遵循一定的程序（如考官、考场的选择、监督机制与计分程序的设立等）进行的，一般每个考生的面试时间在30分钟左右。

结构化面试具有内容确定、程序严谨、评分统一、形式活而不乱等特点。从近年面试实践经验上看，其测评的效度、信度较高，比较适合规模较大，组织、规范性较强的录用、选拔性考试，因此，结构化面试已经成为目前录用面试的基本方法。

## 二、结构化面试的要求

结构化面试对应考者、考官、考场等诸方面均有一定的要求，通常情况下，其基本要求如下：

**（一）对面试应考者的要求**

在录用考试中，进入面试的应考者是这样选拔出来的：一是面试由政府人事部门向用人部门推荐；二是要按规定比例选拔候选人，一般要求面试应考者是拟任职位录用人数的3倍；三是要按候选人的笔试成绩，由高到低进行排序来确定进入面试的人员，应考者笔试成绩合格是进入面试的基本条件。

**（二）确定面试测评要素的要求**

面试测评要素的确定，是确定面试方法、编制面试试题、实施面试的前提。面试要测试哪些要素，要根据招考的拟任职位、应考者的状况、测评的可行性等来确定。例如，某省规定县级机关国家招考面试的测评要素为政策、理论水平，敬业与求实精神，组织、协调能力，应变能力，语言表达能力，以及仪表举止几个方面。

**（三）对面试考官的要求**

面试考官应具备较高的政治素质和业务素质，应有高度的责任感和使命感。主考机关要负责面试考官的业务培训，使其掌握面试的内容、方法、操作要求、评分标准、面试技巧等。面试考官资格管理制度建立后，原则上只有经过规定的程序取得面试考官资格的人员，才能担任面试考官。

**（四）对面试考场的要求**

面试考场的选择和布置，对测评结果有一定的影响。因此，应该按照面试实施的要求来布置考场。

**（五）制订面试实施方案的要求**

面试主管机关在组织面试前，要制订面试实施方案，确保面试工作有组织、有计划、按程序进行。面试实施方案的内容一般应包括：面试的组织领导；考官评委（小组）的组成和培训；面试的方法、程序；面试试题的编制方法和印制；面试的时间、场所；有关面试的其他工作。

### （六）对面试考官小组组成的要求

面试考官小组一般由7~9人组成，在年龄上，最好老中青结合；在专业上，应吸收有业务实践、业务理论研究经验丰富且面试技巧方面有经验的权威人士。省级以上面试考官小组的组成一般由负责考录工作的代表、用人单位的主管领导、业务代表和专家学者等组成为宜；市、县级面试考官小组一般由组织、人事、用人部门，纪检、监察部门，业务骨干等组成为宜。

### （七）其他要求

录用面试还需遵守以下几方面原则：

**1. 面试应考者机会均等原则**

在面试中公平性和公正性显得尤为重要。公平性体现在对应考者用"一把尺子"衡量，机会均等；公正性体现在考官评分要客观、公正，克服主观随意性。

**2. 回避原则**

根据有关规定，凡与应考者有直接利害关系的人员，面试时应予回避。例如，面试考官或组织者与应考者有夫妻关系、直系血亲关系、夫妻双方的近亲属关系、儿女姻亲关系等，都应回避。

**3. 监督原则**

监督的目的是保证面试在平等竞争的条件下进行。对面试全过程实施监督，是顺利完成面试工作的保证。一是组织监督，在面试中，请纪检、监督、公证等部门参加；二是新闻舆论监督，新闻舆论部门的工作人员有权以适当方式了解和报道面试工作情况；三是应考者监督，应考者是最好的监督者，因其亲身经历了面试的全过程，对面试的组织程序、考官水平及试题等情况有申诉控告权，主考部门应设立相应的机制（如举报、意见箱等），认真听取他们的意见并根据有关规定和程序做出处理。

## 三、结构化面试的组织实施程序

结构化面试的组织实施程序主要包括选择并培训面试考官、选择和布置面试考场、明确面试的具体操作步骤等三个环节。

**1. 选择并培训面试考官**

选择面试考官时，要明确选择那些德才兼备的人进入考官队伍中来，如果考官不是德才兼备的人，就很难保证能通过面试得到德才兼备的人才。同时，对考官的培训也是不可或缺的。研究和实践都证明，经过培训的考官不论是评分的可信度，还是评分的质量，都明显比没有经过培训的考官要高。另外，结构化面试的规范性和程序性要求很高，在面试实施前必须对他们进行集中培训。

在录用面试中，为了确保结构化面试的公正、公平，根据实际需要可选择2名监督员（由纪检或公证部门的同志担任）参与整个面试过程。同时，根据工作量大小，配备一定数额的考务人员，如记分员、监考人员等。

**2. 选择和布置面试考场**

面试的具体组织实施工作很烦琐，包括：面试考场的选择和布置、候考室的安排、考务用品的配备、应考者的面试通知与联系、事先抽签决定面试顺序等。这些工作看起来很不起眼，但任何一项工作没做好，都有可能影响面试能否实施的顺利进行。

对面试考场的基本要求有四条：一是考场所在位置的环境必须无干扰、安静；二是考场面积应适中，一般以 30～40m² 为宜；三是温度、采光度适宜；四是每个独立的面试考场，除主考场外，还应根据考生的多少设立若干候考室，候考室的选择应与主考场保持一定的距离，以免相互影响。

面试考场的布置也是很有讲究的，就考官与应考者的位置安排来说，通常就有如下几种模式：

A 为一种圆桌会议的形式，多个考官面对一位应考者。
B 是一对一的形式，考官与应考者成一定的角度而坐。
C 是一对一的形式，考官与应考者相对而坐，距离较近。
D 是一对一的形式，考官与应考者相对而坐，距离较远。
E 是一对一的形式，考官与应考者坐在桌子的同一侧。

**3. 明确面试的具体操作步骤**

如前所述，规范化的操作实施过程是结构化面试的重要特点之一。一般来说，在录用中，结构化面试的具体操作步骤如下：

（1）对进入面试的考生讲解本次面试的整体计划安排、注意事项、考场纪律。例如，应考者在面试前不能与已面试过的应考者进行交流，否则就相当于泄题。因为同一职位的应考者面试试题很可能是完全相同的。鉴于此，应考者在候考室等待面试时，不许使用手机，也不允许在外面随便走动。

（2）以抽签的方式确定考生面试顺序，并依次登记考号、姓名。在录用面试中，形式上的公平性与内容上的公平性同样重要，甚至形式上的公平性会更令人关注，因为形式的公平与否是人们容易看到的。面试顺序往往由应考者本人在面试开始前抽签决定，以确保面试的公正性和公平性。

（3）面试开始，由监考人员或考务人员，依次带领考生进入考场，并通知下一名候考人准备。

（4）每次面试 1 人，面试程序为：首先由主考官宣读面试指导语；然后由主考官或其他考官按事先的分工，依据面试题本，请应考者按要求回答有关问题；根据应考者的回答情况，其他考官可以进行适度的提问；各位考官独立在评分表上按不同的要素给应考者打分。

（5）向每个考生提出的问题，一般以 6～7 个为宜，每个应考者的面试时间通常控制在 30 分钟左右。

（6）面试结束，主考官宣布应考者退席。然后，由考务人员收集每位考官手中的面试评分表，并把这些评分表交给记分员，记分员在监督员的监督下，统计面试成绩，并填入考生结构化面试成绩汇总表。

（7）记分员、监督员、主考官依次在面试成绩汇总表上签字后，才意味着一次结构化面试结束。

## 四、公务员面试技巧

公务员录用面试时间通常控制在 20 分钟以内，在如此短暂的时间里要给各位考官留下良好的印象，考生需要掌握以下几个方面的技巧：

**1. 谦逊有礼的态度**

考生从进入面试考场到面试完毕都要礼貌待人，给考官留下良好印象。

进入考场时，考生应主动向考官问好，但礼貌的表达要适度，过于拘谨，会显得紧张或不自信；过于夸张则会显得言不由衷，都会影响考官对应试者的看法。

**2. 正确有效的倾听**

优秀的谈话者都是优秀的倾听者。虽然面试中发问的是考官，考生的答话时间比问、比听的时间多，考生还是必须要做好倾听者的角色。因为考官讲话时留心听，是起码的礼貌，考官刚发问就抢着回答，或打断考官的话，都是无礼的表现，会令考官觉得你不尊重他。

**3. 冷静客观的回答**

面试的主要内容是"问"和"答"，在面试中，考官往往是千方百计"设卡"，以提高考试的难度，鉴别单位真正所需要的人才。在具体面试时，考生若遇到不熟悉或根本不懂的问题时，一定要保持镇静，不要不懂装懂，牵强附会，最明智的选择就是坦率承认自己不懂，这样反而能得到考官的谅解。

**4. 合理控制时间**

超时是严重的"犯规"（考官通常不会允许），时间剩余太多则会显得回答不充分，因此要科学部署时间。通常每个问题的时间在 5 分钟以内，最好的时间分配是，准备作答控制在 1 分钟以内，回答 3 分钟左右。

**5. 增进交流，把握言语技巧**

结构化面试实际上也是考生和考官面对面做的交流，所以在回答考官问题时，怎样将话说的得体非常关键。

## 第三节　无领导小组讨论面试的应对策略

无领导小组讨论是人才测评中经常使用的一种新方法，了解无领导小组讨论的相关内容，有助于应试者提前做好准备，在多方面提高自己的能力。

### 一、无领导小组讨论的概念和内容

无领导小组讨论是采用情景模拟的方式对考生进行的集体面试，通过给一组考生（一般是5～7人）一个与工作相关的问题，让考生们进行一定时间（一般是1小时左右）的讨论，来检测考生的组织协调能力、口头表达能力、辩论能力、说服能力、情绪稳定性、处理人际关系的技巧、非言语沟通能力（如面部表情、身体姿势、语调、语速和手势等）等各个方面的能力和素质是否达到拟任岗位的用人要求，评价他们的自信程度、进取心、责任心和灵活性等个性特点和行为风格是否符合拟任岗位的团体气氛，由此来综合评价考生之间的优劣。

在无领导小组讨论中，评价者或者不给考生指定特别的角色（不定角色的无领导小组讨论），或者只给每个考生指定一个彼此平等的角色（定角色的无领导小组讨论），但都不指定谁是领导，也不指定每个考生应该坐在哪个位置，而是让所有考生自行安排、自行组织，评价者只是通过安排考生的活动，观察每个考生的表现，来对考生进行评价，这也就是无领导小组讨论名称的由来。

# 第十章 面试沟通的准备与策略

无领导小组讨论主要测试应试者论辩能力。其中，既包括对法律、法规、政策的理解和运用能力，也包括对拟讨论题的理解能力、发言提纲的写作能力、逻辑思维能力、语言说服能力、应变能力、组织协调能力的考评。

## 二、无领导小组讨论的程序和特点

无领导小组讨论的讨论过程一般分为以下三个阶段：①考生了解试题，独立思考，列出发言提纲，一般为5分钟左右；②考生轮流发言阐述自己的观点；③考生交叉辩论，继续阐明自己的观点，或对别人的观点提出不同的意见，并最终得出小组的一致意见。

**1. 无领导小组讨论的程序**

无领导小组讨论的具体程序如下：

（1）讨论前事先分好组，一般每个讨论组6~8人为宜。

（2）考场按易于讨论的方式设置，一般采用圆桌会议室，面试考官席设在考场四边（或集中于一边，以利于观察为宜）。

（3）应试者落座后，监考人员为每个应试者发空白纸若干张，供草拟讨论提纲用。

（4）主考官向应试者讲解无领导小组讨论的要求（纪律），并宣读讨论题。

（5）给应试者5~10分钟准备时间（构思讨论发言提纲）。

（6）主考官宣布讨论开始，依考号顺序每人阐述观点（5分钟），依次发言结束后开始自由讨论。

（7）各面试考官只观察并依据评分标准为每位应试者打分，但不准参与讨论或给予任何形式的诱导。

（8）无领导小组讨论一般以40~60分钟为宜，主考官依据讨论情况，宣布讨论结束后，收回应试者的讨论发言提纲，同时收集各考官评分成绩单，考生退场。

（9）记分员按歌唱比赛方法，去掉一个最高分，去掉一个最低分，然后得出平均分的方式，计算出最后得分，主考官在成绩单上签字。

**2. 无领导小组讨论的优点**

无领导小组讨论的有以下优点：

（1）能检测出笔试和单一面试法所不能检测出的能力或者素质。

（2）可以依据考生的行为言论来对考生进行更加全面、合理的评价。

（3）能使考生在相对无意中显示自己各个方面的特点，使考生有平等的发挥机会从而很快地表现出个体上的差异，节省时间。

（4）能对竞争同一岗位的考生的表现进行同时比较（横向对比），观察到考生之间的相互作用。

（5）应用范围广，能应用于非技术领域、技术领域、管理领域等。

但无领导小组讨论对测试题目和考官的要求较高；同时，单个考生的表现易受其他考生的影响。

## 三、无领导小组讨论试题的主要类型

无领导小组讨论的试题从形式上而言，可以分为以下几种：

### 1. 开放式问题

开放式问题的答案范围可以很广、很宽。主要考查考生们思考问题是否全面、是否有针对性，思路是否清晰、是否有新的观点和见解。例如，你认为什么样的领导是好领导？关于此问题，考生可以从很多方面，如领导的人格魅力、领导的才能、领导的亲和取向、领导的管理取向等来回答，可以列出很多的优良品质。对考官来讲，这种题容易出，但不容易对考生进行评价，因为此类问题不太容易引起考生之间的争辩，所测查考生的能力范围较为有限。

### 2. 两难问题

两难问题是让考生在两种互有利弊的答案中选择其中的一种。主要考查考生分析问题能力、语言表达能力，以及说服力等。例如，你认为以工作为取向的领导是好领导呢还是以人为取向的领导是好领导？此类问题对考生而言，既通俗易懂，又能够引起充分的辩论；对于考官而言，不但在编制题目方面比较方便，而且在评价考生方面也比较有效。但是，此种类型的题目需要注意有两种备选答案且具有同等程度的利弊，不能是其中一个答案比另一个答案有很明显的选择性优势。

### 3. 多项选择问题

多项选择问题是让考生在多种备选答案中选择其中有效的几种，或对备选答案的重要性进行排序。主要考查考生分析问题、抓住问题本质方面的能力。此种类型的题目对于评价者来说，比较难于出题目，但对揭示考生各个方面的能力和人格特点则比较有利。

### 4. 操作性问题

操作性问题是给材料、工具或道具，让考生利用所给的材料制造出一个或一些考官指定的物体来。主要考查考生的能动性、合作能力以及在一项实际操作任务中所充当的角色特点。此类问题，考察考生的操作行为比其他类型的问题要多一些，情景模拟的程度要大一些，但考察语言方面的能力则较少。

### 5. 资源争夺问题

资源争夺问题适用于指定角色的无领导小组讨论，是让处于同等地位的考生就有限的资源进行分配，从而考察考生的语言表达能力、概括或总结能力，发言的积极性和反应的灵敏性等。例如，让考生担当各个分部门的经理并就一定数量的资金进行分配。因为要想获得更多的资源，自己必须要有理有据，必须能说服他人，所以此类问题能引起考生的充分辩论，也有利于考官对考生的评价，只是对试题的要求较高。

## 四、参加无领导小组讨论应掌握的技巧

在面试小组中，每个人给别人最直接的印象就是自己的风度、教养和见识，反之亦然，我们感知别人往往也从这三个方面进行评定。需要注意的是，这三个方面都要靠个人的长期修养才能得来。在面试中，我们是通过发言的时机、发言的内容、时间掌控、遭到反驳时的态度、倾听他人谈话时的态度等将这三方面的特点表现出来。

考生应该有自己的观点和主见，即使与别人意见一致时，也可以阐述自己的论据，补充别人发言的不足之处，而不要简单地附和说："××已经说过了，我与他的看法基本一致。"这样会使人感到你没主见、没个性、缺乏独立精神，甚至还会怀疑你其实根本就没有自己的观点，有欺骗的可能。

# 第十章 面试沟通的准备与策略

当别人发言时,应该用目光注视对方,认真倾听,不要有下意识的小动作,更不要因对其观点不以为然而显出轻视、不屑一顾的表情,这样既不尊重对方,也会被考官认为是涵养不够。

对于别人的不同意见,应在其陈述之后,沉着应付,不要感情用事,怒形于色,言语措辞也不要带刺,保持冷静可以使头脑清晰,思维敏捷,更利于分析对方的观点,阐明自己的见解。要以理服人,尊重对方的意见,不能压制对方的发言,不要全面否定别人的观点,应该以探讨、交流的态度在较和缓的气氛中充分表达自己的观点和见解。

在交谈中,谈话者要注意自己的态度和语气。有的人自视甚高,很有思想,因而说起话来拿腔作调、口若悬河,使别人没有时间反驳或发表自己的见解,而且轻视别人的思考能力;有的人认为自己能言善辩,为了引起众人的注意,"语不惊人死不休",用夸张的语气谈话,甚至不惜危言耸听,哗众取宠;有的人说话喋喋不休,为了压制别人而有意无意地伤害别人的感情。这些人因为不懂得交谈中的基本礼仪,不但不能达到他们谈话的目的,反而会给人留下傲慢、自私、放肆的印象,破坏了交谈的气氛,很难达到彼此交流的目的。

考生应注意在交谈中多表示出建设性的诚意。当谈话者超过三人时,应不时同其他所有的人都交谈几句,不要冷落了某些较内向、发言不多的人。不要与人耳语,这虽可与某人表示亲近,但会造成与其他人的隔阂感。

小组讨论的目的是表现自己,突出个人的各方面能力,赢得考官的赞赏,因而要运用一些论辩说服的技巧,从中展示出自己的能力。在论辩中,要说服别人,需注意以下几个问题:

(1) 发言积极、主动。面试开始后,抢先亮出自己的观点,不仅可以给主考官员留下较深的印象,而且还有可能引导和左右其他应试者的思想和见解,将他们的注意力吸引到自己的思想观点上来,从而争取充当小组中的领导角色。自己的观点表述完以后,还应认真听取别人的意见和看法,以弥补自己发言的不足,从而使自己的应答内容更趋完善。

(2) 奠定良好的人际关系基础。对方在考虑是否接受你的观点时,会首先考虑他与你的熟悉程度和友善程度,彼此的关系越亲密,就越容易接受你的观点。若他认为彼此是敌对的关系,那么对你的观点的拒绝就是对他的自我保护。

(3) 把握说服对方的机会。不要在对方情绪激动的时候力图使他改变观点。因为在情绪激动时,情感多于理智,过于逼迫反而可能使其更加坚持原有的观点,做出过火的行为,造成更难以改变的结果。

(4) 言词要真诚可信。能够设身处地地站在对方立场上考虑问题,理解对方的观点,在此基础上,找出彼此的共同点,引导对方接受自己的观点。整个过程中要态度诚恳,以对问题更深入的分析、更充分的证据来说服对方。

(5) 要抓住问题的实质,言简意赅。语言的攻击力和威慑力,归根到底来自于语言的真理性和鲜明性。反驳对方的观点不要恶语相加,敌视的态度不能达到有效反驳的目的。从心理学角度看,敌视的态度会使人产生一种反抗心理,因而很难倾听别人的意见。

(6) 论辩中要多摆事实,讲道理。不仅要立场鲜明,态度严肃,语气也要坚定,这样可以使对方明确己方的观点,重视己方的意见。

(7) 可以运用先肯定后转折的技巧,拒绝接受对方的提议。当对方提出一种观点,而你不赞成时,可先肯定对方的说法,再转折一下,最后予以否定。肯定是手段,转折—否定是目的。先予肯定，可使对方在轻松的心理感受中，继续接受信息。尽管最终是转折了，但这样柔和地叙述反对意见，对方较易接受。这样既使自己能从难以反驳的困境中解脱出来，又使对方能在较平和的心境中接受。

（8）广泛吸收，以求取胜。这其实是"后发制人"的策略，在面试开始后，不急于表述自己的看法，而是仔细倾听别人的发言。从中捕捉某些对于自己有用的信息，通过取人之长来补己之短。待自己的应答思路及内容都成熟以后，再精心地予以阐述，最终达到基于他人而又高于他人的目的。

## 第四节 情景模拟面试的应对策略

情景模拟面试也是人才测评中应用较广的一种方法，它主要测试应试者的各种实际能力。

### 一、情景模拟面试的概念与特点

#### （一）情景模拟测试的概念

情景模拟测试是设置一定的模拟情况，要求被测试者扮演某一角色并进入角色情景去处理各种事务及各种问题和矛盾。考官通过对考生在情景中所表现出来的行为进行观察和记录，以测评其素质潜能，或看其是否能适应或胜任工作。

#### （二）情景模拟测试的特点

**1. 针对性**

针对性表现在测试的环境是仿真的、内容是仿真的，测试本身的全部着眼点都直指拟任岗位对考生素质的实际需求。由于模拟测试的环境是拟招岗位或近似拟招岗位的环境，测试内容又是拟招岗位的某项实际工作，因而具有较强的针对性。例如，某市财政局在模拟测试中，给了应试者有关财务资料，要求应试者据此写出一份财务分析报告，内容包括数据计算、综合分析、个人的观点、意见和建议。上述模拟测试就是针对财政工作和审计工作的需要和现实问题进行的。

**2. 直接性**

直接性又可以理解为开放性，具体表现在测试的手段多样、内容生动，考生作答的自由度高、伸缩性强，给考生的不是一个封闭的试题，而是一个可以灵活自主甚至即兴发挥的开阔天地。例如，某市检察院用中速放了一名犯罪分子的犯罪证词录音，要求应试者做笔录，并据此撰写"起诉书"；还放了一个举报电话录音，让应试者当即处理。这样的测试，不仅测试内容与拟招岗位业务有直接关系，而且使考评人员能够直接观察应试者的工作情况，直接了解应试者的基本素质及能力，所以更具有直接性。

**3. 可信性**

可信性又称为真实性，具体表现为考生在测验中所"做"的、所"说"的、所"写"的，与拟任岗位的业务最直接地联系着，犹如一个短暂的试用期，其工作状态一目了然。由于模拟测试接近实际，考察的重点是应试者分析和解决实际工作问题的能力，加之这种方式又便于观察了解应试者是否具备拟任岗位职务的素质，因此普遍反映模拟测试比笔试和其他面试形式更具有可信性。例如，某市广播电视局在招聘编辑、记者时，组织应试者参观了该市无线电厂生产车间，请厂长介绍了该厂搞活企业经营、狠抓产品质量、改进政治思想工作等情况，并以记者招待会的形式，由厂长解答了应试者提出的各种问题。随后让应试者根据各自的"采访记录"分别撰写新闻综述和工作通讯各一篇。毫无疑问，通过这种测试观察了解应试者是否具备编辑、记者的基本素质，得出的结论更为可靠。

比较其他考试形式，情景模拟测试的特点也派生了模拟测验的相对局限性，主要表现为测试的规范化程度不易平衡，效率较低，同时，对考官素质的要求较高。

## 二、情景模拟测试的主要方式

**1. 机关通用文件处理的模拟**

这一项目可作为对招考对象的通用情景模拟手段。它以机关的日常文件处理为依据，编制若干个（约15~20个）待处理文件，让被测者以特定的身份对文件进行处理，这些待定文件应是机关干部经常要处理的会议通知、请示或批复、群众来信、电话记录和备忘录等，要求被测者在2~3小时内处理完毕。

**2. 工作活动的模拟**

这个测试项目可以采用以下两种形式进行，最后依据评分标准分别评分：

一种是上下级对话形式，模拟接待基层工作人员的情景，由被测者饰演上级，一个测评人员饰演下级；或者模拟向上级领导汇报或请示工作的情景。另一种是布置工作的测试。要求被测者在阅读一份上级文件或会议纪要后，以特定的身份，结合部门实际，对工作进行分工布置和安排，这一项目可以以个别测试的方式进行，测评人员一般为招考部门领导，在一定条件下测评人员可向被测者进行发难，以对其进行较深入的整体测评。

**3. 角色扮演法**

事先向考生提供一定的背景情况和角色说明，模拟时要求考生以角色身份完成一定的活动或任务，如接待来访、主持会议、汇报工作等。

**4. 现场作业法**

提供给考生一定的数据和资料，在规定的时间内，要求考生编制计划、设计图表、起草公文、计算结果等。这种测试被普遍应用在计算机操作、账目整理、文件筐作业等。

**5. 模拟会议法**

将若干（10人左右）考生分为一组，就某一需要研讨的问题，或需要布置的活动，或需要决策的议题，由考生自由发表议论，相互切磋探讨。具体形式有会议的模拟组织、主持、记录及无领导小组讨论等。

## 三、应试者要掌握的三个技巧

情景模拟法不仅可以对应试者进行简单的能力与素质评价，同时也可用于测评复杂的能力与素质，即对应试者的素质进行全面测评。应试者处理问题的合理性、决策的科学性及其组织协调能力是主考官对应试者做出评定的主要依据。为了能够从人员众多的应试者队伍中脱颖而出，应试者需要注意以下几方面问题：

**1. 沉着应对，准确感知**

情景模拟面试的内容一般都可在现实生活中找到原形或样板，两者之间存在着高度的相似性。不同的只是情景模拟面试因有明确的时间限制及主考官员的参与而使气氛比平时更为紧张。而且，应试者的表现状况将对他的事业或其他方面产生影响，出于利害关系的考虑，应试者往往会感受到一种巨大的心理压力。因此，在情景模拟面试中，应试者心理与情绪的调节与控制是非常重要的。为了准确地感知模拟情景中的事物及其本质，并提出切实可行的解决办法，应试者一定要使自己的心绪保持稳定，沉着冷静地去应对所面临的问题。

**2. 大胆创新**

情景模拟法以考查应试者的全面素质为目的，它所考查的内容不仅包括简单的能力资格与素质条件，而且还包括创新能力等复杂的能力与素质的考察。因而，考生在情景模拟面试中，不能仅限于简单地演示平日工作中的方法手段，而应对事物进行灵活处理，以平时的经验为基础，根据模拟情景中的条件和线索进行大胆创新，探索新的解决同一问题的思路与方法。

**3. 循规操作**

情景模拟面试中，有一些内容的应答是不容许应试者创新的，如公文处理及机关事务处理等，它们的处理原则及程序都有明确规定，应试者只能循规操作，切不可自作聪明，擅自更改某些规则。

## 第五节　答辩的应对策略

### 一、答辩的特点

抽签答辩式面试是指根据岗位需要在面试前确定一些要考生回答的问题，制成题签，考生入场后通过现场抽签，并向考官们解答题签上提出的问题的一种面试形式。一般来说，题签的数量由考生的多寡而定，每个题签内含 1~3 道问题。考生回答问题过程中，考官依据面试前准备好的试题答案，综合考生回答这一问题时的整体表现为考生打分。

这种面试方法的优点是较易操作，评分确定，评分的客观公正性好掌握。其不足是测查面窄，缺乏针对性和灵活性，掌握不好易流于"笔试口答"的模式，不利于考生发挥其独有的特长。此外，由于不同的考生抽到不同试题，而试题间很难完全等值，这就意味着报考相同职位的考生可能面对难度不同的试题，而给测评带入不公正因素，使考生可比性和考试的公平性打了折扣。

### 二、答辩的实施程序

**（一）准备阶段**

**1. 制定答辩方案、建立领导机构**

在完成笔试的基础上，根据选招干部的公告，对答辩的全过程进行分解，确定出答辩的内容、目的、对象、组织方法、实施程序以及"考官"组成、计分办法和录取比例，使答辩组织有章可循。同时，由组织人事部门领导、用人单位领导一起组成有权威的领导机构，以保证整个答辩工作有领导、有组织、有计划地进行。

**2. 审查答辩资格，发出"答辩须知"**

资格审查是依照报名登记和笔试成绩，初步确定参加答辩人员的方法。其目的：一是按照报考条件核实考生是否具备参加答辩资格；二是核实笔试成绩的准确程度。确实把符合条件的优胜者录入答辩候选人，并予以张榜公布。同时向考生发出"答辩须知"，公开答辩程序、内容形式、测评计分方式,以保证程序的规范化和答辩的公平性。

**3. 答辩内容的确定与题目制作**

答辩不仅是对笔试测试效果的补充和扩展,而且是直接与考生"双向沟通"的过程。是在笔试基础上,进一步考察考生的能力素质、工作经验、体质精力等方面的综合情况,从而真正使主试者得到一个比较全面、客观的立体形象,为选拔合适人才提供充分依据。因此,必须针对拟任工作岗位要求,来确定面试内容,重点包括:①专业知识;②相关知识;③综合分析能力;④组织管理能力;⑤语言表达和适应能力;⑥自然素质等。

在确定答辩内容的基础上,搞好试题的制作。

答辩题(即共性题)要围绕岗位所需专业知识提出问题(对每套试题范围、重点、分量要尽可能平衡),分门别类,一套题一封,到时由考生自己抽取依题答辩;随机试题(即个性问题)要针对考生的不同经历和岗位要求,提出明确、具体,能紧紧抓住个人经历和岗位要求中有代表性的问题,制定出一些能测出考生工作经验、态度、能力等方面的试题。

**4. 建立和培训"考官"队伍**

答辩"考官"要具备以下素质:①坚持原则,公道正派,不徇私情,尊重人才,客观公正;②有较强的事业心,工作态度认真;③熟悉专业和相关专业知识,有丰富的经验;④善于思考,反应敏捷,视野开阔,有较强的语言交流能力。

要求在组织测评小组时,人员来源面要宽,性格气质搭配得当,同时应根据考生的男女比例,适当确定"考官"队伍的男、女比例(一般为7:3)。每个测评小组以7~9人为宜,主要由组织人事部门、用人单位领导、专业技术骨干、有关专家学者组成。在建立队伍的基础上,精心组织好答辩"考官"的培训,促进答辩工作的实施,提高答辩质量。

**5. 搞好试场布置,做好物质准备**

试场布置以及做好物质准备是确保答辩能否顺利进行的物质保障,也是不容忽视的重要组成部分。

**(二)实施阶段**

**1. 介绍试场情况**

为了消除考生的紧张心理,使考生建立起自然与舒服的心理感觉。在规定时间由接待联络员将考生带进试场。由主持人按规定程序,依次向考生介绍以下情况:①本试场测评组织单位;②测评小组人员的组成;③工作人员的组成;④介绍答辩办法、程序、时间;⑤宣布答辩纪律、规定;⑥对考生提出希望和鼓励。主持人介绍完毕以后,考生被集体带入候考室,等候答辩。

**2. 答辩**

作为对应试者评价的手段,答辩在整个考试录用工作中是继笔试和情景模拟测试后的又一次测试,也是考生综合知识能力的竞争。为了充分发挥答辩评价的作用,使答辩考试在科学的指导下,为用人部门服务,为人才的识别与选拔服务,达到择优汰劣之目的,在此设有以下四个环节:①考生抽题准备;②导入式提问;③抽题答辩;④随机问答。

**3. 成绩评定**

成绩评定是答辩的重要环节,考生的水平是通过分数来体现的。成绩评定的如何,是答辩质量和"公平竞争"原则最重要的体现。具体步骤如下:①考官打分;②考官亮分;③公布成绩。

### 4. 公证

搞好公证是体现"公平竞争，择优录取"考试原则的有效措施，是搞好考录干部工作廉政建设的一个必要的方法。在答辩中邀请公证部门对全部答辩程序进行监督，是对答辩程序的合法性从法律角度给予认可。

### 三、面试答辩要领

**1. 观点正确**

在面试答辩中，观点是基础、是灵魂。观点有误，回答得再详细，也是徒劳。正确的观点是回答的起点，所以要想在面试中胜出，你必须保证你的观点是正确的，为此，必须加强对党的路线方针政策及政治、时事、理论的学习。

**2. 言简意赅、提纲挈领**

对每一个面试题都应该首先弄清回答问题时应把握的要点，明确自己要从几个方面来说明问题，思考时要理清思路，回答时不含糊、不啰唆、直截了当、一语中的。

**3. 辩证分析**

大多数面试题的回答都要求分析，要辩证，思路要开阔，切忌思维绝对化、僵化，以防止片面、静止、孤立地看待问题。

**4. 自圆其说**

面试结束后，很多考生都会反映面试试题很怪异，考官的提问很刁钻，常常被杀个措手不及，这种情况的确存在。面对考官近乎"苛刻"的提问，你不能不作答，但怎样回答比较好，你并没把握。怎么办呢？我们的建议是：越是这个时候，你越要鲜明地亮出你自己的观点，但需切记一点，那就是自圆其说。只要能有理有据、自圆其说，那么你的观点就能站得住脚，就能被考官接受。

**5. 条理清晰**

面试要求测试的能力中有一项是逻辑思维能力，而这项能力的体现则是考生答辩时的分析能力及条理性，确保观点前后一致。这就要求考生在听到面试题后，首先要思维有逻辑性，然后便是陈述的逻辑性，这种逻辑性要求考生的回答层次清晰，条理分明，前后衔接紧密，表述前后呼应，依此作答才能征服考官。

**6. 推陈出新**

考生的回答，还应富有新意，做到推陈出新，在新的形势下，别出心裁，这样做才更有利于成功。考官们和你一样，他们也不要听老套的东西，而且能够推陈出新，也是你的创新能力的生动体现。

**7. 有理有据、言近旨远**

面试答辩本身就有理论测试的特性，因此，考生们回答问题应该有一定的理论高度。例如，回答问题要有理有据，或是党的方针政策，或是国家法律法规，或是名人名言，或是具体事例数据，这些都需要有一定的理论功底，引经据典，言近旨远，这样才能更好地论证问题。

## 第六节　竞聘演讲的准备与应对策略

竞岗（聘）演讲一般是在竞岗（聘）者考试成绩合格后，在一定范围内（考评组主体成员、加上适量有选择的公众）进行演讲，主要是介绍自己的工作经历、德才状况和竞争职位设想（或预案），有时还兼有答辩。

## 一、竞岗（聘）演讲词的准备

竞岗或竞聘演讲词等于"竞选演说"，发表自己的"施政纲领"。因此，如何把它写好，赢得大家的好评，并非易事。通过竞岗（聘）演讲，起码要显露出自己的文才和口才，体现出你对这项工作（职务）的热爱、情况熟悉和业务精通，以及干好工作、办好事业的办法和决心，使评委和听众感到你是个人才，可以胜任此项工作。所以，在撰写演讲词之前，应该有一个思考与准备的过程。

**1. 了解竞岗（聘）职位**

要对参与竞争的岗位职务的基本情况有所了解，包括职能、职权、工作范围、业务技能、周边关系、权利义务等。此外，还应知道该职位的特点。这样方能提出自己的打算或设想，做到知己知彼、有的放矢。

**2. 要有创新意识**

要有自己独到的见解，这非常重要。因为竞争对象不是一人，别人也在思考自己的演讲词。如果你的演讲词，同其他的竞聘者的演讲词差不多，甚至还不如别人，那就难以与别人竞争，至多打个平手，所以，竞争演讲词一定要有新意。

**3. 文风朴实**

要使用大众化的朴实语言，不说大话空话，不漏说、错说，不能说外行话，不要有错别字。使你的竞争演讲词，既有新的内容，又有好的语言表达，争取评委和听众的赞扬。

## 二、竞岗（聘）演讲词的一般结构

竞岗（聘）演讲词的结构，一般可分为以下四个部分或者四个段落：

**1. 竞岗（聘）目的与态度**

写自己为什么要参加竞岗或竞聘，以及对竞争成功与否的态度。首先要从为国家为社会为单位做贡献的高度，说明自己参加竞争的目的；同时要说明自己可以在竞争的职位上施展才华，发挥长处，实现自身应有的价值。接着应该表明参加竞争的态度，既要说明自己参加竞争的优势和信心，又要说明如果竞争不上的正确态度。这部分不能长，300字左右，也不能有"官"话，要给人以诚实感、信任感。

**2. 介绍简历**

简述自己的年龄、学历、专业、工作经历、特长、担任主要职务的时间等。此段是介绍个人的内容，实实在在的东西，不应用议论的语言。这部分也不能长，简要地介绍，不要过细，二三百字即可。使人听了知道你的知识情况、实践经验、主要业绩如何，从而考虑你是否能担任该职务，或者是否是担任该项职务的最佳人选。

**3. 上岗（应聘）后的工作思路（计划）**

提出竞争成功后的打算。着重写竞争成功后，在任职期间怎样开展工作和开创新的局面，其中包括任务、指标、各项工作的奋斗目标。开头可以简单地分析这个单位或部门的情况，抓住主要特点，然后再提完成任务指标的设想。要层次分明，不可写乱。这部分是重点，可适当展开一些，但不能啰唆。内容既要实在又要体现创新精神，使人听了觉得你有雄心壮志、有办法、有创新，任职后能够胜任，必将取得出色成绩。

**4. 上岗（应聘）后的工作方法和措施**

此部分写工作方法和措施，是第三部分的延伸。此部分可以概括几个观点写，突出主要的几条，不要写得太多太散。特别是措施要有可行性，办不到的事情不要写。这部分内容虽然重要，但不宜过长。内容应与第三部分有紧密的联系，做到前后呼应，使听众感到你所提出的任务指标，是可以努力完成的，不会落空。

以上四部分构成一个整体，但也可以将第一、二部分合并，第三、四部分合并，一起写。不管怎样，总得要把四方面的内容包括进去，这样才能算为完整的竞岗（聘）演讲词。

### 三、撰写演讲词应注意的问题

**1. 篇幅**

竞争演讲词不宜太长，应短而有力，句句实在，一般不超过3000字，演说5～10分钟时间；文字冗长，听众厌烦，反而收不到好的效果。

**2. 做好演讲准备**

演讲词不但要写得好，还要说得好，应该讲得流畅，有声有色，讲出感情和意志；不宜照稿子念，甚至念得结结巴巴，没有声色，使人怀疑你的稿子是请人代笔的。稿子写得好，加上演讲表达好，相得益彰，会收到更好的效果。

**3. 既要征求他人意见又要注意保密**

撰写好演讲词后，应该请同自己关系密切、关心和支持自己竞岗（聘）者参阅，注意吸收建设性的修改意见，同时，竞争演讲词撰写时，应有一定时间的保密，防止泄露出去，使其他竞争对象知道后，研究出更好的内容，超过你，不利于你的竞争。这也如同项目的招标，事前千万不能让人家知道标底，否则将会导致招标失败。

### 四、竞岗（聘）演讲要求

演讲答辩是公开选拔领导干部和竞争上岗面试方式之一，尤其是竞岗（聘）者采用较多，一般在考试合格后进行。

**（一）演讲注意的问题**

演讲主要体现将自己的观点具体化的能力和有效地向他人表达自己观点的能力。在准备发表"竞选"演讲前必须要回答以下问题：

**1. 你为什么要演讲——演讲的目的**

这个问题似乎是很明确的，但你必须在演讲中时刻注意。你的演讲是为了向听众展示你的才华、品格、风度，证明你是一个优秀的人选，博得听众的好感与赞许，最终争取到你所应聘的职务和职位，是你的中心任务。任何无益于达到目标的事情都不要在演讲中做。

**2. 你在对谁演讲——演讲的对象**

你的听众很特别，因为他们主要是面试考官，而他们关心的是你能否令人信服地证明你就是本单位、本职务所真正需要的人；另外，你的同场竞争者也是你的听众，虽然他们不像考官那样有表决权，但他们的情绪和反应将影响考官对你的评价，如果你能让你的竞争对手中的大部分人心服口服，对你表示赞同和钦佩，你将获得极大的成功。

### 3. 你准备说些什么——演讲的内容

内容要充实、可信、有说服力，不能空喊口号，而要用事实证明你的知识和技能、工作经验、爱好、特长等适合应聘单位、职位的要求。另外，千万不要忘了强调你求职的信念和决心，表达时要流露出真情，有很强的感染力。

### 4. 你准备怎样说——演讲的结构

你要考虑好先讲什么、后讲什么、重点讲什么、附带讲什么，要分清主次先后、轻重缓急，分配好演讲的时间——内容结构安排。可以考虑运用形象手段协助你表达，使听众理解，可以考虑在讲演中穿插一些轶事、趣闻或幽默。但不要偏离目的或做过了头。

## （二）演讲的语言运用

竞岗（聘）演讲是在特定的时间、空间与情景环境下进行的，因此，语言的运用对演讲的成败至关重要，这里包括语言、语调、情感和体态语言等。

### 1. 语言表达基本要求

演讲要正确使用普通话（除少数民族地区的特殊要求），根据准备的演讲词，讲求节奏，控制和调整速度、语调，兼用非语言表达（体态语言）如目光、手势、姿势等，尽可能清晰、准确、淋漓尽致地表达演讲内容。

### 2. 协调好体态语言的表现

体态语言无声胜有声，在演讲中正确把握体态语言的运用能起到锦上添花的作用，具有更强的感染力。体态语言一般指手势、身势、面部表情、眼色、人际空间位置等一系列能够揭示内在意义的动作。

## （三）演讲前的心理准备

心理学家曾对2000年北京大学51名高考状元进行心理测试，研究这些尖子学生成绩好的原因，发现考前和考场心态是学生能否正常发挥的关键因素。同样水平的人，甚至同一个人，由于心理状态不同，投入考试后的能力发挥的程度就不一样，成绩自然大相径庭。笔试如此，竞岗（聘）演讲也不例外。比较而言，竞岗（聘）演讲对人们心理素质的要求比笔试更高些。因此，参加竞岗（聘）演讲时，进行"考"前、"考"中的心理调整显得十分重要和必要。

### 1. 把握机遇心理

应试者应充分认识参与"这一次"演讲的意义，把它当成一次展示自己才华的难得机遇，予以高度重视。人一旦意识到此次机遇对于自己成功的价值，就会特别珍惜"这一次"，并产生"志在必得"的雄心和决心。在这种心理支配下，人们很容易进入最佳竞技状态，并获得前所未有的追求成功的动力，促使自己开动脑筋，全力以赴，把自己的才智和潜能最大限度地调动起来。

### 2. 强烈自信心理

为了提高自信心，要学会对客观形势进行恰当估计和分析，同时不断地进行正面的自我心理暗示，为自己创造心理优势。

### 3. 对等应试心理

参加竞岗（聘）演讲直观地看是考与被考的关系，易于产生不对等心理。在不对等心态下，应试者会把考官当成自己命运的支配者，从内心形成自我心理威慑和自抑，出现过分拘谨或失控，势必影响能力的正常发挥。因此，应试者应给自己一个恰当的角色定位，把考官当成同事、领导和朋友，把竞岗演讲当作一次朋友间的社交集会活动，一次平等的交流沟通的过程。这样，演讲者便会形成正常心态，表现得更为自然和投入，同时会淡化因演讲可能带来的紧张情绪，从容应对，正常发挥，最终稳操胜券。

### 五、演讲的技巧

面试中要求考生演讲同样是一种较常见的考察方法。这是对面谈法和小组讨论法中考生表现的一个更集中、更直接的测评。这时，没有谈话的对方，没有考官提问，只有听众。考生是讲台上唯一的演员，更可以充分、自主地表现自己的气质、风度、口头表达能力、见解和观点。

面试演讲不同于一般场合下的演讲，面试演讲面对的观众主要是面试考官，他们要依据考生演讲来决定你是否适合所争取的职位。因而要以此为中心，向听众展示自己，博得好感与赞同。另一部分听众是参与竞争的其他考生。他们对于你的演讲不能发表意见，没有决定考官判断的权力，但他们的情绪反应仍会影响考官对你的评价。如果你能在演讲的气势上胜过他们，在演讲内容上使他们心服口服，那么你成功的把握就大了。

以下介绍一些可能用得着的小知识和注意事项：

（1）演讲要感染听众。首先要内容充实、可信，调动出自己的真实情感。用有说服力的事实证明你的知识和技能、工作经验、特长等适合应聘单位、职位的要求。

（2）演讲以前要对演讲的内容做必要的准备，理清演讲的结构。哪些内容先讲，哪些内容后讲，什么要作为重点，什么可以一带而过，时间是否充足，开始和结尾的部分如何充分引起听众的注意，如何恰到好处地结束都要准备。

（3）可以考虑在表达重要信息时，运用形象的手势和表情以便于听众理解，还可以适当穿插一些小故事、幽默。

（4）在演讲结束前总结要点是必要的。因为在讲演中听众随着话语的流动来思考，或许不能及时地总结概括内容的要点。那么，结束前的总结会给听众留下印象，记清楚要点。

（5）尽量不要拿讲稿上台，以免产生依赖性，成为念稿而非演讲。可以把要点写在小纸条上，字的大小最好能稍微一瞥就看得清楚。

（6）演讲前反省自己是否有惯用的语气词，如"嗯""哈""哪"……有的人每句话都要带一个，听了使人厌烦，也表明演讲者缺乏自信，思路不清，准备不充分，内容空洞。

（7）不要自我标榜。自我表现要诚恳，言之有据，这不同于自我标榜。自我标榜者会使人反感，产生抵触情绪。

（8）演讲的速度要适中，可以用新闻节目中的播报速度为参考，易为人接受。初次演讲，或心情紧张时，自己不觉得，但说话速度可能已经让人觉得太快了，这时要注意调整。

（9）话语流畅不一定就是好的演讲。台下练习时不要强记，而要根据要点对主要的思想和观点了然于胸。演讲时，根据听众的反应，调整具体的语气和用词。如果在台上说得太流畅，虽给人很会说话的印象，但会缺乏令人感动的气氛，也不利于调动自己的情绪，难以引起共鸣。

（10）演讲时，眼睛不要四处乱看，可将视线集中在一两个听众身上。每隔一定时间，可以沉稳地扫视一遍全体听众。在讲到重要内容时，说话速度可稍放慢，语气加重，同时扫视听众，可以吸引听众的注意，使他们更好地理解。

## 案例分析

**竞岗（聘）演讲词**

竞职演讲，是干部竞争上岗工作的一个重要环节，是检验每个干部政策水平、理论修养、逻辑思维、文字功底、口头表达和工作能力等综合素质的有效形式。某省委办公厅机关处室处级领导职位竞争上岗的竞职演讲词十分精彩，得到了领导和同志们的充分肯定，博得阵阵掌声。具体如下：

尊敬的各位领导，尊敬的各位同事：

上午好！

在省委办公厅首次竞争上岗这个庄严、神圣的讲坛上，我认真、诚恳地向各位汇报本人的基本情况，以便加深大家对我的了解。

我叫×××，今年38岁，党员，大学本科毕业。1982年参加工作。开始在×县教育局工作；两年后调入县委组织部；1985年任县团委书记；1986年调入省委接待办从事政工、文秘工作；1987年调到省委办公厅机关党委，从事组织、宣传工作，并兼任机关团委书记；1988年调省委办公厅综合调研室；1990年参加省直机关赴桃江县扶贫工作队；1992年任副处级研究员，1995年任综调室副主任；1996年任正处级调研员；1998年任综调室主任至今。

我个人认为自己报名参加处长竞争，有以下几个方面的优势：

一是政治方面优势。在省委办公厅工作，政治素质是第一位的。这些年来，我比较注重在学习和实践中逐步提高自己的政治水平。因工作需要，厅领导安排我经常阅看省军级文件，参加省委常委会议的服务工作，参加省委、厅里一些重要的政治活动的服务工作，跟随省委领导和厅领导下基层调查研究。在对党的方针、政策的学习和研究中，在对领导们身上集中体现的宝贵的政治知识、政治经验和决策水平、领导艺术的学习和感悟中，在通过信息调研为上级领导科学决策服务的实践中，我进一步坚定了自己的政治立场，逐步造就了敏锐的政治观察力，较强的政治敏感性。1992年开始，我省一些地方出现自办开发区热，我于1992年5月21日编撰了信息《我省部分地区开发区过热的现象值得重视》。这条信息具有一定的超前性和参谋性。在当时的经济热潮中，这样进行"冷"思考的信息并不多。后不久，党中央、国务院出台了加强宏观调控的文件。在政治纪律上，我对自己要求比较严格，遵守上级党组织有关廉政建设的规定，没有违反党纪国法行为，保持了一个共产党员、一个机关干部的良好形象。在个人品德方面，我为人正直，与人为善，待人诚恳，比较谦虚，比较稳重。

二是写作方面优势。我从小爱好写作文，15岁考入湖南师范大学中文系，经过四年的系统训练，我打下了比较扎实深厚的语言、文字功底；参加工作后，一直从事文字工作，写作水平不断提高。近10年来，先后在中央办公厅的内部刊物、《人民日报》《求是》、中组部《党建研究》、新华社《内部参考》《××日报》（省级）发展文章120多篇。去年，我省被中办采用调研材料7篇，名列全国第一，其中3篇是我自己单独或者参与起草的。全国著名经济学家马洪主编的《中国改革开放与跨世纪发展战略》一书中的《××篇》，是我为主起草的，该书已用中、英文两种版本在国内外出版发行。在综调室工作，我担负的一项重要职责，就是为省委领导起草讲话稿服务。我曾有幸参加中共××省第七次党代会报告起草，对我省来说，这是一个具有历史性意义的重要文件；对我来说，赢得了一次珍贵的学习机会。2000年10月16日，省委领导"在奥运健儿庆功大会上的讲话"，是我根据领导的思路写的初稿，既有较深的思想深度，又有浓郁的感情色彩，受到厅领导的好评。

三是管理方面优势。担任综调室主任，既要写文章，又要抓管理。我主要是用制度管人，按制度办事。我对本室的管理比较规范、科学、严格，业绩比较突出。1999年，我省信息、调研材料被中办采用获两个第一。一位省委领导曾亲笔批示：综合调研室的干部精神状态、工作作风、办事效率都不错，值得机关干部学习。我在管理工作中还有一个特色，就是推行"柔性"管理，"柔"是柔和的"柔"。我努力做到重带头实干，不指手画脚；多表扬鼓励，少批评指责。当然，我也决不搞无原则的"和稀泥"，坚持做到大事讲原则，小事讲风格；大事不糊涂，小事不计较。在力所能及的范围内，努力为同志们办实事，办好事，为解决本科室同志的住房安排、家属调动等具体困难，说过话、跑过腿。尽管效果不一定都很理想，但我尽了心，费了力。在日常工作中，我比较喜欢动脑筋，出点子。2000年9月，我组织本科室同志编写的《××省情概要》，受到厅领导和一些兄弟处室的好评。担任办公厅团委书记期间，我策划的"首届十佳服务青年"评选活动，《中国青年报》做过专门报道。在××县扶贫期间，我策划、撰稿并组织拍摄的电视专题片《田野之光》在省电视台播放。

四是敬业方面优势。敬业爱岗是做好工作的重要前提，早些年，曾流行过一首歌，叫作《幸福在哪里》。我们这些写材料、搞服务的人幸福在哪里？我曾以三个"为乐"时刻勉励自己，即以读书为乐，以工作为乐，以事业为乐，对工作始终兢兢业业，一丝不苟。2000年10月，省委七届九次全会期间，我牵头组织10名干部在两天内编了22期简报，40万字，没有因我们的失误而出现一个错字。我常年有70%左右的夜晚和双休日、节假日加班加点，连续两年的大年三十和初一都在办公室值班。据2000年10月份比较精确统计，加班加点84个小时，相当于一个月多上了12天班。综调室不仅要为领导文稿服务，还要处理信息，包括全省范围内的下岗工人集体上访、农民群体性事件，以及抢劫、杀人、爆炸、洪涝灾害等重大事件都要参与信息处理。这两年，我在睡梦中被报告紧急信息的电话惊醒的事为数不少，每次我都以很强的责任感，及时、妥善处理好紧急信息。厅里竞争上岗动员大会以来的这一个星期，我还起草、修改了4篇重要讲话稿和电报。一个人加一点班并不难，难的是长年累月、不停地加班加点。当综调室主任这两年，虽然我受了很多苦和累，但我无怨无悔。如果在座各位信得过我，继续推选我当处长，我还愿意继续吃这份苦，受这种累。这就是我的苦乐观。

当然，我也还有缺点和不足，但我相信，在领导和同志们的帮助下，我会努力克服和改正。

回顾自己的成长历程，我深深感谢各位领导、同志们对我的教育；感谢综合调研室历届领导班子为我打下良好的基础；感谢综调室班子成员和全室同志对我工作的配合；感谢各兄弟处室对我工作的支持；我还要深深感谢今天没有来到会场，已经离退休的老领导、老同志。感谢各位教育我怎样做人，怎样当处长，怎样写文章。各位对我的谆谆教诲，将是我宝贵的政治财富、精神财富，终身受益，相伴永远。

回顾过去，是为了更好地开辟未来。处长，不只是一个有吸引力的职位，更是一份沉甸甸的责任。如果在这次竞争上岗中我继续担任处长，我将在以下几个方面展开工作：

一抓政治。教育和引导全室干部在任何政治风浪面前，坚定不移地跟党走。不断增强政治敏锐性和政治鉴别力，进一步提高在政治上观察、思考和处理问题的能力，自觉地把全室的工作放到全国、全省、全厅的工作大局中去把握，去思考，去谋划，去服务。

二抓业务。在全室开展岗位练兵，业务比赛，本职工作在全国同行业继续创一流。争取每年都有重要文稿在中央办公厅内刊及《求是》杂志、《人民日报》等权威媒体刊载。为省委领导文稿服务的满意率、优稿率不断上升。力求用自己的笔写出实情，写出深度，写出特色，写出精品，写出号召力和感召力。

三抓队伍。美国一位总统说过，"效益最大的投资是对人的投资。"我假如当上处长，将一如既往地坚持以人为本，尊重人，关心人，带好班子，带好队伍，致力于提高干部素质，致力于干部成长、进步。尽管一个处长的权限有限，但我一定竭尽全力，做出积极的努力。

四抓福利。中央领导同志说过，党政机关要用事业留人，用感情留人，也要用适当的待遇留人。省委领导说过，要努力提高干部的政治水平，业务水平和生活水平。假如我继续当处长，我将按照中央和省委领导的指示，在政策和法规允许的范围内，适当提高干部的生活福利水平。

最后，祝在座各位新年、新世纪身体健康，事业辉煌！祝各位参加这次竞争上岗和双向选择的同志们，个个都有一个比较理想的岗位，人人都有一个更加光辉灿烂的明天！

谢谢大家！

问题：

1. 该演讲词分了几个主线？
2. 你认为该演讲词最值得称道的是什么？
3. 你认为该演讲词需要改进的部分有哪些？

## 复习思考题

1. 面试的形式和不同分类标准的面试类型有哪些？
2. 面试的构成和面试的主要内容是什么。
3. 简述结构型面试的概念、特点及应对技巧。
4. 简述无领导讨论面试的策略。
5. 简述答辩面试需要注意的事项。

# 第十一章

## 冲突管理的准备与策略

管理是离不开沟通的,冲突管理对沟通的依赖更是明显,没有沟通的冲突管理只能以失败告终。冲突管理既要能够化解冲突,又要能够避免冲突。而且后者的重要性比前者大,如果能够将很多冲突在萌芽时期予以消灭,不仅合理避免了冲突,还避免了冲突带来的损失和挑战。要想避免冲突,解决冲突,就要做好事前和事后的准备工作,还要选择正确的应对策略。

### 本章学习重点

理解冲突的管理概念、作用。
了解冲突产生的条件。
掌握分析冲突的方法。
掌握如何冲突的策略和技巧。

### ◆ 导入案例

#### 谈判把冰球放入处罚箱

不是每个谈判都有一个好的结尾。北美冰球职业联赛(NHL)总裁加里·贝特曼(Gary Bettman)在2005年2月16日取消了那个赛季剩余的所有比赛,紧接其后就是业主5个月的停业期。虽然像冰球和棒球这样的职业运动都有失去整个赛季的相近命运,贝特曼的决策还是第一个:全盘计划统统作废。贝特曼说:"这是令人悲伤叹息的一天。"

纠纷的另一方,NHL球员工会执行主任鲍勃·古德诺(Bob Goodnow)同样对出现这个僵局感到惋惜。他说:"是的,我们要向球迷们道歉。"虽然取消赛季的比赛对联盟和球员的影响很明显,但它实际的影响范围要更大,包括当地业务收入和NHL比赛商品的销售额。

那么,贝特曼为什么要取消比赛呢?主要原因是工资帽的问题。古德诺说:"球员从没有要求加薪。他们不想因劳资纠纷而停赛。加里应该道歉,是他引起停赛的。我们已经尽最大努力来获得一个公平的解决方案。"据报道,当联盟打算把年均工资从180万美元降到130万美元——调低28%时,他们开始进行谈判。联盟的理由是什么呢?虽然NHL的总收入已达到每年21亿美元,但要付给球员75%的收入。据联盟表示,这么高的比例让联盟无利可图,在过去的两个赛季,直接导致联盟损失47900万美元。然后球员工会提出反对，他们提议工资降低24%而不是联盟想要的28%。于是贝特曼就尝试另一个替代方案：说服工会接受工资占联盟收入的比例不高于55%。这一提议将球员的工资与联盟的收入挂钩，而不是降到平均水平，这样，他们的工资就会上下浮动。直到贝特曼和NHL业主提供了一个没有把工资与收入挂钩的工资帽，联盟的球员才不反对这两项建议。在这一点上，谈判的前景似乎还不错。

但是，双方都不能在具体数量上达成一致。业主提供的工资帽是每支球队4000万美元，后来增加到4250万美元。球员要求的工资帽是每队5200万美元，后来降到4900万美元。虽然这一轮谈判中，数量上只差650万美元，双方还是不能达成一致。最后，谈判终止，赛季的比赛被取消了。

古德诺说："加里最终的提议是一个要么接受要么拒绝的提议。我们提出了反对意见，再加上这期间的一些事情，谈判终止了。"一名记者问双方是否本该接受每队4500万美元的折中工资。这种折中或许原本可以挽救这个赛季。贝特曼说："如果他们想要4500万美元，我不是说我们本该达到那一点，但他们肯定已经告诉我们了。"古德诺则不假思索地说："现实没有如果。"

那么，双方最终是如何解决纠纷，让球员返回球场的呢？他们达成了一个6年的交易，规定2005～2006赛季每队的工资帽为3900万美元（前面提到球员想要的是4900万美元）。很多球员不满交易条款，但他们感觉如果争论工资帽就是浪费时间，除了疏远球迷，没有任何好处。很多球员表示反对古德诺，认为他让球员陷入了没有赢的境地。停赛结束后不到一周，古德诺辞去了球员工会执行主任之职。他否认他的辞职是对球员抱怨的回应。NHL谈判中没有达成一致，对每个人——联盟及与之相关的业务、业主、球员，当然还有球迷——都是一种损失。

你认为哪些因素使得NHL谈判无法和解？如果你是联盟（或球员）代表，你会如何处理这次谈判？

# 第一节　冲突与冲突管理的基本概念

## 一、冲突的概念及产生原因

### （一）冲突的概念与产生条件

#### 1. 冲突的概念

冲突与冲突管理是管理心理学中的一个重要概念和研究领域。从管理心理学的角度来看，当人们具有不同的目标或利益时，往往会产生外显或潜在的意见分歧或矛盾，从而体验到心理冲突或人际冲突。在中国文化背景下，"冲突"一词往往具有一定的负面含义。因此，许多时候，人们会忌讳谈论"冲突"，更多愿意用"矛盾"或"分歧"的概念来分析所存在的问题。因此，冲突是有关双方在观念和行为上的对立或对抗，是一种在满足各自需要的过程中遇到挫折、阻力或力图超越现状时的心理紧张和压力及其外部表现。

在传统意义上冲突被认为是造成不安、紧张、不和、动荡、混乱乃至分裂瓦解的重要原因之一，冲突破坏了团队的和谐与稳定，造成矛盾和误会。基于这种认识，大家都将防止和化解冲突作为自己的重要任务之一，并将化解冲突作为寻求维系现有团队稳定和保持团队连续性的、有效的、主要的方法之一。

正如通用汽车的前董事长史隆（Alfred P. Sloan Jr.）所言："意见相左甚至冲突是必要的，也是非常受欢迎的事。如果没有意见纷争与冲突，组织就无法相互了解；没有理解，只会做出错误的决定。"冲突其实是另一种有效的沟通方式，建设性处理冲突有时反而能实现共赢，成为团队高效的润滑剂。

**2. 冲突的内涵**

托马斯·克罗姆比·谢林（Thomas Crombie Schelling）将冲突定义为一个过程，它开始于一方感知到另一方对其关心的事物有或将要有消极影响时。斯蒂芬·P. 罗宾斯（Stephen P. Robbins）将冲突定义为一种过程，在这个过程中，一方努力去抵消另一方的封锁行为，因为另一方的封锁行为将妨碍他达到目标或损害他的利益。我们可以从以下三个方面去理解这个定义：

第一方面，冲突是特殊的关系行为，也就是说冲突的主体之间发生的由于目的、手段等分歧而产生的一种特殊关系行为，有别于正常的人际交流关系。

第二方面，冲突的行为主体可以是个体，也可以是群体，延伸到组织间；根据冲突范围可将冲突分为人际冲突（Interpersonal Conflict）、群际冲突（Intergroup Conflict）和组织间冲突（Inter-organizational Conflict）。

第三方面，冲突是分歧的表面化，即分歧外化为行为，冲突是产生分歧的一个助推因素，只是主体之间分歧的一种表面现象，还未深入到分歧的内层。冲突有两种不同的性质，凡能推动和改进工作或有利于团队成员进取的冲突，可称为建设性冲突；相反，凡阻碍工作进展、不利于团队内部团结的冲突，称为破坏性冲突。其中建设性冲突对团队建设和提高团队效率有积极的作用，它增加团队成员的才干和能力，并对组织的问题提供诊断资讯，而且通过解决冲突，人们还可以学习和掌握有效解决和避免冲突的方法。

一个团队如果冲突太少，则会使团队成员之间冷漠、互不关心、缺乏创意，从而使团队墨守成规，停滞不前，对革新没有反应，工作效率降低。如果团队有适量的冲突，则会提高团队成员的兴奋度，激发团队成员的工作热情，提高团队凝聚力和竞争力。

**3. 冲突的四个关键成分**

冲突是人们对重要问题意见不一致而在各方之间形成摩擦的过程，即由于目标和价值理念的不同而产生对立或争议的过程。可见，冲突表现为一个发展过程。冲突具有以下四个关键成分：

（1）对立内容。人们具有对立的利益、思想、知觉和感受。

（2）对立认知。冲突各方承认或认识到存在着不同的观点。

（3）对立过程。分歧或矛盾具有一个发展过程。

（4）对立行动。分歧各方设法阻止对方实现其目标。

**（二）产生冲突的原因**

产生冲突最直观的原因就是由冲突双方的利益不一致、情感不统一、沟通不顺畅、观点不一样造成的。具体到一个组织或公司，冲突产生的原因则可以归纳为以下三个方面：

**1. 任务相互依赖**（Task Interdependence）

由于各部门之间存在着任务的依赖性，而组织结构的先天缺陷却削弱了各部门之间必要的沟通量，从而导致任务的不协调。各部门间关系（Interdepartmental Relationship）是团队关系（Team Relationship）。

**2. 目标不相容**（Goal Incompatibility）

各部门都存在着自己的绩效目标，如销售部希望增加产品线的广度以适应多样化的市场需求，生产部则希望减少产品线的广度以节省成本，即销售部门的目标是顾客满意，生产部门的目标是生产效率。

解决的办法也是明显的，企业通过信息管理系统来促进信息的流通，让各部门及时得到有用的数据。稍有规模的企业都希望上ERP（企业资源计划）项目，充分利用信息技术来增强企业的信息管理能力。不过，更根本的原因是目标不相容，各部门同属于一个企业，但未能看到企业的统一目标，而只是看到各自的绩效目标。

企业可以实施关联性绩效评估，把具有依赖性的部门的绩效关联起来。如果某些部门只顾实现自身绩效，而不顾与之关联的部门的绩效，就不能达到整体平衡，实现整体最优绩效。这样即使自身绩效达到最优，绩效评级也不会高。

不过这种做法还有一个小问题，就是如果主管本身的整体观念不强，实施的效果还是会令人失望的。企业可以考虑对主管进行恰当的培训，实在不行就要考虑换人了。

**3. 产生人际冲突**（Interpersonal Conflict）

产生人际冲突的原因也是多种的，在所有的这三点原因中，人格特质是最为关键的。

（1）人格特质：优秀的员工未必能成为优秀的经理。盖洛普（George Horace Gallup，美国数学家，抽样调查方法的创始人），对此给出两种解释：其一，与当事人的独特优势相关；其二，与他们当经理的动机相关。

（2）缺乏信任：人与人之间越是相互猜疑，越会产生冲突；越是信任对方，越能互相合作。

（3）归因失误：当个体的利益受到他人的侵害，他/她就会弄清对方为什么如此行动。如果确认对方是故意的，就会产生冲突和敌意；如果对方不是故意的，冲突发生的概率就会很少。没有良性竞争就没有进步，如果错误把良性的竞争归因为恶性的竞争，就会出现各种误会和冲突。归因行为在很大程度上依赖于人格特质与行为动机，而且，归因失误还会导致信任程度减弱。

## 二、冲突的特性

**1. 客观性**

冲突是客观存在的、不可避免的社会现象，是组织的本质特征之一；任何组织只有冲突程度和性质的区别不可能不存在冲突。

**2. 二重性**

现代观点认为，适当的冲突能使组织保持旺盛的生命力，不断进行自我批评和创新。因此，冲突既有建设性，有产生积极影响的可能；又具有破坏性，有产生消极影响的可能。

破坏性的冲突也称功能失调的冲突，要限制、避免和减少这类冲突；建设性的冲突也称为功能正常的冲突，要善于利用和推进这种冲突的发展。

### 3. 程度性

现代冲突观念认为，不仅要区别冲突的性质，也要进一步区别冲突的程度。美国学者布朗（L. Dave Brown）等（1995）在对冲突与组织绩效之间关系的研究中，发现了冲突水平与组织效率之间的关系主要表现为：当冲突水平过高时，组织功能失调，分裂，混乱无序，不合作，绩效低；当冲突水平过低时，组织功能失调，冷漠，迟钝，对变化反应慢，缺乏新观念，正误观点都没了，出现难以适应环境的低绩效状况。当冲突达到最佳程度时，它可以激发创造力，培养创新的萌芽，使组织保持旺盛的生命力。

## 三、冲突的类型

### 1. 建设性冲突和破坏性冲突

根据冲突对组织影响的不同，可分为建设性冲突和破坏性冲突两种类型。

建设性冲突是指那些会给组织带来创意、活力和发展的冲突。建设性冲突的双方都关注如何实现双方共同目标，乐于了解对方的观点和意见。建设性冲突的双方常常以争论的问题为中心，相互交换情报，就事论事。

破坏性冲突则是指那些干扰组织目标顺利实现的障碍。破坏性冲突的双方对各自的观点十分关心，不愿意听对方的观点和意见；破坏性冲突常常会将问题的争论转为人身攻击，双方相互交换情报的行为越来越少，破坏性冲突不利于组织的发展和进步。

对冲突性质的认定，是确定对其态度和策略的前提。因此，从性质上区分冲突是属于积极类型的建设性冲突，还是消极类型的破坏性冲突，就不仅具有重要的理论价值，而且具有重要的现实意义。只有对冲突的性质判定准确、真正把握，才能端正态度，采取行之有效的相应措施和政策，给消极性质的冲突以有效的抑制、消除和排解；对积极性质的冲突给以充分展开和有效利用，从而达到调适冲突、推动事业的目的。

### 2. 情绪性冲突、目标冲突、认知冲突和程序冲突

根据冲突产生的原因不同，可分为情绪性冲突、目标冲突、认知冲突和程序冲突四种类型。

情绪性冲突是指由于个人情感、性格方面的原因引起的利益双方在意见、观点等方面的不一致。

目标冲突是指由于冲突主体内部或冲突主体之间存在着不一致或不相容的结果追求所引发的冲突。

认知冲突是指由于冲突主体内部或冲突主体之间存在着不一致或不相容的看法、想法和思想所引发的冲突。

程序冲突是指由于冲突主体内部或冲突主体之间存在着不一致或不相容的优先事件选择所引发的冲突。

### 3. 与上级冲突、与下级冲突和与同级冲突

根据冲突影响范围的不同，可以分为与上级冲突、与下级冲突和与同级冲突三种类型。

与上级冲突是指由于上级处于主导地位，是管理的主体，所以作为下级，在一般情况下，有意见可以提，有要求可以说，但只能通过用说理和动情的方式，去实现目的，使冲突和分歧朝着有利于自己的方向发展。一旦不能达到目的，应该善于放弃，服从上级。这是由组织原则决定的。

与下级冲突是指这应该区分是工作性冲突还是非工作性冲突。工作性冲突，尤其是上级对下属实施的批评、教育、矫正以及其他规范，这是领导职能在管理上的体现。作为上级必须坚持原则，坚持到底，不可中途妥协，不可无原则退让，否则就可能养成不好惯例，为以后工作埋下祸患。非工作性冲突，则恰恰相反。作为上级应该有妥协、有退让和有风格。这样方显领导情操、水平和身份。

与同级冲突是指同级管理者之间的冲突，由于其前提是同级，因而其表现形式往往比较隐蔽，其解决方式往往多是调和，其最终结果往往是各方退让。一些时候还需要领导参与解决，形成居高临下的裁判态势。

**4. 人内冲突、人际冲突、群体内冲突、群体间冲突和跨文化冲突**

根据冲突水平的不同，可以分为人内冲突、人际冲突、群体内冲突、群体间冲突和跨文化冲突五种类型。

人内冲突是指当同一个人面临互不相容的多个目标或试图从事两种以上不相容的活动时，会形成内心心理冲突。

人际冲突是指两个或两个以上人员在交往时，由于工作或生活目标、风格和价值理念互不相同产生的冲突。

群体内冲突是指在群体中，由于群体内各个成员对问题的认识不同，对群体目标、活动或程序的意见各异，从而出现群体内冲突。

群体间冲突是指不同群体、职能部门或子公司，由于对工作任务、资源和信息等方面的不同处理方式，从而发生群体间的冲突。群体间冲突有时是同级之间的"水平式冲突"，有时则可能是跨越管理层次的"垂直式冲突"。

跨文化冲突这是由于人们的文化背景显著不同而出现组织文化冲突。管理心理学研究表明，在注重个体价值取向的文化背景下，人们会鼓励竞争行为；在群体价值取向占据支配地位的文化背景下，则注重合作精神。当来自多种不同文化背景的员工或管理人员共事时，比较容易出现跨文化冲突。

对于不同类型的冲突，应结合不同情景特点，采取相应的管理策略与解决途径。关于冲突的管理心理学研究在国内还不多，已经开展的一些研究主要围绕"人内冲突"或"角色冲突"进行。

在传统经济体制下，人们倾向于如何避免人际冲突，讲求以和为贵，只有在冲突扩大化之后，才不得不想办法去解决。因而，导致了冲突双方缺乏竞争意识，引起许多弊端。各类人员所描述的冲突结构水平如表11-1所示。

表11-1 各类人员所描述的冲突结构水平

| 冲 突 水 平 | 举 例 |
| --- | --- |
| 国家或民族间冲突 | 领土之争<br>东西方不同观点导致的冲突 |
| 组织间的冲突 | 两个企业争夺市场时产生摩擦<br>违反合同导致合作陷入困境 |
| 组织内冲突<br>群体间冲突 | 两个车间争夺引进某一生产线<br>劳资纠纷 |
| 群体内冲突 | 办公室成员为奖金分配闹矛盾 |

(续)

| 冲突水平 | 举 例 |
|---|---|
| 个人间冲突 | 家庭纠纷<br>与上级闹别扭<br>营业员与顾客发生争执 |
| 个体内在冲突 | 内在的道德认知冲突 |

此外，根据冲突的规模不同，可将冲突分为个人之间冲突和集团之间的冲突。

按照冲突的性质不同分为经济冲突、政治冲突、思想冲突、文化冲突、宗教冲突、种族冲突、民族冲突，以及阶级冲突和国际冲突等。

根据冲突的方式和程度不同分为辩论、口角、拳头、决斗、仇杀、械斗、战争等。

## 第二节 冲突分析

冲突分析是处理冲突的基础，关于冲突的分析模式，主要介绍以下三种：庞迪的冲突分析模式、罗宾斯的冲突分析模式和杜布林的系统冲突分析模式。

### 一、庞迪的冲突分析模式

美国行为科学家庞迪（Pondy）在对冲突形成的原因和表现出来的特点进行分析后，提出了一个由三种类型冲突模式所组成的冲突分析模型。这三种冲突模式分别是讨价还价模式、官僚模式、系统模式，这三种模式的表征与示例如表11-2所示。

表11-2 庞迪的冲突分析模式

| 类 型 | 表 征 | 示 例 |
|---|---|---|
| 讨价还价模式 | 竞争稀缺资源 | 企业内劳资双方的集体薪酬谈判（集体或有组织的讨价还价） |
| 官僚模式 | 上级对下级行使职权，支使控制下属（纵向冲突） | 经理要求秘书为办公室人员煮咖啡 |
| 系统模式 | 各单位或部门间缺乏合作与协同（横向冲突） | 营销部门做出了生产部门无法达到的产品质量承诺 |

讨价还价模式的冲突的主要表征是冲突双方竞争资源缺乏，例如，企业内劳资双方的集体薪酬谈判等，解决的方式就是通过讨价还价逐渐缩小分歧的差距，最终达成共识。

官僚模式的冲突症结就是上级对下级行使职权，指使或控制下属的行为，例如，经理要求秘书为办公室人员煮咖啡，这种冲突往往都以下属的顺从而得以解决，但是往往会酝酿出更严重的冲突。

系统模式的冲突主要表现在各单位或各部门之间缺乏合作与协同而导致的冲突，例如，营销部门做出让生产部门无法达到的产品质量承诺，这种冲突的解决需要部门之间建立协调机制，或者请示上级领导予以调和。

### 二、罗宾斯的冲突过程分析

罗宾斯将冲突过程分为五个阶段：阶段Ⅰ：潜在对立和不相容；阶段Ⅱ：认知和个人

化；阶段Ⅲ：行为意向；阶段Ⅳ：行为；阶段Ⅴ：结果。

### （一）阶段Ⅰ

阶段Ⅰ：潜在对立和不相容。这些并不必定导致冲突，但它们是冲突产生的必要条件。这些条件按照冲突的根源可以概括分为三类：沟通、结构和个人因素。

**1. 沟通**

沟通失效的因素来自误解、语义理解上的困难以及沟通渠道中的"噪声"。也有研究指出，沟通的过多或过少（引发信息过多或过少）也会增加冲突的可能性。显然，沟通的增加在达到一定程度之前是功能性的，超过这一程度就可能是过度沟通，将导致冲突可能性的增加。另外，沟通渠道也影响到冲突的产生。人们之间传递信息时会进行过滤，来自于正式的，或已有的渠道中的沟通偏差，都提供了冲突产生的潜在可能性。

**2. 结构**

这里使用的"结构"概念，包括了以下一些变量：规模、分配给群体成员的任务的专门化程度、管辖范围的清晰度、员工与目标之间的匹配性、领导风格、奖酬体系、群体间相互依赖程度等。

**3. 个人因素**

个人因素包括价值系统和个性特征，它们构成了一个人的风格，使得他不同于其他人。有证据表明，具有特定的个性特质的人，如具有较高权威、武断的人和缺乏自尊的人将会发生冲突；而价值系统的差异，如自由、幸福、勤奋、工作、自尊、诚实、服从、和平等的看法是不同的，也是导致冲突出现的一个重要原因。

### （二）阶段Ⅱ

阶段Ⅱ：认知和个性化。如果阶段Ⅰ产生挫折，那么，在阶段Ⅱ，潜在的敌对就可能转变为现实，即原阶段Ⅰ的条件，将在一方，或多方受冲突影响和认识到冲突的情况下导致冲突的实际发生。冲突定义中提到，人只是必要条件，冲突的一方或多方必须意识到上述条件的存在，而且只有进一步引起情感上的冲突，即当个体有了感情上的投入，双方都体验到焦虑和紧张、挫折或敌对时，潜在冲突方才可能成为现实。

该阶段有以下两点需要注意：

（1）在阶段Ⅱ，冲突问题变得明朗化。在这一过程中，双方将决定冲突是什么性质。冲突的界定非常重要，它勾勒出解决冲突的各种可能方法。

（2）在阶段Ⅱ，情绪对知觉的影响有着重要作用。例如，研究发现，消极情绪会导致过于简单地处理问题，降低了信任感，对对方的行为也会做出消极的解释。相反，积极情绪则增加了发现问题在各项因素中的潜在联系的可能性，以更开阔的眼光看待情境，所采取的办法也具有创造性。

### （三）阶段Ⅲ

阶段Ⅲ：行为意向。介于一个人的认知和外显行为之间，采取某种特定行为的决策。

行为意向之所以作为独立阶段划分出来，是因为行为意向会导致一个人的行为。很多冲突之所以不断升级，主要原因在于一方对另一方进行了错误归因。另外，行为意向与行为之间也存在着很多不同，因此一个人的行为并不能准确反映它的行为意向。

### （四）阶段Ⅳ

阶段Ⅳ：行为。当一个人采取行动去阻止别人达到目标或损害他人的利益时，就处在冲突过程的阶段Ⅳ。这种行为必须是有企图的和为他们所知的。在这一阶段，冲突会公开化。这一阶段是一个动态的相互作用过程。公开的冲突包括行为的整个过程，从微妙、间接、节制，发展到直接、粗暴、不可控的斗争。

（五）阶段Ⅴ

阶段Ⅴ：结果。冲突双方之间的行为—反应相互作用导致了最后的结果。如果冲突能提高决策的质量，激发革新与创造，调动群体成员的兴趣与好奇，提供公开问题、解除紧张的渠道，培养自我评估和变革的环境，那么这种冲突就具有建设性。如果冲突带来了沟通的迟滞，组织凝聚力的降低，组织成员之间的明争暗斗成为首位，而组织目标降到次位，那么这种冲突就是破坏性的，在极端的情况下，会威胁到组织的生存。

### 三、杜布林的系统冲突分析模式

安德鲁·J. 杜布林（Andrew J. DuBrin）的系统冲突分析模型包括三个要素，即输入、输出和干涉变量。输入部分是指冲突的根源；输出部分是指冲突的结果；干涉变量是指处理冲突的手段。手段恰当与否，将影响冲突的结果，而冲突的结果又会造成进一步的冲突。冲突的根源有人的个性、有限资源的争夺、价值观和利益冲突、角色冲突、追逐权力、职责规定不清、组织的变动、组织风气不正等。

**1. 人的个性**

在一个群体或组织内，不同人之间的性格差异使得他们解决问题的作风和行事方式各不相同。群体内的个性差异越大，共性则越小，组织成员合作的可能性就越小，存在的分歧、矛盾就越普遍，工作和交往中的阻碍、争执和冲突也就越频繁。

**2. 有限资源的争夺**

资源是有限的，企业之间存在着有限资源的竞争，一个组织的不同部门之间可能会从公司总部为额外的预算分配或额外的人力资源展开竞争。当组织资源相对稀缺时，或者组织发展缓慢或根本不再发展时，这种不可避免的冲突将变得更加激烈。

**3. 价值观和利益冲突**

引起组织冲突的个人或群体价值观的差异，包括组织内部的个人之间价值观差异、群体之间价值观的差异、个人与群体之间价值观的差异，以及代表组织整体的价值观与外部环境的个人或社会群体价值观的不同。此外，组织中不同群体和个人价值观的不同步变化也会引起冲突。

**4. 角色冲突**

组织中的个人和群体由于承担的角色不同，各有其特殊的任务和职责，从而产生不同的需要和利益，因而发生了冲突。

**5. 追逐权力**

在任何群体或组织中，权力和追逐权力都是一种自然存在的现象。个体及群体权力欲的追逐有时就会导致冲突。

**6. 职责规定不清**

个体或部门工作职责的不清，将会使个体之间及部门之间对工作互相推诿，对责任各执己见，引起冲突。

**7. 组织的变动**

当组织变动时，如机构的精简和合并，使原来的平衡被打破，局部的利益受到威胁，员工与组织之间的冲突在所难免。大公司兼并小公司，若干公司重组，必然导致双方在权力和其他方面的冲突。

**8. 组织风气不正**

冲突与组织风气有关。组织风气正，则多为建设性冲突，而且冲突程度适中；组织风气不正，则多为破坏性冲突，而且冲突程度失控。组织风气也会起到一种潜移默化的作用，在此影响下，冲突有"传染性"。

行为学家杜布林将冲突分为两个尺度：一个尺度从冲突的利弊性进行研究，将冲突分为有益的和有害的；另一个尺度从冲突的实体出发，将冲突分为实质的和个人的。实质的是指涉及技术上或行政上的因素的冲突；个人的是指涉及个人情感、态度、个性的因素的冲突，具体内容如表11-3 所示。

表 11-3　冲突的四种类型

|  | 有　益　的 | 有　害　的 |
| --- | --- | --- |
| 实质的 | 类型 1 | 类型 2 |
| 个人的 | 类型 3 | 类型 4 |

根据这种分类方式，可以将冲突分为以下四种类型：

类型 1：有益的实质的冲突。这种冲突是具体的事务性的冲突，冲突本身有利于冲突各方的利益。例如，关于如何改善工作条件的讨论。

类型 2：有害的实质的冲突。这种冲突是具体的事务性的冲突，冲突本身有害于冲突各方的利益。例如，企业与员工关于待遇的争论。

类型 3：有益的个人的冲突。这种冲突是个人情感的冲突，冲突本身有利于冲突各方的利益。

类型 4：有害的个人的冲突。这种冲突是个人情感的冲突，冲突本身有害于冲突各方的利益。

一件冲突所归属的类型不是一成不变的，它可能会随着环境的变化或事件的变化而进行转化。例如，由于上级管理失误，造成下属工作业绩下降，这本身是实质性的冲突，但是如果上级长期如此，难免会产生个人性的冲突（感情上的冲突）。

## 第三节　冲突管理策略

### 一、冲突过程

冲突的过程包含以下四个阶段：

**1. 潜伏期**

当从内心知觉到有冲突发生，虽然尚未到爆发的那一刻，其实就已进入冲突的阶段。在此阶段加强对潜伏期的侦测，就能预知或控制冲突的方向及程度，使其朝向建设性冲突的方向发展，进而减缓冲突的程度，使大家以较平和、理性的态度去解决冲突。

**2. 爆发期**

冲突爆发时，无论是口头还是肢体的冲突，都会对双方造成伤害。在此时，无效的处理冲突不如暂时不去处理，若能设法控制愤怒的情绪，让自己冷静下来，其实暂时"不处理冲突"就是最好的处理。

**3. 扩散期**

冲突一旦"爆发"，不要责备它、阻断它或否认它，就静观它的变化，思考可能的应对对策，也许冲突双方都有悔意，也许后面还有余震不断。留一些时间、空间，让彼此有个缓冲也很好，也许当初无法替对方保留颜面，现在或许可以慢慢释出诚意，看看对方的反应再做打算。

**4. 解决期**

这包括双方均满意的"双赢"结果，也包括"不解决的解决"，甚至结束一段令人伤痛的关系。总之，这是一个做抉择的时机，好让事情暂时告一个段落或有一个结束。

## 二、冲突处理策略

### （一）合作策略

对大多数人来说，通过竞争或谈判进行冲突管理是比较熟悉的方式，对采用合作解决问题的方式却了解不多。随着合作管理技术的兴起，以及工业上新的组织发展方法的应用，此策略将会变成更普遍的冲突管理方法。

如果用一个饼来比作是我们寻求的商业利益，谈判的结果是对固定资源的划分，与之相反的，合作解决问题是寻求扩大选择范围，或者说是"加大饼"，以至于达到所有团体的需求。合作策略是齐心协力地寻求所有参与者共同关心的问题的解决办法。

合作策略适用于问题非常重要，需要大家一起参与的时候。在建设团队和做出战略性的决定时，合作策略是非常有用的。它需要时间、信任和人际交往能力。合作策略主要适用于以下情境：

**1. 解决有关冲突方面的感情问题**

当工作与家庭生活之间产生冲突，在冲突并没有扩大化时，为了兼顾双方的"利益"，可以采用合作策略，寻找一种彻底有效的解决方法。例如，一对新人结婚不久，在度过了三个月极其快乐的日子后，开始面临一些令人扫兴的实际问题。夫妻之间原本很愉快的关系由于"现实"而发生了问题，就在上个月两个人共有的账户透支了两次。夫妻俩决定要谈一谈家庭的日常开支问题，尤其要谈一谈目前的账户状况。这时候合作策略发挥了重要作用。

**2. 把不同的观点有机结合起来**

当冲突的问题很复杂时，要统一不同的观点。为了找到更好的解决办法，双方的合作是必要的。许多情况下，如果冲突双方涉及的问题很重要，目的很明确，且相互之间的不同观点通过协调可以结合起来，同时双方都充分认识到他们之间的分歧和矛盾妨碍了组织关系的正常发展，双方均有解决问题的意图。成功的合作策略可以把冲突双方不同的观点结合起来，达成一致的意见，共同取得成功。

**3. 通过达成一种共识而获得相互信任**

在公司这个纵向结构的小社会里，你可能是别人的上司或是下属，更可能同时要扮演这两个不同的角色：一方面你在部门内部威风八面，布置工作游刃有余；另一方面，在部门的高级管理层内，你又是普通的一员，凡事不得不任人支配，听任调遣；在与不同身份的同事相处中使用合作策略，将使你赢得尊重、信任，在职场中从善如流。

**4. 当时间上允许彻底解决问题时**

研究表明，合作解决问题的效率最高，这充分证明了冲突宜解不宜结的道理，面对冲突，最好的选择是解决问题，消除隐患。当然，如果时间上允许，还是要彻底解决问题。

**5. 当双方都认为妥协对目标实现非常重要时**

为了成功的实施，一方承担一定的义务是必需的，而且一方不可能单独地解决问题。双方为了共同的问题，需要利用双方拥有的资源；反之，当一方不关心最终的结果，或另一方没有解决问题的技巧时，实施合作策略是无效的。

合作策略的实施有以下七个步骤：①检讨解决问题的程序和期望；②讨论需求和利害关系；③定义问题；④产生可供选择的方案；⑤评估选择方案的可行性；⑥同意——选择或答案；⑦发展执行方法及监控程序。

现代社会里的企业联系更加紧密，很多企业有着一定的相互依存、相互影响关系。在这样的大环境下，常常能见到可以运用合作策略来管理冲突的情况。合作策略是五种策略中效率最高的。

**（二）克制策略**

从合作、冲突和变化的观点，可以看出，冲突是一种正常状态，而不是一种非正常状态。冲突是对管理实行建设性改进的不可避免的挑战；发生冲突之后，必须迅速地处理，否则会对您组织的人际关系造成相当大的影响，它也许会扩散至其他成员之中，或升级为更大的仇视，而最终酿成悲剧。

冲突的处理可以寄希望于通过冲突双方自我调整，而使冲突得以解决。但这种可能性并不大，因为人在盛怒之下是很难对自我进行剖析的，这时候其中一方可以采取克制策略。克制策略的有效情境有以下几种：

**1. 当一方愿意放弃某些利益以便从另一方获取一定的未来收益时**

在工作与家庭发生冲突时，可以采用合作策略解决；当合作不能合理地解决冲突的时候，采用妥协策略较为合适；当冲突扩大到影响工作、生活的和谐稳定时，妥协策略已经解决不了问题。此时，建议还是先稳定军心，采取克制策略克制自己的行为，求得当事人的稳定与和睦。

**2. 问题对另一方更为重要**

在这种情境下，克制策略就是选择让对方的观点获胜，并明确同意去推进对方的立场；如果所争论的问题对对方很重要，而对自己并不重要；或者，如果不反对就可以得到更多的东西时，可以使用克制策略。

**3. 当和谐与稳定特别重要时**

从冲突的影响来看，为了避免冲突带来的严重后果，需要其中一方做某些程度的让步；无论是工作还是家庭，都需要一个和谐与稳定的环境。

**4. 当从弱势角度处理问题时**

在职场上最尴尬的事莫过于你曾经的手下一跃成为你的顶头上司，你从领导的角色变成了被领导的角色，这时候你是否会坐立不安呢？如果处理不好其中的关系，也会导致与原先下属之间的矛盾冲突。

其实，发生这种情况有以下两种情形：①成为你上司的这个人是在你之后来到公司的，在公司适应了一段时间之后，创造出新的工作成绩，而且他的综合能力又在你之上，所以会受到公司领导的重用；②这个人虽然能力不一定在你之上，但他跟公司领导有密切的关系，由于人情等因素而步步高升。

对于第一种情况，在习惯了指挥对方而突然变成要听对方指挥，心里自然很别扭，很难受，甚至会恨这个新上司，恨不得时时揭他的短，跟他作对，冲突就这样产生了。结果可想而知，不是被公司踢出局，就是自己感到穷途末路而主动辞职。第二种情况，证明你的公司领导缺乏用人眼光，这种情况下，公司也不会有太大希望，跟随这样的领导也没有太大的意义，你完全可以放弃这份工作，寻找新的就业机会。

**5. 管理者发现自己错了**

当管理者发现有些冲突是自己的原因造成的时候，应该采取克制策略，承担冲突造成损失的责任。管理者要从错误中学习，不断提高工作质量。

**6. 维持双方的关系非常重要**

高效经理虽然面对冲突有其典型的做法，但也熟悉在何时反其道而行之的意义。如两个成员互相恶毒攻击，高效经理似乎更愿放下手中的工作，同冲突双方去喝咖啡，并偶尔带领全体人员去吃午饭。

当然，克制策略也有无效的时候，主要是：①当问题对你很重要时；②你相信自己是对的时候；③另一方是错误的或者是不道德的等情形。当然，更重要的是要根据具体情况选择冲突管理的策略。

**（三）强制策略**

强制是拥有较大权力的人坚持或者强行贯彻自己想法的方式。强制策略可以通过命令、威胁、奖励、惩罚以及施加其他压力等办法，以迫使别人服从。

假如你拥有或被认为拥有权威或权力，则可以明智地使用这种策略来保障人身的安全和健康。然而过多使用这种方式会减弱它的力量。

使用这种策略来反对采取不正当竞争行为的人。不正当竞争行为是指经营者违反《反不正当竞争法》规定，损害其他经营者的合法权益，扰乱社会经济秩序的行为。由于市场信息不对称，同时市场制度的不完善，竞争中的一部分冲突是由不正当竞争行为导致的。

对于不正当竞争引起的冲突可以积极采取强制策略。

**1. 对重要问题必须采取特殊行为时**

对于重大的冲突，如不及时制止，可能会蔓延与扩大，影响全局，这时，应运用权威的力量来解决。若属于技术性冲突，请技术上的权威如老工人、老师傅、专家学者来进行论证，对冲突双方依据技术规定、有关条款、法规来解决；对非技术性的冲突，如对事情的认识、程序上的冲突，可以请冲突双方的共同上级，来听取双方意见，由上级裁定。这种做法，对于紧急需要消除冲突，减少损失必须采取特殊行为时，是最好的选择。但是，紧接着要做好思想政治工作，巩固冲突解决的效果。

**2. 必须采取快捷、果断行为的紧急状况时**

冲突是一个过程，体现在时间的演变上。有些冲突是不需要马上解决的，比如说同事之间的小冲突，可能是各种误传、误导、误会、误解因素造成的；但是有的冲突是必须要马上采取快捷和果断的手段处理的。例如，因某位职员临时性的错误导致了大客户的不满，最终可能造成公司很大的损失时，则急需经理人来处理好客户的情绪问题，尽量将损失降到最小。

遇到紧急情况需要采取强制策略时，要将冲突表面化的各种因素排除，从众多矛盾中，找出冲突的主要矛盾中的主要方面，再寻找解决的途径，运用强制的方法管理冲突。

**3. 涉及违反企业制度需要严肃处理时**

当冲突的危害在不断地扩大时，人力资源部门可以拟订方案由最高管理层下达命令，要求结束冲突。如果冲突双方继续冲突，则可以采取一定的经济处罚或行政处罚措施；或者，解雇冲突双方，以中止和结束冲突，从而使管理秩序正常化。

当出现以下情形时，强制策略可能会失效：①问题很复杂时；②问题对你并不重要时；③双方实力相当时；④并不必要立即做出决策时；⑤下属的能力很强时等。

**（四）回避策略**

如果双方冲突可以通过他们的自我调解加以解决，就可以回避冲突或用暗示的方法，鼓励冲突双方自己解决冲突。如果引起企业人际冲突的原因是由于企业外的社会关系造成的，而且，在企业内部并没有造成影响，人力资源部门可以对此采取回避或缓和的态度。

**1. 回避策略的适用情境**

（1）当冲突只是附带问题时。管理者不可能解决好每一个冲突，有些冲突不值得花费时间和精力去解决，有些冲突则在你的影响力之外而难以处理。管理者应在自己管辖范围内，有重点地解决问题，应集中处理那些功能正常的建设性的冲突。

（2）当冲突双方个性很强时。冲突发生后，若双方都有很强的个性，且都不认输，让他们仍在一起是不利于工作的。管理者应提出建议，让双方调离，使之不在一个部门工作，减少接触，甚至无接触机会，这样冲突便会逐步缓解以致消失。

（3）欲使冲突双方冷静下来时。在某种冲突中，可采取转移视线的方法，回避并消除冲突。例如，双方为某一利益争执不下，而管理者拿出一个更让双方关注的问题，转移他们的注意力，并让他们冷静下来，认清彼此的争执是否必要。

（4）收集信息比制定决策更重要时。资料的收集与冲突分析使得我们能够了解谁是冲突中的关系人、存在于关系人之间的过去和现在有什么关系。也就是通过资料的收集与冲突分析以确定冲突的成分、程序，进一步解释其因果关系，希望增进理性对待冲突处理的可能性。因为多数的关系人、社团与组织间的争议是极其复杂的，且未能建立制度化决策程序，在完成任何冲突管理努力，或是选择一个特定的解决冲突策略以前，去描述一个真实或潜在的冲突是很重要的。

（5）有更重要的问题需要立刻解决时。事情可以分为紧急的与不紧急的、重要的与不重要的。我们把事情分为四个类别：重要且紧急、重要不紧急、不重要紧急、不重要不紧急。许多时候，迫于压力，我们常常把紧急的事情放在第一位，虽然我们知道那些"重要但不紧急"的事有着深远影响，而那些重要且紧急的事常常正是因为我们在它们不紧急时没有做而转变的。刚开始，我们仍然重视事情的重要程度，先做那些"紧急且重要的"，但慢慢地，习惯了这种紧急状态之后，我们常不由自主地喜欢上"到处救火"的感觉，转而去做那些"紧急但不重要的事"了。

（6）潜在的损失远远超过解决的益处时。有的冲突虽然也可以采取强制策略，但是，这时候的潜在损失远远超过了解决冲突带来的好处。这是因为强制策略的成本过高，或强制策略会引发一些新的冲突，此时适宜采取回避策略。

（7）当其他人可以更有效地处理冲突时。当存在冲突双方可接受的另一位有权威且有助于冲突解决的第三者时，就可以通过他来解决冲突。尽管我们相信冲突双方都有一定的冲突处理能力，但是，在双方无法有效处理冲突问题，或者是需要尽快解决问题时，可以考虑第三方介入冲突过程。当然，第三方介入也存在着一定的局限性。而且，第三方干预有时并不受欢迎，它可能是冲突双方一种无可奈何的选择。但是，如果存在其他更有效的人来处理冲突时，回避策略是非常有效的。有时候装作不知道是解决冲突的最好办法，有许多冲突随着时间推移会自然消失的。

**2. 回避策略的层次**

回避策略有以下三个不同的层次：

第一层次，保持"中立"立场。某一冲突双方关系人宣布在这个时候对这问题仍无明确的立场。

第二层次，"隔离"。争议者在有限相互联系下，独自从其他团体追求其利益。此策略最常用于利益冲突存在，而因工作已明确划分，要防止公开冲突时。这一层次在实际操作中经常被采用。

第三层次，"撤退"。某一团体常常被击败，为确保继续生存及避免任何新的冲突又导致另一次失败而采取撤退行动。某些情况下，"撤退"策略是非常明智的，好处就是"保存自己"。

俗话说"退一步海阔天空"，有时回避策略往往会收到意想不到的效果。当然，回避不等于逃避，不面对冲突，只是说在某些情境下，使用合作策略不可能，强制策略只会激化冲突时，可以换个角度，用暂时回避的手法来取得事情的进展。

**（五）妥协策略**

妥协分为一方妥协和双方妥协两种情况。一方妥协是指在解决冲突过程中，运用情感与安抚的方法，使一方做出某些让步，满足另一方的要求。双方妥协是指让冲突双方都能得到部分满足，即在双方要求之间寻求一个折中的解决方案，互相做出让步。有时冲突双方，因认识问题一时难以解决，应分头帮助双方进行有关文件的学习，教育双方识大体，顾大局，互相宽容，互相谅解，争取合作，使双方认识到冲突带来的有害结果，讨论冲突的得与失，帮助自己改变思想和行为。回过头来再讨论冲突的原因，这样易于解决冲突。这样做虽然费时费力，但是"疗效"持久，抗体增强，效果好。

选择使用妥协策略一般是在以下情形下：

**1. 势均力敌的双方坚持自己的目标时**

当双方的力量不相上下并且对各自立场都坚定不移，但又无法达成一致的时候，可使用这种方式。

**2. 对复杂问题达成暂时的和解方法**

很多高级管理者虽然表达出认可冲突的信念，但也很清楚在什么情况下必须利用妥协避免直接的冲突，并在必要时去推迟冲突双方的对抗。这样，虽然冲突一般是对抗性的，但其表现形式有时被减缓和控制了。

**3. 在合作或抗争不成功时**

对冲突管理的进一步研究发现，对不同方式的选择受到每个人的基本哲学观的影响，美国咨询专家伯克认为，合作策略是最有效的。但是，在上下级的冲突中，人们的责任关系和冲突策略依赖于不同的性别。

一般来说，当男性下级和女性上级同时被要求对某一位置承担责任时，下级往往采取妥协和对抗策略；而当对象为女性下级和女性上级时，下级则会回避这些策略，美国冲突管理专家卡洛琳（Daniel J. Canary）和斯皮茨伯格（B. H. Spitzberg）等人经过调查适当的冲突策略和效果之间的关系时发现，合作或结合策略往往被认为是有效的，但也不是总这样；而竞争或分配性的策略被认为是效率低等，回避则被看作既不会有效，也不会适当。因而，为了有效地管理冲突问题，必须采取多种不同的形式。

**4. 当目标很明确，但又不值得去努力促使其实现时**

回避策略表现出来的特点是，对己对人的考虑都比较少，在行为上采取回避冲突。妥协策略的特点是，对己对人的考虑都处于中等程度上，力求达到双方都可以接受的程度。合作策略反映的是，对己对人都予以充分的考虑，冲突双方公开讨论解决问题的方式，力求达到都满意的结果。独断则只考虑自己很少考虑别人。

正如前面说的，强制策略有导致产生潜在新冲突的危险，所以有时管理者即使可以实施强制策略也不愿意使用，而转为采取妥协策略，将自己需求的利益让与别人。其目的是希望未来在其他问题会有更合作的过程。

对冲突进行管理在不同的场合有着不同的策略，每种策略在特定的情境下是有效的，但是没有一个在任何场合、任何时候都普遍适用的策略。

### 知识链接

**有效处理人际冲突的八个技巧**

"态度决定一切"，以坦诚、相互包容的态度处理冲突，往往更能赢得支持和理解，使冲突处理取得意想不到的结果。要高效地处理冲突，化冲突为和谐。

技巧一：沟通协调一定要及时。团队内必须做到及时沟通，积极引导，求同存异，把握时机，适时协调。唯有做到及时，才能最快求得共识，保持信息的畅通，而不至于导致信息不畅、矛盾积累。

技巧二：善于询问与倾听，努力地理解别人。倾听是沟通行为的核心过程。因为倾听能激发对方的谈话欲，促发更深层次的沟通。只有善于倾听，深入探测到对方的心理以及他的语言逻辑思维，才能更好地与之交流，从而达到协调和沟通的目的。

技巧三：对上级沟通要有"胆"、有理、有节、有据。能够倾听上级的指挥和策略，并做出适当的反馈，以测试自己是否理解上级的语言和理解的深刻度；当出现出入，或者有自己的想法时，要有胆量和上级进行沟通。

技巧四：平级沟通要有"肺"。平级之间加强交流沟通，避免引起猜疑。而现实生活中，平级之间以邻为壑，缺少知心知肺的沟通交流，因而相互猜疑或者互挖墙脚。这是因为，平级之间都过高看重自己的价值，而忽视其他人的价值；有的是人性的弱点所致，总是尽可能把责任推给别人；还有的是利益冲突所致，唯恐别人比自己强。

技巧五：良好的回馈机制。协调沟通一定是双向，必须保证信息被接收者接到和理解了。因此，所有的协调沟通方式必须有回馈机制，保证接收者接收到。例如，电子邮件进行协调沟通，无论是接收者简单回复"已收到""OK"（好的）等，还是电话回答收到，都必须保证接收者接收到信息。

技巧六：在负面情绪中不要协调沟通，尤其是不能够做决定。负面情绪中的协调沟通常常无好话，既理不清，也讲不明，很容易冲动而失去理性。例如，吵得不可开交的夫妻、反目成仇的父母子女、对峙已久的上司下属，尤其是不能够在负面情绪中做出冲动性的"决定"，这很容易让事情不可挽回，令人后悔。

技巧七：控制非正式沟通。对于非正式沟通，要实施有效的控制。因为虽然在有些情况下，非正式沟通往往能实现正式沟通难以达到的效果，但是，它也可能成为散布小道消息和谣言的渠道，产生不好的作用，所以为使团队高效，要控制非正式沟通。

技巧八：容忍冲突，强调解决方案。冲突与绩效在数学上有一种关系，一个团队完全没有冲突，表明这个团队没有什么绩效，因为没有人敢讲话，是一言堂。所以，高效团队需要承认冲突的不可避免以及容忍的必需。冲突不可怕，关键是要有丰富的解决冲突的方案，鼓励团队成员创造丰富多样的解决方案，是保持团队内部和谐的有效途径。

（资料来源：处理好人际关系的八大技巧.2016-07-03.https：//wenku.baidu.com/view/f26c5cd210661ed9ac51f322.html.）

### 三、实施冲突者的胜负对策

在冲突处理的过程中，双方都会考虑自己在冲突中的胜负，即得失情况。而且冲突双方往往把自己的胜负看得比达到最终目的，解决冲突问题更重要。结合托马斯的二维模式，考虑冲突双方的胜负情况可以提出一个胜负对策模型。对应于冲突双方的不同选择，可以有以下四种不同的处理对策：

**1. 负—负对策**

冲突结果使双方都处于失败状况，即任何一方不能以牺牲对方的利益为代价而获得自己的利益，结果双方都一无所获，但经过冲突后，双方地位平等，并没有谁比对方更优越，处于一种低平衡状态。

负—负对策也许是最不受欢迎的策略，但有时却是唯一的办法，因为它反映的是一方的存在妨碍了另一方成功的状况。

运用负—负对策的双方只能：①相互妥协或采取折中的方案；②给一方提供不合理的补偿；③求助于第三方或仲裁人；④求助于现有的规章制度。

**2. 胜—负对策**

双方的行动是一种"二选一"的选择，其结果是使一方完全满意，相应的另一方完全失意，即一方战胜另一方。

胜—负对策在有较强竞争意识的文化背景下是最常用的一种对策。

运用胜负对策的双方具有以下特点：①冲突双方有严格的彼此之分；②更注重打败对手，而不是达到目的；③双方都是从自己角度出发看问题。

### 3. 胜负均衡对策

该对策的采用使得冲突双方取得胜负均衡的结果,任何一方都没能战胜对手,但也没有负于对方,即处于无胜负状态。有时该结果是由于双方互不相让,相互对峙,使得问题悬而未决,没能找到好的解决方法,但更多的是双方相互让步,各自得到部分满足,进行妥协的结果。

双方处于一种半满意的均衡状态,具体表现在:①双方都十分明白双方利益的界限;②双方在沟通中互相攻击;③双方都从自己的角度讨论问题;④争论的重点放在冲突方法而不是去协调理解对方的价值观;⑤双方对问题持短期观点。

### 4. 胜—胜对策

这是一种双赢的对策,即双方均获得了自己的利益,同时也没有牺牲对手的利益,也是最受欢迎的对策。它鼓励对立双方把他们的需要结合起来,以便两者都得到充分满足。在这一过程中,冲突双方并不认为对方的损失是必要的。

为了使双方能达到双赢的局面,需要具备以下条件:①双方相互依赖性很强;②双方在解决冲突的过程中,在权利和地位上是平等的;③双方有着潜在的共同利益。

## 案例分析

### YT 网络公司的冲突

YT 网络公司是一家专门从事通信产品生产和电脑网络服务的中日合资企业。公司自 1991 年 7 月成立以来发展迅速,销售额每年增长 50% 以上。与此同时,公司内部存在着不少冲突,影响了公司绩效的进一步提高。

因为是合资企业,尽管日方管理人员带来了许多先进的管理方法,但是,日本式的管理模式未必完全适合中国员工。例如,在日本,加班加点不仅司空见惯,而且没有报酬。YT 公司经常让中国员工长时间加班,引起了员工的不满,一些优秀员工还因此离开了公司。YT 公司的组织结构由于是直线职能制,部门之间的协调非常困难。例如,销售部经常抱怨研发部开发的产品偏离客户需求,生产部的效率太低,使自己错过了销售时机;生产部则抱怨研发部开发的产品不符合生产标准,销售部的订单无法达到成本要求。

研发部 H 经理虽然技术水平首屈一指,但是心胸狭窄,总怕他人超越自己,因此常常压制其他工程师。这使得工程部人心涣散、士气低落。

问题:
1. YT 网络公司的冲突有哪些?原因是什么?
2. 如何解决 YT 网络公司存在的冲突?

## 复习思考题

1. 根据冲突的水平不同可将冲突分成哪些类型?
2. 冲突产生的原因有哪些?
3. 冲突处理的策略有哪几种?具体内容是什么?

# 第十二章

# 跨文化沟通的准备与策略

随着全球经济一体化的进一步发展,跨文化沟通与管理成为每一个跨国公司必须面对的问题。处于两种不同社会文化背景下的企业内部员工之间,企业内部员工或外部人员间的沟通效果,成为企业能否在竞争中取胜的关键所在,而要想取得跨文化沟通的绝佳效果,必须进行相应的准备,而且在管理与沟通过程中还要注意策略的运用。

**本章学习重点**

重点掌握跨文化沟通谈判的概念和特点,跨文化沟通的意义。
掌握跨文化沟通的障碍,跨文化沟通管理理论基础,跨文化沟通的策略。
掌握几个主要国家商务人士的谈判风格和特点。

◆ **导入案例**

### 处理好文化问题

Business Objects 是一家总部分别在法国和美国的商务智能软件公司,当该公司进入印度市场后,交流上的文化差异频频在组织各层级间出现。一位名叫萨拉的美国经理抱怨:"我经常需要桑奇团队员工的信息,给他们发邮件也没回音。缺乏沟通的问题很严重。"而桑奇的回复是:"萨拉没有经过我允许,甚至没有抄送我,就直接给我的下属发邮件。这些邮件本应是发给我的,似乎她有意在流程上越过我。我的下属收到这些邮件时当然无法行动了。"

这个文化小误解造成了紧张,而且情况进一步加剧:因为班加罗尔所有的员工从未出过国门,没有人具有从其他视角看问题的经验。而且大多数软件工程师都只有20多岁。而美国加利福尼亚州办公室的员工均为事业黄金期的美国营销专家,他们之中也没人去过印度。一件小事可能让整个公司陷入困局。

在让萨拉和桑奇的团队碰面开会,消除误解,重归于好后,Business Objects 进一步采取行动,让合作走上正轨。印度的5名工程师被送往加利福尼亚州出差6个月,而3名美国员工搬到了班加罗尔。一些已经在班加罗尔工作的美国员工被调到了桑奇的团队,萨拉团队则吸纳了一些住在加利福尼亚州的印度员工。渐渐地,分歧弥合,公司团结为一体。

处理好文化问题,不应视为"事后诸葛"。如果公司没有让员工个人和组织整体做好适应国际市场实际情况的准备,那早晚会因为文化问题栽跟头。等到他们爬起来的时候,很可能已错失商机。

# 第十二章　跨文化沟通的准备与策略

## 第一节　文化与跨文化沟通

### 一、文化的基本概念

文化是人类在不断认识自我、改造自我的过程中，在不断认识自然、改造自然的过程中，所创造的并获得人们共同认可和使用的符号（以文字为主、以图像为辅）与声音（语言为主，音韵、音符为辅）的体系总和。

广义的文化，着眼于人类与一般动物，人类社会与自然界的本质区别，着眼于人类卓立于自然的独特的生存方式，其涵盖面非常广泛，所以又被称为大文化。随着人类科学技术的发展，人类认识世界的方法和观点也在发生着根本改变。对文化的界定也越来越趋于开放性和合理性。

狭义的文化是指人们普遍的社会习惯，如衣食住行、风俗习惯、生活方式、行为规范等。1871年，英国文化学家泰勒（Edward Burnett Tylor）在《原始文化》一书中提出了狭义文化的早期经典学说，即文化是包括知识、信仰、艺术、道德、法律、习俗和任何人作为一名社会成员而获得的能力和习惯在内的复杂整体。

具体来说，人类文化内容包括群族的历史、地理、风土人情、传统习俗，工具，附属物、生活方式、宗教信仰、文学艺术、规范，法律制度、思维方式、价值观念、审美情趣，精神图腾等。

### 二、文化层次

人类文化分为物质文化和哲学思想（制度文化和心理文化）。从另一个角度来说，文化也可以包括文化准则（Guide Line）、文化信仰（Belief）、文化价值观（Value）、礼仪（Formalization）、传说（Legend）和象征（Symbol）。因为文化具有多样性和复杂性，所以很难给出一个准确、清晰的分类标准。因此，这些对文化的划分，只是从某一个角度来分析的，是一种尝试。文化有两分说、三层次说、四层次说。

**1. 文化两分说**

文化两分说将文化分为两种：一种是生产文化，另一种是精神文化。科技文化是生产文化，生活思想文化是精神文化。任何文化都为生活所用，没有不为生活所用的文化。任何一种文化都包含了一种生活生存的理论和方式，理念和认识。

**2. 文化三层次说**

文化三层次说将文化分成物质文化、制度文化和心理文化三个方面。物质文化是指人类创造的种种物质文明，包括交通工具、服饰、日常用品等，是一种可见的显性文化；制度文化和心理文化分别指生活制度、家庭制度、社会制度以及思维方式、宗教信仰、审美情趣，它们属于不可见的隐性文化，包括文学、哲学、政治等方面内容。

**3. 文化四层次说**

文化四层次说是指根据文化的内部结构，将文化分为物态文化、制度文化、行为文化、心态文化四个层次。物态文化层由物化的知识力量构成，是人类的物质生产活动方式和产品的总和，是可触知的具有物质实体的文化事物；制度文化层由人类在社会实践中建立的各种社会规范构成，包括社会经济制度、婚姻制度、家族制度、政治法律制度、家族、民族、国家、经济、政治、宗教社团、教育、科技、艺术组织等；行为文化层是以民风民俗形态出现的，见之于日常起居动作之中，具有鲜明的民族、地域特色，即人际交往中约定俗成的以礼俗、民俗、风俗等形态表现出来的行为模式；心态文化由人类社会实践和意识活动中经过长期孕育而形成的价值观念、审美情趣、思维方式等构成，是文化的核心部分，心态文化层可细分为社会心理和社会意识形态两个层次。

**4. 企业文化结构**

企业文化是由相互依存又相互作用的诸多要素结合而成的有机统一体，如图12-1所示。

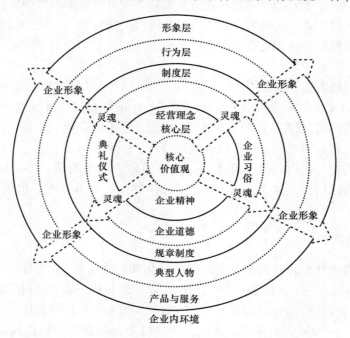

图12-1　企业文化层次

企业文化的第一层：形象层。通常，我们认识一个企业总是从它的外在形象开始。这个形象包括它的名称、商标、产品、宣传手册、广告、办公环境以及员工服饰……透过这些形象表现出来的文化称为企业文化的形象层，也称物质层或实现层。它们往往是可听、可见甚至是可以触摸到的，但又是距离企业文化的核心和本质最远的，也是企业文化中最为多变、最容易被扭曲的部分。

企业文化的第二层：行为层。向客户提交产品是否按时？能否保证质量？对客户服务是否周到热情？上下级之间以及员工之间的关系是否融洽？各个部门能否精诚合作？在工作时间、工作场所人们的脸上洋溢着热情、愉悦、舒畅，还是正好相反……这一层距离企业文化的核心和本质近了一步，和企业文化的核心具有直接的互动互指关系。它是企业经营作风、精神面貌、人际关系的动态体现，也是企业精神、企业价值观的折射。

企业文化的第三层：制度层（又叫企业的制度文化）。企业任何行为的背后都有企业制度作支撑，员工准时上班而不是迟到早退，生产车间的工人按照规范操作而不是任意胡来，响应客户需求主动热情而不是傲慢懈怠……大多是制度的激励与约束产生的结果。

企业文化的核心：价值观层。价值观是指组织在长期的发展中所形成和遵循的基本信念和行为准则，是组织对自身存在和发展的意义、对组织目的、对组织员工和顾客的态度等问题的基本观点以及评判组织和员工行为的标准。

企业文化是企业的灵魂，价值观是企业文化的核心，罗伯特·惠特曼（Robert Wittman）和汤姆·彼德斯（Tom Peters）在《追求卓越》一书中认为：卓越的公司成功的要素在于七个方面，如图12-2所示。

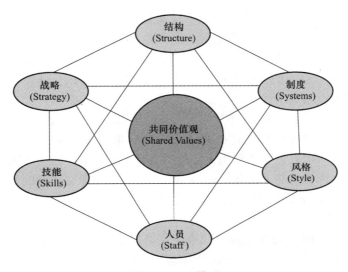

图12-2　7S模型

7S模型指出了企业在发展过程中必须全面地考虑各方面的情况，具体包括结构（Structure）、制度（Systems）、风格（Style）、人员（Staff）、技能（Skills）、战略（Strategy）、共同价值观（Shared Values）。也就是说，企业仅具有明确的战略和深思熟虑的行动计划是远远不够的，因为企业还可能会在战略执行过程中失误。因此，战略只是其中的一个要素。

可见，价值观才是企业文化的本质，是企业文化之所以然的决定性因素，是全部企业文化的源泉，是企业文化结构中最稳定的因素。套用哲学上的说法，有什么样的价值观，就会有什么样的企业管理制度和企业行为以及外在形象和表现。

为了理解方便，我们可以用一棵树来比喻企业文化的四个层面——形象、行为、制度、价值观之间的关系。价值观是根，根决定了树的生命力的强和弱，价值观决定着企业当前的生存，更决定着企业未来的发展；制度是树干和树皮，是树这个生命体关键的承上启下的部分，下面连接着根，上面支撑着枝叶；行为是枝丫，树干和枝丫很难分开，制度和行为有时也很难分开；形象是叶子、花和果，尽管对企业的生存没有根本影响，但对企业的发展有重要影响。

跨国公司的经营与移植的树木一样，结果也无外乎两种情况：一种是缓慢适应本土环境，经过一段时间的蛰伏以后，恢复元气，渐入佳境；另外一种是无法适应新的环境，以撤资或者倒闭收场。

## 三、文化圈理论

文化圈（Cultural Circle）是社会学与文化人类学描述文化分布的概念之一。它涉及的地域范围比文化区和文化区域更为广泛。文化圈概念是由文化人类学家莱奥·弗罗贝纽斯（Leo Viktor Frobenius）在1911年出版的《民族学方法论》一书中首先提出的，他认为，文化圈是一个空间范围，在这个空间内分布着一些彼此相关的文化丛或文化群。经过多年的发展，现在通常把世界分成以下五大文化圈：

**1. 拉丁文化圈**

拉丁文化圈代表天主教（以及新教各派）文化，后来突出科技文化，包括英国、美国等世界多数国家。西方文化圈的地理范围，主要是以白种人的居住地为主，包含欧洲、美国、澳大利亚等地。西方文化圈的共同特色是议会政治（政治）、实行资本主义的市场机制（经济）、中产阶级为社会上的主要力量（社会）、物质文明发达、基督教的价值观仍为主流以及重视消费与享受（文化）。

**2. 汉字文化圈**

汉字文化圈又称东亚文化圈，代表儒学文化和后来的佛教文化，包括中国、日本、朝鲜、韩国、越南等国，以及以华语作为民族语言之一的新加坡。因为中国是东亚文化圈的文化扩散中心，所以中国成为东亚文化圈的核心。而表现在东亚文化圈的共同特色有汉字、儒家思想（如这些地方都设有孔庙）、以中国律法为蓝本所制定的法律制度、中国化的佛教。

**3. 伊斯兰文化圈**

伊斯兰文化圈又称阿拉伯文化圈，代表伊斯兰教文化，包括阿拉伯国家（埃及、沙特阿拉伯等）以及信仰伊斯兰教的其他国家和地区（伊朗、巴基斯坦等）。其特色就是虔诚地保持对伊斯兰教的信仰，以及阿拉伯文字的使用。东南亚主要信仰伊斯兰教的国家有马来西亚、印度尼西亚等。

**4. 印度文化圈**

印度文化圈（南亚文化圈）代表印度教和佛教文化，包括印度、孟加拉国、缅甸、尼泊尔、斯里兰卡、泰国、老挝、柬埔寨等。印度文化圈的特色表现在对梵文系字母的使用和印度教的宗教信仰上。

**5. 东正文化圈**

东正文化圈又称东欧文化圈，代表东正教文化，主要是在俄罗斯、东欧以及巴尔干半岛等地为主。而东欧文化圈所展现出的主要特色有以东正教为其宗教信仰，使用西里尔字母；而在政治方面，在苏联尚未解体之前，因为东欧以及巴尔干半岛地区皆受其控制，所以都倾向集权专制，在经济上实行计划经济。但这些现象已随着苏联的解体而有了改变，在政治与经济方面逐渐向西方文化圈靠拢。

## 四、跨文化沟通

### （一）跨文化沟通的概念

跨文化沟通（Communicating Across Cultures）是指跨文化组织中拥有不同文化背景的人之间的信息、知识和情感的互相传递、交流和理解过程。跨文化沟通是20世纪末，在欧美西方国家为了适应国际商务活动的需要而兴起的一门新兴学科，在研究跨国企业的过程中应运而生，主要研究和比较在不同国家和文化中的组织行为。跨文化沟通能力的提升，可以有效地协同不同文化对组织行为的影响，可以有效地与来自不同国家和文化背景的人员交流互助。

### （二）跨文化商务沟通

跨文化商务沟通就是把文化、沟通与商务三个变量整合为一体而形成的新的学科。跨文化商务沟通学综合了跨文化交际学、管理与经营学科的优势，弥补了单一学科的不足，并随着经济全球化的深入而不断发展。

跨文化交际学现在已经成为一门成熟完整的科学体系，在其发源地美国，有130多所大学开设跨文化交际学课程，不少学校开始授予跨文化交际学硕士和博士学位。美国跨文化交际学的发展历程值得我们借鉴，因为我国现在所呈现出的跨文化问题与美国社会当初发展时出现过的跨文化问题有相似之处，尤其在沿海城市和大城市这些跨文化问题更为突出。

跨文化商务沟通可以从文化价值观、思维的方式、交际策略出发，也可以从经营理念、管理模式、人力资源及企业文化的角度来分析跨国公司经营中的各种问题和现状，并提出行之有效的解决和管理方案。

### （三）影响跨文化沟通的主要因素

**1. 感知**

感知与文化有很密切的关系。一方面，人们对外部刺激的反应，对外部环境的倾向性、接受的优先次序，是由文化决定的；另一方面，当感知形成后，它又会对文化的发展以及跨文化的沟通产生影响。人们在沟通过程中存在的种种障碍和差异，主要是由感知方式的差异造成的。要进行有效的沟通，必须了解来自异文化环境中人们感知世界的不同方式。

**2. 成见**

当我们突然进入一种有着很少我们所熟悉的符号和行为的情境的时候，就会经历一种令人烦恼不安的情境——文化冲击。我们会因此而感到焦虑不安，甚至茫然不知所措。在这种情况下，大多数人都很怠惰，不愿意发展了解不同境遇中其他人的必要的能力，成见就产生了。而成见作为我们头脑中的图像，常常是僵化的，难以改变的，会成为跨文化的沟通障碍。

**3. 种族中心主义**

种族中心主义是人们作为某一特定文化中成员所表现出来的优越感。它是一种以自身的文化价值和标准去解释和判断其他文化环境中的群体的一种趋向。人们通过受教育知道了"如何行事"的准则，通过观察知道了周围人的行为方式，对某一特定的制度和体系也越来越熟悉。但是，假定从另一种文化来进行评定，原有文化认同的"最好的方式"似乎就是不合理的。

**4. 缺乏共感**

缺乏共感的主要原因是人们经常站在自己的立场而不是他人的立场上理解、认识和评价事物。缺乏共感的原因有：①在正常情况下，站在他人立场上设身处地地想象他人的境地是十分困难的，尤其是文化的因素加入之后，这个过程就更加复杂了；②显示优越感的沟通态度也阻碍了共感的产生，如果一个人总是强调自己管理方法的科学性，固执己见，那么其他人就很难与之产生共感；③缺乏先前对于某个群体、阶级或个人的了解，如果从来没有在国外的企业工作过，也就没有机会了解他人的文化，就很容易误解他人的行为；④我们头脑中所具有的跟人种和文化相关的成见也是达到共感的潜在抑制因素。

**知识链接**

**跨文化沟通的五种方式**

曾任联想集团首席执行官的比尔·阿梅里奥（Bill Amelio）说："沟通是我每天都在做的事情。我经常在北京、香港、新加坡、美国等地出差，与当地的经理人讨论公司的发展。"

今天，像阿梅里奥这样的跨文化沟通者在许多公司已变得非常普遍。印度维普罗的总裁韦·保罗（Vivek Paul）说："现在，许多创业公司一开始就是微型跨国公司，20名员工在硅谷，10名员工在印度。如果公司的产品不止一种，有些产品可能在马来西亚或中国制造，有些设计在中国台湾，而客户支持在印度或菲律宾，工程方面则可能在俄罗斯及美国，这将成为未来的潮流。"

在这股潮流中，沟通技巧日益成为跨国团队合作的基石。如何促进习惯、文化不同的高层管理团队高效互动？以下是联想、通用电气等优秀公司的经验：

**高层管理者要做榜样**。阿梅里奥很快学会说"你好"和"谢谢"。他还参加了一个"沉浸式"中文学习项目，以便了解更多的中国文化。

西门子中国区总裁郝睿强，乐于做中国经理的导师。他和经理们单独见面，帮助他们规划自己的职业发展；给他们讲解他们平时不太接触的东西，如制度是如何建立的、决策是怎样产生的等，让他们熟悉西门子的企业文化。

**了解双方的思维和习惯**。阿梅里奥的感受是，美国和欧洲的经理人，擅长表达自己的想法，而且希望让所有的人都了解自己的想法。中国的经理人往往倾听的更多，而且他们经过深思熟虑后才会表达自己的观点。美国及欧洲的同事要明白，如果中国同事没有说话只是在点头，这并不一定意味他们表示同意。

**参加业务会议，保持有效沟通**。通用电气（GE）中国公司的首席培训官白思杰（Jeffery C. Barnes），经常要为各业务集团的经理人设计培训课程，他把集团内的培训经理看作自己最大的客户，通过会议与他们保持有效的沟通。"我们会保持经常的交流，我会参加他们的会议，会见各个业务集团的负责人，试着了解他们的人才需求。"

另外，他还从培训经理那里，拿到各个级别领导力培训项目的候选人名单。"因为培训中心并不了解业务集团的具体情况，哪些人适合参加什么培训。而他们有人才库的储备，会提出合适的人选。"

**设定标准，避免沟通误解**。白思杰说："几年以前，我们有45个不同版本的Coaching（教练）课程。在布达佩斯的培训师，和上海的培训师使用完全不同的术语和技巧。现在我们努力制定一个标准的GE版本，做到在程序、术语和训练方法上都是同样的。"白思杰的目标是让不同国家的经理人受到相同的训练，这样他们就不会产生不必要的沟通误解。

**创造沟通的机会。** 有效的沟通,往往是在轻松活泼的环境中实现的。为此,联想公司举办中秋乒乓球大赛,还邀请到了1992年奥运会乒乓球冠军,让他和公司的经理人比赛。

此外,阿梅里奥领衔的外方团队,在双打比赛中与以董事长杨元庆为首的中方团队展开了较量,结果以微弱比分负于后者。

通过乒乓球比赛这样的非正式沟通活动,中外管理人员展现了自己的所长和团队精神,加深了彼此的了解和信任。

(资料来源:跨文化沟通的五种方式.2007-05-21. http://www.ceconline.com/leadership/ma/8800047666/01/?_ga=2.202030297.97136718.1502681072-1224070372.1501212684.)

## 第二节 跨文化沟通的障碍及应对策略

### 一、跨文化沟通的障碍

对国际企业而言,在内部的交流沟通中常常遇到的沟通障碍问题有两种情况:一种是在公司总部与派往海外子公司的经理人员之间的沟通障碍;另一种是公司内部不同国籍人员之间的沟通障碍。

第一种情况下,问题的双方常常是接受过总公司系统的培训和训练,受过相似的本土文化熏陶,掌握的知识也大致相同,所以在沟通中遇到的来自观念意识、知识信息方面的障碍相对较小,而更多的沟通障碍是由于他们在时间、空间及各自所处小环境上的差异引起的情境感觉上的不同。这种沟通障碍虽然也有一定的文化因素在内,但只是属于跨国界管理的范畴,并不属于跨文化管理的范畴。它可以通过加强双方之间的人际联络,即口头直接交流或当面沟通的方式,增进个人感情联系和互相了解进行克服。

第二种情况下,问题的双方属于公司内部不同国籍人员之间的沟通障碍,不同国籍和文化背景的人员之间在观念、知识、信息方面所存在差距,这种沟通障碍只有通过企业内部的跨文化管理手段加以克服。例如,跨国公司总部的外派人员与东道国管理人员之间在目标价值及认知范围上不一致,总部人员一般能突破本土局限,眼光和意识具有一定的世界性,对自身活动的范围和目标有较为明确的信心,而东道国管理人员则相对局限于本土的文化、习俗、行为方式、价值目标、认知取向,因此,发生冲突是必然的。

**知识链接**

**文化对职场沟通的影响**

对于大多数工作在美资企业中或工作在美国的中国员工来说最难的恐怕就是如何真正做到与身边的美国同伴"打好交道"。那么美国文化到底是什么?它又对中美之间的商务交流起到多大的影响呢?我想从日常工作的角度对中美跨文化交流中存在的若干问题做初步的探讨。

通过观察，本人发现在与美国人交往的过程中，中国人大都在以下几个方面会与美国人发生跨文化层面的沟通障碍：

1. "你到底想说什么？"

在以追求"和谐"为最高境界的中国社会中，语言的功能在相当程度上是被压制的，换言之，中国人之间的信息传达方式更多的是"意在不言中"。没有说出来的远比说出来的更重要，更有实际意义。而这恰恰是中国人经过五千年中华文明熏陶下所掌握的特有的语言"密码"破解功能。"体会""琢磨""言不尽意"等则是中国式沟通中的重要信息获取方式。一个中国人要是不能掌握这种体会他人言外之意的本领，就会被认为不是一个真正意义上的"中国人"。

反观我们"可爱的"美国工作伙伴们，说话直截了当，开门见山；比如拒绝别人的要求，一般来说美国人如果不喜欢，就直接说"不"；而中国人通常会说"让我考虑考虑"。美国人若不了解中国人的说话方式，会以为那人是真的去考虑了，过两天说不定又会回来问："考虑得怎么样了？"所以美国人追求的是尽可能用语言表达一切。这种沟通障碍其实就是跨文化中的高低语境的不同所导致的。而中美两国的语言表达方式又分属高低两种不同的语言环境中。随着越来越多的中美两国人士在文化、科学和商务等领域的交往，在语言沟通上遇到的挑战不可低估。而这绝不是靠单纯学习外语就能够解决的，否则，中国有两亿人学习英语，在美国也有超过一百万人学习汉语，岂不是个个都成了跨文化专家了吗？

2. "我们"与"我"

上面讲到中国人自古就有"和为贵"的思维，其文化源自社会和谐概念，我们中国人认为社会秩序必须同自然界事物一样和谐运动。而这种概念也就创造了"我们"文化或者"社团价值至上"文化，简单地说，就是个人利益服从社会利益。群体取向使中国人性格内向、含蓄，不愿惹人注目。所谓枪打出头鸟，所以人们不愿发表不同意见或个人意见，凡事先看别人怎么看、怎么说，不习惯当众被表扬或批评。

而这种表达方式在美国人看来，则是胆小、懦弱的表现。不同于中国人，美国人更倾向于"我"，或是以自我为中心的个人的强调，把自我的言行看作是自由的表现。在与美国人的交谈中经常会听到"我想""我认为""我觉得"等自我感受为开场白的言论，并将自己和集体的意见划分得很清楚。与之相比，中国人则更多的是用"我们"为开头的句子，以至于美国人经常认为中国人缺乏独立的见解、自我肯定和自信，而这些特点恰恰是美国社会所推崇的人格优点。

3. 关于"面子"

在中国文化中，为了保持人际关系和睦，下级与上级或权威之间的沟通通常是采用间接的，甚至是私下的方式，说话时的词句的使用也是要反复斟酌的。这与第一个问题中所谈到的间接表达方式是相似的。对于中国人而言，是不言自明的事情。可在美国人的意识里，工作中的任何问题都一定要阐述得清楚明白，就算是反驳，也要直截了当。这是效率的体现。对于美国人来说，对话应该是清晰的、明确的，而不太考虑对话人是谁。在这种情况下，沟通障碍再次产生了。一旦在工作中产生了问题或者是矛盾，中国人往往会为了不使矛盾升级和保留双方的颜面（和谐关系），停止眼前的对话，以便为日后更好地解决问题留有余地。而美国人则认为问题还没有解决谈话就结束是一种不负责任的态度,是在回避问题,从而认为中国人没有责任心。

4．"yes" or "no"（"是"或"不"）

如上所述,阐述问题时使用清晰明了的方式是美国人所推崇的,美国人将这种表达方式视为一种工作时必备的语言能力,更是自信、权力和力量的表现。为了帮助中国员工能够更加适应美国式的商业语言,许多在华美国公司里都设有内部培训机构。但对于土生土长的中国人来说,意思明确地回答,如好与不好、对与错等词汇都是在走极端,不给自己留余地。而这种表达习惯也不是在可预期的时间内能够改变的。而且随着年龄的增长,这种习惯会越来越强,所表现出来的说话方式就越是模棱两可。下面两组中美之间的日常对话可以很好地说明问题的所在。

A：中国人："你喜欢这种音乐吗？"
　　美国人："不,不喜欢。对我来说,这简直就是噪声。"
　　中国人的解读：明白了,原来他一点也不喜欢这种音乐。
B：美国人："你喜欢这种音乐吗？"
　　中国人："有点吵,不过,还可以。"
　　美国人的解读：他在说什么？他到底喜不喜欢？

正如第一段里所说的,当中国人说"不方便"那就意味着不可能了。与美国人直接说"不"不同,中国人更倾向于用"问题不大""研究研究""考虑考虑"等较为间接的词汇来代替"不"这个字。同样,即使说"是",也不一定代表中国人表示同意或肯定,而只是礼貌地表示"我在听"。而这种语言"解码破译"功能在美式语言中是不存在的。对于不熟悉中国文化的美国商务人士来说简直就是听天书了。双方矛盾的产生也就成了必然。

上述中的四个问题还只是中美跨文化交往中常见矛盾的冰山一角,此外,还有大量的深层次的跨文化问题挑战着中美两国商务人士的管理智慧,而跨文化沟通能力的学习与培养对于21世纪的跨国管理人员来说则是至关重要的。为了获得有效的、满意的沟通效果,中美人士需要拥有知识的共享和双方的理解。简单的文化表层的了解并不能改善中美之间的跨文化沟通。不仅要了解跨文化沟通的多样性,更要知道为什么这种多样性会存在,要学习不同文化中核心价值观对外在言行有着怎样的影响,只有如此才能够在全球化的今天理解中美彼此文化的真正内涵,达到求同存异、互助双赢的目的。

（资料来源：Michael JJ．文化对职场沟通的影响．2007-07-12. http：//www．ceconlinebbs．com/FORUM_POST_900001_900008_867538_0.HTM．）

## 二、主要的企业文化类型

国内外大约四百多种关于企业文化的定义,但是基本含义是一致的,是指企业在一定价值体系指导下所选择的普遍的、稳定的、一贯的行为方式的总和。研究国外企业文化的形成和发展,不仅有利于我们更深刻地理解企业文化,摸清它的本质和发展规律,也有利于我们借鉴国外的经验,开阔视野、活跃思维,带动自身的发展。更为重要的是,经济全球化,跨国公司成为世界的一部分,由于文化差异的存在,给每个企业的发展都带来了这样或那样的阻碍，对国内外企业文化的研究，有利于更好实现跨文化的沟通管理。

（一）日本的企业文化

日本的企业文化是在传统的东方伦理基础上建立起来的。日本一些企业的企业文化的内容十分广泛，其中心内容是尊重人、相信人、承认员工的贡献，培育员工的现代心理，激发员工的自主性、创造性。日本企业文化的主要特征有以下几点：

**1．"经营即教育"**

这是由著名日本企业家松下幸之助首先提出的，现在成为日本企业文化的重要特征。日本企业家认为："人才开发是企业活力的源泉。"录用新员工后首先要送入培训机构受训，考试合格后才能上岗，这成为日本一些企业的一项制度。

**2．重视风土建设**

所谓风土，是指企业成员必须遵循的道德规范和行为原则，以及所养成的工作态度和工作作风。日本企业大多有旨在培养良好"社风"的"社训"，通过"社训"，为员工进行思想道德和精神方面的培训和培养，从而使企业员工的整体素质不断增强。

**3．以"人"为中心**

突出表现为建立以"人"为中心的经营模式，如终身雇用、年功序列工资制和企业工龄，使员工与企业形成命运共同体的关系。

**4．尊重、信任员工**

提倡员工参与管理，如鼓励员工向企业提出"合理化建议"，参加各种企业经营管理小组等。同时，企业领导十分关心员工，员工结婚、过生日时，企业领导赠送礼品，表示慰问。

（二）美国的企业文化

美国的企业文化十分重视人的作用，主张要宽厚待人，并要求他发光发热，要生产确有成效的产品。管理者不把自己关在办公室，而是经常到现场和工人一起工作。著名的美国学者彼得斯和沃特曼（Robert H. Waterman）在总结了美国43家杰出模范公司后，认为美国企业文化重视硬件和软件两部分，其中结构和策略是硬件，而软件中的核心是整个企业共同遵循的价值观念。企业领导者最重要的任务是塑造及维持整个组织的价值共识。

美国企业文化的主要特点有以下几方面：

**1．个人主义**

个人主义是美国企业文化的核心。美国企业倡导员工个人奋斗、竞争取胜。由于美国的经理是一个社会职业，可以自由流动，员工也可以随意流动，所以在一个企业中，一个特殊的企业文化模式有时很难沉淀下来，形成独有的观念。因此，相对来说，美国的企业文化缺乏稳定性。

**2．英雄主义**

美国企业文化推崇英雄主义，认为它是企业文化的象征。在企业文化强盛的企业中，英雄的传奇是巨大的作用。例如，乔布斯与苹果公司之间，乔布斯成为苹果公司的文化象征。当然这里所讲的英雄主义，实际上是一种个人主义。

**3．理性主义**

美国企业文化重视理性，相对比较忽视情感，这与美国是一个高度法制的国家不无关系。因此，即使企业文化盛行，但在企业内部，仍然强调依靠规章制度，采取合同管理。这是美国企业文化中最为核心的部分,也是值得不同国家企业学习的重点。美国企业文化的理性主义体现在:①重视自我价值的实现,让每个员工的智力闪光点成为企业资源;②提倡竞争和献身,竞争出效益,竞争出成果,竞争出人才,但竞争的目的不在于消灭对手,而在于参与竞争的各方更加努力工作;③奖励创新,美国许多企业都用不断创新来保持自己的优势;④利益共享,美国许多企业实行股份制,通过职工持股,使其除工资收入外还能分到红利,还增加了职工参与经营管理的权利,提高了他们的身份、地位和安全感。

（三）中国的企业文化

中国的企业文化受中国传统文化的影响颇深。中国的一些百年老店在企业经营过程中最看重的,或者一贯坚持的理念有以下几个方面:

**1. 诚信**

中国古代商人不乏唯利是图的奸商,但是诚信仍旧是大多数商人的经营之道。"诚"是儒家伦理中具有积极意义的代表思想,也是中国交换伦理道德的重要典范。他们的经营方针是"诚信为本""薄利多销",即通过树立"诚信无欺"的经营信誉赢得顾客。

**2. 品质**

传统的企业理念体现在企业道德行为上就是"价实""货真""量足""守义",这既是企业的伦理道德观念,也是企业的行为准则。

**3. 人和**

中国古代商人经商致富后,大都能周济贫困农民,处理好自己与国家之间的关系。我国古代商业企业优良传统正是通过商人的行为表现出来。"乐施于民"成为商人的美德,也是传统企业文化的价值所在。

此外,德国、韩国等有代表性的企业文化的特点也对研究跨文化沟通策略有很大的帮助。

## 三、跨文化沟通管理的策略

**1. 本土化策略**

要本着"思维全球化和行动当地化"的原则来进行跨文化的管理。跨国企业在海外进行投资,通常会雇用相当一部分的当地员工,也就是我们所说的本土化。这主要是因为当地雇员熟悉当地的风俗习惯、市场动态以及政府方面的各项法规,而且和当地的消费者容易达成共识,雇用当地员工无疑方便了跨国企业在当地拓展市场、站稳脚跟。

"本土化"有利于跨国企业降低海外派遣人员和跨国经营的高昂费用,与当地社会文化融合,减少当地社会对外来资本的危机情绪;有利于东道国在任用管理人员时主要考虑该员工的工作能力及与岗位的匹配度。

但是,"本土化"的缺点也是致命的。由于企业的每个成员都只重视自我发展,无法形成一个具有价值的企业文化,使得企业对个体来说缺少长久的凝集力。

全球营销多种产品的快速创新和多样化,以及人类种族之间的空前交往和融合,使得"多向交叉文化"策略已经成为许多跨国企业采用的人事管理制度。在具体运用中,可采用以下的方法,来避免由于个体之间存在的巨大的文化差异而造成的"文化冲突":①尽量选用拥有当地国籍的母国人;②选用具有母国国籍的外国人;③选用去过母国留学、工作的当地外国人;④选用到当地留学、工作的母国人等。

## 2. 文化相容策略

根据不同文化相容的程度又可以细分为文化的平行相容策略和隐去两种主体文化的文化和平相容策略。

（1）文化的平行相容策略。这是文化相容的最高形式，习惯上称之为"文化互补"，就是在跨国企业的子公司中并不以母国的文化，或是东道国的文化作为子公司的主体文化。母国文化和东道国文化之间虽然存在着巨大的文化差异，但却并不互相排斥，反而互为补充，同时运行于企业的操作中，充分发挥跨文化的优势。一种文化的存在可以充分地弥补另外一种文化的不足及其单一性。美国肯德基公司在中国经营的巨大成功可谓是运用跨文化优势、实现跨文化管理成功的典范。

（2）隐去两种主体文化的文化和平相容策略。虽然跨国企业中的母国文化和东道国文化之间存在着巨大的差异，而两种文化的巨大不同也很容易在子公司的日常运作中产生"文化摩擦"，但是管理者在经营活动中却刻意模糊这种文化差异，隐去两种文化中最容易导致冲突的主体文化，保存两种文化中比较平淡和微不足道的部分。由于失去了主体文化那种对不同国籍的人所具有的强烈影响力，使得不同文化背景的人可以在同一企业中和睦共处，即使发生意见分歧，也很容易通过双方的努力得到妥协和协调。

## 3. 文化创新策略

文化创新策略即母公司的企业文化与国外分公司当地的文化进行有效的整合，通过各种渠道促进不同的文化相互了解、适应、融合，从而在母公司和当地文化基础之上构建一种新型的国外分公司企业文化，以这种新型文化作为国外分公司的管理基础。这种新型文化既保留着强烈的母公司企业文化的特点，又与当地的文化环境相适应，既不同于母公司企业文化，又不同于当地企业文化，是两种文化的有机整合。因为要从全世界角度来衡量一国或一地区文化的优劣是根本不可能的，这中间存在一个价值标准的问题，只有将两种文化有机地融合在一起，才能既含有母公司的企业文化内涵，又能适应国外文化环境，从而体现跨国企业的竞争优势。

## 4. 文化规避策略

这是当母国的文化与东道国的文化之间存在着巨大的不同，母国的文化虽然在整个子公司的运作中占了主体，但又无法忽视或冷落东道国文化存在的时候，由母公司派到子公司的管理人员，就必须特别注意在双方文化的重大不同之处进行规避，不要在这些"敏感地带"造成彼此文化的冲突。特别是在宗教势力强大的国家，更要特别注意尊重当地的宗教信仰和民族习惯。

## 5. 文化渗透策略

文化渗透是个需要长时间观察和培育的过程。跨国企业派往东道国工作的管理人员，基于其母国文化和东道国文化的巨大不同，并不试图在短时间内迫使当地员工服从母国的人力资源管理模式，而是凭借母国强大的经济实力所形成的文化优势，对子公司的当地员工进行逐步的文化渗透，使母国文化在不知不觉中深入人心，东道国员工逐渐适应这种母国文化并慢慢地成为该文化的执行者和维护者。

## 6. 借助第三方文化策略

跨国企业在其他的国家和地区进行全球营销时，由于母国文化和东道国文化之间存在着巨大的不同，而跨国企业又无法在短时间内完全适应由这种巨大的"文化差异"而形成的完全不同于母国的东道国的经营环境，这时跨国企业所采用的人事管理策略通常是借助比较中性的、已经与母国文化达成一定程度共识的第三方文化，对设在东道国的子公司进行控制管理。例如，欧洲的跨国企业想要在加拿大等美洲地区设立子公司，就可以先把子公司的海外总部设在思想和管理比较国际化的美国，然后通过美国的总部对在美洲的所有子公司实行统一的管理。而美国的跨国企业想在南美洲设立子公司，就可以先把子公司的海外总部设在与国际思想和经济模式较为接近的巴西，然后通过巴西的子公司海外总部对南美洲的其他子公司实行统一的管理。

**7. 占领式策略**

占领式策略是一种比较偏激的跨文化管理策略，是跨国企业在进行国外直接投资时，直接将母公司的企业文化强行注入国外的分公司，对国外分公司的当地文化进行消灭，国外分公司只保留母公司的企业文化。这种方式一般适用于强弱文化对比悬殊，并且当地消费者能对母公司的文化完全接受的情况，但从实际情况来看，这种模式采用得非常少。

总之，跨国企业在进行跨文化管理时，应在充分了解本企业文化和国外文化的基础上，选择自己的跨文化管理模式，从而使不同的文化达到最佳的结合，形成自己的核心竞争力。

## 第三节　跨文化谈判

商务谈判作为人际交往中的特殊形式，必然会涉及不同地域、民族、社会文化的谈判主体的交往与接触，从而导致跨文化谈判问题。跨文化谈判是一种属于不同文化思维形式、感情方式及行为方式的谈判方的谈判。谈判过程通常也是复杂的，因为谈判过程涉及了不同文化规范的没有意识到的力量，而这种意识不到的不同文化规范的力量可能使有效的交流功亏一篑。

**知识链接**

### 跨文化谈判

不管你在世界何处经商，与别人达成共识是至关重要的。但是如果你的谈判对手来自与你截然不同的文化背景，谈判的难度就会陡增。

如何在这样的谈判中跨越鸿沟，满载而归呢？那正是利益导向的谈判技巧大显身手的地方。利益导向的谈判技巧要求了解谈判双方的根本利益所在。换言之，在谈判中，对方提出条件的原因往往比他们提出的条件本身更为重要。

通过专注于双方的整体利益，谈判风格就不至于成为不可逾越的障碍。只要你在谈判中的表现令人折服，出自不同文化背景的人也会对你尊重有加。

谈判中双方面临的主要问题是：彼此如何达成共识，再以此为基础达成公平合理的协议，而且双方对最终协议都要有切实的承诺。此时，询问和倾听都非常关键。你不仅要仔细倾听对方提出的问题，更应了解个中缘由。一旦破解了对方立场背后的原因，达成共识也就水到渠成。

事先协调好自己组织内部的事务，如决定由谁最终拍板等，对谈判也颇有裨益。谈判前先进行内部协调的公司，无形中使他们的谈判人员在谈判进程中信心倍增，而树立自信正是你和外界进行交流的一个重要组成方面。

人们渴望能和有决策权的人谈判。一般来说，让谈判者倍感沮丧的莫过于发现谈判的对方只是一个传声筒，本身并不能最终拍板。在许多国家，尤其是在亚洲，这种安排使公司能够对某一决策达成一致，而又不至于让任何一个人为这一决策承担责任。

这种顾及面子的做法在一些亚洲国家的文化中屡见不鲜。亚洲的谈判者可能不会理解，对于一个按西方谈判风格行事的人来说，如果他在谈判过后还不能达成协议，这将会很丢面子。在这种情况下促成共识的能力就显得十分重要。

面临以利益为导向的跨文化谈判，要特别注意以下几点：

（1）做好事前准备。每一场谈判都需要事前做好充分的准备工作。万事预则立，不预则废。

（2）听比说更重要。要使人家对你的话句句入耳，必须首先学会倾听对方的意见。真正做到像古谚所云的"闭口倾听，获益良多"。

（3）不要妄下判断。以双方利益为导向的谈判，比武断地妄下结论或自以为是自然要好得多。谈判的目的是寻求协同合作，万不可强迫对方接受某一定式。

（4）不要抱有成见。不要小眼看人，无论对方的性别、民族、教育背景或职业是什么，否则容易滋生成见，也容易导致做出错误的假定。例如，认为从埃及来的人都是穆斯林的判断就是片面的。

（5）灵活性。灵活性是指反应迅速。当你知道先前的假设有误时，就应该迅速摒弃它们，这会使你在谈判中保持灵活多变。

## 一、中国商人的谈判风格

### 1. 十分注重人际关系

在中国，建立关系是寻求信任和安全感的一种表现。在商业领域和社会交往的各个环节，都渗透着"关系"。"关系"成为人们所依赖的与他人、与社会进行沟通联系的一个重要渠道。在商务交往中建立业务关系，一般情况下借助于一定的中介，找到具有决策权的主管人员。

建立关系之后，中国商人往往通过一些社交活动来达到相互的沟通与理解。这些活动通常有宴请、观光等。

### 2. 决策程序复杂

中国企业的决策系统比较复杂，一方面是由于改革过程中企业的类型多，国有企业、合资企业、私营企业在企业规模和组织结构上都有很大差异性；另一方面则是由于企业的高层领导往往是谈判的决策者，而高层领导的管理权限和管理能力差别也较大，如果谈判能够争取到起决定作用的高层领导参与，就有利于明确谈判双方彼此应该承担的责任和获取的利益，便于谈判进程顺利进行，以及谈判协议的有力执行。

### 3. 在原则上寸步不让

中国商人在原则上寸步不让，表现出非常坚决的态度。在谈判过程中，如果发现达成的一般原则框架中的某条原则受到了挑战，或谈判内容不符合长期目标，或者提出的建议与目前的计划不适合，中国商人的态度就严肃起来，表现出在这方面不折不挠的决心。

**4. 沟通方式比较含蓄**

中国文化追求广泛意义上的和谐与平衡。受儒家文化的影响，"中庸之道""面子观念"等价值观深入社会生活的各个方面与层次，并直接影响商务谈判。在商务谈判中，中国商人不喜欢直接、强硬的交流方式，比较含蓄，对对方提出的要求一般不会直接作答，或利用反问把重点转移。

中国人无论谈论什么话题，一般都会表现得谦虚有礼，因为谦虚是儒家思想提倡的美德，也是中国人的行事规范。

**5. 很看重面子**

中国商人很看重面子。在商务谈判中，中国商人常给对方面子，他们很少直截了当地拒绝对方的建议。同时，他们也需要对方给自己面子。因此，在谈判中当你强迫对方做出让步时，千万注意不要使他在让步中感到丢面子。

## 二、日本商人的谈判风格

日本商人的谈判风格，主要表现在以下几点：

**1. 具有强烈的群体意识**

日本文化所塑造的日本人的价值观念与精神取向都是集体主义的，以集体为核心。日本人认为压抑自己的个性是一种美德，人们要循众意而行。日本的文化教化人们将个人的意愿融于和服从于集体的意愿。所以，日本人认为，寻求人们之间的关系和谐是最为重要的。任何聚会和商务谈判，如果是在这样的感觉和气氛中进行的，那么它将存在一种平衡，一切也就进行得很顺利。

正因为如此，日本商人的谈判时间很长，每项提议必须与公司的其他部门和成员商量决定，一层一层向上反馈，直到公司决策层反复讨论协商。合同书的条款是集体商议的结果。谈判过程中具体内容的洽谈都需要反馈到日本公司的总部，所以，当成文的协议在公司里被传阅了一遍之后，它就已经是各部门都同意的集体决定了。需要指出的是，日本商人做决策费时较长，但一旦决定下来，行动起来却十分迅速。

**2. 信任是合作成功的重要媒介**

与欧美商人相比，日本人做生意更注重建立个人之间的人际关系，以致许多谈判专家都认为，要与日本人进行合作，朋友之间的友情、相互之间的信任是十分重要的。日本人不喜欢对合同讨价还价，他们特别强调能否同外国合作者建立可以相互信赖的关系。如果能与日本方成功地建立起这种相互信赖的关系，几乎可以与之随便签订合同。因为对于日本人来讲，大的贸易谈判项目有时会延长时间，那常常是为了建立相互信任的关系，而不是为防止出现问题而制定细则，而一旦这种关系得以建立，双方都会注重长期保持这种关系，这常常意味着在对方处于困境或暂时困难时，主动放弃用另找买主或卖主获取眼前利益的做法，通过对合同条款采取宽容的态度，来追求长期合作而带来的附加利益。

同日本企业洽商时，必须在谈判前就争取获得日方的信任。公认的获取日本商人信任的最好办法是取得日方认为可靠的、另一个信誉甚佳的企业的支持，即找一个信誉较好的"中间人"。这对于谈判成功大有益处。"中间人"既可以是企业、社团组织、皇族成员、知名人士，也可以是银行、为企业提供服务的咨询组织等。

**3. 讲究礼仪，要面子**

日本是个礼仪的社会。日本人所做的一切，都受严格的礼仪的约束。许多礼节在西方人看起来有些可笑或做作，但日本人做起来却一丝不苟、认认真真。正因为如此，如果外国人不适应日本人的礼仪，或表示出不理解、轻视，那么，他就不大可能在推销和采购业务中引起日本人的重视，也不可能获得他们的信任与好感。

尊重并理解日本人的礼仪，并能很好地适应他们的礼仪，并不是要求谈判人员学会像日本那样鞠躬，而是在了解日本文化背景的基础上，理解并尊重他们的行为。

日本人最重视人的身份和地位，即使在同一管理层中，职位也是不同的；充分发挥名片的作用；要面子是日本人最普遍的心理，在商务谈判中不要直截了当地拒绝对方。

**4. 耐心是谈判成功的保证**

日本商人在谈判中的耐心是举世闻名的。日本商人的耐心是指谈判准备充分，而且考虑周全，因此，在洽商过程中往往表现得有条不紊，在决策时表现得谨慎小心。为了一笔理想的交易，他们可以毫无怨言地等上两三个月，只要能达到他们预想的目标，或取得更好的结果，时间对于他们来讲不是第一位的。

另外，日本人具有耐心的表现还与他们交易中注重建立个人友谊和相互信任有着直接的关系。因为要建立友谊，获得对方的信任就需要时间。日本商人认为在业务交往中，个人关系非常重要，他们愿意与那些逐渐熟悉的人进行合作，并愿意与他们长期打交道。忽略了这些，只会使谈判陷于被动的局面。

## 三、美国商人的谈判风格

由于美国在国际贸易中的地位，美国文化给谈判带来的特点引人注目。从总体上来说，美国人的性格通常是外向的。因此，有人将美国人的性格特点归纳为外露、坦率、真挚、热情、自信、滔滔不绝，追求物质上的实际利益。美国人的传统是从事商业，特别是犹太血统的人具有经商的长处。

美国商人的谈判风格主要体现在以下几方面：

**1. 不注重个人间谈判关系的建立**

在经商过程中，美国商人通常比较直接，不太重视谈判前的个人之间关系的建立。如果在业务关系建立之前竭力与美国对手建立私人关系，反而可能引起他们的猜疑。他们会认为或许你的产品质量、技术水平存在问题才拉拢他们，反而使他们在谈判过程中特别警惕和挑剔，结果是过分"热情"的谈判者备感委屈，甚至蒙受损失。他们喜欢公事公办，个人交往和商业交往是明确分开的。他们认为，良好的商业关系带来彼此的友谊，而非个人之间的关系带来良好的商业关系。美国人以客户为主，甚于以产品为主，对商品的包装和装潢比较讲究，他们很努力地维护和老客户的长期关系，以求稳定的市场占有率。

**2. 决策程序简单**

受美国文化的深层影响，美国人对角色的等级和关系协调的要求比较低，往往尊重个人的作用和个人在实际工作中的表现。在决策上，常常是以个人或少数人为主，自上而下地进行，在决策中强调个人责任。他们的自我表现欲望很强，乐意扮演"牛仔硬汉"或"英雄"的角色，在谈判中表现出大权在握的自信模样。在美国人的谈判队伍中，代表团的人数一般不会超过七人，很少见到大规模的代表团。即使是有小组成员在场，谈判的关键决策者通常也只有一两个人，遇到问题，他们往往有权做出决定，"先斩后奏"之事时常发生。但他们在谈判前往往非常认真、充分、详细而规范地做资料准备，以便在谈判过程中能果断、灵活地决策。

**3. 时间观念很强**

美国人的时间观念很强，办事要预约，并且准时。约会迟到的人会感到内疚、羞耻。一旦不能如期赴约，一定要致电通知对方，并为此道歉，否则将被视为无诚意和不可信赖。

美国谈判者总是努力节约时间，不喜欢繁文缛节，希望省去礼节、闲聊，直接切入正题。他们喜欢谈判紧凑，强调尽可能有效率地进行，迅速决策不拖沓。在美国人的价值观念中，时间是线性的而且是有限的，必须珍惜和有效地利用。对整个谈判过程，他们总有个进度安排，精打细算地规划谈判时间的利用，希望每一阶段逐项进行，并完成阶段性的谈判任务。他们习惯一个问题接一个问题地讨论，直至最后完成整个协定的逐项商议。他们重视时间成本和谈判效率，常用最后期限策略来增加对方的压力，迫使对手让步。

**4. 沟通方式比较直接**

根据文化人类学家霍尔对文化的分类，美国文化属于低内涵文化。在低内涵文化模式中，沟通比较容易和直接。美国商人坦诚直率、真挚热情、健谈，不断发表自己的意见和看法。他们注重实际，对"是"与"非"有明确理性的定义。当他们无法接受对方提出的条件时，就明白地告诉对方自己不能接受，而且从不含糊其辞，使对方心存希望。

无论介绍还是提出建议，美国谈判者都乐于简明扼要，尽量提供准确数据。任何非直接、模棱两可的回答会被美国谈判者视为缺乏能力与自信、不真诚甚至虚伪的表现。美国人推崇人人平等，交往中不强调等级差别。对谈判，他们认为是双方公平自由的协商，应该有"双赢"的结果，所以希望彼此尽量坦诚陈述观点和意见，有理的争论都会受到欢迎。美国人十分欣赏能积极反应、立足事实、大方地讨价还价、为取得经济利益而精于施展策略的人。

与美国人谈判，绝对不要指名批评某人。指责客户公司中某人的缺点，或把以前与某人有过摩擦的事作为话题，或对处于竞争关系的公司的缺点进行贬抑等，都是绝对不可以的。这是因为美国人谈到第三者时，都会顾及避免损伤对方的人格。这点务必牢记于心，否则会被对方蔑视。

**5. 重视契约**

美国人口的高度流动性，使他们彼此之间无法建立稳固的持久关系，因而只能将不以人际关系为转移的契约作为保障生存和利益的有效手段。他们认为，双方谈判的结果一定要达成书面的法律文件，借之明确彼此的权利和义务，将达成书面协议视为谈判成功的关键一步。美国人总是认真、仔细地订立合同，力求完美。合同的条款从产品特色、运送环节、质量标准、支付计划、责任分配、违约处罚、法律适用等无一不细致精确，以至显得冗长而烦琐。但他们认为正是包含了各方面的标准，合同才提供了约束力，带来了安全感。合同一旦签订，他们会认真履约，不会轻易变更或放弃。

## 四、德国商人的谈判风格

从整个民族的特点来看,德国人沉稳、自信、好强、勤奋、严谨、办事富有计划性,工作注重效率,追求完美。但德国人也有着保守、刻板的特点,这使得德国商人在谈判过程中自成一派。德国商人的谈判风格主要体现在以下几方面:

**1. 对待人际关系和商业关系都很严肃**

德国商人对发展个人关系和商业关系都很严肃,不大重视在建立商务往来之前先融洽个人关系。他们十分注重礼节、穿戴、称呼等。要想得到德国伙伴的尊重和信任,着装必须严肃得体。在交谈中,应避免提及个人隐私、政治以及第二次世界大战等。在与德国人最初的几次会面中,他们显得拘谨、含蓄甚至生硬。一旦彼此熟悉,建立商务关系且赢得他们的信任后,便有希望长期保持。德国人不喜欢"一锤子"买卖,非常重视对方的资信,不愿冒风险,求稳心理强。

**2. 决策程序简单**

在商务谈判中,德国人强调个人才能。个人意见和个人行动对商业活动有重大影响。各公司或企业纪律严明,秩序性强。决策大多自上而下做出,不习惯分权或集体负责,真正做到权、责、利的合理分配与应用,使得谈判过程富有计划,简单有效。

**3. 时间观念强**

无论公事还是私事,德国人非常守时。首先,在商业谈判和交往中忌讳迟到,对迟到者,德国人会毫不掩饰他们的不信任和厌恶;其次,注重谈判效率,在谈判桌上会表现得果断,不拖泥带水,喜欢直接表明所希望达成的交易,准确确定交易方式,详细列出谈判议题,提出内容详尽的报价表,清楚、坚决地陈述问题。

**4. 沟通方式直接,缺乏灵活性**

德国商人严谨保守的特点使他们在谈判前就往往准备得十分充分。他们会想方设法掌握大量真实的第一手资料,他们不仅要调查研究你要购买或销售的产品,还要仔细研究你的公司,以确定你能否成为可靠的商业伙伴。只有在对谈判的议题、日程、标的物品质、价格,对方公司的经营、资信情况,谈判中可能出现的问题以及对应策略做了详尽研究和周密安排之后,他们才会坐到谈判桌前。

德国人的谈判思维极有系统性、逻辑性。他们谈判果断,极注重计划性和节奏紧凑,一开始就一本正经地进入正题。谈判中,德国人语气严肃,陈述和报价清楚明白;谈判建议具体、切实,以一种清晰、有序和有权威的方式加以表述。但是,在谈判中常常固执己见,缺乏灵活性。

**5. 谈判过程中不喜欢让步**

德国商人自信而固执,他们对本国产品极有信心,在谈判中常会以本国的产品为衡量标准,他们企业的技术标准相当严格,对于出售或购买的产品都要求有很高的质量。因此,要让他们相信你公司的产品满足交易规定的高标准,他们才会与你做生意。德国商人不太热衷于在谈判中采取让步方式,他们考虑问题周到系统,缺乏灵活性和妥协性,他们总是强调自己方案的可行性,千方百计迫使对方让步,常常在签订合同之前的最后时刻还在争取使对方让步。

### 6. 重视合同等一切契约

德国人有"契约之民"的雅称，非常重视和尊重契约。在签订合同之前，他们将每个细节都考虑到，明确双方的权利和义务后才签字。这种100%的谈判作风，使得德国商人的履约率在欧洲乃至世界都是最高的。他们会一丝不苟地按照合同办事，诚实可信。同时，他们也严格要求对方，严格履行合同规定。除非有特殊情况，绝不理会其贸易伙伴在交货和支付的方式及日期等方面提出的宽限请求或事后解释。

此外，德国商人重视商权。在德国的法律条文中有严格而明确的商权规定。例如，如果要取消代理契约，必须支付五年期间平均交易额的所得利润，否则不能取消代理契约等。

## 五、英国商人的谈判风格

### 1. 不注重事先建立个人关系

言行持重的英国人不会轻易地与谈判方建立个人关系，即使本国人，个人之间的交往也比较谨慎，很难一见如故。英国人特别计较尊重"个人天地"，一般不在公共场合外露个人感情，也决不随意打听别人的事；未经介绍，不会轻易地与陌生人交往；不轻易相信别人或依靠别人。

英国人有很强的民族自豪感和排外心理，总带着一种强国之民悠然自得的样子。初与英国商人交往，开始总感觉有距离感，让人感到他们高傲、保守。但慢慢地接近，建立起友谊之后，他们会十分珍惜，长期信任你。英国人习惯于将商业活动和自己个人生活严格分开，有一套关于商业活动交往的行为礼仪的明确准则，个人关系往往以完成某项工作、达成某个谈判为前提，是滞后于商业关系的。

### 2. 重视决策程序

英国商人比较看重秩序、纪律和责任，组织中的权力自上而下流动，等级性很强，决策多来自上层。比较重视个人能力，不喜欢分权和集体负责。在对外商务交往中，英国人的等级观念使他们比较注重对方的身份、经历、业绩和背景，所以在必要的情况下，派较有身份地位的人参加与英国人的谈判，会有一定的积极作用。

### 3. 时间观念强

英国商人对时间的看法非常严谨，崇尚准时和守时，有按日程或计划办事的习惯和传统。在商务活动中，讲究效率，谈判大多进行得较紧凑，不拖沓。

### 4. 沟通方式自信而稳健

英国人以绅士风度闻名世界，常常处变不惊、谈话轻描淡写。他们喜欢以他们的文化遗产、喂养的宠物等作为谈论的话题，尽量避免讨论政治、宗教、皇家是非等。初识英国人，最佳、最安全的话题当然是天气。

英国商人谈判稳健，善于简明扼要地阐述立场、陈述观点，之后便是沉默，表现得平静、自信而谨慎。在谈判中，与英国人讨价还价的余地不大。有时他们采取非此即彼的态度。在谈判关键时刻，他们往往表现得既固执又不肯花大力气争取，使对手颇为头痛。英国人认为，追求生活的秩序与舒适是最重要的，勤奋与努力是第二位的。所以，他们愿意做风险小、利润少的买卖。在谈判中如果遇到纠纷，英国商人会毫不留情地争辩。

### 5. 重视合同与契约

英国商人很重视合同的签订，喜欢仔细推敲合同的所有细节。一旦认为某个细节不妥，便拒绝签字，除非耐心说服，并提供有力的证明材料。英国商人一般比较守信用，履约率比较高，注意维护合同的严肃性。

但国际上对英国商人比较一致的抱怨是他们有不大关心交货日期的习惯，出口产品经常不能按期交货。所以，在与英国人签订的协议中，万万不可忘记写进延迟发货的惩罚条款加以约束。

### 六、法国商人的谈判风格

**1. 重视建立人际关系**

法国人乐观、开朗、热情、幽默，注重生活情趣，富有浓郁的人情味、爱国热情和浪漫情怀，非常重视相互信任的朋友关系，并以此影响生意。在商务交往上，法国人往往凭借着信赖和人际关系去进行，在未成为朋友之前，他们不会与你进行大宗交易，而且习惯于先用小生意试探，建立信誉和友谊之后，大生意便接踵而至。热情的法国人将家庭宴会作为最隆重的款待，但决不能将家庭宴会上的交往视为交易谈判的延伸。一旦将谈判桌上的话题带到餐桌上来，法国人会极为不满。

**2. 决策程序简单**

法国公司家族企业多，讲究产品特色，不轻易做出超越自己财力范围的投资。一般情况下，法国公司的组织结构简单，自上而下的层次不多，比较重视个人力量，很少集体决策。法国商人大多专业性强，熟悉产品，知识面广。即使是专业性很强的专业谈判，他们也能一个人独当几面。因此，谈判程序与结果大多由个人承担责任，决策迅速。

**3. 时间观念相对较差**

法国商人对别人要求严格，对自己比较宽松。如果你迟到，不论出于何种原因都会受到冷遇，但他们自己却会很自然地找个借口了事。在法国社交场合，有个非正式的习惯，主宾越重要越到得迟。但是，法国人工作时认真投入，讲究效率，休闲时痛快玩耍。他们十分珍惜假期，十分舍得在度假中花钱。通常8月是法国人的假期，其他国家的商人是不能在这段时间安排相应的商务活动的。

**4. 沟通方式灵活**

法国商人大多十分健谈，富有感情，话题广泛，而且口若悬河，出口成章。在谈判开始时，他们喜欢聊一些社会新闻及文化方面的话题，以营造一种轻松友好的气氛。否则，将被视为"枯燥无味的谈判者"。法国商人在边聊边谈中慢慢转入正题，在最后做决定阶段，才一丝不苟地谈生意。法国人非常尊重自己的传统文化和语言，在商务谈判中多用法语。如果能讲几句法语，将有助于谈判形成良好的气氛。

**5. 对合同的态度认真**

法国人比较注重信用，一旦签约，会比较好地执行协议。在合同条款中，他们非常重视交货期和质量条款。在合同的文字方面，法国人往往坚持使用法语，以示其爱国热情。为此，与法国商人签订协议不得不使用两种文字，并且要商定两种文字的合同具有同等的效力。

法国人偏爱横向谈判，谈判的重点在于整个交易是否可行，不太重视细节部分。主要问题谈妥后，他们便急于签约。他们认为具体问题可以以后再商量，或是日后发现问题时再修改。所以，经常出现昨天签的协议明天就要修改的情况。法国商人不喜欢为谈判制定严格的日程安排，但喜欢看到成果，所以在各个谈判阶段，都有"备忘录""协议书"之类的文件，为后面的正式签约奠定基础。

### 七、俄罗斯商人的谈判风格

**1. 注重建立谈判关系**

俄罗斯是礼仪之邦。俄罗斯人热情好客，注重个人之间的关系，愿意与熟人做生意。他们的商业关系是建立在个人关系基础之上的。只有建立了个人关系，相互信任和忠诚，才会发展成为商业关系。没有个人关系，即使是一家优秀的外国公司进入俄罗斯市场，也很难维持其发展。俄罗斯人主要通过参加各种社会活动来建立关系，增进彼此友谊。这些活动包括拜访、生日晚会、参观、聊天等。在与俄罗斯人交往时，必须注重礼节，尊重民族习惯，对当地的风土民情表示出兴趣等。只有这样，在谈判中才会赢得他们的好感、诚意与信任。

**2. 决策程序复杂**

俄罗斯社会生活的各个方面和各个层面都带有比较浓厚的集权特征，谈判时往往以谈判小组的形式出现，等级地位观念重，责任常常不太明确具体。他们推崇集体成员的一致决策和决策过程的等级化。他们喜欢按计划办事，一旦对方的让步与其原订目标有差距，则难以达成协议。由于俄罗斯人在谈判中经常要向上级汇报情况，因而谈判中决策与反馈的时间较长。

**3. 时间观念不强**

俄罗斯商人认为，时间是非线性的，没有必要把它分成一段、一段地加以规划。谈判时不爱提出讨论提纲和详细过程安排，谈判节奏松弛、缓慢。不过，俄罗斯人比较遵守时间，在商务交往中，需事先预约。

**4. 沟通方式灵活**

俄罗斯人喜欢非公开的交往，喜欢私人关系早于商业关系的沟通方式。一旦彼此熟悉，建立起友谊，俄罗斯人表现得非常豪爽、质朴、热情，他们健谈、灵活，乐于谈论自己的艺术、建筑、文学、戏剧、芭蕾等。他们非常大方、豪迈，长时间不停地敬酒，见面和离开都要握手。俄罗斯人是讨价还价的行家里手，善于运用各种技巧。

**5. 重视合同**

俄罗斯人重视合同。一旦达成谈判协议，他们就会严格按照协议的字面意义来执行。同时，他们也很少接受对手变更合同条款的要求。在谈判中，他们对每个条款，尤其是技术细节十分重视，并在合同中精确表示各条款。

### 八、意大利商人的谈判风格

意大利商人的谈判风格主要表现在以下几方面：

**1. 时间观念差**

意大利商人常常不遵守约会时间，迟到现象经常出现，有时甚至不打招呼就不赴约，或单方面推迟约会日期。

**2. 不喜欢讨价还价**

由于意大利的产品质量优良，有大量的国际知名品牌，如 GUCCI（古驰）、FENDI（芬迪)、AMANI（阿玛尼）、PRADA（普拉达）等奢侈品，还有法拉利、兰博基尼等知名跑车，因此，意大利商人对自己的产品充满信心，也很骄傲，喜欢一口价。

**3. 注重商人的个人作用**

在商务活动中，意大利商人非常注重商人的个人作用，因此，商务谈判人员比任何一个国家都有更多的自主权。由于意大利商人性格外向，情绪多变，使得谈判决策过程相对缓慢。

## 案例分析

### 化解跨国商务谈判的僵局

辽宁省盘锦市 A 公司从事某添加剂业务，在 2008 年金融海啸导致许多工业原材料价格暴跌时，决定以低价从国外大量购进该产品。

A 公司做了大量的市场调研工作，首先通过互联网搜寻该添加剂主要生产国的信息，又通过对各国产品的性价比对确定英国 B 公司为谈判对象。A 公司还通过电子邮件等方式与 B 公司进行沟通，把我方的基本情况和所需产品信息传递给对方，也进一步获取了对方的信息。

在谈判过程中，双方首先出现的争执是谈判地点的确定。B 公司要求我方派人员赴英国谈判，而我方要求对方来华谈判，双方都清楚在本国谈判的优势——有助于控制谈判。在金融危机使全球经济不景气的大环境下，我方利用买方市场优势，使 B 公司主动找上门来谈判。

双方初次面谈富有成效，确定了要进口产品的品种、数量、进口时间等，并在其他方面也达成了基本共识。但在接下来的价格谈判上出现了僵局，挑战来自多方面。首先，双方初次合作缺乏信任，交易金额大，交货分批进行，合同履行时间长达两年。其次，合同的定价涉及未来两年该产品世界市场价格的波动与走势、汇率波动的影响等问题。双方都想采用对己有利的价格条款来规避风险。经多次反复面谈，最终以一个折中但对我方更优惠的价格达成协议。

资料来源：商务谈判：商务谈判经典案例解析．出国留学网．https://www.liuxue86.com/a/3394064.html.

问题：
1. 双方产生谈判僵局的原因是什么？是如何体现的？
2. 我方突破僵局的策略有哪些？

## 复习思考题

1. 世界主要的文化圈有哪几个？特点是什么？
2. 什么是跨文化沟通？有哪些主要特点？
3. 跨文化沟通的障碍有哪些？主要应对策略有哪些？
4. 美国商人的谈判风格有哪些特点？

5. 英国商人的谈判风格有哪些特点?
6. 法国商人的谈判风格有哪些特点?
7. 日本商人的谈判风格有哪些特点?

# 参考文献

［1］ 龚荒. 商务谈判与推销技巧［M］. 2版. 北京：清华大学出版社，2010.
［2］ 方其. 商务谈判——理论、技巧、案例［M］. 3版. 北京：中国人民大学出版社，2010.
［3］ 董原. 商务谈判与推销技巧［M］. 广州：中山大学出版社，2009.
［4］ 列维奇，巴里，桑德斯. 国际商务谈判［M］. 北京：中国人民大学出版社，2016.
［5］ 奥罗克. 管理沟通［M］. 北京：中国人民大学出版社，2016.
［6］ 肯尼迪. 谈判是什么［M］. 北京：中国宇航出版社，2014.
［7］ 马斯洛. 动机与人格［M］. 许金生，译. 北京：中国人民大学出版社，2009.
［8］ 尼伦伯格，卡莱罗，格雷森. 微动作读心术［M］. 龙淑珍，译. 北京：新世界出版社，2013.
［9］ 西武. 微表情读心术——抓住1/25秒的真实情绪［M］. 北京：新世界出版社，2013.
［10］ 杜丽丽，董豪旭. 微反应读心术——揭秘微动作之后的隐情［M］. 北京：新世界出版社，2013.
［11］ 孙三宝. 社交礼仪恰到好处：成功推销自我 打造第一印象［M］. 北京：当代世界出版社，2005.
［12］ 哈瑞尔. 态度决定一切（经典纪念版）［M］. 李胜利，译. 北京：中华工商联合出版社，2015.
［13］ 邢思存. 微表情心理学［M］. 北京：北京联合出版社，2014.
［14］ 文心，凡禹. 你的形象价值百万 你的礼仪价值百万 你的口才价值百万［M］. 上海：立信会计出版社，2015.
［15］ 诺埃尔，帕克. 批判性思维［M］. 朱素梅，译. 北京：机械工业出版社，2015.
［16］ 刘墉. 说话的魅力：刘墉沟通秘籍［M］. 南宁：接力出版社，2009.
［17］ 福克斯. 哈佛谈判心理学［M］. 胡姣姣，译. 北京：中国友谊出版社，2014.
［18］ 加里内斯纳. FBI危机谈判术［M］. 聂传炎，译. 武汉：长江文艺出版社，2012.
［19］ 吴建伟. 商务谈判策略与案例分析［M］. 北京：清华大学出版社，2017.
［20］ 林学军，刘霞. 国际商务［M］. 北京：清华大学出版社，2017.